走出思想的边界

knowledge-power

读行者

帝制的终结

辛亥革命简史

杨天石 著

CNS 岳麓書社·长沙 博集天卷 CS-BOOKY

再版序　辛亥之梦

本书写于2011年，为纪念辛亥革命一百周年而作，目的在于记述先人们推翻专制、创立共和的思想和业绩。但是，由于排印匆忙，书稿有一些脱漏，常感遗憾。今年本书再版，得以弥补，我很高兴。在校正重排，并且增写了一两个段落之余，想起那年我还曾为《中国文化》秋季号写过一篇小文，题为《辛亥之梦》，概括革命先行者们当年做过的三个梦。在当前人们竞说中国梦的时候，重读该文似乎也还有点意思，因取之以做本书的再版序言。

小文照录如下：

辛亥革命时期，人们期待着一个新中国的出现，做过许多梦。概括言之，大致有三：一曰振兴中华之梦；二曰民主共和之梦；三曰民生均富之梦。

还在1894年，孙中山在异国他乡的檀香山成立兴中会，兴中者，振兴中华也。那时，中国遭受列强侵凌，国势疲弱，面临“蚕食鲸吞”“瓜分豆剖”的危险，孙中山有感于此，呼吁国人发奋为雄，“振兴中华”。

选择何种政体呢？人们在饱受二千余年君主专制制度之苦后，自然选择当时世界上最先进的民主共和制度。孙中山期望：四万万人一切平等，人民之事，人民公同治理。在这个新的社会里，人民真正成为国家的主人，包括总统在内的一切官吏都成为人民的“公仆”。人民充分享有言论、出版、集会、结社、通讯、宗教信仰等各种自由，享有选举、罢免、监督、批评、弹劾为自己服务的“公仆”，以及创制、复决各种法案的民主权利，真正实行民治、民有、民享，创造一种“各国制度上所未有”，“学说上也不多见”的“破天荒的政体”，成为世界上的“头等民主大共和国”。

为了避免西方世界已经出现的贫富两极分化的状况，孙中山在民族、民权主义之外，特别创造性地提出了民生主义。孙中山期望，既吸收现代西方文明的“善果”，又避免其“弊端”和“恶果”，消灭贫富悬殊，实现民生幸福，共富、均富，不仅国家富强，而且家给人足，无一夫不获其所，使中国成为世界上的“安乐国”。

孙中山的三民主义比较完整地概括了当时中国人对未来、对新中国的期待，是当时中国最先进的理论。从它1905年面世以来，曾经鼓舞了大批仁人志士为之奋斗，虽断头沥血而甘之如饴，其结果是，六年以后，就在一个面积一千多万平方公里、人口超过四亿的超级大国里，推翻了延续两千多年的君主专制制度，建成了亚洲第一个共和国，实现了中国历史的巨大跃进。其意义，不能低估。

今年是辛亥革命百年纪念。百年来，中国人在风风雨雨中走过了漫长的一段途程。回首往事，不免思绪潮涌，感慨万端。人们也许会问，当年的梦想实现了多少呢？答案会是各色各样的，难以尽述。然而，有一点，可能大家都会同意，这就是：辛亥之梦并未完全实现，我们的前面还有很长的路要走。这里用得着孙中山说过的话：“革命尚未成功，同志仍须努力。”

两年前的小文如上。

希望本书有助于读者了解当年革命先行者的“梦”，了解他们为“圆梦”而奋斗的英勇实践，步武前贤，继续投身于中华民族伟大复兴的壮丽事业中去。

著者，2013年4月于北京东城之书满为患斋

序　辛亥革命的特点与领导力量

原始社会实行氏族民主制，无所谓帝制。帝制，全称君主专制制度，或称皇权专制主义，源自原始社会的酋长制。中国传说中的尧、舜禅让应该属于氏族民主制，而夏禹传子应该是帝制的雏形。公元前221年，出生于赵国邯郸的39岁的嬴政统一中国，建立了统一的中央集权制的秦帝国。他自称始皇帝，设想此后的历史就这样“二世”“三世”地传下去，万世一系，以至永远。“百代都行秦政法”，秦帝国虽然二世而亡，此后的中国，朝代不断更迭，君主专制制度却一直延续下来，始终是中国的统治制度，延续2 000多年。

君主专制制度的特点是：1．皇帝掌握至高无上的绝对权力，国家的行政、立法、司法三大权力都集中到一个没有任何限制、不受任何监督的个人身上。因此，社会兴衰、国家强弱、民生苦乐，也均系于一人之身。2．实行终身制和以宗法血缘关系为继承原则的世袭制。皇帝没有任期，童稚幼儿可以登基，老昧糊涂不须去职。其人不论德或不德、才或不才，即使是痞子、流氓或者低能、弱智，均可按照宗法血统原则承袭。3．以天命论为护符。皇帝又称天子，宣称其统治的合法性来自天命，神圣不可侵犯。反对皇帝，那就是逆天，是最大的罪恶和不道。不论是庸君、昏君，甚或暴君，人民都只能接受、拥戴而无权另择。因此，君主专制制度是一种十分落后、十分腐朽的制度，它和中国自给自足的地主—小农经济相结合，构成了我国的中古社会——皇权专制地主小农社会，也就是人们通常所说的封建社会，使中国长期陷于发展缓慢、滞后的状态。[①]

然而，这个在中国延续了2 000多年的君主专制制度却在1911年被推翻了。那一年，按照中国传统的纪年，是辛亥年。当年10月10日，爆发武昌起义。从那一刻起，历史老人突然青春焕发，健步如飞。自武昌新军打出第一枪起，至南京临时政府成立，亚洲第一个共和国——中华民国诞生，不过前后80多天，3个月不到。如果从孙中山在异国他乡成立兴中会，提出“振兴中华”的伟大口号算起，也不过17年。在一个幅员辽阔、浩瀚无垠的超级大国里，推翻绵延多年、根深蒂固的君主专制制度却如此迅速，不能不说是一个奇迹。

凡革命，大都免不了流血、牺牲、破坏。有一种说法：革命不是请客吃饭，不是绘画绣花，革命是暴动，是一个阶级推翻另一个阶级的暴动。辛亥革命前，康有为曾经以法国革命为例吓唬人们说，革命会人头滚滚，血流成河，伏尸百万，然而，辛亥革命虽然有流血、有牺牲，但是并不大，社会更没有大破坏。苏州反正时，为了表示象征意义，只命人挑去了巡抚衙门屋顶上的几片瓦。旋踵之间，制度大变，出现了新旧两重天的迥异局面。这不能不说也是个奇迹。

慈禧太后

辛亥革命之所以胜利快、代价小，原因很多，其原因之一在于满洲贵族集团的“自作孽，不可活”。

满洲贵族入主中原，靠残酷的屠杀与严酷的镇压建立统治秩序，本来就缺乏正当性与合理性。清朝末年，国势衰微，政权腐败，列强入侵，满洲贵族割地赔款以求苟安，其统治就更加缺乏正当性与合理性。甲午战败，维新运动兴起，以慈禧太后为首的满洲贵族集团镇压了维新派，使中国失去了一次改革、奋起的机会。紧接着，义和团运动失败，8 个帝国主义国家联合入侵，慈禧太后抛弃国都，挟光绪皇帝西逃，这是中国多年未有的奇变。庚子回銮，满洲贵族集团创巨痛深，不得不捡起被他们否定过的维新派的改革方案，实行“新政”。客观地说，这次改革在某些方面迈出的步子更大，是有成绩的。例如：废科举、兴学堂，奖励实业、鼓励资产阶级发展，编练新军、实现军事现代化，以及法制改革的部分内容等。

光绪皇帝

对“新政”的成绩，人们应该承认，但是，不应该夸大。在实行“新政”的过程中，满洲贵族集团始终拒绝对君主专制制度做实质性的改革。一方面，它派人出洋考察，宣布预备立宪，摆出一副要引进世界先进政治制度的姿态，但是，1908 年颁布的《钦定宪法大纲》、1911 年成立的“皇族内阁”却彻底暴露了满洲贵族集团的虚伪和顽固。

《钦定宪法大纲》宣布：“大清皇帝统治大清帝国，万世一系，永永尊戴。”“君上神圣尊严，不可侵犯。”皇帝可以颁行法律，发交议案，召集及解散议院，设官制禄，黜陟百司，统率陆海军，编定军制，订立条约，总揽司法，委任审判衙门，集诸般权力于一身；对“臣民”则规定了种种“不得置议”“不得干预”的限制。它虽然也照虎画猫，学着西方宪法，规定“臣民”有言论、著作、出版及集会、结社等自由，但强调必须在“法律范围”之内，实际上将这些“自由”又取消了。清廷在此前颁布的《集会结社律》中规定，凡“宗旨不正，违犯规则，滋生事端，妨害风俗”者，均在取缔之列；凡结社、集会、游行等事，民政部、地方督抚、巡警道局、地方官等均可用“维持公

载沣与溥仪

安”的理由饬令解散。在《大清报律》中规定，报纸、杂志不得揭载“诋毁宫廷”“淆乱政体”“扰害公安”“败坏风俗”等类语言，并均须在发行前一日中午 12 时以前送“该管巡警或地方官署随时查核”。[②]可见，清廷制定这些法律并没有给人民自由，不是在提升和发展“民权”，而是给予清廷官吏管制、取缔、镇压的最大自由，旨在进一步巩固满洲贵族的专制统治。

1908 年 11 月，慈禧太后临危，在去世之前，抢先毒死光绪皇帝，命令只有 3 岁的小儿溥仪即位，由光绪皇帝的亲弟弟载沣摄政。载沣摄政后，首先致力于集中军权，然后，进一步将政治权力集中到满洲贵族手中。1911 年，载沣宣布内阁名单，在 13 个内阁成员中，汉人仅 4 人，而满族大臣则有 9 人，其中皇族 7 人，所以当时被称为“皇族内阁”。清初，满洲贵族为了拉拢汉人，曾在部分中枢机构实行“均衡满汉”政策，例如：内阁大学士，规定满汉各 2 人；协办大学士，满汉各 1 人；吏、户、礼、兵、刑、工等六部尚书，满汉各 1 人；侍郎 4 人，满汉各半。然而到了“皇族内阁”，却出现了前所未有的大倒退。

《钦定宪法大纲》的颁布和“皇族内阁”的成立，表明满洲贵族集团既不想“让权于民”，也不想“分权于民”，相反，却将权力更多地集中到君主个人和一小撮贵族手中。晚清时期，中国出现过立宪派和颇具规模的国会请愿运动，他们求稳怕乱，害怕激烈的革命会造成社会的巨大变动和破坏，力图走君主立宪道路，但是，满洲贵族集团的倒行逆施让他们彻底失望。1911 年，满洲贵族集团宣布铁路国有，与民争利，这就彻底与广大人民对立起来。轰轰烈烈的保路运动兴起，几乎所有的人都站到了革命方面，武昌起义的炮声一响，立刻风起云动，全国响应。革命在哪里发生、何时发生，有其偶然性，但是，在偶然性中，又存在着历史发展的铁的必然性。

辛亥革命成功，亚洲第一个共和国——中华民国诞生，紧接着6岁的小儿溥仪退位，帝制终结。但是，孙中山很快决定让位于袁世凯。在让位成为现实之际，南京临时政府公布了具有宪法性质的《临时约法》，这一《约法》树立了“国民全体”作为“国家主权”拥有者的崇高地位，规定了人民应该享有的各项自由和权利，废除了绝对的不受任何限制的最高权力，力图杜绝官吏有权而人民无权的状态。它高扬司法独立和权力制衡的原则，是革命党人将权力关进牢笼的一次勇敢的、大胆的尝试。

《临时约法》的制定和公布本来具有限制袁世凯扩张权力的意图，但是，单纯的纸上法律约束不了野心家，袁世凯很快复辟帝制，企图重新建立绝对的不受限制的权力。多年来，论者常常以此责难辛亥革命，贬损其价值。然而，殊不知，革命党人胜利虽快，却缺乏争取彻底胜利所需要的力量。定鼎南京后，缺乏北伐所必需的经费，四处借贷，四处碰壁。革命党人的金库里一度只剩下10块大洋，不仅无法支付进军北京所必需的庞大军费，连维持政府的周转也艰窘异常。在这种情况下，何能北伐！更何能彻底革命！

当孙中山风尘仆仆，自海外归国时，就曾制定策略。那时，孙中山的亲密助手胡汉民已经出任广东都督，劝孙留在广东，练兵北伐，对抗已经掌握清廷军政大权的袁世凯，然而，孙中山不以为然地说：“谓袁世凯不可信，诚然，但我因而利用之，使推翻二百六十余年贵族专制之满洲，则贤于用兵十万。纵其欲继满洲以为恶，而其基础已远不如，覆之自易，故今日可先成一圆满之段落。”[③] 所谓“利用”，就是应许袁世凯，只要其“反正”，就推举其为民国大总统。果然，袁世凯为总统的宝座所诱惑，停止进攻革命军，与革命党人谈判议和。其后，孙中山虽多方筹集经费，准备北伐，直捣北京，以便彻底推翻清帝国统治，为民主、共和奠定坚实基础，但是，筹款始终没有进展，孙中山不得不采取此前所定策略，接受和议。不久，清帝即宣布退位。世界历史上出现了一个“以和平收革命之功”的例子。[④] 袁世凯后来虽然背叛了自己的诺言，在1916年当了皇帝，但是，只当了83天，就在全国人民的反对声中倒台并且一命呜呼了，完全应验了孙中山的“覆之自易”的预言。次年的张勋复辟寿命就更短，只不过 12 天。中国历史上前所未有的民主共和制度终于确立。从这个意义上说，孙中山是大智者，是最终的胜利者。

孙中山曾经将清朝的司法比喻为希腊神话中国王奥吉亚斯的“牛圈”，养了 3 000 头牛，30 年中从不打扫，粪秽堆积如山。实际上，中国的专制制度，特别是皇权专制制度也是这样的“牛圈”。辛亥革命胜利得快，代价小，自然难免有其弊病，这就是孙中山早就说过的：“满清遗留下之恶劣军阀、贪污官僚及土豪地痞等之势力依然潜伏，今日不能将此等余毒铲除，正所谓养痈贻患，将来遗害民国之种种祸患未有穷期，所以正为此忧虑者也。”[⑤] 但是，这只能说明，中国需要打扫和清除的“粪秽”太多，历史包袱过于沉重，即以君主专制主义而言，它既然绵延 2 000 余年，又何能在短时期内就铙歌奏凯，彻底清除其影响和流毒。辛亥革命只是“先成一圆满之段落”，就这一点上来说，它是成功的。我们不能要求它在短时期内完成所有中国革命应该完成的任务。段落不是文章，孙中山和他的同志们一生都在写一篇大文章。为此，孙中山辛勤奋斗，鞠躬尽瘁，至死方已。他也一直提醒人们：“革命尚未成功，同志仍须努力。”我们纪念辛亥革命，就要继续写好这篇大文章。

辛亥百年，辛亥革命研究也已百年，但是，对这次革命的若干基本问题似乎还可以讨论。例如，多年来，人们将辛亥革命定义为资产阶级革命，其领导力量定为资产阶级革命派。但是，对此却一直缺乏认真的、充分的、强有力的论证，也很少有人要求做出这样的论证。似乎这是一种无须论证、不言自明的真理，其实不然。

在西方，推翻君主专制制度本来是资产阶级的任务，但是，中国的辛亥革命却与之不完全相同。第一，这一革命的目的之一是反对满洲贵族集团，具有种族斗争的意义，这是西方资产阶级革命所没有的；第二，这一革命发生的主要原因在于列强入侵，中国面临被瓜分危机，救亡图存成为第一紧急要务，这也是西方资产阶级革命所没有的；第三，西方资产阶级革命时，它面对的是专制制度、封建贵族等敌人，但是，当它革命成功、资本主义发展起来之后，很快就发现自己的身后站起一个新的反对者，这就是早期的工人阶级和工人运动。中国的革命者有鉴于此，力图避免资本主义前途，或者取其“善果”，避其“恶果”，节制资本主义在中国的发展。南京临时政府成立后，并没有提出强有力的、有利于发展资本主义的政策，在这一方面，他们还赶不上清廷实行的“新政”。关于此点，读者只须比较“新政”时期发展资本主义的措施和南京临时政府颁布的多项法令，就不难明白。当然，他们的某些政策，例如，实行“平均地权”，征收单一的地价税，免除其他税种，会有利于资本主义的发展，但是，当时的革命党人却视之为消灭贫富差别、造福全民的良方。我觉得，如果就这次革命过程中所提出的动员口号来说，革命党人的主观愿望是使革命成为种族革命、政治革命、社会革命的三合体，但是，革命党人所期望的“社会革命”始终未及实行，因此，就这次革命的实际内容来说，是以推翻满洲贵族为主体的君主专制制度的爱国的民族、民主革命。

关于这次革命的领导，最初的一种说法是资产阶级、小资产阶级领导的，后来干脆省略小资产阶级，只说是资产阶级领导的了。但遗憾的是，中国资产阶级并不为这说法争气，放眼辛亥革命史，资产阶级热衷的似乎只是收回利权运动一类的爱国抗争和立宪运动一类体制内的改革，对体制外的革命并不感兴趣，他们宁愿跟着康有为、梁启超和袁世凯跑，而不愿意追随孙中山。有鉴于此，有些学者不得不提出，中国民族资产阶级分上层和中下层两个阶层，辛亥革命是民族资产阶级中下层领导的，然而，客观存在的历史事实也并不支持这种说法。有关史家们说不出这两个阶层是如何划分的，各自的代表人物是谁，其经济地位如何影响着他们政治主张的分野。客观存在的事实是，辛亥革命前后，中国只存在一个发展不足、力量微弱的资产阶级，资产阶级只支持一种政治主张，走康有为、梁启超倡导的君主立宪道路。只是在革命即将或已经在全国爆发时，资产阶级和“立宪派”的士绅们才逐渐地、部分地转向革命。

辛亥革命的领导者实际上是一批青年学生，包括留学生或者国内新式学堂的学生，也就是19世纪末至20世纪初在中国出现的新型知识分子。据统计，至1905年，仅当时在校的留日学生就有八九千之多；而至1910年，国内新式学堂的学生已达150余万，成为一支很大的社会力量。这批人，和中国社会的传统知识分子不同，所受的不只是儒家文化的浸染，也不需要通过科举以谋进身之阶。在他们的思想、文化结构里，既增加了声、光、化、电等近代自然科学知识，也增加了西方17世纪以来逐渐发展起来的民主主义以至社会主义的成分。他们在校或者离开学校后就成了职业革命家，或者投笔从戎，成为"混"进军队的职业军官和职业士兵，有的则"拿起笔，作刀枪"，成为投身新兴文化事业的脑力劳动者，办报，办学堂，办出版社，当记者、教师、文人。众所周知，马克思主义是根据人们在社会生产体系中的地位，同生产资料的关系，在社会劳动组织中所起的作用，以及取得社会财富的方式来划分阶级的。这批革命者大部分尚未进入社会经济结构，人们根据什么来为他们划分阶级呢？能根据他们的思想和世界观吗？须知，其中有若干人向往"社会主义"，主张"社会革命"呢！早在同盟会成立前，孙中山就曾访问设在比利时的第二国际执行局，请求接纳他的党，表示"中国社会主义者要采用欧洲的生产方式，使用机器，但要避免其种种弊端"，"工人不必经受被资本家剥削的痛苦"。[⑥] 在《民报》发刊词中，孙中山就明确表示，中国不能重走欧美资本主义老路，他说："近时志士舌敝唇焦，惟企强中国以比欧美，然而欧美强矣，其民实困。观大同盟罢工与无政府党、社会党之日炽，社会革命其将不远。吾国纵能媲迹于欧美，犹不能免于第二次之革命，而况追逐于人已然之末轨者之终无成耶！"[⑦] 朱执信在《民报》发表的文章曾大骂资产阶级是"掠夺盗贼"[⑧]，后来孙中山也大骂资本家"无良心"，"以压制平民为本分"，"对于人民之痛苦，全然不负责任"。[⑨] 将大骂资本家的思想家定为"资产阶级"是不是有点冤？

|《民报》

某次讨论会上，一位学者表示："孙中山不是资产阶级革命家，难道是无产阶级革命家？如果将孙中山定为无产阶级革命家，他一定会跳起来反对。"孙中山生前曾表示要当"工人总统"。[⑩] 将孙中山定为无产阶级革命家，他会不会跳起来反对，我看不一定，但将他定为资产阶级革命家，我估计他一定会跳起来反对。列宁在分析俄国革命时，曾经分析俄国先后出现过的"三代人物"，第

一代是十二月党人和赫尔岑等贵族知识分子，第二代是以车尔尼雪夫斯基和民意党为代表的“平民知识分子革命家”，第三代才是“无产阶级”。[11] 可见，列宁不曾认为“非无即资”，政治舞台上除了这两大阶级外，没有其他阶级或阶层。毛泽东在分析五四运动时也曾认为，五四运动在其开始，是共产主义的知识分子、革命的小资产阶级知识分子和资产阶级知识分子三部分人的统一战线的革命运动。[12] 他并没有说，五四运动是资产阶级领导的，还是无产阶级领导的，似乎至今也没有史学家或其他人对此做过判断。那么，我们有什么充分的理由论定早于五四运动的辛亥革命是资产阶级领导的呢？

在《民报》和《新民丛报》的辩论中，梁启超主张实行“制限选举”，反对给家无足够储粮、目不识丁的“贫民”以选举权和被选举权。在他看来，如果穷光蛋、大老粗们进了议会和政府，那么，就“不知议会果复成何议会，而政府果复成何政府”。[13] 革命派与此相反，主张实行没有任何财产和文化限制的“普通选举”。反问说，何以家无足够储粮，就没有资格成为议员，“犹是横目两足，犹是耳聪目明，独以缺此区区阿堵故，不得有此权利，吾不知其何理也”。[14] 值得指出的是，孙中山很早就鄙弃西方资产阶级的政治制度。1906 年，他在东京《民报》创刊周年庆祝大会上演说时表示：“我们这回革命，不但要做国民的国家，而且要做社会的国家，这绝是欧美所不能及的。”孙中山这里所说的“国民的国家”，也许可以理解为资产阶级的国家，但是，他所说的“欧美所不能及”的“社会的国家”呢？联系他所提倡的“社会革命”来考察，难道不应该理解为孙中山对一种“破天荒”的前所未有的政体的追求吗？1912 年，辛亥革命刚刚胜利不久，他一方面肯定美利坚、法兰西是“共和之先进国”，但是，他同时以极为明确的语言表示：“两国之政治，操之大资本家之手。”“英美立宪，富人享之，贫者无与焉。”[15] 1915 年 11 月，他致函第二国际，要求派人协助他“把中国建立成全世界第一个社会主义国家”[16]。到了 1924 年国民党第一次全国代表大会的宣言中，孙中山就把他的国家理想表达得更显豁：“近世各国所谓民权制度，往往为资产阶级所专有，适成为压迫平民之工具。若国民党之民权主义，则为一般平民所共有，非少数者所得而私也。”

在资本问题上，梁启超歌颂资产阶级是“国民经济之中坚”，认为中国应该“以奖励资本家为第一义”，为了与外资竞争，应该有大资本家，有托拉斯垄断集团。革命派则主张实行国家民生主义，将一切操纵国计民生的大企业掌握在国家手中，使国家成为大资本家。他们针锋相对地提出，不能只考虑资本家的利益，置其他人的利益于不顾，必须郑重研究财富分配问题，避免出现欧美社会贫富悬绝、劳动者如在地狱的情况。姑不论今天我们应该如何分析这些争辩的是非曲直，但这些情况至少可以说明，当时，梁启超等人是在为资产阶级说话，代表的是资产阶级的利益和要求，而革命党人则是在为广大人民群众说话。考虑到当时的革命者追求的是与君主专制相反的“共和”制度，以“平民”自居，自称所从事的革命为“平民革命”，因此，我认为称这批革命者为“共和知识分子”或“平民知识分子”较为恰当。

历史是已经发生过的历史。历史学家的任务是还原、重建、说明已经发生过的一切。有一种说法，当时，如果不革命，按照清廷“新政”的路子，或者按照康有为、梁启超设想的道路走下去，是不是更好？所付出的社会代价是不是会更小？历史不能假设，我不赞成这一种研究方法。因此，本书只以辛亥革命的实际发生过程为叙述对象，而不做离开这一过程的猜想式的分析和议论。

我踏入辛亥革命研究这一领域，如果从研究那一时期的文学团体南社算起，断断续续，已经有 50 多年历史。如果从参加写作《中华民国史》第一编《中华民国的创立》算起，也有 30 多年了。其间曾比较深入地研究过孙中山思想、新型知识阶层的兴起、同盟会的内部矛盾、发生于保路运动之后的保界拒约运动、南京临时政府的财政困难与北伐夭折等专题，写过若干篇论文，这些论文，大部分已结集为《从帝制走向共和——辛亥前后史事发微》一书，后来则收入拙作《杨天石近代史文存》中的《晚清史事》和《国民党人与前期中华民国》。2000 年至 2001 年期间，我还参加过蔡美彪先生主持的《中国通史》第 12 卷的写作，负责撰写戊戌变法和辛亥革命两章的初稿。这本小书就是在综合自己的上述研究，又部分吸收前辈和同辈们的成果基础之上完成的。我的原则是：简明而不失其要，采择众说而又保持自己的独立见解，尽力发掘尚未被学界利用的新资料，希望以不大的篇幅，全景式地讲述辛亥革命的历史，使读者能以较少时间全面了解这一革命。我曾经想重读重要资料，更广泛地参考海内外诸家的著作，但是，写作中间插进了一段赴台访问、讲学，归来后，交稿时间已迫，只能就这样见读者了。乱头粗服，在所难免，修订、加工，精益求精，期以异日。

谭徐峰先生为本书配图，谨此致谢。

中央文史研究馆，杨天石，2011 年 3 月

注

①我将中国历史分为远古（传说时代）、古代（夏至战国）、中古（秦至清中叶）、近代（鸦片战争至中华人民共和国成立）、现代（中华人民共和国成立以来）等几个阶段，其中中古时代，我称之为皇权专制地主小农社会，其特征为地主、农民的小农经济组合与皇权专制主义，其理由在此不能详论。

②《东方杂志》第4期。

③胡汉民：《胡汉民自传》，中国社会科学院近代史研究所编《近代史资料》总第45号，中国社会科学出版社1981年版。

④许师慎：《孙中山先生自美经欧返国》，《革命开国文献》第一辑，《史料》三，台湾“国史馆”1998年版，第2061页。

⑤吴朝晋口述，李滋汉笔记：《孙中山三赴纽约》，中国社会科学院近代史研究所编《近代史资料》总第64号，中国社会科学出版社1987年版。

⑥陈锡祺主编：《孙中山年谱长编》上册，中华书局1991年版，第335—336页。

⑦《孙中山全集》第1卷，中华书局1981年版，第288—289页。

⑧朱执信：《德意志社会革命家小传》，《民报》第2期。

⑨参见拙作《孙中山与中国革命的前途》，《哲人与文士》，中国人民大学出版社2007年版，第124页。

⑩《孙文力助工人之宣言》，《香港华字日报》，1921年6月9日。

⑪《纪念赫尔岑》，《列宁全集》第18卷，人民出版社1988年版，第15页。

⑫《新民主主义》，《毛泽东选集》合订本，人民出版社1967年版，第660页。

⑬梁启超：《开明专制论》，《新民丛报》第75号，第21页。

⑭县解：《论社会革命当与政治革命并行》，《民报》第5号，第61页。

⑮分别参见《孙中山全集》第2卷，中华书局1986年版，第354、371页。

⑯郝盛潮主编：《孙中山集外集补编》，上海人民出版社1994年版，第186页。

帝制的终结

目录
CONTENTS

帝制的终结

目录

CONTENTS

第一章

孙中山由体制内改革转向体制外革命

鸦片战争以后，列强入侵，清廷对外妥协，不惜割地、赔款以求苟安，中国人民不断掀起各种形式的斗争，或以各种努力外抗列强，内谋改革，但是，完全意义上的民族、民主革命则自孙中山始。他的思想，经历了从体制内改革到体制外革命的发展过程。

体制内改革的试探——上书李鸿章

（一）异域中成长的爱国者

早年孙中山

孙中山，谱名德明，幼名帝象，号日新，稍长后取名文，号逸仙，1866年11月12日（同治五年十月初六日）出生于广东省香山县（今中山市）翠亨村的一所狭小的泥砖屋里。翠亨村邻近澳门，背山临海，仅有六七十户人家。孙文有一兄，单名眉（1854—1915），字德彰；一姐，名妙茜（1863—1955）。由于孙文在日本从事革命时曾化名中山樵，辛亥革命后遂被通称为孙中山。

孙中山的祖上世代务农，父亲孙达成（1813—1888）原是贫苦农民，当过鞋匠，做过更夫。母杨氏（1828—1910）。孙中山6岁时即参加劳动，打柴、养猪、放牛，9岁才入村塾读书，所以他后来自述

“生而贫”，“某也，农家子也，生于畎亩，早知稼穑之艰难”。[①] 孙中山出生的这一年年初，太平天国后期的“擎天一柱”、康王汪海洋在广东嘉应州战死，太平军在南方的最后一支部队被消灭。孙中山幼年时常在住屋门前的老榕树下，听参加过太平军的老农冯爽观讲故事，对洪秀全很敬慕，说：“洪秀全灭了清朝就好啦！”

孙中山的哥哥孙眉原在地主家做长工，后来到太平洋上夏威夷王国的檀香山垦荒。檀香山又名火奴鲁鲁（Honolulu），位于瓦胡岛的东南海岸。在夏威夷语中，意为“屏蔽之地”或“屏蔽之湾”，因为早期盛产檀香木，而且大量运销中国，故被华人称为檀香山。在当地，孙眉开办牧场、商店，逐渐发展成为华侨企业家。1879 年（光绪五年），孙中山 13 岁，随母亲离乡到檀香山，“始见轮舟之奇、沧海之阔，自是有慕西学之心，穷天地之想”。[②] 在当地，孙中山先入英国基督教圣公会主办的意奥兰尼学校（Iolani School）学习英文。早在 1850 年（道光三十年），法国就将民主制度带进夏威夷，王国开始出现议会制度。因此，孙中山能在学校里比较多地接受新思想。同学问他为何还拖着辫子，他回答：“这种愚蠢的风俗，是满洲人强着我们做成的，必须等全体的中国人决心把它去掉，或者至少要有一个大多数，使全世界都知道才行。并且这发辫不过是中国所受许多耻辱中的一种，我们应该立刻的把许多耻辱全体去掉的。”[③] 16 岁时，孙中山毕业，改入岛上的最高学府奥阿厚书院（Oahu College）就读。这所学校为美国教会所办，比意奥兰尼学校解放，孙中山能系统地接受西方政治和自然科学教育，逐渐形成新的世界观。孙中山痛感檀香山的教育和国内迥然不同。课余，他常向同校的中国同学倾诉衷曲，立志“改良祖国，拯救同群”。后来孙中山回忆这一段经历，自称“当时所怀，一若必使我国人皆免苦难，皆享福乐而后快者”。[④] 1883 年（光绪九年）孙中山因企图受洗，加入基督教，被孙眉责令回国。

（二）境内外的两重天地

孙中山归国途中，先到香港，再搭船回乡。途经中国关卡，亲身体验官吏的刁难和勒索，使孙中山备感中国和檀香山之间的差异。回到翠亨村后，孙中山因与村塾同学陆皓东毁坏北极庙神像，不能为世俗所容，到香港拔萃书室读书。其间，与同学谈太平天国史迹，常以洪秀全第二自命。年底，加入基督教。次年三月，转学中央书院。1886年（光绪十二年），进入广州博济医院学医，在同学中结识三合会会员郑士良。次年，转入香港西医书院学习。孙眉听说弟弟毁坏神像及加入基督教，命其返檀，加以责打。孙中山不仅不服，反而将孙眉书房里的关帝神像扔进厕所，毅然重返香港。

在香港期间，孙中山见到当地市街秩序整齐，建筑宏美，社会进步，与故乡情形迥异，自念两地相距仅五十余里，何以成为两个世界？他问自己："外人能在七八十年间在一荒岛上成此伟绩，中国以四千年之文明，乃无一地如香港者，其故安在？"[⑤] 他想为家乡做点小规模的改良工作，如修桥、铺路，但是，困难重重。求助于县令，县令深表同情，但不久更换，新县令花5万元买得此职，自然无心于此。求助于广东省，省里的官僚比县里更腐败。他多次动念，想上书清廷的外交机构——总理各国事务衙门，指陈时势得失。[⑥] 这一时期，他与同学陈少白、尢列、杨鹤龄结交。四个年轻人都敬慕洪秀全，相与纵谈革命，被人戏称为"四大寇"。1890年（光绪十六年），他曾与陈少白共同研读《法国革命史》和达尔文的《物种原始》。同年，他写信给乡先辈，曾任清廷出使美国、西班牙、秘鲁三国大臣，正退休在家的郑藻如，提出鼓励农民、劝戒鸦片、兴办学堂等三条意见，显示出这位二十四岁的年轻人"远观历代，横览九洲"的才识。1892年（光绪十八年），孙中山以第一名的优异成绩毕业，先后在澳门、广州两地行医。他医术精湛，名噪一时，有一年的收入竟高达万元之多。但是，他总觉得，医术救人，所救有限，世上最大的权力是政治，政治既可以为"大善"，也可以为"大恶"，中国人的苦难均源于"不良之政治"。因此，他决心弃医从政，改"医人"为"医国"，"改革中国之恶政治"，"锄去此恶劣政府"。[⑦]

1885年（光绪十一年）中法战争失败后，孙中山即萌发"倾覆清廷"的念头。1893年（光绪十九年）冬初，他在广州城南广雅书局南园的抗风轩内召集会议，商议成立一个以"驱除鞑虏，恢复华夏"为

| “四大寇”（左二为孙中山）与同学合影

宗旨的团体，不过，参加者很少，仅有陆皓东、郑士良、尢列、程奎光、程璧光等人。当时没有确定名称。后来有学者认为应将之视为兴中会的发轫。⑧

（三）上书李鸿章受挫

这一时期的孙中山，还处于革命或改良的犹豫之中。1893 年（光绪十九年）底，孙中山回到翠亨村，将他长期深思所得写成上李鸿章信稿，企图劝说统治者走自行改革的路。次年春夏间，孙中山和陆皓东到上海，会见改良主义思想家郑观应和王韬。郑观应为他致函盛宣怀推介。盛是近代中国著名的企业家和政治家，原是李鸿章的幕僚，当时正受李鸿章委派，在上海督办纺织工厂。王韬热情地为孙修改信稿，并为他们介绍关系。6 月，孙、陆结伴到天津，向时任北洋大臣的李鸿章上书，反对洋务派的“船坚炮利”的富强纲领，主张学习欧洲各国“富强之本”，提出“人能尽其材，地能尽其利，物能尽其用，货能畅其流”等四项主张，要求改革教育和人才选拔制度，发展农业，采用机器生产，保护商业并开通国内市场。函称："此四事者，富强之大经，治国之大本也。"信中，孙中山表示，愿出国考察农业，特别强调："天下之事，不患不能行，而患无行之人；方今中国之不强，固患于能行之人少，而尤患于不知之人多"，实际上提出了人的思想观念转变问题。但是，李鸿章当时正忙于筹划即将爆发的中日之战，仅由慕僚为孙中山代办了一张农桑会游历泰西各国的护照，没有接见这两位满怀希望而来的年轻人。

由于上书无成，孙、陆就直奔北京，窥探清廷虚实。孙中山发现，清廷的政治龌龊，超过广州百倍。这样，孙中山就彻底绝望，决计从此抛弃体制内改革的一切念头，从事体制外的革命。他和陆皓东南下，深入武汉、海州等地，考察山川地理，为将来的军事行动做准备。他自述说："吾党于是怃然长叹，知和平之法无可复施。然望治之心愈坚，要求之念愈切，积渐而知和平之手段不能不稍易以强迫。"⑨

"振兴中华"伟大口号的提出

（一）檀香山兴中会呱呱落地

1894年（光绪二十年）7月末，中日战争爆发。9月，日军占领平壤，中日海军在黄海大战，致远、经远、超勇、扬威四舰沉没，管带邓世昌英勇战死。大概就在此前后，孙中山认为时机可用，便先到上海，结识宋嘉树——他后来的岳父，宋积极支持孙中山的革命活动。从上海，孙中山放洋出海，再赴檀香山，拟向旧日亲友筹资，回国革命。到达后，孙眉首先表示赞成，愿划拨部分财产资助，并且写信给亲友介绍。但是，当地风气闭塞，孙中山奔走逾月，仅得同志数十人。11月21日（十月二十四日），日军攻占旅顺，大肆杀掠。次日，美国驻华公使田贝向清廷总理各国事务衙门提出赔偿日本兵费、先行停战等办法，清廷表示接受。11 月 23 日（十月二十六日），清廷以“调度乖方”为由将李鸿章革职留任，摘去顶戴。清军的惨败加深了孙中山的危机感。11 月 24 日（十月二十七日），孙中山等人在卑涉银行（Bishop Bank）华人经理何宽寓所集会，成立兴中会，何宽、李昌等侨胞二十余人出席。会议选举永和泰号司理刘祥及何宽为檀埠本会正副主席，永和泰商号司账黄华恢为司库，程蔚南、许直臣为文案，李昌、郑金、邓松盛（荫南）等为值理。孙中山命各会员填写盟书：“联盟人某省某县人某某，驱除鞑虏，恢复中华，创立合众政府，倘有二心，神明鉴察。”宣誓时，由李昌朗读誓词，各人以左手置于《圣经》之上，举右手向天依次宣读。

合众政府，指实行宪政的联邦共和制政府。孙中山再到檀香山前一年，美国海军陆战队登陆夏威夷，支援当地的美国人发动政变，迫使女王逊位，成立夏威夷共和国临时政府。孙中山再到檀香山之时，正是夏威夷共和国正式成立之后不久。[10] 他将“创立合众政府”列入兴中会誓词，显然受到美国民主观念和夏威夷政权变化的影响。

孙中山起草的《兴中会章程》指出多年来中国衰弱不振的状况和当时所面临的危急局势：

> 中国积弱非一日矣。上则因循苟且，粉饰虚张；下则蒙昧无知，鲜能远虑。近之辱国丧师，剪藩压境。堂堂华夏，不齿于邻邦；文物冠裳，被轻于异族。有志之士，能无抚膺！夫以四百兆苍生之众，数万里土地之饶，固可发奋为雄，无敌于天下。乃以庸奴误国，荼毒苍生，一蹶不兴，如斯之极。方今强邻环列，虎视鹰瞵，久垂涎于中华五金之富，物产之饶。蚕食鲸吞，已效尤于接踵；瓜分豆剖，实堪虑于目前。有心人不禁大声疾呼，亟拯斯民于水火，切扶大厦之将倾。用特集会众以兴中，协贤豪而共济，抒此时艰，奠我中夏。

《章程》共列《规条》九条，其首条规定：“是会之设，专为振兴中华维持国体起见。盖我中华受外国欺凌，已非一日，皆由内外隔绝，上下之情罔通，国体抑损而不知，子民受制而无告，苦厄日深，为害何极。兹特联络中外华人创兴是会，以申民志，而扶国宗。”鸦片战争以后，列强入侵，清廷签订不平等条约，割地、赔款，装孙子，作奴态，而列强不知餍足，得寸进尺，贪欲愈来愈大，胃口愈来愈旺，中国面临前所未有的亡国危险。《章程》表现出强烈的民族主义和爱国主义热情，呼吁海内外华人协力同心，“振兴中华”。自此，这一口号就成为团结和鼓舞亿万中国人民奋斗的最强音。

《规条》还确定了捐款、公举、收支、入会、少数服从多数（舍少从多）等原则，说明它已经完全脱离旧式帮会，成为具有现代民主色彩的政治团体。

华侨期望祖国强大，爱国人人赞成，但是，参加政治活动并不积极，对革命更不热心。经过艰苦动员，兴中会会员陆续发展至126人，其中，经营小商店或小农场者约70余人，工人约35人。原籍全部是广东。[11]

人数虽少，但是，孙中山却在积极为发动武装起义做准备。他组织部分华侨成立华侨兵操队，进行军事训练，聘请一位丹麦人做教练，每周操练两次。会员报名者20余人。同时，孙中山又开展募捐，筹集经费。112名会员交来会底银228元，另以举办公家事业的名义收得股份银1100元。到当年年底，清兵在和日军的战斗中继续失败，在上海的宋嘉树要求孙中山迅速归国。孙中山遂决定改变原来赴美洲发展组织的计划，归国举事。为了帮助弟弟，孙眉贱价卖掉牧场的部分牛只，邓荫南则卖掉了自己的农场和商店，以示一去不再返回的决心。

（二）新型知识分子与传统会党的结合——香港兴中会

中日甲午战争中，清廷被新起的岛国日本打败，人们对清廷的愤懑增强。孙中山急于利用这一时机行动，向人们宣告革命党人的存在。1894年（光绪二十年）冬，他带着邓荫南和孙眉等资助的6000余元美金，匆匆归国，筹备起义。兴中会中的少数工人会员及欧美技师、将帅随行。舟过日本横滨，孙中山在船上向侨胞演讲革命要义，为横滨侨商陈清所闻，陈邀请孙上岸商谈。孙中山因开船在即，交给兴中会章程及讨满檄文一束，要他转交当地侨商冯镜如等。孙告诉陈，广州不日起事，陈若有意参加，可到香港投效。不久，陈清果然到香港参加革命，可见孙中山演讲魅力之大。

杨衢云

1895年1月（光绪二十一年正月），在欢庆夏历新年的爆竹声中，孙中山回到香港。2月21日（正月二十七日），孙中山与陆皓东、郑士良、陈少白及香港辅仁文社的杨衢云、谢缵泰等，在中环士丹顿街13号成立兴中会总部，托名“乾亨行”。辅仁文社成立于1892年（光绪十八年）3月13日，社纲共6条：1. 磨砺人格，臻于至善；2. 不得沉溺于当世之恶习；3. 为未来中国青年作表率；4. 以多途增进中外、文武两种学识；5. 精通西学；6. 以爱国者自励，努力扫除吾国所遭之屈辱。[12] 该社发起者7人，陆续入社者共16人，杨衢云为社长。辅仁文社成员的加入增强了香港兴中会的力量，不过也增加了矛盾、分裂的因素。谢缵泰认为孙中山是一个“轻率的莽汉”，“他以为自己没有什么干不了的——事事一帆风顺——‘大炮’！”“念念不忘‘革命’，而且有时全神贯注”，“一言一行都显得奇奇怪怪”，因此，不能“将领导运动这个重大责任信托给他”。[13] 谢和孙的政治理念不完全相同，对孙有偏见。不过，从他的评论里倒不难发现孙中山性格中的若干优点。

和檀香山兴中会宣言比，香港兴中会宣言增加了指责清廷的一段：“乃以政治不修，纲纪败坏，朝廷则鬻爵卖官，公行贿赂；官府则剥民括地，暴过虎狼。盗贼横行，饥馑交集，哀鸿遍野，民不聊生。呜呼惨哉！”原有的《规条》9则改为《章程》10条，如会名宜正、本旨宜明、志向宜定、人员宜得、交友宜择、支会宜广、人材宜集、款项宜筹、公所宜设、变通宜善等。在“本旨宜明”部分，特别加强了对救亡图存的紧迫性和责任感的呼吁：“不思中国一旦为人分裂，则子子孙孙世为奴隶，身家性命且不保乎？急莫急于此，私莫私于此，而举国愦愦，无人悟之，无人挽之，此祸岂能幸免！”在“志向宜定”部分列举“利国利民”事件四项：“设报馆以开风气，立学校以育人材，兴大利以厚民生，除积弊以培国脉。”《章程》表示，期望通过人人“惟力是视”的努力，使中国达到国泰民安的理想境界：“上匡国家以臻隆盛，下维民众以绝苛残，必使吾中国四百兆生民各得其所，方为满志。”这就说明，孙中山从革命的一开始，除关心国家强盛外，也深切关心民生幸福问题。

香港兴中会的主要成员一部分是具有近代政治理念的新型知识分子，以孙中山、陈少白、陆皓东、杨衢云为代表；一部分是具有传统反满精神的会党分子，以郑士良、邓荫南、谢缵泰为代表。在以后的革命过程中，长时期起作用的主要是这两种社会力量。不过，年深月久，会党初建时的精神早已荡然无存，参加兴中会的手续有时也过于简单。据记载，其方式为：约好在茶楼喝茶，孙中山来到时，凡起立者即为会员。[14] 以这种方式发展的成员自然没有信仰和战斗力。

孙中山在西医书院时的老师、英国人康德黎（James Cantlie, 1851—1926）这时仍在香港，孙中山向他透露了自己的返港目的，希望得到有良知的外国人士的援助。康德黎为孙介绍了在当地开照相馆的日本富商梅屋庄吉。孙中山迅速造访梅屋，对他说：“欧美各国人都称中国为睡狮。如果是狮子，要醒起来才有用。”“现在的情况如果继续下去，中国就会被西欧列强殖民主义者所瓜分。不独是中国，所有亚洲各国都将成为西欧的奴隶。中日两国不幸发生战争，但我们非团结起来不可，使中国脱离殖民化的危险，是保卫亚洲的第一步。为了拯救中国，我与同志们正准备发动革命，打倒清朝。”[15] 他向梅屋详细介绍了在广州发动起义的计划，要求得到援助，梅屋赞赏孙中山的理想，富于侠义精神，当即爽快地答应：“君若举兵，我以财政相助。”[16] 这一天的谈话缔结了两个人

| 康德黎

一辈子的友谊。梅屋很快为孙中山筹集了一笔资金，派人赴澳门、新加坡、厦门等地购买军械。

除香港兴中会外，日本横滨、台湾台北、南非的约翰尼士堡及彼得马尼士堡、越南的河内、美国的旧金山等地陆续成立分会。横滨分会成立于广州起义失败之后，会员有经营印刷事业的侨商冯镜如、冯紫珊、冯懋龙（自由）等十余人。台北分会成立于1897年（光绪二十三年）冬，由陈少白介绍美时洋行买办杨心如创建，有商民会员数人。南非两地的分会由杨衢云创建，有侨商黎民占等会员数十人。河内分会由孙中山于1902年（光绪二十八年）创建，会员有洋服店商人黄隆生等。旧金山分会成立于1904年，发起人为孙中山，仅会员数人。

涓涓细流，可以汇为江海；星星之火，可以发展为燎原烈焰。这时的兴中会，虽然人员寥落，势孤力单，但是它却很快发展、壮大，终于在十几年后改变了古老中国的历史进程。

对清廷的最初一击——广州起义

（一）设立机关

香港兴中会成立后，即积极筹备在广州发动起义。孙中山驻广州指挥，杨衢云驻香港，负责后勤供应及财政支持。1895年（光绪二十一年）3月，孙中山多次访问日本驻香港领事中川恒次郎，声称拟奉康有为为统领，在两广成立共和国，要求日方提供步枪25 000支，手枪5 000支。[17] 同月16日，杨衢云、孙中山、谢缵泰等商讨以3 000精兵攻占广州的计划，香港《德臣西报》的编辑托马斯·哈·黎德、《士蔑士报》的编辑切尼斯·邓肯都表示支持。不久，黎德并同意设法争取英国政府和英国人民的同情和帮助。[18]

3月下旬，孙中山、郑士良、陈少白、陆皓东等到广州，在双门底王氏家祠建立机关，假借“农学会”名义活动。“镇涛”号炮舰管带、原福建马江水师学堂学生程奎光及其水师数百人加入兴中会。起义的基本队伍是：新安、深圳等地的会党，中日战争后遣散的部分营勇，三元里、香山等地的民团，北江、顺德等地的绿林等。具体计划是以10月26日（九月初九日）为期，由杨衢云率领集中在香港的会党分子3000人作前锋，攻击广州地方衙署，其他队伍分头埋伏在广州城内响应。孙中山等认为，这一天是夏历重阳节，不少人回省扫墓，有利于掩护起义队伍行动。为了争取列强承认起义军是交战团体，黎德和特·高文起草了对外宣言，香港律师、立法局议员何启和谢缵泰作了修订，陆皓东制作了以青天白日为图案的旗帜。

10月6日（八月十八日），孙中山在广州《中西日报》发表由兴中会会员、基督教牧师区凤墀代为起草的《拟创立农学会书》，征集同志。书中，孙中山表示将翻译各国农桑新书，设立学堂，开设博览会，躬操耕作，以此启发农民，振兴农业。广州很多士绅参加发起。其中有一位孙中山的香山同乡刘学询，因操纵与科举考试有密切关系的赌博，成为巨富，权倾一方。他曾资助孙中山行医。某日，孙中山在香港访问刘学询，闭门密谈。孙称：“中国现要瓜分矣。”“中国人犹醉生梦死，不知国亡之无日。”“与其希求官僚之振作，不如运动草莽之奋起。”他向刘阐述了利用会党在广东发动起义的计划，要求刘支持，但刘认为《马关条约》已订，时机已过，仅仅依靠炸药进行暗杀，或联络“会匪”，容易重演“排外”事件，引起“瓜分”危机。孙中山意欲推刘为领袖，但刘称赞孙“年少有为”，要孙不要“妄自菲薄”。辞别时，孙向刘表示：“当缓图之。”不过，事后，孙中山并未停止活动，和刘学询之间仍然保持着秘密而复杂的关系。[19]

（二）起义的发动与失败

10月10日（农历八月二十二日），兴中会总部在香港集会，选举孙中山为会长，称为“伯里玺天德”（President），起义后即为合众政府大总统。第二天，杨衢云要求孙中山将会长一职让给自己，郑士良、陈少白坚决反对。郑声言：此席大家都属意孙先生，如有人作非分之想，就亲手杀了他。孙中山为了不在起义前夕引起分裂，同意让位。

10 月 26 日晨，各路会党、民团、营勇按原部署埋伏在广州城内，但杨衢云却临时打电报给孙中山，声称“货不能来”。孙中山无法，只好一面资遣会党首领，一面电告杨衢云：“货不要来，以待后命。”陈少白认为处境危险，劝孙中山离开广州，孙称自己有事要办，要陈先回香港。其间，会员朱淇的哥哥朱湘向缉捕委员李家焯告密，李立即派士兵监视孙中山行动。当日，孙中山赴某牧师的宴会，发现路上满布营勇，笑着对同行者说：“此辈都是来侦察我的行踪的吧！”27 日（九月初十日），两广总督谭钟麟得到确报，立即派人到王家祠堂等处搜缉，陆皓东、程奎光等 6 人被捕。[20] 杨衢云因已有七箱军械装轮启运，仍派朱贵全、丘四等率 200 人前往广州，28 日（九月十一日）晨登岸时，清军早有戒备，朱贵全、丘四等多人被捕。孙中山在事后

广州起义失败后孙中山亡命香港时的居所

曾在广州匿居三天，得知陆皓东被捕后，烧毁同志名簿，埋妥炸弹，化装为苦力，从容登上开往澳门的轮船，转赴香港。

孙中山到港后，清两广总督谭钟麟照会英国领事，知照港督，要求交出孙中山等4人，港督以“英国不愿交出政治犯”为理由拒绝，但表示，如孙文来港，将驱逐出境。11月2日（九月十六日），孙中山与陈少白、郑士良等东渡日本。邓荫南避走澳门，杨衢云则远走南非。

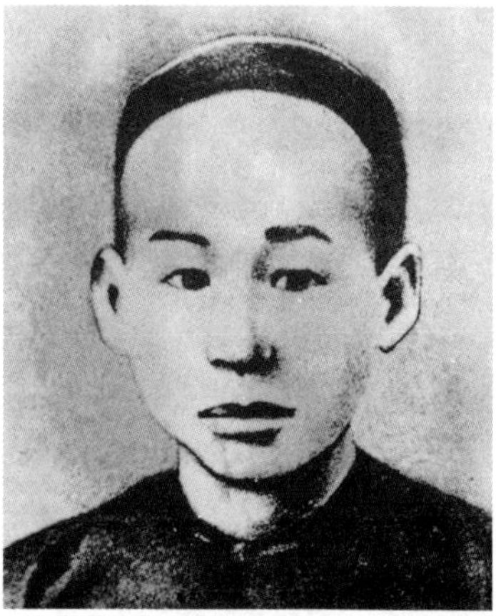

陆皓东

陆皓东被捕后，遭到非刑审讯，但他坚贞不屈，在供词中慷慨自陈：“愤异族政府之腐败专制，官吏之贪污庸懦，外人之阴谋窥伺，凭吊中原，荆榛满目，每一念及，真不知涕泪之何从也。”又称：“要知今日非废灭满清，决不足以光复汉族；非诛除汉奸，又不足以废灭满清，故吾等尤欲诛一二狗官，以为我汉人当头一棒。今事虽不成，此心甚慰，但我可杀，而继我而起者不可尽杀。”[21] 他向清吏表示：“吾言尽矣，请速行刑！”11月7日（九月二十一日），陆皓东、朱贵全、丘四三人同时被害，程奎光被清吏严刑逼供，被笞至六百军棍，气绝身亡。时称四烈士。后来，孙中山称陆皓东为“中国有史以来为共和革命而牺牲者之第一人”。[22]

广州起义准备不足，敌我力量悬殊，失败有其必然性，但是，它是革命党人用武装起义推翻清朝、建立共和的第一次勇敢的尝试，陆皓东等以无畏与牺牲精神为继起者树立了光辉榜样。

伦敦被囚与《伦敦蒙难记》的写作

（一）最初的宣传品

广州起义失败后，孙中山、陈少白等流亡日本横滨。横滨是留日华侨最为集中的地区，人数达三千余，占当时旅日华侨总数的百分之六十以上。1895 年（光绪二十一年）10 月底，孙中山在侨商冯镜如、冯紫珊弟兄的帮助下，在当地建立兴中会分会，冯镜如任会长。孙中山将《扬州十日记》及黄宗羲的《原君》《原臣》等著作交给冯镜如印刷，作为宣传品分寄海外。这是孙中山从事革命宣传活动的开始。

《扬州十日记》，王秀楚著，记 1645 年（清顺治二年四月）南明兵部尚书史可法在扬州抗御清军围攻，城破后清军进行大屠杀的史实。征服者杀人、放火、强奸、抢劫，无所不为，据估计，被害人民在 30 万以上，甚至有说被害者高达 80 万者。《原君》《原臣》是明末清初思想家黄宗羲《明夷待访录》中的名篇。《明夷待访录》成书于公元 1663 年（康熙二年），早于法国卢梭《民约论》100 年，被称为中国的《人权宣言》。共收论文 21 篇。其中《原君》批判君主“以我之大私为天下之大公”，实乃“为天下之大害”。《原臣》指出臣子之责任，“为天下，非为君也；为万民，非为一姓也”。孙中山使用这两种历史文献进行革命宣传，说明他所关注的不仅是排满复仇，而是指向皇权专制制度，是从民主主义出发的。

（二）断发改装，赴美宣传

当时，清朝驻日公使裕庚抵任，陆续在横滨、长崎、神户各地派驻领事，外间传言日本政府将向清廷引渡革命党人。孙中山遂断发改装，离开日本，再到檀香山。他遍游各岛，宣传革命，筹集军费。时值广州新败之后，旧日同志灰心失望，应者寥寥。1895 年 12 月 2 日（光绪二十一年十月十六日），清廷谕令谭钟麟迅速缉拿孙中山、杨衢云等人，广东当局以1 000元悬赏捕孙，以100元至200元悬赏捕捉杨衢云、陈少白等14人。1896年（光绪二十二年）2月，香港英国当局宣布对孙中山的驱逐令，5年内禁止在港居留。

同年6月上旬，孙中山转赴美国旧金山，继续宣传革命，成效仍然很小，华侨听到革命、排满等字眼，大都掩耳避走。从旧金山到纽约，孙中山坐火车横穿美洲大陆，一路宣传清政腐败，非从民族根本改革，无以救亡，而改革之任，人人有责。尽管孙中山口干舌燥，然而言者谆谆，听者藐藐，能说动的不过数人或十数人。美洲华侨很多加入秘密会社——洪门。关于洪门的源流，言人人殊，其中一说创设于清康熙年代，为怀念明朝，力图恢复的遗老们所立。化名很多，有红帮、三点会、三合会、三河会、天地会、致公堂等。孙中山用“革命”的语言作宣传，效果不好，就改用洪门“反清复明”的传统语言做工作，大多数人也还是不明所以。万事起头难，孙中山的思想一时还难于为广大群众所接受。

（三）被诱入驻英使馆

9月23日（八月十七日），孙中山自纽约赴英国。早在当年6月，清廷总理各国事务衙门听说孙中山准备转往欧洲，就电令驻美公使杨儒，查明孙中山行踪，电告驻英公使龚照瑗。龚照瑗在得知孙中山来英消息后，立即与英国政府外交部交涉引渡，遭到拒绝，龚照瑗即雇用英国侦探社的侦探，计划监视孙中山。

9月30日（八月二十四日）孙中山到利物浦上岸，英国侦探立即跟踪盯梢。10月11日（九月初五日），孙中山在行经清廷驻英使馆时被诱入馆内拘留。龚照瑗决定将他秘密用船押回国内处理，孙本人也作了中途跳海，或被送回广州后严刑拷打，宁死也决不出卖同志的准备。在使馆工人科尔（George Cole）和女管家霍维夫人（Mrs. Howe）的帮助下，孙中山旧日的老师康德黎得到讯息，采取赴警署及英国外交部报告等多项营救行动。10月19日（九月十三日），英国首相兼外交大臣沙士勃雷侯爵（Lord Solisbury）决定干预。10月22

日（九月十六日），英国政府以强硬措辞照会清公使馆，要求释放孙中山，当地《地球报》同时刊发号外，报道孙中山被囚消息，引起伦敦全城轰动。10月23日（九月十七日），孙中山获释。至此，孙中山共被囚43天，死里逃生。

（四）《伦敦蒙难记》的写作

孙中山被释后，于10月24日（九月十八日）致函伦敦各报主笔，对英国政府、报界和英国人民表示感谢，内称："我对立宪政府和文明国民意义的认识和感受愈加坚定，促使我更积极地投身于我那可爱而受压迫之祖国的进步、教育和文明事业。"[23] 他在接受《每日新闻》记者采访时特别说明：和旧式的"白莲教"不同，"我们的运动是新的，限于受过教育的中国人，他们大部分在国外"。除英国各报刊外，美国、澳大利亚、日本、新加坡、香港以及上海的《万国公报》《时务报》等纷纷发表报道和评论，孙中山的国际知名度因此大为提高。

在伦敦期间，孙中山应剑桥大学汉学家翟里斯（H. Giles）之邀，撰写自传，声称"心伤鞑虏苛残，生民憔悴，遂甘赴汤火，不让当仁"，因此决心"驱除残贼，再造中华，以复三代之规而步泰西之法"。这里，"三代之规"是套语，而"步泰西之法"才是真意。自12月5日（农历十一月初一日）起，孙中山逐日赴大英博物馆读书，开始在康德黎的帮助下写作《伦敦蒙难记》，叙述被挟持进入公使馆及被救经过。为了感谢被

《伦敦蒙难记》书影

因时给过帮助的英国工人科尔，孙中山将演说得来的几百英镑都送给了他。

《伦敦蒙难记》的英文本于1897年1月21日（光绪二十二年十二月十九日）出版。书中，孙中山激烈地批判清政府统治下的中国政治：专制、无法、贪污、腐败，如“粪土之壤，其存愈久而其秽愈甚”。他说：

无论为朝廷之事，为国民之事，甚至为地方之事，百姓均无发言或与闻之权。其身为民牧者，操有审判之全权，人民身受冤抑，无所吁诉。且官场一语等于法律，上下相蒙相结，有利则饱其私囊，有害则各委其责任。婪索之风已成习惯。官以财得，政以贿成。

孙中山尤其批判清廷所施行的文化禁锢政策：禁止人民阅读政治书籍、阅读报纸，不让人民了解世界大事；儒学经典“四书”“五经”，只允许人们诵读钦定的符合皇家意志的注释本，任意删节、曲解其中的具有反抗意味的成分，使人民成为“聋子”“瞎子”“傻子”和奴才。他说：

至其涂饰人民之耳目，锢蔽人民之聪明，尤有可骇者。凡政治之书，多不得浏览；报纸之行，尤悬为厉禁。是以除本国之外，世界之大事如何，人民若何，均非其所知……士人当束发受书之后，所诵习者不外于四书、五经及其笺注之文字。然其中有不合于奉令承教，一味服从之义者，则且任意删节，或曲为解说，以养成其盲从之性。

孙中山形容，当时“中国之人民，无一非被困于黑暗之中”。“五四”前夜，鲁迅曾在小说《狂人日记》里将当时的中国比作“黑漆漆的，不知是日是夜”，“屋里面全是黑沉沉的”，孙中山这里的论述，要比鲁迅早20年。

孙中山认为英国人性格保守、和平，因此他比较强调兴中会最初偏重于“请愿、上书”等“积渐”而“和平”的形式。但是，朝廷“不特对于上书请愿之人加以谴责”，而且禁止此后的类似行动，因此才不得不“稍易以强迫”，“殆至和平无效，始不得不出于强力”。

（五）与俄国人的交往

如果说，在《伦敦蒙难记》中，孙中山将自己的革命意志讲得比较含蓄，那么，到 1897 年（光绪二十三年）初，他在和一位俄国人谈话，推荐《伦敦蒙难记》时，就讲得比较激烈、袒露了：

俄人：您相信在中国有可能爆发一场进步的人民运动吗？

孙：噢，当然啦。目前中国的制度以及现今的政府绝不可能有什么改善，也决不会搞什么改革，只能加以推翻，无法进行改良。期望当今的中国政府能在时代要求影响下自我革新，并接触欧洲文化，这等于希望农场的一头猪对农业全神贯注，并善于耕作，哪怕这头猪在农场里喂养得很好，又能接近它的文明的主人。

俄人：您希望在中国有什么样的制度来取代现存的制度呢？

孙：我希望有一个负责任的、有代表性的政体。此外，还必须使我们的国家对欧洲文明采取开放态度。我不是说，我们要全盘照搬过来。我们有自己的文明，但是，因为无法进行比较、选择，它也就得不到发展了。时至今日，这种文明已经和人民群众完全格格不入了。

在近代中国长期存在着中西文化之争，一派主张发扬光大中国固有文化，一派主张充分吸取欧洲文化。孙中山在这场争论刚刚露头时就提出了比较正确的主张，即“对欧洲文明采取开放态度”，但又不“全盘照搬”；中国的固有文化因为缺乏与异种文化的比较、选择，已经得不到发展，落后于时代，脱离于人民，必须改造、重铸。谈话最后，孙中山回到革命这一主题，表示要有武器才行，在中国，人民的起义不过是一个时间问题而已。[24]

当年年底，这位和孙中山谈话的俄国人将《伦敦蒙难记》全文译为俄文。不久，又被日本人宫崎寅藏译为日文。

孙中山在伦敦接触的俄国人不止一个。他自己回忆，在图书馆里看书的时候，曾经遇到几位俄国人，知道彼此都是革命同志，俄国人问孙，中国革命何时成功？孙虽经广州起义失败，但“卷土重来之气正高，心中希望一二年内就要再举，再举又必期成功”，不过，为了表示稳健，便回答：大约三十年可以成功。俄国人很吃惊，表示说：

大概一百年后能够成功，我们便大满足，此刻正是在奋斗。成功虽然在一百年之后，但是现在不能不奋斗。如果现在不奋斗，就是百年之后也不能成功。因为要希望一百年可以成功，所以我们现在便努力奋斗。

孙中山听了俄国人的这段话，觉得很惭愧。从那以后，孙中山便经常环游地球，一面考察各国政治得失、国势强弱，一面从事革命运动。据孙自己估计，他约计每二年绕地球一周，到武昌起义前，大概绕过地球六七周。每当有人问他：“不知道失败多少次了，为什么还不丧气，总是这样热心呢？”他便用在伦敦图书馆里和俄国人的谈话回答：“我不管革命失败了有多少次，但是我总要希望中国的革命成功，所以便不能不总是这样奋斗。”[25]

（六）和英国人合作写书

在伦敦期间，孙中山还计划和英国人柯林斯（E.Collins）合写一本书，由孙中山陈述事实和见解，柯林斯加工、整理。1897年3月1日，该书的部分内容以《中国的现在与未来》为题发表于伦敦的《双周论坛》。文章尖锐地抨击当时“根深蒂固遍及于全国”的贪污，认为“除非在行政的体系中造成一个根本的改变，局部的和逐步的改革都是无望的”。文章宣称“中国人和中国政府并不是同义语词”，“全体人民正准备着要迎接一个变革”，“目前我们所需要的援助仅是英帝国以及其他列强善意的中立”。[26] 不同时用两个拳头打人，希望在推翻清廷的革命斗争中，能得到列强的理解和同情，保持“善意的中立”，这是整个辛亥革命时期孙中山对外政策的基本方针，本文已经勾画了它的大体轮廓。

孙中山和柯林斯合著的另一部分以《中国的司法改革》为题发表于伦敦《东亚季刊》第1卷第1号。文中，孙中山揭露清廷司法的黑暗与残酷，将之比喻为希腊神话中国王奥吉亚斯的“牛圈”，养了三千头牛，三十年中从不打扫，粪秽堆积如山。孙中山声称，清廷司法的惨毒是“促使我从事中国改革事业以把我的同胞从水深火热之中解救出来的主要动机之一”。[27]

曾在中国长期传教的李提摩太（Timothy Richard）这时正在伦敦。李提摩太担任过英美基督教新教教士、外交人员、商人、在中国创办的出版机构广学会的督办，编辑《万国公报》。他和孙中山之间有过辩论。孙中山认为，满清官吏贪赃枉法，必须由汉人代替满人执政。李认为满汉各有优劣，须在政府的中心部分作根本改变；中国需要改革，而不是革命。二人谁都没有说服谁，各自坚持自己的主张。

（七）离英东返

1897年7月1日（光绪二十三年六月初二日），孙中山乘轮船离开英国。从去年登岸到此次离去，孙中山在英国共生活9个月，跨越两个年头。

伦敦是国际共产主义运动的重要发源地，1847年（清道光二十七年）6月，国际无产阶级政党——共产主义者同盟诞生于这个城市。次年，《共产党宣言》在这个城市出版。1864年，国际工人协会（第一国际）在这个城市成立。马克思为写作《资本论》曾经成年累月地在伦敦的博物馆里收集资料。孙中山到伦敦，正是马克思去世后的第15年，《资本论》英文版出版后的第9年。马克思读书的伦敦博物馆，孙中山也多次去阅览，认识该馆东方部主任道格拉斯。后来，孙中山自述：“伦敦脱险后，则暂留欧洲，以实行考察其政治风俗，并结交其朝野贤豪。两年之中，所见所闻，殊多心得。始知徒致国家富强，民权发达如欧洲列强者，犹未能登斯民于极乐之乡也。予欲为一劳永逸之计，乃采取民生主义，以与民族、民权问题同时解决，此三民主义所由完成也。”[28] 孙中山一辈子崇敬马克思，称他为社会主义的“圣人”，“集几千年人类思想的大成”，但是，始终不同意照搬马克思主义，而提倡：“今日师马克思之意则可，用马克思之法则不可。”[29]

交结日本朝野

（一）再到扶桑

当时欧洲还没有中国留学生，华侨也少，孙中山虽想鼓吹革命，但没有对象。1897 年 7 月 1 日（光绪二十三年六月初二日），孙中山离开英国，经加拿大，于 8 月 16 日（七月十九日）抵达日本横滨。横滨华侨多。当时，旅日华侨约 5 200 多人，横滨有 3 252 人，占总数的 60% 以上。横滨离中国近，交通方便。到了横滨，孙中山就有可为之地了。

孙中山回到日本时，陈少白正准备赴台北建立兴中会分会，他对孙中山说，“满清政府把台湾割给日本之后，近年来不知搅到一个什么地步”，“我能够在那里活动活动，或者也可以把那里的中国人联络起来，发展我们的势力”。孙中山支持陈的计划，陈少白于是离日赴台。

（二）交结日本朝野

日本自 1868 年（清同治七年）明治维新以后，逐渐形成了一股提倡天皇主义、国粹主义和大亚洲主义的热潮。1881 年（清光绪七年），头山满、平冈浩太郎等创立玄洋社，以平冈任社长。该社标榜忠于天皇，热爱日本，保护人民权利，表面上是民间团体，实际上和日本政府及军方有密切的联系。其活动特点为：托言援助亚洲革命党人，目的则在于培植亲日势力，实行扩张主义。1884 年（清光绪十年），该社在上海开办东洋学馆。1901 年（清光绪二十七年）以内田良平为中心，头山满为顾问，成立黑龙会，谋划在中国东北、蒙古和俄国的西伯利亚以及朝鲜等地开展扩张活动。1908 年，头山满进一步搜罗没落士族，即所谓“浪人”，组织浪人会。其成员或直接由外务省、军部派遣，或接受财阀、政客的资助，到中国进行侦察调查，搜集各种情报，被称为“大陆浪人”或“支那浪人”，这批人遂成为玄洋社的别动队。

明治维新之后兴起的另一股热潮是研究亚洲，研究中国。1897 年（清光绪二十三年），日本成立东亚会与同文会。东亚会由陆实、三宅雄二郎、犬养毅、池边吉太郎、平冈浩太郎等二十九人组成，以研究时局为目的，主张邀请正在中国鼓吹变法的康有为、梁启超入会。同文会则以启发中国人、匡救东亚时局为宗旨，由井手三郎、岸田吟草、宗方小太郎等人所倡导。1898 年（清光绪二十四年）底，东亚会与同文会合并，成为东亚同文会。该会的不少成员后来都到中国活动，联系维新、革命两派人士。

孙中山到横滨后数日，日人平山周与宫崎寅藏迅速来访。平山周（1870—1940），号南万里，日本福冈县人。早年与宫崎寅藏同学于东洋英和学校。1897 年，经日本众议院议员、进步党常务委员犬养毅斡旋，接受日本外务省秘密资助，赴华南调查秘密结社情况，同时寻访孙中山行踪。他从英文报纸获悉孙已从欧洲东返，立刻回国。宫崎寅藏（1871—1922），本名宫崎虎藏，别号白浪庵滔天，出身日本熊本县的下级武士家庭。与兄长宫崎八郎、宫崎民藏、宫崎弥藏四人，合称为宫崎兄弟。年轻时，向父亲学习过剑道刀法。后入东京专门学校，接触自由民权运动，开始关注亚洲革命运动，立意帮助中国革命，并皈依基督教。1892 年来华了解民情，熟悉语言。1897 年与平山周同时受外务省资助，接受到中国调查的任务，因病未能与平山同行。不过，他后来还是赶到香港，参加调查。

宫崎在日本见到孙中山后，向孙询问革命的宗旨和方法、手段。孙中山答称：

宫崎寅藏

我认为人民自治是政治的极则。因此，我的政治主张是共和主义，单从这一点来说，我认为就有责任从事革命。

孙中山强烈批评共和政体不适合于中国国情的观点，赞美共和是中国“治世的真髓，先哲的遗业”，古已有之。为避免地方豪杰割据和外国列强入侵，只有实行迅雷不及掩耳的革命，建立共和政治。他说：为了“拯救中国的四亿苍生，驱除东亚黄种人的耻辱，恢复和维护世界的和平与人道，关键只在于我国革命的成功”。他表示：方今世界文明日益增进，国皆自主，人尽独立，但中国人却沦为“三等奴隶”，自己为此焦灼万分，“不得不自进为革命之先驱”，但倘若另“有豪杰之士慨来相援”，就甘心退让，“自服犬马之劳”。[30]听了孙中山的一席话，宫崎完全被孙中山的魅力征服了，决定“把希望完全寄托在他身上”。他写道：“乍一看去，其外貌气质像是涉世不深的后生小伙，又如天真无华的村野姑娘。然而其思想何其深邃，其见识何其拔群，其抱负何其远大，其情感又何其真切。”宫崎和平山离开孙中山寓所后，又回来继续谈话。孙中山本来急于赴越南，联络同志，到云南发动起义。平山以日本比较安全，劝孙留在日本，孙中山遂改变计划，写信给陈少白，劝他自台湾返回日本。

平山、宫崎见到孙中山后，迅速到东京向犬养毅报告。犬养希望将孙中山控制住，以为他日之用，便表示：“这是份大礼物，怎能不会他一面？”平山、宫崎遂陪同孙中山拜会犬养毅。辞出之后，住宿对鹤馆，登记时，孙中山希望用假名，平山代填中山二字，孙中山夺过笔来，继续写了一个“樵”字，并说：“是中国山樵之意。”[31] 自此，孙中山即以“中山樵”的假名来往于东京、横滨之间，陆续结识外相大隈重信、内务相副岛种臣以及头山满、平冈浩太郎、秋山定辅、山

| 1897年秋，孙中山与日本友人合影

田良政、山田纯三郎、菊池良一、萱野长知、宗方小太郎、久原房之助、犬冢信太郎等人。这些人，怀着各种不同的目的，曾经在不同时期，以各种方式，支援过孙中山和中国革命。

（三）讨论武装起义计划

在日本时间多，孙中山与宫崎、平山，特别是宫崎有过多次笔谈，讨论在中国举事、联络日本朝野人士等多方面的问题。宫崎建议，中日合作，共成亚洲盟主，阻遏西方势力向东发展。孙中山同意宫崎的意见，但认为，先合者胜，必须抢在欧人结盟的前面。他说："瓜分之机已兆，则我辈须静观清政府之所为如何，暗结日、英两国为后劲，我同志之士相率潜入内地，收揽所在之英雄，先据有一二省为根本，以为割据之势，而后张势威于四方，奠定大局也。"[32] 孙中山相信，中国已如“枯木之山”，只要“一星之火”就可以燃起熊熊烈焰。关于首义之地，孙中山提出“急于聚人，利于接济，快于进取”三原则。十多年前，孙中山就曾考察过江苏海州，但他还是钟情于广东沿海的惠州、潮州、嘉应三地；认为当地民风强悍，居民十之八九是三合会会员，久有反清复明之志，又邻近台湾，便于接济军火。[33]

（四）和改良派的最初合作

孙中山早有和康有为、梁启超联络的准备。他提出，邀康有为来，惊动太大，拟邀请梁启超或其亲信一人东来，共商大事。横滨华侨早有开办中文学校的打算。孙中山也曾与犬养毅计议，在东京开设中国语学堂，招揽同志，担任教习，暗中商量举事。至此，适逢中华会馆校董与孙中山商量，拟向国内聘请新学之士来日担任教员，孙中山遂建议定名为中西学校，推荐梁启超为校长。学校总理持函到上海会见康有为，当时，梁启超正在主编《时务报》，康有为遂推荐学生徐勤代替，并改名为大同学校，亲书四字为门额。

不久，戊戌政变发生，康有为、梁启超先后流亡日本，两派合作问题提上日程。

注

①孙中山：《致郑藻如书》《拟创立农学会书》，《孙中山全集》第 1 卷，第 1、25 页。

②孙中山：《复翟里斯函》，《孙中山全集》第 1 卷，第 47 页。

③陈锡祺主编：《孙中山年谱长编》上册，中华书局 1991 年版，第 26—27 页。

④孙中山：《在广州岭南学堂的演说》，《孙中山全集》第 2 卷，第 359 页。

⑤孙中山：《在香港大学的演说》，《孙中山全集》第 7 卷，中华书局 1985 年版，第 115 页。

⑥孙中山：《致郑藻如书》，《孙中山全集》第 1 卷，第 1 页。

⑦孙中山：《在广州岭南学堂的演说》，《孙中山全集》第 2 卷，第 359 页。

⑧张玉法：《清季的革命团体》，台北“中央研究院”近代史研究所专刊之 32，1975 年版，第 157 页。

⑨孙中山：《伦敦被难记》，《孙中山全集》第 1 卷，第 52 页。

⑩冯自由：《兴中会会员人名事迹考》，《革命逸史》第四集，中华书局 1981 年版，第 23—36 页。

⑪陈锡祺主编：《孙中山年谱长编》上册，第 75—76 页。

⑫《杨衢云略史》：第 7 页，转引自张玉法《清季的革命团体》，第 156 页。

⑬谢缵泰：《中华民国革命秘史》，《广东文史资料——孙中山与辛亥革命史料专辑》，广东人民出版社 1981 年版，第 287—288 页。

⑭田桐：《革命闲话》，《太平杂志》第 1 卷第 2 号，太平杂志社 1929 年。

⑮车田让治：《孙中山与梅屋庄吉》，《广东文史资料——孙中山与辛亥革命史料专辑》，第 268—270 页。

⑯梅屋庄吉：《永代日记》，转引自俞辛焞、熊沛彪《孙中山宋庆龄与梅屋庄吉夫妇》，中华书局 1991 年版，第 17 页。

⑰《原敬关系文书》第 2 卷《书翰篇》，日本放送出版协会 1984 年版，第 392—393 页，又《书翰篇》2，第 392—396 页。

⑱谢缵泰：《中华民国革命秘史》，《广东文史资料——孙中山与辛亥革命史料专辑》，第 295 页。

⑲陈肇琪：《总理史实访问记》，台北中国国民党党史馆藏。转引自苑书义《评鲜为人知的〈总理史实访问记〉》，《明月斋史学文选》，人民出版社

注

2009 年版，第 728–740 页。以下均同。

⑳据杨崇伊光绪二十四年八月二十八日上慈禧太后密折称："臣闻孙文定三策：第一策踞广州，炸药已运入省城，绅士刘学询发其奸，遂亡命于东洋。"可备一说，见国家档案局明清档案馆编《戊戌变法档案史料》，中华书局 1958 年版，第 480 页。

㉑邹鲁：《中国国民党史稿》第 3 编（甲）第 1 章，中华书局 1965 年版，第 658—659 页。

㉒《孙中山全集》第 6 卷，第 230 页。

㉓《孙中山全集》第 1 卷，第 36 页。

㉔《孙中山全集》第 1 卷，第 86—87 页。

㉕《孙中山全集》第 9 卷，第 105—106 页。

㉖译文引自《孙中山全集》第 1 卷，第 88、95、106 页。

㉗《中山大学学报》1984 年第 1 期，第 10 页。

㉘《孙中山全集》第 6 卷，第 232 页。

㉙《孙中山选集》，人民出版社 1981 年版，第 807、809、842 页。

㉚《与宫崎寅藏平山周的谈话》，《孙中山全集》第 1 卷，第 172—174 页。

㉛平山周签注，见《总理年谱长编初稿各方签注汇编》，油印本。中国社会科学院近代史研究所藏。

㉜孙中山：《与宫崎寅藏等笔谈》，《孙中山全集》第 1 卷，第 182 页。

㉝孙中山：《与宫崎寅藏等笔谈》，《孙中山全集》第 1 卷，第 182—184 页。

第二章

体制内改革
——戊戌变法运动及其失败

光绪帝批准了《马关条约》，但是，他心情沉痛，于1895年5月11日（光绪二十一年四月十七日）发布上谕，要求文武大小官员，“自今以后，深省愆尤，痛除积弊，咸知练兵、筹饷为今日当务之急，切实振兴，一新气象，不可因循废弛，再蹈前辙”。谕文所述“练兵、筹饷”两项急务并无新意，但“切实振兴”云云，却显示出这位皇帝真想有所作为了。

改良思潮的兴起

康有为、梁启超的改良思潮有其前驱。

鸦片战争惊醒了中国的“天朝”梦和“上国”梦，少数知识分子睁眼看世界，他们痛苦地发现，“夷人”也有长处，主张“师夷之长技以制夷”。这就是自强运动，或称洋务运动。自强运动失败后，部分知识分子进一步发现，“夷人”的长处不仅在工艺、技术层面，其文教、政治也颇有可以效法之处。同时，由于中西交往的发生、发展，一部分知识分子出洋留学或出使，对西方社会制度、文化有了比较深入的了解，他们更积极地主张效法西方，致中国于富强之境。这两部分知识分子中，冯桂芬、容闳、王韬、薛福成、郑观应、马建忠等早于康有为等，企图在体制内改革，使之良性发展，因此这批人通称早期改良主义者，他们的思想则通称早期改良思潮。另一部分知识分子，如陈虬、陈炽、汤震、宋育仁、何启、宋恕等人，他们与康有为同时，除个别人外，大都参预了维新活动。

冯桂芬（1809—1874），字林一，江苏吴县（今苏州）人，进士，曾任翰林院编修。太平天国农民军起义期间，奉旨在籍兴办团练。1861 年（咸丰十一年）被李鸿章聘入幕府，写成《校邠庐抗议》一书，于 1876 年（光绪二年）刊行。1886 年（光绪十二年）翁同龢将该书推荐给光绪帝，光绪帝命荣禄印刷一千部，颁发给大学士、军机大臣及各省将军督抚等阅读并签注意见。

《校邠庐抗议》凡40篇，阐述他对吏政、户政、礼政、兵政、刑政、工政、洋务等各方面的意见。冯桂芬认为，当时中国受制于“小夷”的状况是“有天地开辟以来未有之奇愤”，其所以如此，乃因许多方面落后：“人无弃材不如夷，地无遗利不如夷，君民不隔不如夷，名实必符不如夷。”① 他明确提出“鉴诸国”，主张改革科举，引导知识分子学习西方的工艺制造，“始则师而法之，继则比而齐之，终则驾而上之”。② 他并建议，在广东、上海设立翻译公所，选择15岁以下少年，学习西方历算、格致等学问。

容闳

容闳（1828—1912），号纯甫，广东香山南屏镇（今属珠海）人。7岁入教会学堂读书。1847年初（道光二十六年底）赴美留学。1854年（咸丰四年）毕业于耶鲁大学。他深受美国文明影响，立志“以西方之学术，灌输于中国”。1855年（咸丰五年）回国。1860年（咸丰十年）赴天京向洪仁玕献“建设善良政府”等七策。1863年（同治二年）入曾国藩幕府。1867年（同治六年）向江苏巡抚丁日昌建议，选派青年出国留学，得到批准。甲午战争期间，他上书张之洞，建议借款购舰，聘用外兵，与日作战。次年，向张之洞面陈聘用外籍顾问等“新政策”。1896年（光绪二十二年）北上，向总理衙门大臣、户部侍郎张荫桓及户部尚书翁同龢建议，设立国家银行，得到光绪帝批准，拨款1000万两作为经费。著有《西学东渐记》。

王韬（1828—1897），号仲弢，字紫诠，江苏长洲（今苏州）人。22岁时到上海，受聘于英国教士开办的墨海书馆。1861年（咸丰十一年）赴天京，结交太平天国将领。次年避走香港。1867年（同

王韬

治六年）赴英，讲学于牛津大学。1871年（同治十年）在香港经营出版业。1874年（同治十三年）创办《循环日报》。1883年（光绪九年）将在报上所发文章辑为《弢园文录外编》。次年定居上海，任格致书院山长。

王韬认为，中国当时的局面为秦汉以来所未有，必须贯彻《易经》的“穷则变，变则通”的精神，才能转祸为福，化弱为强。1883 年（光绪九年），王韬著《变法》三篇，分析中西差距，从“取士之法”“练兵之法”“学校之虚文”“律例之繁文”等四个方面提出变革要求。他说：“四者既变，然后以西法参用乎其间，而其最要者，移风易俗之权，操之自上，而与民渐渍于无形，转移于不觉。”③

薛福成（1838—1894），字叔耘，号庸盦，江苏无锡人。1865年（同治四年）入曾国藩幕府，十年后改入李鸿章幕府。1889年（光绪十五年）任驻英、法、意、比四国公使。著有《筹洋刍议》。他认为，与列国言“和”的局面不可常恃，必须讲求“防之之策”，内容为“修政刑，厚风俗，植贤才，变旧法，袪积弊，养民练兵，通商惠工”。他并提出，对西方国家，要“夺其所长而乘其所短”。④

郑观应（1842—1921），字正翔，号陶斋，广东香山（今中山）人。早年任上海英商宝顺洋行、太古轮船公司买办，后任上海机器织布局总办，轮船招商局帮办、总办等职。1884年（光绪十年）写成《盛世危言》。他认为中学是本，西学是末，提出“主以中学，辅以西学”，但他又认为中学“堕于虚”，西学“征诸实”，明显地赞赏西学。他声称“习兵战，不如习商战”，主张大力发展中国经济，与列国竞争。⑤ 在为《盛世危言》所作序言中，他提出，西方“治乱之源，富强之本，不尽在船坚炮利，而在议院”，“自有议院，而昏暴之君无所施其虐，跋扈之臣无所擅其权，大小官司无所卸其责，草野小民无所积其怨”。⑥

马建忠（1845—1900），字眉叔，江苏丹徒（今镇江）人。出身天主教家庭，曾在上海徐家汇公学读书。1876 年（光绪二年）赴法留学，曾任清廷驻法公使郭嵩焘翻译。1879 年（光绪五年）获法国政治学院博士学位，归国后协助李鸿章办理洋务。他认为：西方之所以富强，并不只在于“制造之精”和“兵纪之严”，而在于“以护商会为本”，“以得民心为要”，主张设立商务衙门，开采矿山，扩大出口贸易。⑦著有《适可斋纪行》《适可斋纪言》及《马氏文通》。

陈虬（1851—1903），字志三，浙江乐清人。1884 年（光绪十年）至 1892 年（光绪十八年）之间，先后写成《治平三议》《经世博议》及《救时要议》，提出“欲图自强，首在变法”，建议都察院“设议员三十六人”，“县各设议院，大事集议而行”。⑧ 1889 年（光绪十五年）中举。次年赴京会试。1893 年（光绪十九年），将前述各书汇集为《治平通议》八卷出版。该书得到张之洞的欣赏。1898 年（光绪二十四年）入京会试，参加保国会。

陈炽（1855—1900），字次亮，江西瑞金人。1889 年（光绪十五年）任户部主事，次年升户部员外郎，其间，他曾赴江浙沿海及香港、澳门考察，写成《庸书》。1895 年（光绪二十一年）该书由翁同龢进呈光绪帝。

《庸书》内篇谈传统政务，外篇谈洋务，极为完备地阐述西书、游历、议院、育才、艺科、商部、税则、考工、商务、铁政、利源、铁路、赛会、公司等西学的各方面。他热烈赞美西方的议院制度“合君民为一体，通上下为一心”，“可否从违，付诸公论”，是西方国家“强兵富国，纵横四海之根源”。⑨ 他建议照此实行，“投匭公举”，成立下议院，同时，改造中国传统的“阁部会议”，成立上议院，作为议事、咨询机构，“事之行否，仍由在上者主之”。

汤震（1856—1917），字蛰先，后改名寿潜，浙江山阴天乐乡（今属萧山）人。1886 年（光绪十二年）入山东巡抚张曜幕府。1890 年（光绪十六年）出版《危言》，提出改革考试、任官制度，裁并机构，遣汰冗员，学习西法，设立议院以及实行晚婚等主张。1892 年（光绪十八年）会试中榜，被选为翰林院庶吉士。1895 年（光绪二十一年）外放安徽青阳县任知县。行前，受翁同龢召见。1898 年（光绪二十四年），皇帝曾两次传旨引见。

宋育仁（1857—1931），字芸子，四川富顺人。1875年（光绪元年）入张之洞尊经书院。1886年（光绪十二年）考中进士。1894年（光绪二十年）被任命为出使英、法、意、比四国使馆参赞，后升任代理公使。1897年（光绪二十三年）创办《渝报》。次年发起成立蜀学会。著有《时务论》及《采风记》。他主张“伸民权”，以议院为立国、治国之本，批评洋务派不谈议院是舍本逐末。

何启（1859—1917），字迪之，号沃生，广东南海（今广州）人。1872年（同治十一年）赴英，学习医学及法律。1882年（光绪八年）回香港任律师。1890年（光绪十六年）任香港立法局议员。1894年（光绪二十年）冬，与香港大书院教师胡礼垣（1847—1916）合著《新政论议》，主张从七个方面进行改革。其第七条提出：各省每年派代表到首都“开议院”，“以宰辅为主席”，将议决之事请皇帝签名为据；如有不完备之处，则再议再奏。作者认为，这一制度，可以做到“一公而无不公，一平而无不平，国家无复有怀二心之人，君民永保咸有一德之庆”。[10]

宋恕（1862—1910），字平子，号六斋，浙江平阳人。早年师事孙衣言、孙诒让。1887年（光绪十三年）游历上海、江宁、杭州等地。1890年（光绪十六年），赴武昌谒见张之洞。1892年（光绪十八年）写成《六字课斋卑议》初稿，同年赴天津上书李鸿章，提出变法主张，被派任水师学堂教习委员。1895年（光绪二十一年），写成《六字课斋津谈》。他自称“弱冠以后极端主张唯物论”，尖锐抨击叔孙通、董仲舒、韩愈、程颐等人的思想，提出“易服改制，一切从西”，被时人称为“旷世之大儒”。

上述改良主义思想家大都和洋务派有密切的联系，他们的思想和洋务思潮也有一致之处，但是，又和洋务思潮有重要区别。洋务思潮的主要内容是富国强兵，而上述改良主义者则在不同的程度上超出这一范围。他们提出开议院，这就触及了改变传统的君主专制主义，进入政治体制领域；他们提出以商立国，允许百姓自办企业，这就进入经济体制领域；他们要求改革科举，这就进入文化体制领域。这样，他们就不仅反映地主阶级的“自强”要求，而是在为资本主义发展开辟道路了。

康有为的变法理论与公车上书

（一）康有为及其变法理论

康有为（1858—1927），又名祖诒，字广厦，号长素，广东南海人。十九岁从学于朱次琦（世称九江先生）。1879 年（光绪五年）入西樵山读书，“由阳明学以入佛学”。同年，读到当时人所编《西国近事汇编》《环球地球新录》等书，对西方粗有所知。接着，游历香港，“览西人宫室之瑰丽，道路之整洁，巡捕之严密，乃知西人治国有法度，不得以古旧之夷狄视之”，自此，立意讲求西学。1882 年（光绪八年）秋，康有为到上海，大量购置江南制造总局所译西书，订阅英国传教士林乐知（Young John Allen）所编《万国公报》，思想日新。

1886 年（光绪十二年）至 1887 年（光绪十三年）之间，康有为写成《康子内外篇》，预言百年之后，世界将有三变：“君不专，臣不卑；男女轻重同；良贱齐一。”[11] 在此前后，他还运用生吞活剥得来的自然科学知识写成《实理公法全书》，论证“天地生人，本来平等”，并据此设计出一系列制度，成为他后来撰写《大同书》的草图。[12] 1888 年（光绪十四年），康有为有感于中法战争后“国势日蹙”的状况，写成《上光绪皇帝书》，请求翁同龢、徐桐等人代奏。书中，康有为痛陈列强侵逼，中国如“累卵之危”，要求清廷“酌古今之宜，求事理之实”，“讲求变法”，但翁、徐都不见。[13] 1890 年（光绪十六年），康

康有为

有为在广州会晤推崇《公羊春秋》的今文经学家廖平，接受今文经的“三统说”与“三世说”，用以作为维新变法的理论根据。自此，康有为以西学为营养哺育出来的新思想就披上了中国古老学说的外衣。

1891年（光绪十七年），康有为受陈千秋、梁启超之请，在广州万木草堂开始讲学。梁启超（1873—1929），字卓如，号任公，广东新会人。1889年（光绪十五年）中举，次年到北京会试落第，归途中在上海购得徐继畬所著《瀛环志略》，同时见到上海制造局所译西书，为喜好西学之始。回广州后，慕名投到康有为门下。自此，梁即成为康有为变法活动中的得力助手。同年，康有为刊行《新学伪经考》。该书认为：东汉以来的古文经学，多为刘歆伪造，目的是为了协助王莽篡夺汉朝，建立新朝，因此，历来为古文家所尊崇的传世儒学经典并非孔学“真传”，而是“伪经”。此说一出，传统儒学的神圣地位立即受到挑战。1894年（光绪二十年），给事中余联沅奏劾康有为“非圣无法，惑世诬民”，要求焚毁该书，禁止粤士从学。[14] 康有为不得不应龙泽厚之邀，到广西讲学。1898年（光绪二十四年），康有为再刊《孔子改制考》，声称孔子“与时更化”，首创“选举”制度，提倡“开议院”，“托尧舜以行民主之太平”，是“托古改制”的“素王”。康有为的本意是借助孔子的权威，减少变法的阻力，但是，由于结论过于武断，难以服人，结果，招致许多人的不满，反而增加了阻力。

（二）公车上书

1895年（光绪二十一年）4月，清廷与日本签订《马关条约》。康有为乘入京会试机会，于5月1日至3日（四月初七至初九日）在松筠庵集会，联络各省举人联名上书，要求清廷“塞和款而拒外夷，保疆土而延国命”。汉制，以公家车马递送应举者入京，因此这次上书通称“公车上书”。书中，康有为等提出“权宜应敌之谋”三条：“下诏鼓天下之气”“迁都定天下之本”“练兵强天下之势”，同时提出“富国”“养民”“教民”等“立国自强之策”。康有为特别提出，中国贫弱的最大根源在于壅塞，以致君臣隔绝、官民隔绝。他要求颁行特诏，

《马关条约》签订情形

允许士民公举“博古今、通中外、明政体”的“方正直言之士”，“准其随时应对，上驳诏书，下达民词”，参预讨论内外兴革大事。[15] 这次上书，使变法从个人吁请发展为各省士人的群体行动，是清廷历史上从未发生过的事件。书上，都察院以清廷已在《马关条约》上签字为理由拒绝接受。

公车上书后不久，康有为中进士，授工部主事。5 月 29 日（五月初六日），康有为第三次上书皇帝，对公车上书进行补充。光绪帝见到后，命阁臣抄录四份副本，一份呈太后，一份存军机处，发各省督抚将军讨论，一份留乾清宫，一份存勤政殿备览。6 月 30 日（闰五月初八日），康有为第四次上书，提出“立科以励智学”，“设议院以通下情”等主张，同时请求光绪帝“下诏求言”“开门集议”“辟馆顾问”“设报达聪”“开府辟士”，做到“有情必通，有才必用”。但是，都察院、工部等衙门都不肯代呈。7 月 5 日（闰五月十三日），光绪帝谕令各部院堂官及各省将军督抚保举人才。同月 19 日（闰五月二十七日）发布上谕称：“求治之道，必当因时制宜。”要求将军、督抚们根据本省情形，各就筹饷、练兵、恤商、惠工等问题“分晰复奏”。[16] 维新派受到鼓舞，认为这是“三百年之特诏”。

（三）北京强学会

康有为第四次上书被拒后，接受陈炽、沈曾植等人建议，暂留京师。为了开通风气，进行舆论宣传，康有为于 1895 年 8 月 17 日（光绪二十一年六月二十七日）创办《万国公报》，双日出版，遍送京师“士夫贵人”。每册载论文一篇，介绍世界各国的兵制、通商、学校、铁路、农学、工艺、报馆等方面的情况，大多出于梁启超和康有为的另一个弟子麦孟华之手。9 月 1 日（七月十三日），组织强学会，初以陈炽、沈曾植为正董，沈曾桐、文廷式为副董，后以陈炽、张孝谦、丁立钧、沈曾植为总董，而以当国军机李鸿藻的门生张孝谦主事。列名会籍或参加会务者有康有为、梁启超、麦孟华、汪大燮、袁世凯、徐世昌、杨锐以及张之洞之子张权等22人。其中有维新人士，也有帝党官僚。支持者则有翁同龢、孙家鼐、张荫桓、刘坤一、张之洞、王文韶以及李佳白、李提摩太等传教士，刘、张、王并各捐五千金。在《京师强学会序》中，康有为叙述了强邻环伺的危急形势，声称“学业以讲求而成，人才以磨砺而出”，呼吁“凡百君子”共同讲求“尊攘”之学。[17]

强学会最初打算以翻译西方书籍为主，因此它一名“译书局”，又称“强学书局”或“强学局”。12月16日（十一月初一日），为避免重名，将《万国公报》改名《中外纪闻》，以梁启超、汪大燮为主笔。《纪闻》仍为双日刊，内容有阁抄、照译路透电、选译西报、录各省报、译印西国格致有用书籍等栏。强学会成员复杂，内部意见分歧，除出版《纪闻》外，无力举办其他活动。

光绪帝亲政后，与慈禧太后不和，帝党与后党之间也多有矛盾。1895年12月3日（光绪二十一年十月十七日），光绪帝在慈禧压力下，以“信口妄言，迹近离间”的罪名革去吏部右侍郎汪鸣銮和户部侍郎长麟的职务，永不叙用。[18] 汪、长在甲午战争期间都主战，对慈禧有微辞，其后台是李鸿藻和翁同龢。二人被革意味着李、翁失势。强学会初起时，李鸿章曾“以三千金入股”，为陈炽所拒，此际便怂恿儿女亲家、御史杨崇伊弹劾。1896年1月21日（光绪二十一年十二月初七日），杨上书奏参“强学书院植党营私，请旨严禁”，一时间，与会诸人畏惧“党祸”，“纷纷匿遁”，翁同龢“默不一言”。[19] 同日，光绪帝谕令都察院查明封禁，强学会被迫停止活动，《中外纪闻》发行仅一个月零五天，也被迫停刊。事后，李鸿藻向光绪帝力辩杨崇伊参奏之诬，光绪帝自悔处置不当。

翁同龢

1896年1月29日（光绪二十一年十二月十五日），李鸿藻将强学会改名为官书局，由孙家鼐管理，规定以“译刻各国书籍”为主，不准“渎乱宸听”。同年3月30日（光绪二十二年二月十七日），杨崇伊再次奏劾帝党官僚、翰林院侍读学士文廷式，“互相标榜，议论时事”。结果，文被革职永不叙用，驱逐回籍。[20]

各地维新活动

（一）上海

康有为在北京强学会略有头绪后，即于1895年10月17日（光绪二十一年八月二十九日）离京，到江宁会见暂署两江总督张之洞，对谈多日。张要求康有为不谈“公羊学”和孔子改制，为康拒绝，但张同意出资，支持康到上海组织强学会，发行会刊。康有为除代张之洞起草《上海强学会序》外，自己还写了《后序》，号召“思保其教，思保其类”的“通人志士”们入会，共同讲求“自强之学”。章程是康有为和张之洞的幕僚黄绍箕、梁鼎芬共同起草的，它声称“中国之弱，由于学之不讲，学之未修，故政治不举”，因而，该会“专为联人心，讲学术，以保卫中国”。[21] 章程宣布在上海设总会，逐渐向各省发展。其活动内容为：译印图书、刊布报纸、开大书藏（图书馆）、开博物院。签名者有张之洞周围的主要僚属黄体芳、屠仁守、梁鼎芬、黄遵宪、黄绍箕以及康有为、汪康年、张謇等16人。11月（光绪二十一年十月），上海强学会成立。

张之洞

1896年1月12日（光绪二十一

《时务报》

年十一月二十八日），《强学报》出刊，首载《开设报馆议》《孔子纪年说》《论会即荀子群学之义》三文。报名之下，大书“孔子卒后二千三百七十三年”字样。该报继续宣传孔子改制思想，提出“幡然改图”，“开议院，立议员，以通上下之情”等主张。1月21日（十二月初七日），北京强学会被弹劾，张之洞随即嘱幕僚致电上海，指令停办强学会和《强学报》。当时《强学报》仅发行到三号。

强学会停办后，黄遵宪与汪康年等于1896年8月9日（光绪二十二年七月初一日）在上海创办《时务报》，以汪康年为总理，邀梁启超为总撰述。其后，梁启超即在该报连载长文《变法通议》，呼吁清朝统治者掌握时机，自动变法。他说：“法者，天下之公器也；变者，天下之公理也。”“变亦变，不变亦变。变而变者，变之权操诸己，可以保国，可以保种，可以保教；不变而变者，变之权操诸人，束缚之，驰骤之。呜呼！则非吾之所敢言矣。”[22] 由于梁启超文笔浅近，议论新颖，《时务报》出刊后，大受欢迎，销量迅速发展至万余份，“通邑大都，下至僻壤穷陬，无不知有新会梁氏者”。[23]

1888年（光绪十四年）康有为曾企图组织不缠足会，未成。1896年（光绪二十二年），广东人赖弼彤等在顺德龙山镇组织戒缠足会，入会者达数百人。梁启超特为该会写作序言并在《时务报》上刊出。次年5月，梁启超又以报馆名义创办不缠足会，号召各省成立分会，湖南、四川、广东、福建等11个省份相继成立类似组织。为了提倡女子教育，梁启超还在报上发表《倡设女学堂启》。1898年5月（光绪二十四年四月），经元善在郑观应、梁启超、汪康年等人支持下，于上海创办中国女学堂，成为近代中国女学之始。

初时，张之洞对《时务报》表示赞赏，誉之为“中国创始第一种有益之报”，但不久，梁启超在个别文章中批评到了与张之洞有关的

“金陵自强军”，引起张的不满。1897 年 10 月（光绪二十三年九月），梁发表《知耻学会序》，以辛辣的语言警告清朝统治者，如不迅速图强，“则放巢流彘之事，兴不旋踵”，会遭到和夏桀、周厉王同样的命运。张之洞认为“太悖谬，闻者人人惊骇，恐遭大祸”，下令禁止该期发送。[24]

汪康年本有维新之志，但是，他原是张之洞的亲信，一再受到压力。他在《时务报》所发《论中国参用民权之利益》一文中肯定西方的“君民共主之制”，有的官僚即扬言“要打‘民权’一万板，‘民权’屁股危矣哉”！[25] 梁鼎芬致函汪康年，要他“常存君国之念，勿惑于邪说，勿误于迷途”。[26] 康门弟子徐勤的《中国除害议》批判科举时文，梁鼎芬致函汪康年，指责该文“太悍”，“专攻南皮”，汪即腰斩该文，不再刊出，并擅自改削梁启超连载的《变法通议》。[27] 康广仁和梁启超成立大同译书局，企图出版康有为的《孔子改制考》和《春秋董氏学》，汪康年居然拒登广告。梁启超忍无可忍，于 1898 年 3 月（光绪二十四年二月）致函汪康年：“如兄愿辞，弟即接办”；“如兄不愿辞，弟即告辞，再行设法另办。”[28] 结果，梁启超愤而离职，《时务报》锋芒顿失。此后，报纸即全为汪康年掌控。第 65 册汪所撰《论将来必至之势》阐述对“流品混淆，地痞流氓”参预变法活动的忧虑，被张之洞誉为“有报以来之杰作”。

（二）天津

在天津活动的主要维新人士是严复。严复（1854—1921），字幼陵，又字几道，福建侯官人。初入福州船政学堂，后被选送英国海军大学学习。1879 年（光绪五年）毕业回国，先后任教于福州船政学堂及天津北洋水师学堂。1895 年（光绪二十一年），在天津《直报》发表《论世变之亟》《原强》《辟韩》《救亡决论》等文，批判君主专制制度和封建文化，要求变革。1897 年 10 月 26 日（光绪二十三年十月初一日），与夏曾佑共同创办《国闻报》，与上海《时务报》相呼应。次月，创办《国闻汇编》旬刊，发表翻译作品。

严复

严复长期留学英国，西学造诣远远超过康、梁等人。他在《救亡决论》中称，当时的西方全面胜过中国，中国的唯一出路是“以西学为要图”，“救亡之道在此，自强之谋在此”。在《辟韩》一文中，他以卢梭的天赋人权说批判唐代文学家韩愈的君权神授观念，认为君与民本是根据“通功易事”原则确定的一种契约关系，人民“出什一之赋而置之君，使之作为刑政、甲兵，以锄强梗，备其患害”，因此，人民乃是“天下之真主”。严复特别歌颂西方的自由观念，《原强》一文称：“政欲利民，必自民各能自利始；民各能自利，又必自皆得自由始；欲听其皆得自由，尤必自其各能自治始，反是且乱。”但他认为当时中国人尚未具备自治能力，因此急务是：鼓民力，开民智，新民德。这样，他在理论上虽然急进，而在行动上则主张渐进。

甲午战败后，严复愤而翻译英国生物学家赫胥黎所著《进化论与伦理学》，易名《天演论》，自1898年12月（光绪二十三年十一月）起在《国闻汇编》连载，次年5月（四月）结集成书。严复在该书按语中，突出宣扬“物竞天择”“优胜劣败”思想，呼吁国人奋起救亡，争取民族生存的权利，宛如警钟号角，广泛地影响了19世纪末至20世纪初的一代中国人。其后，严复又陆续翻译并出版了斯宾塞的《群学肄言》、亚当·斯密的《原富》、穆勒的《群己权界论》、孟德斯鸠的《法意》等书。他是戊戌前后翻译西学著作用力最勤、影响最大的人。

严复的《辟韩》在1896年4月（光绪二十二年三月）为《时务报》转载，张之洞见后，大为不满，指使屠仁守作《辨〈辟韩〉书》，批评严复“溺于异学，纯任胸臆，义理则以是为非，文辞则以辞害意”。[29] 严复自此谨言慎行，锋芒大敛。1898年2月（光绪二十四年正月），他在《国闻报》上连载《拟上皇帝万言书》，建议光绪帝在变法之前先做三件事：一是到外洋游历，联各国之欢；二是到中国各处，纵人民观看，结百姓之心；三是破守旧者把持之局。全文态度温和，并无多少激烈意见，但仍然受人参劾，以致严复不得不将《国闻报》转归日本人经理。

（三）湖南

当时各省督抚中，以湖南巡抚陈宝箴（1831—1900）最为开通。陈字右铭，江西义宁人。1895 年 10 月（光绪二十一年九月）到任，次第兴办矿务总局、火柴公司、水口山锌铅矿等实业。当时，江标任学政，“以变风气，开辟新治为己任”。1897 年（光绪二十三年），黄遵宪到湘，出任盐法道，署湖南按察使。同年，徐仁铸继任学政。他们和本省绅士谭嗣同、熊希龄、唐才常、皮锡瑞等人都支持陈宝箴，积极推进维新事业，因而，湖南的维新活动生气勃勃，在各省中最有成绩。

谭嗣同（1865—1898），字复生，号壮飞，湖南浏阳人。父亲谭继洵，任湖北巡抚。谭嗣同幼年师事欧阳中鹄，喜读王夫之著作；后来漫游各地，广泛了解中国社会。中法战后发奋钻研西学。甲午战后立志变法，断言“今日中国能闹到新旧两党流血遍地，方有复兴之望”。同年在浏阳设立算学格致馆，组织算学社。1896 年（光绪二十二年）到北京，与梁启超相识。同年从父命，入资为候补知府。旋赴江宁，结识居士杨文会。他吸收西学，融合佛学、儒学，写成《仁学》一书，将“仁”视为天地万物之源，认为生民之初，本无所谓君臣，只是由于“办事”需要，才“共举一民为君”；倘若“君”不能为民“办事”，自然可以“共废之”。他猛烈抨击儒学所鼓吹的三纲五常的“惨祸烈毒”，声言“君臣一伦，尤为黑暗否塞，无复人理”。在谭嗣同看来，中国两千年

谭嗣同

来的政治都是秦始皇的“大盗”之政，学术均为荀子的“乡愿”之学，不仅“制人之身”，而且“制人之心”。他号召人们“冲决网罗”，甚至赞美“法人之改民主”，“誓杀尽天下君主，使流血满地球，以泄万民之恨”。不过，他认为，在当时的中国，“亟当效法者，莫如日本”。1898 年 2 月（光绪二十四年正月），应陈宝箴之邀返湘。

湖南次第举办的新政有《湘学报》、时务学堂、南学会、《湘报》、保卫局等多种。

《湘学报》，初名《湘学新报》，旬刊，创办于 1897 年 4 月 22 日（光绪二十三年三月二十一日），江标、徐仁铸先后督办，唐才常任主笔，杨毓麟、易鼐等参加编辑。“以讲求中西有用之学”为目的，内分史学、时务、舆地、算学、商学、交涉、格致等栏，是湖南维新派最早的刊物。

时务学堂由陈宝箴倡办，以熊希龄为总理，延请梁启超、李维格为中、西学总教习，康门弟子韩文举、叶觉迈、欧榘甲为分教习。1897 年 11 月 29 日（光绪二十三年十一月初六日），学堂开学。梁启超采取“急进”办学方针，鼓励学生阅读西学书籍，常在课卷的批语中大力发挥民主思想。如：“臣也者，与君同办民事者也，如开一铺子，君则其铺之总管，臣则其铺之掌柜等也。”他甚至指责二十四朝皇帝中的大多数是“民贼”。这时候，梁启超实际上已有“排满”思想，曾在批语中写道：“屠城屠邑，皆后世民贼之所为，读《扬州十日记》，尤令人发指眦裂。”[30] 1898 年（光绪二十四年）春，梁启超因病离湘。他在学堂担任教职的时间虽不长，但却迅速培养了一批年轻新锐。

南学会成立于 1898 年 2 月 21 日（光绪二十四年二月初一日）。设会之意，在于兼具学会与地方议会双重性质。会友分三种。一为议事会友，由南学会创办者谭嗣同、唐才常、熊希龄等充任。二为讲论会友，以皮锡瑞主讲学术，黄遵宪主讲政教，谭嗣同主讲天文，邹代钧主讲舆地。三为通讯会友，凡远道寄函，讲求兴利除弊的官绅士商均是。南学会的主要活动内容是演讲，其讲稿则发表于《湘报》。自成立之日起，有记录可查的演讲共 13 次。南学会成立后，浏阳、巴陵、沅州成立分会，湖南不缠足总会、延年会、积益学会、学战会、公法学会、法律学会、群萌学会、任学会、舆算学会、致用学会、明达学

时务学堂诸教习合影

会等相继成立。

《湘报》创刊于1898年3月7日（光绪二十四年二月十五日），每日一张。由熊希龄倡办。熊与梁启超、李维格、谭嗣同、邹代钧、唐才常等8人任董事，以唐才常为总撰述。陈宝箴拨款支持。该报大力介绍西方政治、社会学说，宣传变法维新，尽力扩大读者层面，“使圆胪方趾能辨之无之人，皆易通晓”，成为与《时务报》并称的新派报纸。

保卫局实为地方警察机构，由黄遵宪倡办。黄认为“欲卫民生”，“必当使吾民咸与闻官事”，因此，他主张“官民合办”，“使诸绅议事而官为行事”。其法为每二百户选一户长，称“议事绅士”；保卫局所用巡查，由户长公举或撤换。黄企图由此削官权，兴绅权，作为实行“地方自治”的试验。

《湘学报》、时务学堂、南学会、《湘报》初创之际都受到普遍欢迎，但不久即因部分“激烈”言论受到官方的干预和守旧派的反对。1898年3月29日（光绪二十四年三月初八日），《湘报》刊载易鼐的《中国宜以弱为强》说，主张“西法与中法相参”“民权与君权两重”“中教与西教并行”“黄人与白人互婚”。陈宝箴认为“过于偏激”。张之洞认为“十分悖谬”，“远近传播，必致匪人邪士，倡为乱阶”，指令陈宝箴和黄遵宪“谕导阻止，设法更正”。[31] 同时，张之洞并指责《湘学报》“奇谈怪论，较去年更甚”。[32] 4月6日（三月十六日），《湘报》发表皮锡瑞之子皮嘉祐所作《醒世歌》，中有“若把地球来参详，中国并不在中央。地球本是浑圆物，谁是中央谁四旁”等句，叶德辉认为这将导致“破夷夏之防，合中外之教”，致函皮锡瑞抗议。他劝皮锡瑞在南学会“勿言《孟子》《公羊》之教”，并要他离开南学会。[33] 同月19日（三月二十九日），樊锥在《湘报》发表《发锢篇》，倡言“无人非天之所生，则无人非天之子也”。邵阳“士民”即于6月3日（四月十五日）在大成殿祷告孔子，宣告将“乱民”樊锥驱逐出境。

守旧派的攻势越来越猛。6月13日（四月二十五日），湘籍京官御史黄均隆疏劾陈宝箴，攻击时务学堂，要求解散南学会、保卫局。其后（夏历五月），岳麓书院学生宾凤阳等人致函书院山长王先谦，指控梁启超等人所批学堂课卷“有悖乱实迹”，函称：“今康梁所用以惑世者，民权耳，平等耳。试问权既下移，国谁与治？民可自主，君亦何为？是率天下而乱也。”[34] 王先谦原先参与过部分维新活动，向陈宝箴申请开办时务学堂的呈文即由他领衔，对南学会和《湘报》也曾表示支持，但他不能容忍有违“圣教”的“越轨”言行。接到宾凤阳的书信后，王先谦即与叶德辉等10人联名上书陈宝箴，要求对时务学堂“严加整顿”。不久，又要求停办《湘报》。夏历六月，王与人订立《湘省学约》，提出“正心术”“尊圣教”“辟异端”等七项条规。[35] 宾凤阳等更散布匿名揭帖，诬蔑时务学堂师生之间“肆行鸡奸”。

陈宝箴支持维新，赞誉康有为“为人所不肯为，言人所不敢言”，是“一时奇士”。但是，他反对康有为的“孔子改制”之说，也不赞成维新派的“民权平等”之论。在张之洞和湖南守旧派的压力下，陈宝箴指令《湘报》删去报首议论。5月20日（四月初一日），《湘学报》开始连载张之洞的《劝学篇》。但是，陈宝箴仍然企图保护维新力量。7月2日（五月十四日），陈委任黄遵宪为时务学堂总理，黄即发布告示称，市上流传的学堂课艺系“冒名伪作”。当时，熊希龄等为反击王先谦等人，上书陈宝箴，指陈书院弊端，要求整顿。对此，陈宝箴判为“门户纷争”，企图调和了事。8月10日（六月二十三日），光绪帝下谕，表扬陈宝箴“锐意整顿”，指示他可以严惩那些“有意阻挠，不顾大局”的“缙绅”，陈即下令传唤散布匿名揭帖的宾凤阳等人，但王先谦随即以辞去岳麓书院山长相要胁，致使陈宝箴不了了之。

在守旧派压力下，南学会自5月29日（四月初十日）之后即停止演讲。不久，皮锡瑞离开湖南，韩文举、叶觉迈、欧榘甲被迫辞去时务学堂教职，学堂长期放假。7月19日（六月初一日），陈宝箴停发《湘报》津贴。30日（六月十二日），清廷下令，命黄遵宪、谭嗣同迅速来京。熊希龄也于随后离湘。湖南的维新活动逐渐趋于沉寂。

陈宝箴

上海、天津、长沙之外，两广、澳门、陕西、四川也都是比较活跃的地区。澳门有梁启超、徐勤任撰述，康广仁任经理的《知新报》。陕西有刘古愚等组织的复邠学会及不定期出版的《时务斋随录》。四川有宋育仁等创办的《渝报》、蜀学会及《蜀学报》。温州有陈虬创办的《利济学堂报》。杭州有陈虬、宋恕、章炳麟创办的《经世报》。无锡有裘廷梁的《无锡白话报》。据统计，1895 年（光绪二十一年）至 1898 年（光绪二十四年）间，全国各地创办的学会、学堂和报刊，共有三百多起。一时间，学会林立，报刊纷起，古老的中国出现了一批新事物，就像一座深闭多年的宅院，吹进了阵阵清新之风。

（四）张之洞刊刻《劝学篇》

戊戌时期的思想派别大体可分三类：守旧派、洋务派与维新派。守旧派坚持“祖宗之法不可变”，认为“凡子孙欲革先人之法，则其祸乱必尤甚于未革之世”。但是，这种理论，不论揆诸史事，或揆诸儒学经典，都无法成立，并无多大影响。洋务派坚持西方的“技”“艺”可学，“器”可用，“道”不可变，是当时的主流思潮。维新派继承早期改良主义者的思想，但是，在若干方面又有发展。一是提出“民权、平等”之说，用以挑战君主专制思想。中国社会长期认为“君权天授”，维新派则认为“君权民授”，可以公举，也可公废。二是批判纲常名教。儒学长期视“三纲五常”为天经地义，而维新派则指责其“惨祸烈毒”。三是提出“以西学为要图”。当时，洋务派普遍崇奉“中学为体，西学为用”说，严复则批判这样的说法不合事理。他认为，体用本就一物而言，不能以牛为体，以马为用。他由此论证说："中学有中学之体用，西学有西学之体用，分之则并立，合之则两亡。"在维新派的推动下，近代中国出现了第一次思想解放的潮流。

维新派的思想有激烈的一面，但是，又有温和、妥协的一面。他们一般只主张"民权"，而不主张"民主"，而且主张兴"民权"之前，必须先兴"绅权"。显然，他们只要求封建统治者向自己开放部分权力，并不想将权力彻底交给人民。尽管如此，维新派的思想仍然为守旧派、洋务派所不满，在北京、湖南、湖北等地相继发生新旧思想的激烈论辩。其中，最突出的事件是张之洞刊刻《劝学篇》。

中日甲午战争期间，张之洞属于主战派。《马关条约》签订后，他担心"从此中华何以自立"，致电总理衙门，指斥"倭约各条，贪苛太甚"，甚至上疏要求将李鸿章"明正典刑，以谢天下"。此后，他即提倡"变通陈法"。1895 年（光绪二十一年）7 月 19 日，他向光绪帝上《吁请修备储才折》，提出练陆军、治海军、造铁路、设枪炮厂、广开学堂、速讲商务、讲求工政格致、多派人员出国游历等九条建议。8 月，又与两江总督刘坤一联名上《遵议廷臣条陈时务折》，主张整顿军事、发展实业、"中学宜兼西学"，反对以八股、试帖取士。维新运动初起，他取支持态度，先后资助强学会及《时务报》。1897 年（光绪二十三年），张之洞自江宁回湖广总督任，大力在辖区内建立新式企业、学堂，以西法练兵，一时间，使湖北成为推行新政最有实效的省份。但是，他不同意康有为的"孔子改制"以及维新派的"民权、平等"说。1898 年（光绪二十四年），张之洞刊刻《劝学篇》，企图纠正维新思潮之"偏"。《劝学篇》分内外两部分，序称："内篇务本，以正人心；外篇务通，以开风气。"在外篇部分，张之洞阐述了学习西方科技、文化，设立学堂，改革科举，翻译日文书籍，提倡阅报等多方面的问题，可以视为张之洞的内政改革纲领，也是他为变法划定的范围。但是，《劝学篇》的重点在内篇。张之洞专辟《正权》一章，批评"民权之说，无一益而有百害"，"愚民必喜，乱民必作，纪纲不行，大乱四起"。他声称，西方所谓"民权"，只不过"欲民申其情，非欲民揽其权"。他特别批评梁启超在《时务报》中提出的西方国家"人人有自主之权"的说法，认为那将出现"工愿高价，无业贫民愿劫夺，子不从父，弟不尊师，妇不从夫，贱不服贵”的状况。不过，张之洞对西方“政必有法”、“君民皆不得违其法”的情况却颇为肯定，他也不坚决反对开议院，仅认为尚非其时。他说：“此时纵欲开议院，其如无议员何！此必俟学堂大兴，人才日盛而后议之。”这些地方，是张之洞思想超出洋务派之处。

《劝学篇》极力维护中国的纲常名教。在《明纲》篇中，张之洞说：“五伦之要，百行之原，相传数千年更无异义，圣人所以为圣人，中国所以为中国，实在于此。”在中西文化关系上，张之洞提倡“中学为体，西学为用”。他在《循序》篇中提出：学者必须“先以中学固其根柢”，“必先通经，以明我中国先圣先师立教之旨”。在《设学》篇中说：“四书、五经、中国史事、政书为旧学，西政、西艺、西史为新学。旧学为体，新学为用，不使偏废。”“中体西用”本是洋务派的一贯主张，但其明确表述则始于1895年（光绪二十一年）3月沈寿康在《万国公报》上所发表的文章《匡时策》，中云：“夫中西学问，本自互有得失。为华人计，宜以中学为体，西学为用。”次年，孙家鼐在筹议开办京师大学堂时也提出：“自应以中学为主，西学为辅；中学为体，西学为用。”梁启超也有过类似提法。不过，其影响都没有张之洞大。

《劝学篇》出版后，被光绪帝认为“持论平正通达，于学术人心大有裨益”，谕令军机处颁发各省督抚、学政。[36] 守旧派也大表欢迎。戊戌政变后，苏舆汇集攻击维新思潮的文章为《翼教丛编》，其中即有《劝学篇》中的《教忠》《明纲》《知类》《正权》等四篇。

变法高潮与“百日维新”

（一）康有为的第五、第六、第七次上书

1897年11月（光绪二十三年十月），德国派军舰强占胶州湾。次年1月，康有为鉴于民族危机日益严重，赶赴北京，第五次上书光绪帝，建议：一、采法俄、日以定国是；二、大集群臣而谋变政；三、听任疆臣各自变法。他警告皇帝说，如果依然故我，“恐自尔之后，皇上与诸臣虽欲苟安旦夕，歌舞湖山而不可得矣！且恐皇上与诸臣求为长安布衣而不可得矣！”[37] 他要求光绪帝将“国事付国会议行”，“尽革旧俗，一意维新”。这道奏章，为工部尚书淞淮所阻，但却受到给事中高燮曾的重视，上疏推荐，要求光绪帝召见康有为。清制，非四品以上官，不能召见。恭亲王奕訢据此反对，声称康有为是“小臣”，“皇上若欲有所询问，命大臣传语可也”。[38]

光绪帝也感到形势危迫。1898年1月16日（光绪二十三年十二月二十四日），光绪帝向翁同龢、奕訢征询“变法”意见。翁同龢主张“从内政根本起”，奕訢等人沉默不语。次日，光绪帝连发三道上谕，要求提高办事效率，同时要求各省督抚推荐人才，裁汰绿营，开办制造局厂。同月24日（光绪二十四年正月初三日），光绪帝命王大臣在总理衙门接见康有为。参加者有李鸿章、翁同龢、荣禄等人。荣禄（1836—1903），字仲华，满洲正白旗人。因在咸丰帝去世后，支持慈禧太后夺权有功，官至步军统领、总署大臣兼督办军务大臣。他对康有为称：“祖宗之法不能变。”康答：“祖宗之法，以治祖宗之地也，今祖宗之地不能守，何有于祖宗之法乎？即如此地为外交之署，亦非祖宗之法所有也。因时制宜，诚非得

荣禄

已。”[39] 他声称“日本维新，仿效西法，法制甚备，与我相近，最易摹仿”，自己编有《日本变政考》及《俄彼得变政记》二书，可以采鉴。这一天的接见在翁同龢的日记中留下的记载是：“康有为到署，高谈时局，以变法为主，立制度局、新政局、练兵局，开铁路，广借洋债数大端，狂甚。”[40] 第二天，翁同龢向光绪帝保荐康有为，光绪帝再次表示要召见康有为，仍为恭亲王所阻。光绪帝命康条呈所见并送呈《日本变政考》《俄彼得变政记》二书。

1 月 29 日（正月初八日），康有为以“外衅危迫，分割荐至，急宜及时发愤，大誓臣工，开制度、新政局，革旧图新，以存国祚”为题，第六次上书，请求光绪帝仿照日本明治维新的办法：“一曰大誓群臣以革旧维新，而采天下之舆论，取万国之良法。二曰开制度局于宫中，征天下通才二十人为参与，将一切政事、制度重新商定。三曰设待诏所，许天下人上书。”[41] 在这三项建议中，康有为最重视开制度局，其具体设计是：选天下通才十数人为修撰，以王大臣为总裁，相互平等，每日在宫中讨论旧制新政，何者当改，何者当增，由皇帝折衷一是，然后交由法律、税计、学校、农商、工务、矿政、铁路、邮政、造币、游历、社会、武备等十二局施行。按照这一设计，就将重构清廷的权力分配，在皇帝周围形成一个新的决策机构，领导变法与改革，同时也将形成适应现代化要求的新的行政系统。为了扩大影响，造成声势，康有为先后为御史杨深秀、宋伯鲁等多人草拟了主题大体相同的奏折。

康有为的奏折被总理衙门的王大臣们压了一个多月，在光绪帝的一再催问下，才于 3 月 11 日（二月十九日）上呈。光绪帝读到后，非常满意，命王大臣们“妥议具奏”，但没有下文。

次日，康有为进呈《俄彼得变政记》，第七次上书光绪皇帝，阐述“体制”和“变法”的关系。内称：“今明知法敝不能不变，而卒不能变者，大率为体制所拘，与天下贤士不接，不能大变也。”又称：“富乐莫如美，而民主之制，与中国不同。强盛莫如英、德，而君民共主之制，仍与中国少异。”在康有为看来，只有俄国，“其君权最尊，体制崇严，与中国同”，因此，他建议光绪皇帝，效仿俄国的彼得大帝，“以君权变法”。[42] 4 月 10 日（三月二十日），康有为再次进呈《日

弈訢

本变政考》。建议光绪皇帝仿效日本的明治维新，竭力鼓吹，“采鉴于日本，一切已足”。[43]

在维新运动中，康有为先后进呈光绪帝的自编书籍还有《泰西新史揽要》《列国变通兴盛记》《孔子改制考》《列国政要比较表》《日本书目志》《波兰分灭记》等。

康有为一面上书皇帝，争取王公大臣的支持，一面组织团体，积聚力量。当时，强学会之后，旅京人士相继组织知耻学会（寿富等发起）、粤学会（康有为发起）、关学会（宋伯鲁等发起）、闽学会（林旭等发起）、蜀学会（杨锐等发起）。4月17日（三月二十七日），康有为与御史李盛铎在北京成立保国会，以保国、保种、保教为宗旨，章程称：“本会以国地日割，国权日削，国民日困，思维持振救之，故开斯会以冀保全。”[44] 其后，保滇会、保浙会、保川会先后成立。不久，浙江人孙灏、御史潘庆澜、黄桂鋆等相继撰文或上疏弹劾，指责康有为等“聚众不道”，声称“权操于上则治，权分于下则乱”，现在“民主、民权之说日益猖獗”，“其患不可胜言”。[45] 李盛铎受到荣禄压力，自除己名。乔树枬致函梁启超，指责保国会“滥列多名，乘机作乱，居心狡诈，行同诳骗”。[46] 在此情况下，保国会形存实亡。

保国会的被劾使维新派再次处于不利局面，但是5月28日（四月初九日）恭亲王奕訢的病故却使形势发生变化。奕訢于1884年（光绪十年）被慈禧太后免去军机大臣及总理衙门大臣职务，中日战争中被起用。他在教育、通商、修筑铁路、兴办机器工业、加强武备等方面支持改革，但是，反对削弱皇族权威，变更军机处等政权机构。他竭力阻拦光绪帝重用康有为，在临终前向慈禧太后泣诉翁同龢“心叵测”。[47] 他的去世，使康有为觉得少了一个障碍，光绪皇帝觉得少了一个掣肘的人，变法活动的锣鼓就敲打起来了。

（二）百日维新

自1898年6月11日（光绪二十四年四月二十三日）光绪帝下诏变法至同年9月21日（八月初六日）慈禧太后发动政变止，共103天，史称百日维新。

康有为完全寄希望于光绪帝，希望他以皇帝之尊打击旧派，支持变法。6月1日（四月十三日），康有为代杨深秀草拟《请定国是，明赏罚，以正趋向而振国祚折》，陈述割让台湾、胶州湾（青岛）被德国军队所占之后的危急形势，要求光绪帝“明降谕旨，著定国是，宣布维新之意，痛斥守旧之弊”。[48] 同月8日（四月二十日），又代侍读学士徐致靖草拟《为外侮方深，国是未定，守旧开新，两无所据，请特申乾断，明示从违，以一众心而维时局折》，请求光绪皇帝“求可求成，风行雷动”。[49]

据光绪皇帝向翁同龢传达，他曾向慈禧太后汇报，慈禧太后赞成杨深秀和徐致靖的主张，指示说：“今宜专讲西学。”[50] 老成持重的翁同龢觉得皇帝传达的精神可能过头，于是在“折衷至当”之后，在为光绪帝起草的《明定国是诏》中声称：“五帝三王，不相沿袭，譬之冬裘夏葛，势不两存。用特明白宣示，嗣后中外大小诸臣，自王公以及士庶，各宜努力向上，发愤为雄，以圣贤义理之学植其根本，又须博采西学之切于时务者实力讲求，以救空疏迂谬之弊。”[51] 6月11日（四月二十三日），《明定国是诏》颁布，维新变法定为国策。13日（四月二十五日），徐致靖上折，密保康有为、黄遵宪、谭嗣同、张元济、梁启超为“维新救时之才”，请求光绪帝“特旨破格委任”。光绪帝命康有为、张元济预备召见，黄遵宪、谭嗣同送部引见，梁启超由总理衙门察看具奏。

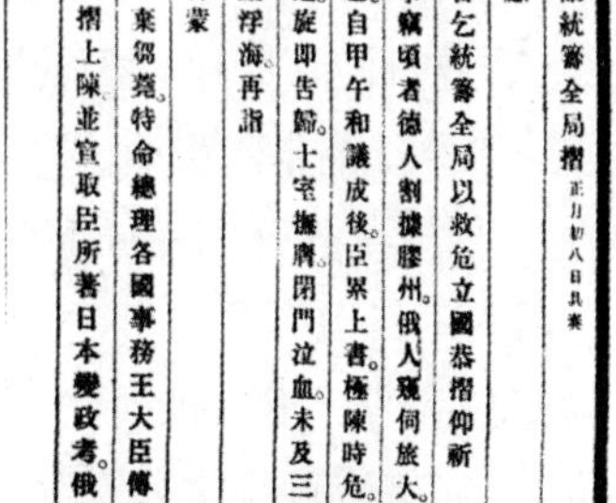
應　詔統籌全局摺 正月初八日具奏
奏爲應
詔陳言乞統籌全局以救危立國恭摺仰祈
聖鑒事竊頃者德人割據膠州。俄人窺伺旅大。諸國環伺。岌
岌待亡。自甲午和議成後。臣累上書。極陳時危。力請變法。格
未得達。旋即告歸。士室撫膺。閉門泣血。未及三年。遂有茲變。
臣萬里浮海。再詣
闕廷。荷蒙
皇上不棄芻蕘。特命總理各國事務王大臣傳詢。問以大計。
復命具摺上陳。並宜取臣所著日本變政考。俄大彼得變政
考。進呈

|《应诏统筹全局折》

光绪帝发布变法诏书当然经过

慈禧太后同意，但是慈禧对光绪并不放心，力图加以防范。6月15日（四月二十七日），光绪帝连发五道上谕，其中一道规定凡补授文武一品暨满汉侍郎，均须亲向慈禧太后谢恩。这样，慈禧太后牢牢控制用人大权。另一道命王文韶来京陛见，直隶总督由荣禄暂行署理。荣禄曾任步军统领、兵部尚书，负责拱卫北京的董福祥的甘军就是由他调入的。荣禄署理直隶总督，就有了控制京畿地区的军政大权。还有一道命翁同龢开缺回籍，其理由是："近来办事多未协允，以致众论不服，屡经有人参奏，且每于召对时咨询事件，任意可否。喜怒见于辞色，渐露揽权狂悖情状，断难胜枢机之任。"胶州湾事变后，翁同龢在和德国交涉过程中"低颜俯就"，引起普遍不满。此后，光绪帝要改革外交礼仪，在宫中接见外国使臣，翁同龢反对。光绪帝要重用并奖赏历任外交职务、见识开通的张荫桓，翁同龢反对。5月26日（四月初七日），光绪帝命翁同龢传谕康有为，将此前进呈的书籍再抄一份，翁同龢居然回答："与康不往来。""此人居心叵测。"第二天，光绪帝再次索要康书，翁同龢对答如前。光绪帝发怒诘责，翁同龢将此事推给总理各国事务衙门。光绪帝要翁亲自传知张荫桓，不料翁仍然拒绝，反问皇帝："张某日日进见，何不面谕！"6月13日（四月二十五日），徐致靖奏保康有为、张元济、黄遵宪、谭嗣同、梁启超等人时，求才若渴的光绪帝意欲即日召见，但翁同龢不赞成，主张"宜稍缓"。因此翁的开缺原因虽然复杂，但他和光绪皇帝日益加深的矛盾应是主因。[52]

光绪皇帝身边没有翁同龢掣肘，就准备放手大干。6月16日（四月二十八日），光绪帝召见康有为，表示中国危亡，"皆守旧者致之耳"，"今日诚非变法不可"。康有为鼓励光绪帝统筹全局，采取"全变"的大动作，"先开制度局而变法律"，声称"变法三年，可以自立，此后则蒸蒸日上。富强可驾万国"。光绪帝听得心花怒放，肯定康有为"条理甚详"。康乘机询问："皇上既见及此，何为久而不举，坐致割弱？"光绪帝目睨帘外，叹气道："奈掣肘何！"康有为心知慈禧太后是阻力，建议皇帝就"现在之权"，"扼要以图"，将开民智作为首务。对康有为所述，光绪帝都点头称是。二人谈得很投机，直到光绪皇帝要康"下去歇歇"，并告诉他"汝尚有言，可具折条陈来"，康有为这才起立退出。

召见结束后，光绪帝有意重用康有为，但荣禄、刚毅反对，仅着康有为在总理衙门章京上行走。章京是满语，含义之一为办理文书事务的官员。因此，康有为的新职务地位并不高，但是，康有为被皇帝召见，又得到“具折条陈”的“皇命”，心情仍极为兴奋。6月19日（五月初一日），康有为上书向皇帝“谢恩”，请求皇帝“亲御乾清门，大誓群臣，下哀痛严切之诏，布告天下”：

一则尽革旧习，与之更始；二则所有庶政，一切维新；三则明国民一体，上下同心；四则采万国之法；五则听天下之上书；六则著阻挠新政，既不奉行，或造谣惑众，攻诋新政者之罪。

康有为并建议，将改革诏书张贴在通衢大道上，令群臣具表签名奉行新政。他认为这样做，就可以“令下如流水无有阻碍者矣”。[53]自此，康或本人具名，或以他人名义，不断向光绪帝上折，提出具体的变法建议，光绪帝也几乎每天都发布上谕，推行新政，一时间似乎春风频拂，颇有阴霾顿扫、万物昭苏之概。

1．文化教育改革。当年年初，光绪帝曾根据贵州学政严修奏请，决定设经济特科，以策论形式考选内政、外交、理财、经武、格物、考工等六个方面的特殊人才，作为对传统科举考试的补充。6月17日（四月二十九日），康有为以御史宋伯鲁和本人的名义分别上折，痛陈八股之弊。光绪帝命军机大臣拟旨，刚毅认为“此事重大，行之数百年，不可遽废”，光绪帝厉声责问道：“汝欲阻挠我耶？”刚毅要求请示慈禧。[54]同月20日（五月初二日），光绪帝得到慈禧同意。22日（五月初四日），康有为再以徐致靖之名上折，请求光绪帝“勇断”。[55]次日，光绪帝降旨，自下科起改试策论。

在要求废除八股的同时，维新派又积极要求创办新式学堂。6月11日（四月二十三日），《明定国是诏》谕令创办京师大学堂。7月8日（五月二十日），光绪帝派孙家鼐管理大学堂事务。10日（五月二十二日），康有为上折，请求将各省书院改为中学堂，乡邑淫祠改为小学堂，儿童六岁入学。同日，光绪帝再发上谕，命将各地书院分

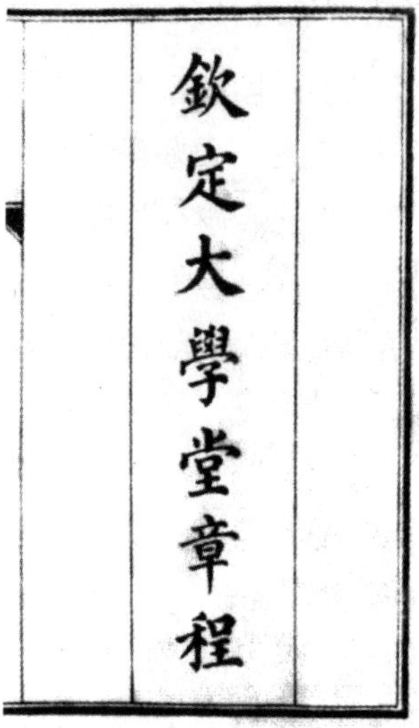

《钦定大学堂章程》

别改为新式学堂，民间祠庙之不在“祀典”者，由地方官晓谕居民改为学堂，同时奖励民间捐资办学。其后，光绪帝又陆续下令，筹办矿务、海军、农务、编译、茶务各类学堂。为了了解外情，取益外国富强经验，光绪帝命将上海译书局改为官督商办，将北京译书局并入京师大学堂，并命各省挑选学生赴日留学。

当时，《时务报》已为汪康年掌握。7月17日（五月二十九日），康有为以御史宋伯鲁名义上《奏改〈时务报〉为官报折》。同月26日（六月初八日），光绪帝派康有为督办，旨称：“各报体例，自应以胪陈利弊，开拓见闻为主，中外时事均许据实昌言，不必意存忌讳，用副朝廷明目达聪、勤求治理之至意。”[56] 显然，其中包含着某种成分的新闻自由和言论自由思想。

西方各国普遍设立教会。为了与之抗衡，6月19日（五月初一日），康有为上折，请求由孔子的后裔衍圣公开设孔教会，吸收王公士庶有志者加入，以衍圣公为总理。折上，没有反响。

2. 经济改革。维新派重视商务。在《日本书目志》中，康有为特列“商业门”，包括商业历史、商业地理、商业银行、贸易、交通、度量衡、簿记等各类书籍，他说：“商若能盛，国以富强。”“诸国并立之世，商务不立，则为人取矣。”[57] 6月11日（四月二十三日），光绪帝发布上谕，接受总理衙门议请，在各省设立商务局。7月19日（六月初一日），康有为上《条陈商务折》，请求设商学、出商报、立商会，在中央设立商部。25日（六月初七日），光绪帝谕令刘坤一、张之洞在上海、汉口等地试办商务局。8月2日（六月十五日），再发上谕，要求各督抚“悉心讲求，次第兴办”，“毋得徒托空言，一奏塞责”。[58]

为了发展科技、工艺，康有为于6月26日（五月初八日）上折，请求奖励新艺、新法、新书、新器，特许专卖。7 月 13 日（五月二十五日），光绪帝批准总理衙门所拟专利和奖励章程 12 条，允许民间设厂，规定凡能制造新器，发明新械，或兴办学堂、藏书楼、博物院、建造枪炮厂者，均可申请给奖，予以专利，授予官衔。

在农业方面，光绪帝于 7 月 4 日（五月十六日）批准御史曾忠彦等人奏请，要求各地方官劝谕绅民兼采中西各法，兴办农政。8 月 18 日（七月初二日），康有为上《请开农学堂地质局以兴农殖民而富国本折》，建议在各省建立农学局，设农学堂，办农学报，开农学会，译农学书，绘农学图。同月 21 日（七月初五日），光绪帝谕令在北京设立农工商总局，同时命各省设立农务学堂，广开农学会，创办农学报。

3. 军事改革。3 月 18 日（二月二十六日），光绪帝根据荣禄等人奏请，谕令各省武乡试自 1900 年（光绪二十六年）始，会试自 1901 年（光绪二十七年）始，童试自下届始，一律停试弓、刀、步、石等传统项目，改试枪炮。7 月 9 日（五月二十一日），再次谕令奕劻等“按照泰西兵制，更定新章”，改练洋操。[59] 15 日（五月二十七日），谕令水陆各军一律裁员节饷，挑留精壮，勤加训练。28 日（六月初十日），命各省将军、督抚筹拨经费，以备添设海军，筹造兵轮。

4. 风习改革。康有为要求将乡邑淫祠改为小学，不仅为了振兴教育，而且也具有改革社会风习的意义。他在折文中批评“中国民俗，惑于鬼神，淫祠遍于天下”，恰是当时社会的一种病态。[60] 8 月 13 日（六月二十六日）为光绪帝生辰，康有为上折，陈述女子裹足危害，请求光绪帝下诏，改革恶俗，但此折上奏后，却被官僚们以“秽屑不关政体”为理由否决。

5. 政治改革。政治改革涉及权力和利益的再分配，百日维新期间，光绪帝仅在有限的几个方面有所推进。一是修改衙门条规。7 月 29 日（六月十一日），光绪帝谕令各部院堂官督率司员审阅衙门案例，删去其含义不明、语涉两歧，或貌似详细而不合情理者，另订简明案例。二是开放言路。清制，低级官员没有直接给皇帝上书的权力。为此，光绪帝于 8 月 2 日（六月十五日）下诏：“部院司员有条陈事件者，着由各堂官代奏；士民有上书言事者，着赴都察院呈递。毋得拘牵忌讳，稍有阻格。”[61] 三是精简机构。8 月 30 日（七月十四日），光绪帝接受太仆寺少卿岑春煊奏请，谕令裁撤詹事府、通政司、光禄寺、鸿胪寺、太仆寺、大理寺等六个冗署，外省裁汰湖北、广东、云南三省巡抚以及东河总督等冗缺，同时命有关官员详议京外应裁、应并各缺，切实办理。四是任用新人。9 月 5 日（七月二十日），光绪帝赏杨锐、刘光第、林旭、谭嗣同四品卿衔，在军机章京上行走，参预新政。

杨、刘等四人的思想、观点并不完全一致。杨锐（1857—1898），字叔峤，四川绵竹人，张之洞弟子。张任两广总督时，曾入张幕府。1889 年（光绪十五年）考授内阁中书，晋侍读。1898 年（光绪二十四年）发起组织蜀学会。他赞赏康有为上皇帝书的救国精神，但认为其主张“多谬妄”。刘光第（1859—1898），字裴村，四川富顺人。1883 年（光绪九年）进士，授刑部主事。甲午战争爆发，他上书建议光绪帝，首先鉴酌古今成败，中外利害，然后“用开创之规模，为继述之事业”，同时建议他“乾纲独断”，不必事事请示太后。他与杨锐友善，同为蜀学会的倡设者，后曾列名保国会，但在听了康有为的演说后，即“绝恶之”。林旭（1875—1998），字暾谷，号晚翠，福建侯官（今福州市）人。《马关条约》签订时，任候补内阁中书，曾上书拒和。1898 年（光绪二十四年）初倡议建立闽学会。他崇信康有为的“孔子改制”之说，自称弟子。四人任军机章京后，受到原在军机处任职的满汉人员的排斥，他们之间也有矛盾。大体上，林旭激烈，杨锐稳重。杨曾向光绪帝建议三条：第一，对慈禧，“宜遇事将顺，行不去处，不宜固执己意”；第二，变法宜有次第；第三，进退大臣不宜太骤。[62]

林旭

维新派的理想是开国会（议院），在皇权统治下争取部分议政权力。但是，康有为逐渐认为，旧党盈塞，民智未开，如果顽固、守旧分子掌握议院，将成变法阻力，反不如“以君权治天下”，依靠“天锡智勇，千载罕逢”的光绪帝更为简捷。康有为乐观地估计，如此做去，中国只需三年工夫，便可强盛。[63] 基于这种考虑，康有为便将奋斗目标改为开制度局，使维新人士参与决策，辅佐光绪，推行新政。康此议侵犯军机处的权力，被大臣们视为“是废我军机也”。他们表示：“我宁忤旨而已，必不可开。”军机大臣王文韶表示：“上意已定，必从康言，我全驳之，则明发上谕，我等无权矣，不如略敷衍而行之。”[64] 8月2日（六月十五日），军机大臣世铎领衔上奏，认为皇上延见廷臣，随时召对即可，实际上否定开制度局的必要。

维新派估计开制度局的要求一时难以通过，企图另立名目，在旧形式中装入新内容。7月中旬（六月初），梁启超为刑部侍郎李端棻草拟奏折，提议在内廷“开懋勤殿，议制度”。懋勤殿位于乾清宫内，为翰林修书、入值之处。梁启超提议“开懋勤殿”，其目的仍在于为维新人士创造与皇帝见面、参预决策的机会。李端棻于24日（六月初六日）上奏，光绪帝当日批交奕劻、孙家鼐会同军机大臣复议。开懋勤殿是清廷雍正、乾隆、嘉庆三朝旧法，奕、孙不便明显反对，但强调其人选必须“慎之又慎”，算是没有强烈反对。

围园除后密谋与维新变法的失败

（一）新旧互劾与礼部六堂官事件

维新派认为要推行新政，必须罢黜守旧大臣。6月1日（四月十三日），康有为代杨深秀拟折，建议光绪帝为推行新政而“大用赏罚”，“嘉奖其举行者，罢斥其废格者，明降谕旨，雷厉风行”。[65] 6月20日（五月初二日），宋伯鲁、杨深秀上奏，弹劾礼部尚书、总理各国事务大臣许应骙“守旧迂谬，阻挠新政”，“痛诋西学”，仇视“通达时务之士”，要求令其退出总理衙门。[66] 光绪帝本欲将其罢斥，因刚毅说情，改为令其自行回奏。6 月 22 日（五月初四日），许应骙在回奏中反守为攻，指责康有为“袭西报之陈说，轻中朝之典章，其建言既不可行，其居心尤不可问”，要求将其驱逐回籍。[67] 7 月 6 日（五月十八日），文悌上折赞扬许应骙，攻击康有为“名为保国，势必乱国而后已”。[68] 光绪帝认为此折“受人唆使”，明确批示：“文悌不胜御史之任，着回原衙门行走。”[69]

文悌未能驱逐康有为，但是，时势却创造了一个将康有为调出北京的机会。7 月 17 日（五月二十九日），御史宋伯鲁上折，建议将《时务报》改为官报，移设北京，在上海设分局，由梁启超主持。26 日（六月初八日），管学大臣孙家鼐上折，认为梁启超已奉旨办理译书事务，势难兼顾，提议由康有为督办，得到光绪帝批准。对于这一任命，康有为的解释是：“殆由大臣相爱，虑其喜事太甚，故使之居外以敛其气。”[70] 但是，这以后康有为并未动身，仍在北京指挥维新运动。不久，发生礼部六堂官事件，新旧矛盾进一步激化。

光绪帝宣布变法维新后，在一段时期内颇有干劲。但是，他的改革举措受到守旧大臣的强烈反对，有些举措，守旧大臣虽不反对，但短时期内难以贯彻。光绪帝急于见效，便一次次下诏催促，口气也一次比一次严厉。8 月 10 日（六月二十三日）为光绪帝“圣诞”之日，《明定国是诏》已颁布两月，光绪帝再颁上谕，要求诸臣认真对待交议各事，不得面从心违，敷衍塞责，同时要求各省将军督抚悉心筹度，“推广口岸，展拓商埠”，加强开放力度。[71] 8 月 26 日（七月初十日），光绪帝传旨申斥刘坤一、谭钟麟称：“泄沓如此，朕复何望！倘再藉词延宕，定必予以严惩！”[72] 次日，光绪帝再发上谕，要求大小臣工“洗心革面，力任其难，于应办各事明定期限，不准稍涉迟玩”。[73] 他很想惩处几个守旧派大臣，借以立威。9 月 4 日（七月十九日），革去阻挠王照上书的六个礼部堂官。

王照时任礼部主事。他认为慈禧好名，关心个人权力，没有固定政见，和光绪帝之间没有什么大不了的矛盾，可以弥合。8 月 21 日（七月初五日），王照上折建议光绪帝奉慈禧巡幸中外，造成“奉太后之意以变法”的印象。他按照光绪帝广开言路的新规定，请礼部尚书许应骙和怀塔布代递，为二人所拒。王照在康广仁鼓动下上奏弹劾，又为礼部侍郎堃岫、溥颋所阻。王照称：你们不收，我即递都察院。堂官无奈，只得收下。许应骙为了替自己辩解，反过来弹劾王照“咆哮署堂，藉端挟制”，“妄请乘舆出游异国，陷之险地”，“用心不轨”。[74] 9月1日（七月十六日），光绪帝谕令交部议处。9月4日（七月十九日），吏部提议降三级调用，光绪帝认为太轻，谕令革去许、怀等六个礼部堂官的职务，同时表扬王照“不畏强御，勇猛可嘉”，赏给三品顶戴，以四品京堂候补。[75] 慈禧太后长期掌握朝中大权。光绪皇帝罢免礼部六堂官，是大事，但是，居然事前没有向她请示，自然，这是慈禧太后无论如何不能容忍的。

怀塔布和慈禧太后同属叶赫那拉一族，满洲正蓝旗人，靠亲贵的地位发迹。他的老婆经常出入颐和园，陪侍慈禧太后，直接通天。怀塔布被革职后，立即赶赴天津，与荣禄密谋。他的老婆则到颐和园向老佛爷哭诉，造谣说皇帝“且尽除满人”！慈禧太后对光绪帝变法本持观察态度，废八股之类的改革可以允许，但是，一涉及满族亲贵的权益和政治体制的改革，她就不能容忍了。

8月24日（七月初八日），光绪皇帝到颐和园向慈禧请安，出园后发布谕旨称，将于九月巡幸天津，举行阅兵。谕旨引起了康有为等人的疑虑，担心慈禧太后借阅兵之机，废掉光绪帝，便以之为借口，开始策划武力夺权。

（二）光绪帝密诏求救

9月13日（七月二十八日），光绪帝命谭嗣同查考雍正、乾隆、嘉庆三朝开懋勤殿故事，拟一上谕，准备赴颐和园向慈禧请示。康有为觉得事成有望，便指使王照和徐致靖分别上折，推荐自己和康广仁等为顾问。次日，光绪皇帝到颐和园，刚刚露了几句口风，发现慈禧怒形于色，就没敢多说下去。请安中，慈禧太后特别批评光绪皇帝，对怀塔布等人处罚过重，乱了家法。9月15日（七月三十日），光绪帝即召见杨锐，交给他一道密谕，内称：“近来朕仰窥皇太后圣意，不愿将法尽变，并不欲将此辈荒谬昏庸之大臣罢黜，而用通达英勇之人令其议政，以为恐失人心。”密谕自述为难之处道：“必欲朕一旦痛切降旨，将旧法尽变，而尽黜此辈昏庸之人，则朕之权力实有未足。果使如此，则朕位且不能保，何况其他！”光绪皇帝要杨锐与诸同志妥速筹商，找出“良策”，既能罢免守旧大臣，选用新进，变法图强，而又能不触犯太后。他表示：“十分焦急翘盼之至！”[76] 这道密诏传出了慈禧反对变法、皇帝力量薄弱、“朕位且不能保”等信息，令杨锐既震惊，又紧张，他不知道怎么办，直到9月17日（八月初二日）才将密诏交给林旭。

在赐杨锐密诏之后，光绪帝又于9月17日以明诏形式，命康有为迅速离京，“毋得迁延观望”，还召见林旭，命他带给康有为一道密诏，解释命康迅速离京的用意，内称：“朕今命汝督办官报，实有不得已之苦衷，非楮墨所能罄也。汝可迅速出外，不可延迟。汝一片忠爱热肠，朕所深悉。其爱惜身体，善自调摄，将来更效驰驱，共建大业，朕有厚望焉。”[77] 两道密诏，说明光绪帝已经预感到形势将有大变动。

（三）康有为策划武力夺权

在对慈禧太后的估计上，王照是一种意见，但康有为则认为，慈禧太后顽固不化，要扩大光绪皇帝的权力，维新变法，必须除去太后。康有为只是一介文人，他完全懂得，必须取得武人的支持和保护。淮军将领聂士成是王照的把兄弟，康想利用这一关系通过王去争取聂，许以直隶总督之任，但是，王照不认为慈禧太后有废皇帝之心，否定此议。康有为觉得，此外就非袁世凯莫属。

袁世凯是淮军将领袁甲三的侄孙，曾随吴长庆督兵驻扎朝鲜。1895年（光绪二十一年）签订《马关条约》之后，袁世凯在北京请人译撰兵书十二卷，献给荣禄，自称门生。袁提倡用西洋办法治军，得到荣禄赏识，因此，被委任为新建陆军督办，负责在天津小站训练新军。康有为成立强学会时，袁世凯不仅捐款资助，而且和康饮酒高谈，称康为“大哥”。1897年（光绪二十三年）胶州湾事件后，袁世凯向

｜袁世凯

翁同龢连上两份说帖，建议选择“二三忠诚明练督抚”，参照西法，就用人、理财、练兵三大项试行变革。这两份说帖康有为未必能够见到，但言谈间必然对袁的观点有所了解，视袁为同志。他便一面派人去袁处，离间袁和荣禄的关系，一面建议光绪帝召见袁世凯，“隆以礼貌，抚以温言，赏以茶点”，争取袁感恩图报。

当年7月（六月），康有为派徐致靖的侄子徐仁禄到袁世凯幕府中，对袁进行考察，同时离间袁和荣禄的关系。袁称赞康有为有“悲天悯人之心，经天纬地之才”，并隐约表示对荣禄不满。康有为得到讯息后，决心荐袁。他先替徐致靖草折，请求光绪皇帝召见袁世凯，加官奖励；接着，又命谭嗣同上密折，请求光绪皇帝收抚袁世凯以备不测。处于孤立状态的光绪皇帝也觉得是个办法，便于9月11日（七月二十六日）命荣禄传知袁世凯即行来京。16日（八月初一日），光绪帝召见袁世凯，详细询问军事状况，旋即命袁世凯以侍郎候补，专办练兵事务。袁世凯原来的职务是直隶按察使，晋升为侍郎，属于不次之拔。17日（八月初二日），袁世凯向光绪帝谢恩，光绪帝说：“人人都说你练的兵、办的学堂甚好。此后可与荣禄各办各事。”[78]

光绪帝用袁，当然具有“自保”的意味，但未必有具体打算，而康有为荐袁，则已经有了明确方案。唐朝宰相张柬之为了废掉武后，曾命羽林大将军李多祚率兵入宫。康有为熟知史事，想重新搬演这一故事。9月12日（七月二十七日），谭嗣同的好友、和会党广有联系的毕永年到京，康有为便于14日（七月二十九日）夜动员毕扮演李多祚的角色。他的计划是，派毕到袁世凯军中当参谋，在袁军包围颐和园之际，由毕率领百名士兵逮捕并处死慈禧。[79] 袁世凯在受到光绪帝的不次之擢后，曾向康有为送过一张感谢帖，表示蒙荐引提拔，不

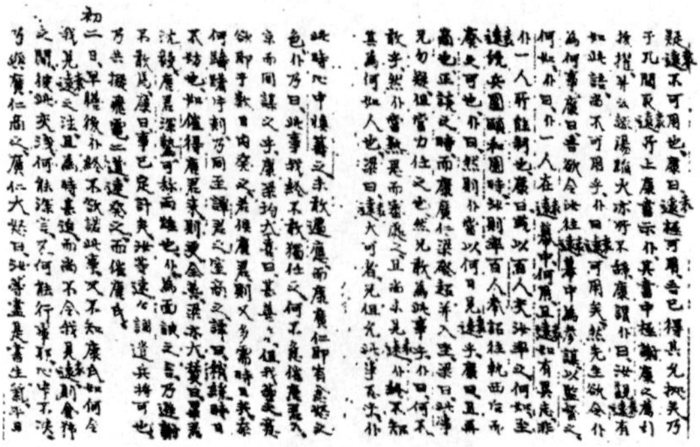
记录康有为“围园杀后”密谋的毕永年日记

胜感激，虽赴汤蹈火，在所不辞。[80]康有为收到此帖后，更加坚定了用袁之心。

9月18日（八月初三日），林旭到南海会馆，将光绪帝要康有为尽快离京的密诏交给他，同时带来的还有光绪帝9月15日（七月三十日）交给杨锐的密诏，康有为找来谭嗣同，共同跪读，又召来梁启超、康广仁等人，研究营救光绪皇帝的计划。这时，袁世凯的幕僚徐世昌也来了。康有为等便有意哭得更响亮、更动情一点，企图以此感动徐世昌。这样，徐世昌也哭将起来。于是，南海会馆里顿时一片哭声。

（四）谭嗣同夜访袁世凯

谭嗣同不赞成康有为依靠袁世凯围园除后的方案，但他也别无良策，便听从康的意见，建议电调唐才常到京协助。9月18日夜，谭嗣同到法华寺夜访袁世凯，直率表示：“皇上现有大难，非公不能救！”袁当即作出大惊失色的样子，询问“皇上难在何处”。谭称：“荣某近日献策，将废君弑君。”随即出示一份拟就的奏折草稿，内容大意是：“荣某谋废立弑君，大逆不道，若不速除，上位不能保。袁世凯初五请训，请面付朱谕一道，令其带本部兵赴津，见荣某，出朱谕宣读，立即正法，即以袁某代为直督，传谕僚属，张挂告示，布告荣某大逆罪状，即封禁电局、铁路，迅速载袁某兵入京，派一半围颐和园，一半守宫，大事可定。如不听臣策，即死在上前。”袁读后问谭：“围颐和园欲何为？”谭答称：“不除此老朽，国不能保。此事在我，公不必问。”他向袁坦陈：“我雇有好汉数十人，并电湖南召集好将多人，不日可到。去此老朽，在我而已，无须用公。只请您做两件事：诛荣某，围颐和园。公如不应允，我即死在公前。公之性命在我手，我之性命在公手。今晚必须定议，我即进宫请旨。”谭并向袁保证，皇帝一定会批准这一计划：“我有挟制之法，必不能不准。明日皇上定有朱谕一道，当面交给您。”

至此，关于计划本身，袁世凯已无话可说，他便摆困难：“北洋宋庆、董福成、聂士成各军，有四五万人，淮练各军有七十多营，京内有旗兵数万，本军不过七千人，能够动用的不过六千人，如何能办此事？”他还谈道：“本军粮械子弹，均在天津营内，存者极少，必须先将粮弹领运足用，方可用兵。”他要求谭容许他熟思，布置半月、二十日，然后再回复具体办法。他打定主意，既不答应，也不拒绝，而谭嗣同却一再催促，声色俱厉，要袁立即决定，以便入宫面奏。袁世凯觉得谭嗣同衣襟高耸，似乎藏有凶器，便转变语气，推延到九月行事，他说：“九月皇上即将巡幸天津，到时军队汇集，只要皇上一寸纸条，谁敢不遵？何事不成！”他向谭嗣同保证：“此事在我，你可放心。”谭即鼓励袁：“报皇上之恩，救皇上之难，建立奇功大业，掌握天下事，在公此举。”说到这里，谭嗣同用手拍了拍脖子：“如您到颐和园告变，杀我，害及皇上，可以得富贵。”谭嗣同觉得该摊牌了，以激烈的语气将两条路摆得分分明明，要求袁世凯决断。

“你以为我是什么人！我三代受国家深恩，断不至丧心病狂，贻误大局。但能有益于君国，必当死生以之。”说着，袁世凯慷慨激昂起来，“阅兵时，如果皇上到了我营中，杀荣禄如杀一狗耳！”这时，谭嗣同从座上起立，连连向袁世凯作揖，称他为“奇男子”！最后，谭嗣同表示：“自古非流血不能变法，必须将一群老朽全行杀去，才能办事！”[81]

袁世凯没有答应马上行动，谭嗣同很失望；但是，袁世凯也没有坚决拒绝，这使谭对未来仍然抱有希望。康有为除寄希望于袁世凯外，还寄希望于列强。当年夏历四月，康有为曾与日本驻华公使矢野文雄约定，召开“两国合邦大会议”。[82] 9月18日（八月初三日），康有为见到光绪帝的密诏后，立即会见英国传教士李提摩太（Timothy Richard），提出以李为光绪皇帝的顾问，李则建议中国、日本、美国、英国组成“合邦”（联盟），共同抵御俄国。[83] 次日，康有为访问李提摩太，拟请英国驻华公使出面相助，但公使已到北戴河避暑；再拟寻美国公使，美国公使已赴西山。

当日下午，慈禧太后突然从颐和园回宫。

（五）慈禧太后发动政变

慈禧太后突然回宫是杨崇伊头天上奏章的结果。杨崇伊，字莘伯，江苏常熟人。进士出身，时任广西道监察御史。他和李鸿章是姻亲，其活动常有李的背景。康有为组织强学会后，他曾上疏弹劾强学会和文廷式。怀塔布等六堂官被撤职后，他即继怀塔布之后赴津与荣禄密谋，确定计划。9 月 18 日（八月初三日），他通过奕劻向慈禧上奏，声称文廷式创立大同学会，“外奉广东叛民孙中山为主，内奉康有为为主”；又称：今春会试，康有为偕其弟康广仁及梁启超来京讲学，“将以煽动天下之士心”。奏章激烈地攻击维新运动，说是“两月以来，变更成法，斥逐老成，借口言路之开以位置党羽”。奏章特别提出：“风闻东洋故相伊藤博文即日到京，将专政柄”，“伊藤果用，则祖宗所传之天下，不啻拱手让人”。[84] 杨崇伊要求慈禧即日训政，召见大臣，密捕大同学会中人，分别严办。在旁哭诉的除庆亲王奕劻，还有端王载漪。

杨崇伊的这道奏章很有煽动性。它不仅迎合了慈禧的守旧心理，而且也迎合了慈禧对洋人的疑惧感。伊藤博文原是日本的总理大臣，马关谈判时李鸿章的对手。戊戌年下野后，以从事远东外交自任。9 月 8 日（七月二十三日）来华，14 日（七月二十九日）到达北京，先后会见总署王大臣、康有为、张荫桓等人，定于 9 月 20 日（八月初五日）晋见光绪皇帝。当时，李提摩太已经提出，建议中国政府聘请伊藤为顾问，中国官员中也有聘任伊藤为“客卿”的类似意见，还传说伊藤有可能进入军机处，等等。杨崇伊奏章中所说伊藤“将专政柄”，即指此类传说。慈禧本来就担心变法会损害自己的地位和权力，现在则更担心“东洋鬼子”和皇帝“结合”！

9 月 20 日（八月初五日），光绪帝首先召见袁世凯。袁奏请光绪帝“忍耐待时，步步经理”，不必“操之过急”。他建议选用“真正明

临朝“训政”的慈禧太后

达时务、老成持重如张之洞者”，出而主持变法，并且意有所指地说：“新进诸臣，固然不乏明达勇猛之士，但阅历太浅，办事不能慎密。倘有疏误，累及皇上，关系极重。”[85] 自从谭嗣同夜访后，袁世凯就“反复筹思，如痴如病”。这时候，袁世凯显然已经决定了自己的政治走向。据袁世凯日记记载，光绪皇帝听了这一段话后，“颇为动容”。但是，“无答谕”。

当日中午，光绪帝召见伊藤博文和日本驻华公使林权助。光绪帝称：“贵邦与敝国同处一洲，彼此最属亲爱，唇齿相依。讲求新政乃敝国当今务急，愿侯相有以教寡人。若蒙将维新之谋，细述与总署王大臣之前，则必增长朕之所欲也。”在伊藤博文表示“敬奉谕旨”之后，光绪皇帝又说：“朕之所愿，无有过两国永远同心合力，彼此赞助，而无诈无虞也。”[86]

慈禧太后还宫之后，即下令呈缴谭嗣同、杨锐、林旭、刘光第等四个新章京所签各项文件。9月21日（八月初六日）晨，慈禧太后宣布重新临朝“训政”。同时，以光绪帝的名义发布上谕，声称康有为“结党营私，莠言乱政”，着革职，并其弟康广仁均着步军统领衙门捕拿，交刑部治罪；御史宋伯鲁“滥保匪人”，革职永不叙用。[87] 命下，崇礼立即出动士兵，查抄南海会馆。不过只抓到了康广仁，前一天，康有为已经谭嗣同力促，遵照光绪皇帝指示，离开北京，经天津，换乘英船南下。

（六）六君子就义

袁世凯9月20日（八月初五日）向光绪帝请训后，当日回津，到总督衙门拜见荣禄，“略说内情”，并称：“皇上圣孝，实无他意，只有群小结党煽惑，谋危宗社，罪实在下，必须保全皇上以安天下。”[88] 说话间，有荣的幕僚等人入坐，袁不便畅言，约定第二天早晨再访。次日晨，荣禄突然访袁，袁详述谭的夜访情况。接着，二人筹商如何既向慈禧报告而又能不牵累光绪帝，未有善策。当日，杨崇伊赶到天津，向荣禄报告政变消息。初七日，杨崇伊返回北京，向奕劻报告袁所述情况，奕劻飞报慈禧。23日（八月初八日），慈禧讯问光绪皇帝，同时下令逮捕谭嗣同等人。

9月21日（八月初六日），梁启超到浏阳会馆访问谭嗣同，商议挽救时局办法。二人对榻密谈之际，陆续听到查抄南海会馆和慈禧垂帘听政的消息，谭嗣同早已作好牺牲准备，从容对梁说：“昔欲救皇上既无可救，今欲救康先生亦无可救。吾已无事可办，惟待死期。”[89] 他建议梁到日本驻华使馆，拜会伊藤博文，请伊藤致电驻上海领事，设法救助康有为。梁启超依言进入日本使馆。次日，谭嗣同到日本使馆会晤梁启超，将所著书及诗文辞稿本、家书等物交梁，托他保管。谭劝梁出走日本：“不有行者，无以图将来；不有死者，无以酬圣主。今南海之生死未卜。程婴、杵臼，月照、西乡，吾与足下分任之。”[90] 他将生的希望推给了梁，将为变法牺牲、激励国人的责任留给了自己。

自9月23日（八月初八日）起，谭嗣同、刘光第、杨锐、林旭、张荫桓、徐致靖等陆续被捕。杨深秀因上疏反对慈禧训政，也同时被捕。接着，清廷又下令拿办杨崇伊奏章中提到的孙中山和文廷式。25日（八月初十日），“上谕”称：皇帝病重，命中外保荐精通医理之人。26日（八月十一日），清廷宣布：恢复被光绪帝精简掉的詹事府、通政司等机关；禁止士民上书言事；停办官报馆，停止各省祠庙改设学堂。同日，慈禧太后下令派军机大臣会同刑部、都察院严刑审讯谭嗣同等人。次日，加派御前大臣会审，但不久又通知“勿用审讯”。28日（八月十三日），清廷将谭嗣同、杨深秀、杨锐、林旭、刘光第、康广仁等六人杀害于北京宣武门外的菜市口。次日，清朝政府发布“上谕”云：“主事康有为首倡邪说，惑世诬民，而宵小之徒，群相附和，乘变法之际，包藏祸心，潜图不轨，前日竟有纠结乱党，谋围颐和园，劫制皇太后，陷害朕躬之事，幸经察觉，立破奸谋。”[91] 显然，这“谋围颐和园，劫制皇太后”的新罪名，自是袁世凯告密的结果。

康广仁

谭嗣同等牺牲这一天，北京先是阴霾密布，继而风雨交作。当时，严复正在北京，作诗哀悼说：“求治翻为罪，明时误爱才。伏尸名士贱，称疾诏书哀。燕市天如晦，宣南雨又来。临河呜犊叹，莫遣寸心灰。”他对谭嗣同等被害表现了强烈的不平，也勉励自己，不要因此灰心，要为中国的改革和富强继续奋斗！

9 月 29 日（八月十四日），清廷下令将张荫桓发往新疆，徐致靖永远监禁，徐仁铸革职永不叙用，梁启超与康有为一并拿办。其后，参预维新的人士都受到不同处理。李端棻革职，交新疆地方官严加管束。王照革职严拿，查抄家产。陈宝箴、陈三立、江标、熊希龄革职永不叙用，交地方官严加管束。黄遵宪本已被光绪帝任命为出使日本大臣，时在上海，因日、英两国干预，得以免职还乡。10 月 6 日（八月二十一日），清廷下令裁撤湖南南学会、保卫局，销毁札记、答问等书。同月 9 日（八月二十四日），慈禧懿旨宣布：科举考试“悉照旧制”，停罢经济特科，裁撤京师农工商总局。11 日（二十六日），慈禧通谕严禁联名结会。至此，戊戌变法的成果摧毁殆尽。

戊戌变法的失败，其首因自然在于顽固派的强大，慈禧太后掌握国家大权，但是，也和维新派以及光绪帝的策略失误有关。变法救亡，本是当时人的普遍要求，但是，康有为的孔子改制理论既不能取得普遍认同，开制度局、懋勤殿的主张又严重侵夺王公大臣们的既得利益，以致除光绪帝一个光杆司令外，维新派几乎没有其他助力。光绪帝虽有心变法，但他仓促下令精简机构，平添大量阻力；对礼部六堂官的处罚也嫌过重，易于失去同情。

戊戌变法是近代中国史上第一次比较全面的改革运动。它虽然失败了，但其意义是巨大的。一是它激起了人们对满洲权贵的愤恨，此后，以武力推翻清朝统治为宗旨的革命党人即进入历史舞台中心，并最终导致辛亥革命的成功。二是近代中国的新思想、新文化由此发端，而且一浪高过一浪。戊戌变法后，学堂、报刊、学会等新生事物如雨后春笋般地涌现，中国人的精神面貌日新月异，迅速变化。慈禧太后的屠刀虽然可以暂时中断变法的历史进程，但是，近代中国的改革、革命和思想解放潮流却再也无法阻遏。

注

①冯桂芬：《制洋器议》，《校邠庐抗议》卷下，光绪二十四年校刻本。
②冯桂芬：《制洋器议》，《校邠庐抗议》卷下。
③王韬：《变法》，《弢园文录外编》卷一。
④薛福成：《出使日记》，《筹洋刍议》。
⑤郑观应：《商战》，《盛世危言》初编卷3。
⑥夏东元编：《郑观应集》，上海人民出版社，1982年版，第312页。
⑦马建忠：《上李伯相言出洋工课书》，《适可斋纪言》卷2。
⑧陈虬：《变法》一、《变法》二，见《治平通议》。
⑨陈炽：《议院》，《庸书·外篇卷下》。
⑩何启：《新政论议》，《新政真诠》二编，辽宁人民出版社1994年版，第117页。
⑪姜义华、吴根梁编校：《康有为全集》第一册，上海古籍出版社1987年版，第190页。
⑫姜义华、吴根梁编校：《康有为全集》第一册，第290页。
⑬汤志钧编：《康有为政论集》上册，中华书局1981年版，第55、59页。
⑭《军机处档》，台北故宫博物院藏，133658；参见茅海建《康有为〈我史〉鉴注》，人民出版社2009年版，第39页。
⑮汤志钧编：《康有为政论集》上册，第114—136页。关于此次上书的情况，参见茅海建《康有为〈我史〉鉴注》，第63—76页。
⑯《光绪朝东华录》，中华书局1958年版，第3631页。
⑰汤志钧编：《康有为政论集》上册，第165—166页。
⑱《清代起居注册》，台湾联经出版事业公司1987年版，第2721—27213页。
⑲中国史学会主编：《戊戌变法》(二)，上海人民出版社2000年版，第2页。
⑳《清代起居注册》，第27889—27890页。
㉑康有为：《上海强学会序》、《上海强学会后序》，汤志钧编《康有为政论集》上册，第169—172页。
㉒梁启超：《论不变法之害》，《时务报》，1896年8月19日。
㉓胡思敬：《戊戌履霜录》卷四《党人列传》，1913年刊行。
㉔张之洞：《致长沙陈抚台、黄署臬台电》，《张文襄公电稿》卷29，全国图书馆文献缩微复制中心2005年版，第6页。

注

㉕上海图书馆编：《汪康年师友手札》，上海古籍出版社 1986 年版，第 190—1901 页。

㉖上海图书馆编：《汪康年师友手札》，第 1899 页。

㉗上海图书馆编：《汪康年师友手札》，第 1897 页。

㉘上海图书馆编：《汪康年师友手札》，第 1854 页。

㉙屠仁守：《屠梅君侍御致时务报馆辨〈辟韩〉书》，苏舆辑《翼教丛编》卷三，参见胡如虹编《苏舆集》，湖南人民出版社 2008 年版。

㉚梁启超：《学堂日亟梁批》，叶德辉编《觉迷要录》卷 4，台湾文海出版社 1987 年版。

㉛张之洞：《致长沙陈抚台、黄臬台》，中国史学会主编《戊戌变法》（二），上海人民出版社 2000 年版，第 609 页。

㉜张之洞：《致长沙徐学台》，中国史学会主编《戊戌变法》（二），第 610 页。

㉝叶德辉：《与南学会皮鹿门孝廉书》，苏舆辑《翼教丛编》卷 6，参见胡如虹编《苏舆集》。

㉞宾凤阳：《宾凤阳等上王益吾院长书》，苏舆辑《翼教丛编》卷 5，参见胡如虹编《苏舆集》。

㉟苏舆辑：《翼教丛编》卷 5，参见胡如虹编《苏舆集》。

㊱《德宗景皇帝实录》卷 421。

㊲汤志钧编：《康有为政论集》上册，第 203 页。

㊳参见《康有为自编年谱》，中国史学会主编《戊戌变法》（四），上海人民出版社 2000 年版，第 188 页。

㊴《康有为自编年谱》，中国史学会主编《戊戌变法》（四），第 140 页。

㊵《翁同龢日记》第 6 册，中华书局 1998 年版，第 3086 页。

㊶本折文字据故宫博物院藏内府抄本《杰士上书汇录》卷一，见孔祥吉《救亡图存的蓝图：康有为变法奏议辑证》，台湾联合报系文化基金会 1998 年版，第 8 页。

㊷孔祥吉：《救亡图存的蓝图：康有为变法奏议辑证》，第 39 页。

㊸康有为：《日本变政考跋》，故宫博物院《日本变政考》卷尾。

㊹康有为：《保国会章程》，《国闻报》，1898 年 5 月 7 日。

㊺叶德辉编：《觉迷要录》卷 1，台湾文海出版社 1987 年版。

注

㊻刘鹗：《缕记保国会逆迹》，《申报》，1898年10月25日。
㊼金梁：《四朝佚闻》，中国史学会主编《戊戌变法》（四），第222页。
㊽孔祥吉：《救亡图存的蓝图：康有为变法奏议辑证》，第71页。
㊾孔祥吉：《救亡图存的蓝图：康有为变法奏议辑证》，第95—96页。
㊿《翁同龢日记》，第6册，第3132页。
51《清代起居注册》，第30767—30771页。
52参见拙作《翁同龢罢官问题考察》，《晚清史事》，中国人民大学出版社2007年版，第76—93页。
53康有为清末流亡日本时，曾根据记忆补写此折。本书所引，据《杰士上书汇录》卷2，见清华大学历史系编《戊戌变法文献资料系日》，上海书店出版社1998年版，第714—716页。
54《康有为自编年谱》，中国史学会主编《戊戌变法》（四），第147—148页。
55汤志钧编：《康有为政论集》上册，第286页。
56《清代起居注册》，第30931页。
57姜义华、吴根梁编校：《康有为全集》第二册，上海古籍出版社1987年版，第886—902页。
58《清代起居注册》，第30965页。
59《清代起居注册》，第30875页。
60《请饬令各省改书院、淫祠为学堂折》，汤志钧编《康有为政论集》上册，第313页。
61《清代起居注册》，第30960—30961页。
62《杨参政公事略》，苏继祖《清廷戊戌朝变记》引《绵竹县志》。
63康有为：《答人论议院书》，姜义华、吴根梁编校《康有为全集》第4册，第362页。
64康有为：《康有为自编年谱》，中国史学会主编《戊戌变法》（四），第153—154页。
65孔祥吉：《救国存亡的蓝图：康有为变法奏议辑证》，第71页。
66孔祥吉：《救国存亡的蓝图：康有为变法奏议辑证》，第131—132页。
67清华大学历史系编：《戊戌变法文献资料系日》，第726页。
68清华大学历史系编：《戊戌变法文献资料系日》，第763页。

注

⑥⑨清华大学历史系编：《戊戌变法文献资料系日》，第 765 页。
⑦⓪康有为：《致汪康年书》，清华大学历史系编《戊戌变法文献资料系日》，第 815 页。
⑦①清华大学历史系编：《戊戌变法文献资料系日》，第 845—846 页。
⑦②清华大学历史系编：《戊戌变法文献资料系日》，第 891—892 页。
⑦③清华大学历史系编：《戊戌变法文献资料系日》，第 897 页。
⑦④《德宗景皇帝实录》卷 424。
⑦⑤清华大学历史系编：《戊戌变法文献资料系日》，第 921 页。
⑦⑥清华大学历史系编：《戊戌变法文献资料系日》，第 1019—1020 页。
⑦⑦清华大学历史系编：《戊戌变法文献资料系日》，第 1021 页。
⑦⑧袁世凯：《戊戌日记》，中国史学会主编《戊戌变法》（一），上海人民出版社 2000 年版，第 549 页。
⑦⑨参见拙作《康有为谋围颐和园捕杀西太后确证》，《晚清史事》，第 98—106 页。
⑧⓪毕永年：《诡谋直纪》，日本外务省档案，161422、491183。
⑧①袁世凯：《戊戌日记》，中国史学会主编《戊戌变法》（一），第 549—553 页。
⑧②《康有为自编年谱》，中国史学会主编《戊戌变法》（四），第 144 页。
⑧③参见《远人忠告》，《国闻报》，1898 年 9 月 22 日。
⑧④国家档案局明清档案馆编：《戊戌变法档案史料》，第 461 页。
⑧⑤袁世凯：《戊戌日记》，中国史学会主编《戊戌变法》（一），第 553 页。
⑧⑥清华大学历史系编：《戊戌变法文献资料系日》，第 1042 页。
⑧⑦清华大学历史系编：《戊戌变法文献资料系日》，第 1046—1047 页。
⑧⑧袁世凯：《戊戌日记》，中国史学会主编《戊戌变法》（一），第 553 页。
⑧⑨⑨⓪梁启超：《谭嗣同传》，《清议报》第 4 册。
⑨①《德宗景皇帝实录》卷 427。

第三章

革命派与改良派的合作与破裂

以慈禧太后为首的满洲贵族集团镇压"六君子"，阻塞了中国变法图强的道路，梁启超胸中郁积着对满洲贵族的强烈愤恨。康有为离日后，梁启超一度倾向革命，其他同门的言论也日趋激烈。1899 年夏秋间，梁启超与孙中山达成两派合作的初步协议，拟推孙为会长，梁为副会长。

康有为力图以武力使光绪皇帝复位

（一）保皇会的成立

1898 年 9 月 21 日（光绪二十四年八月初六），慈禧太后临朝，宣布重新“训政”。同时下令抓人。康有为事前得到消息，于 20 日清晨匆匆离京，当晚，乘英商公司重庆号轮船离开塘沽。9 月 25 日到上海，英国驻上海领事班德瑞到船上与康有为谈话，康称：假如英国肯派兵两百名帮忙，就可以扶持光绪皇帝重新执政。接着，康有为换乘英舰到香港，又企图说服前海军少将柏丽辉勋爵，请英国出面拯救被软禁的皇帝，还曾多次致函李提摩太，请他代向英国求助，主持公道。此外，还曾和日人宫崎寅藏讨论，如何派日本壮士刺杀慈禧太后。

梁启超也将挽救光绪皇帝的希望寄托在外国人身上。9 月 21 日晚，梁启超避往日本公使馆，26 日乘轮东渡。27 日，梁启超与王照联名致函日本前总理大臣伊藤博文，其后，又致函日本现任总理兼外务大臣大限重信等人，剖析中、日、俄三国之间的关系，说明慈禧太后亲俄，日本为自身安全，必须支持中国改革。[①] 康有为于同年到达日本后，也积极游说日本人士，“不惜一臂之力，助皇帝复位”。[②] 但是，日本政客只表示同情，不肯在实际上有所行动。

康有为到达日本不久，唐才常也自国内东来，与康有为等共同计划以武力推翻慈禧太后的统治。10 月 31 日，康有为等人向日本东亚同文会会员宗方小太郎表示，拟在湖南举事，希望日本借兵并援助。康夸张声势，声称湖南南学会有会员一万二千人，一旦举事，将引军直进，夺取武昌，沿江东下，攻占南京，然后移军北上。康并称，有可能得到张之洞的响应。③ 这是康有为等人流亡海外提出的第一份武装拯救光绪皇帝的计划。11 月初，康有为发布《奉诏求救文》，假借皇帝名义，公开号召“勤王”。

陈少白

康、梁到达日本后，孙中山、陈少白托日人宫崎寅藏、平山周、犬养毅等致意，企图联合，但康声称奉有光绪皇帝秘密诏书，不便与革命党来往。孙中山派陈少白往访，康表示：“惟有鞠躬尽瘁，力谋起兵勤王”，“其他非余所知。”④ 1899 年（光绪二十五年）3 月，原来庇护康有为的大隈重信内阁倒台，在清廷压迫下，康有为离开日本，远游欧美。到英国时，通过柏丽辉勋爵再次请求英国政府支持他的“复辟”计划，未获议会多数同意。7 月 20 日，康有为在加拿大千岛与侨商李福基等人成立“保救大清皇帝会”，简称保皇会。其后，保皇会自加拿大逐渐向美国、墨西哥等地发展，共建立总会 11 个，支会 103 个，号称有众数百万。康有为任会长，梁启超、徐勤任副会长。8 月 4 日（六月二十八日），适逢光绪皇帝 30 岁生日，康有为率领侨胞在中华会馆庆祝，其场景是：“烛灯辉煌，箫鼓铿锵，冠裳璀璨，龙牌在上，龙旗在顶”，一群人，或长袍，或短衣，一律“拳跪起伏，九叩首”。会后，致电清廷的外交机构——总理各国事务衙门，“问圣躬安否？祝圣寿万年，愿皇上复政以保中国”。⑤ 后来在有些地方，保皇会开会还形成了一套仪式：“会所奉万岁圣牌，会众悬皇上圣像”，与会者起立，恭祝皇帝万寿，齐声喝彩三声，次祝康有为到处平安，喝彩如前。[6] 11月12日，慈禧太后生日，南洋各埠华侨再次致电总理各国事务衙门，声称太后年高，不宜过劳，应“归政颐养”。此后，海内外报纸纷纷刊发文章，要求太后撤帘，皇上亲政。

1899年（光绪二十五年），慈禧太后召开王公会议，诏立自己的外甥、端郡王载漪之子溥儁为大阿哥，为废去光绪皇帝做准备。消息传出，中外喧腾。上海电报局总办经元善联络叶瀚、张通典、章炳麟（太炎）、汪贻年、丁惠康、沈荩、唐才常等1 231人联名电争，这是上海地区前所未有的一次大规模的士绅联合行动。天津、杭州、武昌等地的士绅继起响应，海外华侨也纷纷通电反对，仅各地保皇会的通电即达百数十通。康有为致函大限重信及进步党领袖犬养毅，要求二人向日本政府请兵，讨伐慈禧，[7] 同时则催促唐才常、毕永年等人在国内动作。1900年（光绪二十六年）1月，康有为经香港抵达新加坡，在香港、澳门设立保皇会总局，作为办事机构。次年8月，受新加坡总督之邀，迁居槟榔屿。

1900年，义和团运动爆发。暹罗华侨陈斗南等人上书李鸿章、张之洞等，要求他们举兵勤王，清君侧，复大仇。保皇会则呼吁国民以独立自主精神勤王讨贼。康有为最初计划在两广起兵。原台湾巡抚唐景崧在1895年（光绪二十一年）的反割台斗争失败后回到故乡广西。他派人到新加坡会见康有为，约期举事。康有为于是决定先攻广西桂林，然后破长沙，下武昌，直趋襄阳，进入直隶，攻入北京。保皇会在日本的总部还曾指示洛杉矶分会，以矿物、铁路为报酬，请美国人荷马李将军募集美国苦力25 000人，计划由美国军官率领，自澳门攻打广州。康有为则联络原台湾义军统领丘逢甲，动员他在广东潮州、惠州一带起兵。但是，所有这些都停留在计划阶段，没有付诸实施。[8] 11月14日（九月二十三日），康有为致函英、日两国领袖，建议他们利用机会，帮助光绪帝复位，函称：“帝党由这片土地上最开明、进步的人士组成，这些人友好地对待外国人，也希望将他们国家古老的文化和西方文明结合起来。”[9] 但是，英、日两国领袖都未加理睬。

（二）《大同书》的写作

1901 年（光绪二十七年）11 月，康有为赴印度，定居大吉岭，陆续写作《中庸注》《孟子微》《论语注》《大学注》及《大同书》等著作。在《大同书》中，康有为根据他对西方资本主义世界的观察，对人权、平等学说以及空想社会主义思想的了解，融合中国古代儒家的社会理念，建构了他对人类未来社会的理想：全世界为一总政府，"天下为公，无有阶级，一切平等"，生产高度发达，每人每日仅劳动很少时间，此外"皆游乐、读书"之时。它是近代中国知识分子第一份完整的共产主义设计。但是，在现实中，康有为仍然坚持保皇、改良道路。《大同书》一直秘不示人，1913 年（民国二年）部分发表，至 1935 年（民国二十四年）才全文出版。

梁启超的文化宣传活动及其思想新趋向

（一）《清议报》与《新民丛报》

梁启超流亡日本后，他的维新同志徐勤、麦孟华、汤觉顿以及时务学堂学生蔡锷等人随后相继到达。当时的日本，正处于明治维新之后。梁启超亲眼见到了一个国家的兴起，"如呼吸凌晨之晓风，脑清身爽"。他为自己取名吉田晋，以示对于日本维新思想家吉田松阴的景仰。1901 年 12 月 23 日，梁启超得到在日华商冯镜如、冯紫珊等人资助，在横滨创办《清议报》旬刊，在当时中国的思想、文化界产生巨大影响。

《清议报》宣称"专以主持清议，开发民智为主义"。[10] 所谓"主持清议"，指抨击慈禧太后和顽固派大臣荣禄、刚毅的"伪政府"，鼓吹改良派在戊戌政变后的政治主张：尊皇，勤王，兴师讨贼，归政光绪皇帝。和戊戌变法时期相比，《清议报》对光绪皇帝的宣传多了美化、

梁启超及《新民丛报》

神化的成分。例如声称“皇上之圣”，“数千年之所未有”，是“天纵之资”，等等。[11]所谓“开发民智”，指宣扬民权主义，介绍新鲜的西方社会政治思想和文化道德观念。《清议报》除陈述世界大势和列强对华政策，呼吁中国人民热爱国家、奋起救亡外，将主要精力集中于提倡民权。梁启超空前地提高了“国民”的地位，他宣称：“国民者，以国为人民公产之称也。国者，积民而成。舍民之外，则无有国。”这就将传统的“君国”观转变为现代的“民国”观。他同意天赋人权说，认为言论、行为、居住、财产、请愿这五大自由，犹如水之于鱼，氧气之于鸟兽，谁也不能剥夺。“君不能夺之民，父不能夺之子，兄不能夺之弟，夫不能夺之妇。”[12]他鼓励破坏主义，认为要清除中国数千年来的沉疴痼疾，必用“破坏”之药，赞美其为“今日第一要件”，“第一美德”。[13]他的《少年中国说》鼓励年轻人面向未来，积极进取，建设富强、自由、雄飞的“少年中国”，是一篇起过巨大历史作用的名文。

由于《清议报》的内容新、思想新、文字好，使读者宛如幽室见光。出版后，风行一时，在很短的时期内就销售三千余份，各地代销点达 38 处之多。至 1901 年（光绪二十七年）12 月，出满百期，因火灾停刊。

1902 年 2 月 8 日（光绪二十八年正月初一日），梁启超改出《新民丛报》。该刊宣称：“取《大学》新民之义，以为欲维新吾国，当先维新吾民。中国所以不振，由于国民公德缺乏，智慧不开，故本报专对此病而药治之。”梁启超继续宣扬改良主义观点，在该刊发表的最有影响的文章当推《新民说》。该文长达 11 万字，连载四年。通过该文，梁启超提出了人的思想道德转型问题。他激烈地批判中国人在长期专制统治下所形成的国民劣根性，系统地介绍权利义务、国家思想、合群思想、尚武精神、进取冒险、平等一系列价值观念，企图为国民树立新的道德规范。同时，梁启超继承《清议报》的传统，以更大的热情介绍西方思想和人物，如，亚里士多德、边沁、孟德斯鸠、达尔文、培根、笛卡尔、康德、黑格尔、约翰弥尔、波伦哈克、伯伦知理、亚当·斯密、李嘉图、圣西门、傅立叶、马克思等，据统计，梁启超在《新民丛报》上介绍的西方学者、思想家、科学家约在百人以上。其成绩，在辛亥革命前后无人可以与之相比。其作用，一直发挥至五四时期，影响过许多人。胡适曾说："《新民说》诸篇给我开辟了一个新世界，使我彻底相信中国之外还有很高等的民族、很高等的文化。"

在倡导改造国民性的同时，梁启超又大力倡导学界革命、史界革命、诗界革命、文界革命。他的文章，明白畅达，笔锋常带感情，富于鼓动性，被称为"新民体"。梁启超在这些方面的努力，开启了五四新文化运动的先河。

（二）《新小说》与"大中华民主国"设想

1902年（光绪二十八年）11月，梁启超创办《新小说》，将戊戌前夜业已开始的"小说界革命"推向新阶段。他大力宣扬小说的社会启蒙和教育作用："欲新一国之民，不可不先新一国之小说。故欲新道德，必新小说。欲新宗教，必新小说。欲新政治，必新小说。欲新风俗，必新小说。欲新学艺，必新小说。乃至欲新人心，欲新人格，必新小说。"[14] 梁启超自己带头写作《新中国未来记》，表述自己的政治观点和理想。小说主人公黄克强、李去病，一个主张改良，一个主张革命。二人之间展开辩论，最后归结为现在国民资格不够，只能先行预备。按梁启超的构想，将来要建设"大中华民主国"，第一代大统领罗在田（隐指光绪皇帝），第二代大统领黄克强（隐指黄帝子孙）。[15] 不过小说发表到第五回就停笔了，没有写到这地步。这一点显示出，梁启超后来已经失去了对民主共和的热情。

除创办刊物外，梁启超还在1899年（光绪二十五年）10月间在东京办了一所高等大同学校，经费3 000元，来自横滨华商捐献。从学者有前湖南时务学堂学生林圭、秦力山、范源濂、蔡锷、周宏业、唐才质等十余人，横滨大同学校的学生冯自由、郑贯一等7人。梁自任校长，日人柏原文太郎为干事。以提倡自由、平等、天赋人权的英法名著为教材。学生们高谈革命，纷纷以卢梭、福禄特尔、丹顿、罗伯斯比尔、华盛顿自命。在东京其他学校留学的戢翼翚、沈云翔等也常到学校访友，通宵达旦地高谈阔论。一时之间，该校成为引领东京中国留学界的思想中心。

革命、改良两派的合作与破裂

（一）毕永年组织兴汉会

唐才常在改良派中，属于激烈分子。戊戌政变后，他哀悼死友，迅速赴日，会见康有为和梁启超，建议起兵勤王。1899年11月初，他偕同为激烈派的毕永年再次访问宗方小太郎，争取支持。宗方劝以沉潜待机，专力准备。[16] 同月，唐又经毕永年介绍，和孙中山会晤，商讨在湘、鄂及长江流域起兵计划，决定合作。不久，唐才常首先回国。毕永年接到湖南即将起事的电报，也于12月偕平山周返国。行前，他致函犬养毅，声称“西后淫虐之极，湘人激于义愤，咸思一旦制其死

唐才常

命”。他表示：“将来各国干预时，亦望贵国出面干预。”[17]

毕永年在东渡日本后即加入兴中会。他化装成和尚，和平山周一起到汉口，会见原时务学堂学生林圭，三人共同入湘，拟在长沙纵火举事。毕永年等遍访哥老会山堂，结识该会头目杨鸿钧、李云彪等，认为沉毅可用。哥老会是源于四川、后来活跃于长江流域的民间秘密结社组织，在湘军中产生过巨大影响。

当时正值政变之后，湖南人心消沉，活跃一时的南学会等团体均已消亡解体，并不具备迅速起义条件。康有为指示毕永年“制造事端”，引起毕的强烈不满，决心和康决裂。[18] 1900年春，毕永年再到日本，向孙中山汇报湖南之行的情况，孙中山决定利用哥老会，在湘、粤、鄂三省同时大举，然后向长江中游发展。他命陈少白去香港创立《中国日报》，命郑士良联络广东三合会，命毕永年再次回国活动。同年夏，毕再次入湘，向哥老会头目介绍孙中山的生平与兴中会宗旨。其后，杨鸿钧、李云彪、张尧卿等六名哥老会头目持毕永年函赴港，与郑士良、陈少白及三合会首领会谈，声称：“现在，如不了解国际情势，贸然揭竿而起，则将遗祸于百年之后。而我们会党之中无人通晓外国情况，所以，对孙先生期望甚切。”[19] 双方决定兴中会、哥老会、三合会联合，成立中和堂兴汉会，合并之日，到会12人，计哥老会7人，三合会2人，兴中会3人。其时，毕永年自上海来港，提议推孙中山为会长。会后，分三路向两广、闽浙、上海等地同志转达，宫崎与陈少白偕诸会党头目到日本，向孙中山汇报，送去兴汉会会长印章。

参加兴汉会的会党头目并无坚定的政治信仰。同年11月，康有为由美洲经日本到香港，企图拉拢李云彪等人。那时，康有为得到华侨资助，囊中富有，每个会党头目各赠百金，李等便改投保皇党门下。毕永年责以大义，无效，一怒削发为僧，留书平山周说：“中国久成奴才世界，至愚且贱。盖举国之人无不欲肥身、赡身以自利者，弟实不愿与斯世斯人共图私利，故决然隐遁，归命牟尼。”[20]

广州起义前夜，孙中山将兴中会会长一职让位于杨衢云。孙中山得到兴汉会的拥戴后，自觉有了实力，便向杨衢云提出，扬子江各省的哥老会已经推选他为会长，暗示说，不能有两个会长。杨倒也爽快，表示说："为了我们的事业，我一向愿意牺牲自己的生命，更不用说我的职位了。"孙中山要杨征求谢缵泰的意见，谢同意。1900 年 1 月 24 日，杨衢云决定辞去兴中会会长职务。[21]

（二）两派的初步合作

唐才常于 1899 年 4 月到上海，担任日人创办的杂志《亚东时报》的编辑。同年秋，再到日本，周旋于革命与改良两派之间，"对康、梁则曰勤王，对留学生则曰保国保种"。[22] 当时，林圭已在大同学校求学，唐才常便邀他及秦力山、田邦璿等回国，共同举事，湖北留学生吴禄贞、傅慈祥等也都表示愿意相助。

以慈禧太后为首的满洲贵族集团镇压"六君子"，阻塞了中国变法图强的道路，梁启超胸中郁积着对满洲贵族的强烈愤恨。康有为离日后，梁启超一度倾向革命，其他同门的言论也日趋激烈。1899 年夏秋间，梁启超与孙中山达成两派合作的初步协议，拟推孙为会长，梁为副会长。梁曾与同门学友韩文举、欧榘甲、梁炳光、麦仲华等共 12 人在日本镰仓江之岛的金龟楼结盟。这批人中，欧榘甲带头倡言革命，认为革命之义已经行于五洲，革命之效已经普及四海，是"去野蛮而进文明"的必经之路。[23] 据冯自由说，梁启超等人曾联名致函康有为，认为"国事败坏至此，非庶政公开，改造共和政体，不能挽救危局"。[24] 梁等表示，光绪皇帝圣明，倘民心爱戴，将来可以选为总统，要康有为"息影林泉，自娱晚景"。梁并为此到香港，推陈少白和徐勤起草联合章程。徐勤将梁启超的动向密报康有为，声称梁"渐入行者圈套"，康摆出老师架子，责令梁启超离日赴美，参加保皇活动。此说有人指为"捏造无端事实"，不过，梁启超后来确实给康有为写过信，声称"中国以讨满为最适宜之主义"。他说："满廷之无可望久矣，今日日望归政，望复辟，夫何可得？"[25] 倘证以康有为、梁启超这一段时期的其他资料，冯说的具体情节或有出入，但主要方面应该属实。[26]

同年 11 月，唐才常、林圭启程，梁启超、孙中山及陈少白、沈翔云、宫崎寅藏、平山周等在东京红叶馆联合为唐、林等饯行，两派把酒畅谈，出现了前所未有的融洽气氛。容闳的侄子容星桥时任汉口俄国商行买办，是兴中会会员，孙中山特意将这一关系介绍给林圭。

（三）梁启超提议推举光绪皇帝做总统

1899 年底，梁启超带着孙中山的介绍信抵达檀香山。梁当时的想法是将“共和”和“勤王”二者统一起来。1900 年（光绪二十六年）1 月，慈禧太后诏立溥儁为大阿哥，准备废除光绪皇帝，上海经元善等与海外华侨保皇会纷纷通电反对，这使梁启超感到鼓舞。1900 年 4 月，梁启超致函孙中山，建议利用这一形势，函称：“废立事起，全国人心悚动奋发，热力骤增数倍，望勤王之师，如大旱之望雨。今若乘此机会用此名号，真乃事半功倍。”他劝孙中山说：“夫倒满洲以兴民政，公义也；而借勤王以兴民政，则今日之时势最相宜者也。”怎样将两者统一起来呢？办法还是“举皇上为总统”。梁启超认为这样做，可以“两者兼全，成事正易”。[27] 梁启超不是不想推翻满洲贵族，也不是不赞成共和，他所担心的是革命会造成外敌入侵，社会动乱，形成大残杀、大破坏，所以总想找到一条比较稳妥的道路。一时间，这种“名为保皇，实则革命”的说法吸引了当地的不少华侨，原兴中会成员几乎全部被拉入保皇会，所得捐款超过十万元。同年 8 月，梁启超秘密回到上海，准备参加自立军起义，但到沪伊始，就得悉唐才常等已被捕，梁在沪仅逗留十天，怏怏改赴新加坡，会晤康有为。10 月，梁启超应雪梨（今澳大利亚悉尼）保皇会邀请，偕同康有为女婿罗昌访问澳洲，所至之处，发表演说，倡立保皇分会，直到 1901 年（光绪二十七年）5 月，才返回横滨。1903 年（光绪二十九年）2 月，梁启超应美洲保皇会之邀，先后访问加拿大及美国，为时十个月。

（四）两边不讨好

康有为不能容忍梁启超等人对自己的任何背离。1902年春，发表《与同学诸子梁启超等论印度亡国由于各省自立书》《答南北美洲诸华商论中国只可行立宪不可行革命书》，指责梁启超言论中的“革命”方面。同年，康有为郁愤成疾，头痛大作，写信痛骂梁启超等“背义”，声称要自此“决绝，分告天下”。[28] 梁启超无奈，连发两电，表示“悔改”，“痛改”。[29]

孙中山则不能容忍梁启超言论中的“保皇”方面。在东京时，孙、梁二人之间已多有不和。1902年3月，章炳麟到东京，发现孙、梁矛盾。他认为，中国的希望在孙、梁，便婉转地劝说孙中山，“无相构怨”，然而效果不大。[30] 1903年9月，孙中山重返檀香山，发觉当地华侨已在保皇会的掌握之下，便愤而在当地《隆兴报》上发表《敬告同乡书》，宣称“革命、保皇二事，决分两途，如黑白之不能混淆，如东西之不能易位”。稍后，又在致革命和尚黄宗仰函中指责梁的“借名保皇，实则革命”的说法比康有为的“直白保皇”更为阴险毒辣，声称“非将此毒铲除，断不能做事”。[31] 这样，两派的合作终于破裂。

（五）梁启超游美洲而梦俄罗斯

梁启超在美期间，看到了美国选举中的弊端以及政治生活中的阴暗面，也看到了当地华人社会中的自私、专制、内斗等不良现象，认为中国人距离共和国国民的水准相距过远，倘若在中国实行立宪、共和一类政体，无异“自杀其国”。1903年12月，梁启超返回横滨。自此，议论大变。他“涕泪滂沱”地宣布，与“十年来所醉、所梦、所歌舞所尸祝之共和”告别，在《政治学大家伯伦知理》一文中声称：“吾之思想退步，不可思议，吾亦不自知其何以如此其疾也。吾自美国来，而梦俄罗斯者也。”1906年（光绪三十二年），他发表长文《开明专制论》，神往于彼得大帝式的“圣君”。游美前，他歌颂西方新道德，而现在则转而认为，维持中国社会的一线希望在于“吾祖宗遗传固有之旧道德”。

唐才常与自立军起义

（一）徘徊于两派之间

唐才常离日后，再次回到上海，即在日本东亚同文会会员、澳门《知新报》记者田野橘次的支持下，联络江浙维新人士，秘密组织正气会。该会以东文译社为掩护，成立于1899年12月24日（光绪二十五年十一月二十二日）。以上海维新人士的代表汪康年为会长，《会章》明确规定："务合海内仁人志士，共讲爱国忠君之实，以济时艰。"为了团结各派人士，唐才常在《正气会序》中痛陈中国国势不振、人心萎顿的状况："诸夏之大，人民之众，神明之胄，礼乐之邦，文酣武嬉，蚩蚩无睹，方领矩步，奄奄欲绝，低首腥膻，自甘奴隶，至于此极！"继而明确表达"勤王"立场："日月所照，莫不尊亲；君臣之义，如何能废？"但是，其中又有"国于天地，必有与立，非我种类，其心必异"一类语句，用以争取"种族革命"论者。[32] 唐才常与汪康年有矛盾，掌握正气会实权，许多"内圈之事"并不告诉汪康年。他曾到香港接受南洋华侨邱菽园的资助，带回"海贼"三十余人，计划由田野橘次率领，北上刺杀慈禧太后，驱逐奸臣，"打碎北京政府"，同时自率会党首领，攻略南京、武昌，据长江天险以图天下。[33] 后来前一计划因田野病重流产，唐才常只能独立进行自己的计划。1900年（光绪二十六年）3月，

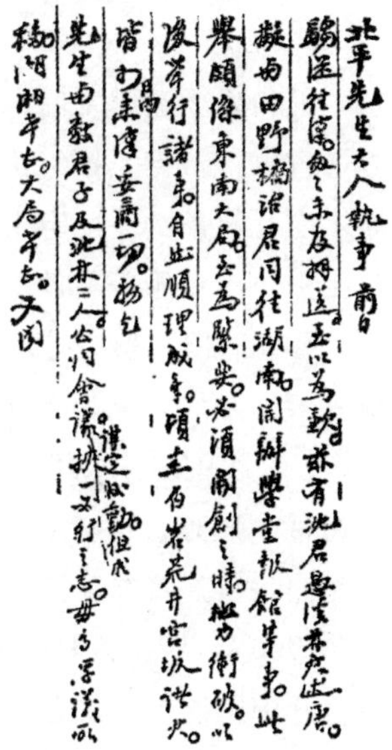

唐才常致日人宗方小太郎亲笔函，商议举兵事宜

唐才常将会名改为自立会，仿照会党办法建立富有山堂，发行票布，筹备起义。原已出家当和尚的毕永年也重回尘世，到上海参加富有山堂，被任命为副龙头。毕一面继续策划在湖南举事，一面要求唐才常斩断和保皇会的关系。两人彻夜激辩，唐称须依靠保皇会的财政接济，“为权宜计，不得不措施如是”。[34] 毕永年无法说动老友，痛哭而去，南下福建、广东，投入孙中山正在筹备的起义。

（二）上海的中国国会

义和团运动爆发后，清廷向列强宣战，张之洞、刘坤一等联合南方各省督抚抗旨，拒绝执行对外宣战命令。张、刘与各国驻沪领事订立东南互保条约，规定租界由各国保护，长江一带各国商民由中国官吏保护。改良派普遍觉得是个机会，设想借机以武力迎接光绪皇帝南下，另立政府，自主处理南方各省事务。6 月 12 日（五月十六日）汪康年亲到武昌游说张之洞，又曾托人到南京动员刘坤一。结果，刘无反应。7 月 9 日（六月十三日），陈三立致函张之洞幕僚梁鼎芬，希望张能带头发难，挟持刘坤一，“以冀起死千万一”。[35] 其间，日本也想趁此控制中国南方各省，不少人士到中国活动。

1900 年 7 月 26 日（光绪二十六年七月初一日），唐才常在上海愚园召开中国国会，文廷式、汪康年、章炳麟等五十二人参加。[36] 叶瀚任会议主席，以无记名投票方式推举容闳为议长（会长），严复为副议长（副会长）。同月 28 日，国会第二次会议，推郑观应、汪康年、唐才常等十人为干事。国会的公开宗旨是：1. 不认通匪矫诏之伪政府。2. 联络外交。3. 平定内乱。4. 保全中国自主。5. 推广中国未来之文明进化。另有秘密宗旨 12 条，如“废除旧政府，建立新政府，保全中外利益”等，由容闳起草英文，通告英、美、日三国。同月 30 日，章炳麟提出《请严拒满蒙人入国会状》，遭到否定。他反对使“光绪帝复位”，主张“救出光绪帝为平民”，[37] 当场与唐才常辩论。结果，“言保皇者十得八九，言复汉者十得二三”。[38] 他愤而割去辫发，表示和保皇道路决裂。8 月 4 日，北京危急，光绪皇帝生死难卜，汪康年设想：第一，众人议定政令、法令，一旦大变之后，即推戴一名人为总统。第二，各省按地区自行处理。[39]

（三）自立军起义

林圭受毕永年影响较多，思想激进。据称："有同志来访，则相与纵谈自由、平等、共和之说，悲满清之暴政，说革命之急潮，其义气甚激昂也。"[40] 他既热心与孙中山合作，又和会党广有联系，在汉口英租界设立机关，广泛联络湘、鄂、皖、赣各省哥老会头目，逐渐形成一支军事队伍，称为自立军。共分七路：秦力山、吴禄贞统前军，驻安徽大通；田邦璿统后军，驻安庆；陈犹龙统左军，驻湖南常德；沈荩统右军，驻湖北新堤；傅慈祥、林圭统中军，驻汉口。另两路为总会亲军与先锋队。以日人、东亚同文会会员甲斐靖为顾问，唐才常任各军总司令。计划于 8 月 9 日（七月十五日）全面发动。

为保证自立军起义胜利，改良派可谓竭尽全力。康有为驻新加坡，主持一切，梁启超在檀香山负责筹款，但除新加坡富商邱菽园捐助 25 万元外，其他款项均未到位，哥老会头目李云彪等纷纷离去。唐才常不得已，将起义改期至 8 月 22 日（七月二十八日）。秦力山因远在安徽，照原定日期发动，宣布"讨贼勤王"，以"保全中国自立之权，请光绪帝复辟"为宗旨。[41] 起义军占领大通。8 月 11 日（七月十七日），清军援兵开到，义军败退九龙山。

8 月 9 日，唐才常自上海启程赴汉。行前，委托日本东亚同文会会员井上雅二到南京，联络官僚绅士及军中将领，计划武汉起事后长江下游能有所响应。8 月 14 日（七月二十日），慈禧太后挟光绪皇帝出逃，八国联军攻入北京。16 日，唐才常赶到汉口，即致函沈荩，告以"此时此机，绝大题目，万不可失"，将于 23 日起事。唐的计划是，首先夺取汉阳兵工厂，然后拘禁张彪、张之洞等人。[42] 此前，容闳已用英文起草了《通告友邦书》，宣称"不再认满洲政府有统治中国之权"，"我等定议，恢复光绪皇帝权位，建立立宪制国家，务使成为二十世纪最高智力与启蒙之模范"。[43]

唐才常等人的活动受到张之洞的严密监视。8 月 21 日（七月二十七日），张之洞从英国驻汉口总领事处取得逮捕证，连夜派兵搜捕英租界自立军机关，逮捕唐才常、林圭、田邦璿、傅慈祥等三十人。次日凌晨就义前，唐才常慷慨赋诗："七尺微躯酬故友，一腔热血溅荒丘。"其他人同时被害。事后，沈荩急率新堤右军发动，因人心已散，全军溃败；秦力山在大通得知失事消息，便解散队伍，逃往国外。

（四）康有为放弃武装斗争

自立军起义是维新派以武力开辟道路的唯一尝试。其后，康有为认为牺牲过大，"株连死者无算"，"自是不敢言兵"，[44] 而秦力山等人则迅速转变为革命者。事败后，秦再次亡命日本。1901 年在东京创办《国民报》，成为留日学界第一份宣传革命的报纸。

康有为舍弃武力斗争这一形式之后，觉得暗杀简捷省事，便收买"侠士"，策划刺杀荣禄等人。由于投入财力过大，使负责筹募资金的梁启超叫苦不迭。1904 年冬，康有为委托老友梁铁君（名尔煦）主持，训练暗杀人员。次年，梁化名入京，勾结太监，择机行刺慈禧太后。1906 年 8 月 8 日（光绪三十二年六月十九日），梁因遭人告发被捕，9 月 1 日（七月十三日）被毒死于囚室。

孙中山与惠州起义

（一）清廷企图招抚孙中山，捉拿康有为

康有为在戊戌政变后，受到清廷的通缉。1898 年 11 月，慈禧太后接受御史杨崇伊的建议，派刘学询、庆宽二人以考察商务为名赴

日，企图结好日本政府，伺机捕杀康、梁。1899 年 7 月，二人到了东京，会见日本天皇，但未达到目的。[45] 27 日，刘学询在宗方小太郎的安排下与孙中山密谈，以后又多次见面。刘学询询问孙中山的“革命宗旨究如何”，孙答：“我之革命宗旨始终在兴起中国。”刘称：“若政治革命，可以协力；种族革命，恐其事甚难。天下事当先为其易而后图其难。今日之中国，如日本斯可矣。”谈话中，孙中山详述康有为种种背信事实，指责其目的在于自私自利，敛钱肥己。[46] 当时，康有为已离开日本，刘便要求孙中山刺杀梁启超以立功。他表示，将向朝廷保荐孙中山，招抚孙手下的人马，保证孙氏必得大权，创成大事。其间，孙中山为了向日本方面说明康有为的乖谬，曾介绍刘会见犬养毅及大隈重信。

同年 9 月，刘学询返国，通过庆亲王奕劻将谈话记录《与孙文问答》呈报慈禧太后，表示愿以身家性命保孙中山归国。据奕劻称：慈禧太后读后指示说：“今联日已妥，新政待举，正需孙文回国效用。他人尚优容之不暇，自己何独不能吸引之！”她肯定刘学询所陈意见“甚是”。11 月，慈禧太后任命李鸿章为商务大臣，前往通商各埠考察，面谕称：康有为已到香港，受到英员保护，应设法交涉捉拿。此后，李鸿章即通过刘学询，企图利用孙中山捕康，30 日，刘学询致电李鸿章，提出用诱、用掳，活捉为上、毙命为次的方针，声称为防止康有为“外窜”，将待孙来商量截断康的逃往“南洋之路”。30 日，李鸿章复电指示，“能生获尤妙”。他对于孙中山处迟无回音表示怀疑，问刘：“孙无来信，何也？”[47] 12 月 19 日，慈禧太后改任李鸿章署理两广总督，将刘学询交李鸿章差遣委用，目的仍在于利用刘学询招抚孙中山，以孙制康。次年 2 月，清廷再次传谕，缉拿康有为、梁启超，赏银 10 万两。

（二）孙中山企图在中国南部建立联邦共和国

1900 年 1 月 25 日（光绪二十五年十二月二十五日），陈少白在香港创办《中国报》，分日报和旬报两种。日报成为革命党人最早创办的报纸，旬报则系汇编日报有关资料而成。该报声称，其创刊目的在于“大声疾呼，发聋振聩，俾中国之人尽知中国之可兴，而闻鸡起舞，奋发有为也”。[48] 其后，香港逐渐成为革命党人的重要活动与宣传基地。

义和团运动兴起后，在香港的陈少白、杨衢云、谢缵泰等人与容闳等商量，推进各派联合。4 月 11 日（光绪二十六年三月十二日），谢缵泰会见香港议政局议员何启博士，共同讨论政治局势和革命成功的前景。4 月 26 日（三月二十七日），杨衢云赴日，会见孙中山，进行协商。一切迹象都表明，香港、广东的革命党人正在加紧活动，筹备起义。

新到广东履任的李鸿章担心孙、康联合，乘机举事，便命刘学询致电孙中山，劝孙回国，声称“此时回来最合时机”。[49] 其后，李鸿章又通过清廷驻日公使向孙中山转达：“值此国家危难之时，愿与孙氏会晤，共计匡救天下之策，务请来粤一行。”[50] 除此之外，李鸿章还派遣特使到东京催促。[51] 孙中山不清楚李鸿章、刘学询的心中盘算，但他企图利用形势，借助李、刘二人达成自己的目标，答称：拟先派代表赴广东，然后考虑亲自返粤问题。

孙中山此前虽已计划与唐才常联合在长江中游起义，但他的主要努力仍然放在广东方面。同年 3 月上旬，孙中山会见来日访问的文廷式，得知山东的义和团 4、5 月间有可能举事，将是可乘之机。其后，孙中山得到日本九州实业巨子中野德次郎的资助，又得到使用菲律宾革命党人在日所购武器的允许，便加紧与宫崎等筹划在广东惠州发动起义。

6 月 6 日（五月初十日），孙中山走访法国驻日公使朱尔斯 · 哈马德，叙述自己“要推翻清政府，建立起一种新的社会秩序”，希望从法国政府得到武器，或由法国军事顾问来训练其追随者。他声称广西的起义者已经活跃了好几年，请求法国政府允许通过越南向起义者运送武器，相信能够在广西建立革命政府，迫使湖南、福建的督抚们“参加或承认一个新的南中国的联邦共和国”。他表示，一旦革命成功，将在南部中国给与法国某些特权。[52] 6 月 8 日，孙中山偕郑士良、宫崎寅藏、清藤幸七郎、内田良平等人乘轮赴港。行前，他与人密谈称，此行的最终目的是：“和支那南部的人民一道努力，从支那帝国中划出一部分，建立一个新的共和国。”[53]航行途中，宫崎建议联合康有为，共同协力办事，得到一致同意。

6月17日（五月二十一日），孙中山一行抵达香港海面，在一只舢板上与杨衢云、陈少白等会议，决定广州、惠州同时发动，郑士良等赴惠州发动，史坚如、邓荫南赴广州，组织起事及暗杀机关，杨衢云、陈少白、李纪堂等在港接济饷械。会后，孙中山因香港政府禁令无法入境，又怀疑李鸿章有设计逮捕的密谋，便转往安南西贡，等待消息，有外交豁免权的宫崎、清藤、内田等日本人则换乘李鸿章派来迎接的军舰，代表孙中山到广州和刘学询深夜密谈。

密谈中，宫崎要求清廷特赦孙中山，保障其生命安全；同时贷款十万两。刘称：贵方的意见将马上报告总督。明日即可在香港面交五万两，其余部分容后送上。在随后举行的宴会上，传来李鸿章的答复：将奏请太后，特赦孙中山。[54]次日，原舰将宫崎等送回香港。刘学询之子交来三万元港币。宫崎等即转赴新加坡，等待自西贡来此的孙中山，并企图劝说流寓当地的康有为与孙合作，促进各派之间的牵手。

孙中山在与宫崎等分手后于6月21日（五月二十五日）到达西贡，会见法国驻安南总督韬美（P. Dormer），争取支持。韬美含糊地讲了些同情的话，表示希望中国太平无事，不发生革命和骚乱。他于事后向法国殖民部汇报说，孙中山的想法和行动方案“不值得加以赞助”，孙本人“不值得认真对待”。[55]孙中山争取法国支持的愿望落空。

（三）联邦共和国的方案设计

同年7月，何启博士建议港督卜力（N. A. Blake）出面，联络两广总督李鸿章，与孙中山合作，宣告两广独立。这一建议得到卜力同意，同月，由孙中山领衔，杨衢云、陈少白、谢缵泰、郑士良、邓荫南、史坚如、李柏（纪堂）等署名，致函卜力，提出《治平章程》六条，规定新政府的政治、实业、薪金、法制、教育等基本方针：第一条为迁都于南京、汉口等适中之地。第二条比较具体地规划了新政

李鸿章

府的体制：于都内设中央政府，于各省设自治政府；中央政府“举民望所归之人为首”，在宪法允许范围内统辖水陆各军，主管外交；设立议会，由各省推荐人士若干名，充任议员；各省总督由中央政府选派，设立省议会，初始由各县推荐人士组成，若干年后由民间选定；本省人为本省官，由省议会公举。第三条为公权利于天下；关税与别国妥议后实行；铁路、矿产、船政、工商各业，分沾利权。第四条为增添文武官俸，以期“廉洁持躬，公忠体国”。第五条为平其政刑。大小审判，仿照欧美，设立陪审员，允许律师代理，“不以残刑致死，不以拷打取供”。第六为“变科举为专门之学”。文学、科学、法律分门教授，学成后，“因材器使，毋杂毋滥”。[56]

7月8日（六月十二日），清廷调李鸿章为直隶总督兼北洋大臣。过港时，卜力劝李留在南方实行“两广独立计划”，并安排好了孙中山、李鸿章二人见面时间，李拒绝，仅表示“视时局趋势徐徐解决”。[57] 又表示：慈禧太后“无疑是中国最有能力的统治者”。[58] 陈少白登上李鸿章坐船，询问究竟。刘学询答：傅相意志坚决，无法劝阻。

宫崎等到达新加坡后，原拟会见康有为，但康门弟子徐勤怀疑宫崎奉有李鸿章刺康的密命，急电康有为防范，康遂向新加坡殖民当局告发，宫崎和清藤因而被捕。7月9日（六月十三日），孙中山到达新加坡，得知宫崎等被捕消息，设法救出宫崎。7月16日（六月二十日），再返香港，对登轮来访的英国官员表示：“我已放弃与康有为协力商讨当前局势的想法。”[59]

8月7日（七月十三日），清廷任命李鸿章为全权大臣，负责与各国议和。8月14日（七月二十日），八国联军攻陷北京。孙中山急于利用时机，在南方宣布独立。8月29日（八月初五日），孙由台湾赶到上海，和刘学询在日轮上会谈。刘称，如果皇帝和太后回銮后“仍不听取政见，就拥立李经芳（李鸿章之子），使广东独立，而那时将率同志与孙会合”。[60] 当时，李鸿章正以健康不佳为理由滞留上海，观望形势。刘学询后来回忆说：他曾陪同孙中山会见李鸿章，李对孙表示：“明年余当到北洋，届时方可回来任事。”[61] 其时，正值自立军新败之后，上海形势紧张。9 月 1 日（八月初八日），孙中山偕容闳、容星桥返日。

为了再次在广州发动起义，9 月（闰八月），孙中山在台湾托平山周携函面见尚在上海的刘学询，告诉他惠州之军已起，肇庆、高州等地必将响应。函称“四百州之地，四百兆之人，有坐待瓜分之势。是可忍，孰不可忍！”孙中山提出，可以先行设立由五人组成的临时政府：主政一人，或称总统，或称帝王。关于主政一职，孙中山特别说明，本来准备托刘央请李鸿章出面担任，但李已接受议和全权大臣的任命，因此决定改推刘学询；其余内政、外政、财政，分别由盛宣怀、李纪堂、杨衢云担任；孙中山自任兵政。信中，孙中山要求刘学询代为筹款百万，交平山周汇来，以便即行设法，挽救大局，再造中华。[62] 刘学询有帝王思想，以朱元璋、洪秀全自命，孙中山一贯反对帝制，之所以提出“或称总统，或称帝王”，主要是为了不致杜绝刘的帝王梦，是一种权宜的说法。但是，刘既不拒绝，也不肯定。

（四）惠州起义及其失败

义和团运动发生后，日本台湾总督儿玉源太郎即谋划乘机侵占福建，派人与孙中山联系，伪称可以支援起事。当年 7 月 17 日（六月二十一日），孙中山召集杨衢云、陈少白及宫崎寅藏、平山周等会议，决定先在惠州发动，然后沿海岸向厦门进军。8 月 23 日（七月二十九日），日方命人放火焚烧厦门东本愿寺布教所，儿玉以此为借口于次日派海军陆战队登陆。28 日，又因英、美、德三国领事的抗议撤出。9 月 25 日（闰八月初二日），孙中山、内田良平、山田良政等一行赶赴台湾。同月 28 日（闰八月初五日），日本内务省与外务省长官会商后，电示台湾总督府民政长官后藤新平，要求他制止孙中山的“阴谋”，同时也禁止日本人助孙，以免“在外交上引起麻烦”。[63] 但是，后藤新平在会见孙中山时仍然应允，在孙军到达厦门时，可以提供武器援助。此后，孙中山即坐守台湾，利用该地储存军械，募集日本退役军人，准备在义军进抵厦门后即渡海督师。他致函刘学询，陈述联军入侵后的危急形势，要他筹款百万，支援起义，同时要刘向刘坤一及张之洞致意，“力守”疆土，“遏外人侵入”。10 月 6 日（闰八月十三日），惠州起义爆发。

郑士良选定的根据地是惠州归善（今宝安）所属的三洲田。该地三合会和绿林势力都很深厚，又地近香港，山深林密。义军以三合会领袖黄福为元帅，郑士良为军师，黄耀廷为先锋。一律头缠红布，身穿白布镶红号褂，旗帜上书有“大秦国”字样。起事当日，黄福率军夜袭清广东水师提督何长清部，略有斩获。但是，义军严重缺乏饷械，孙中山初命义军暂时解散，继命向厦门进军。嗣后，义军在和清军作战中迭获胜利。10 月 21 日（闰八月二十八日），义军抵达三多祝，已发展至两万余人。

孙中山和菲律宾独立军代表彭西早有联系，彭西答应将一批在日本订购的武器借给中国革命党人使用。孙中山接获义军沿海岸进军的消息后，即致电宫崎寅藏，提取彭西所允武器，同时向儿玉接洽，请求支援枪械弹药。不料，由于日本政客贪污欺骗，彭西所存武器均为废铁；日本外务大臣青木周藏又严令儿玉，不得帮助中国革命党人，否则即“更动”其职位。[64] 孙中山无奈，只得派山田良政向郑士良传达，“政情忽变，外援难期，即至厦门，亦无所得”，要郑自行决定进退。郑随即召开军事会议，决定返回三洲田，从香港购取械弹，会合新安、虎门义军，进攻广州。会后，义军大部分解散，仅余数百人回到原地，也因饷弹殆尽，于 11 月 7 日（九月十六日）解散。郑士良等逃亡香港，山田良政在归途中遇害，孙中山

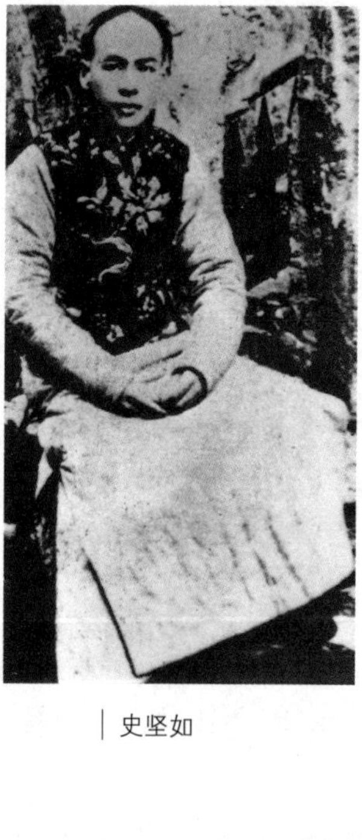

史坚如

等被“劝令”离开台湾。

史坚如原定夏历七月某日在广州发动，因军械未到改期。义军在三洲田发动后，史坚如决定炸毙继李鸿章担任粤督的德寿，以为响应。他挖通督抚衙门后墙，安放炸药，于 10 月 28 日（九月初六日）晨引爆。震塌督署围墙，德寿自床坠地，未受伤害。次日，史坚如在前往码头时被捕。11 月 9 日（九月十八日）被害。

惠州起义后，兴中会接连损失了几位领导者。1901 年 1 月（光绪二十六年十一月），杨衢云被清廷广州当局雇人刺死于香港。1901 年 8 月（光绪二十年七月），郑士良在香港被清廷收买的奸细下药毒死。1902 年 1 月（光绪二十七年十二月），毕永年逝世于广州罗浮山寺。由于接连损失了几位骨干，兴中会的活动一时趋于沉寂。

（五）洪全福起义

惠州起义后，兴中会的活动总体上趋于沉寂，但会员谢缵泰仍在独力筹备新的起义。

谢缵泰出生于澳大利亚，任英商祺昌商洋行买办。父亲谢日昌是在雪梨经营出口业的华侨富商、哥老会成员。谢缵泰于 1892 年（光绪十八年）在香港参加辅仁文社，1895 年（光绪二十一年）加入兴中会，1899 年（光绪二十五年）结识洪秀全的侄子洪全福。洪全福原名春魁，被封瑛王，太平天国失败后逃亡香港。谢缵泰企图利用洪全福的军事经验，夺取广州，建立“联邦”政府。1900 年 1 月（光绪二十五年十二月），杨衢云辞去兴中会会长职务，谢对孙不满，决定单独行动。次年夏历八月，谢缵泰、洪全福及华侨富商李纪堂集议，决定召集香港及广州的洪门兄弟起义。李承担全部军费，并提议事成后推容闳为临时大总统。

为了发动会党，谢缵泰以“大明顺天国”为号召，声明将“脱我汉人于网罗之中，行欧洲君民共主之体，天下平后，即立定年限，由人民公举贤能为总统”。洪全福则在香港、广州建立机关，计划于夏历元旦，广州官吏齐集万寿宫行礼时，纵火为号，占领军械局及各衙署。

此前，谢缵泰已先后联络《香港日报》记者肯宁汉（A. Cunning-ham)、《德臣西报》编辑黎德（T. H. Reid ）、英国《泰晤士报》记者莫里逊（G. E. Morrison）以及在美国的容闳等人，得到不同程度的支持。1902 年 10 月 19 日（光绪二十八年九月十八日），谢缵泰通知肯宁汉和黎德，要他们准备“革命的来临”。11 月 6 日（十月初七日），收到容闳来信，容称已作好准备，并将尽力满足谢缵泰等人的需要。12 月 24 日（十一月二十五日），肯宁汉为谢印就独立宣言，洪全福先后两次出入广州，作好了除夕（1903 年 1 月 28 日）发动的准备。但是，香港洋行企图吞没李纪堂预交的巨额军械订款，向粤吏告密。港警和粤吏分头紧急搜查，在香港查获军械、旗帜、册籍多件，在广州逮捕二十余人。洪全福不得不化装出逃。1903 年（光绪二十九年），谢缵泰创办《南华早报》，不再从事武装斗争。

注

①伊藤博文关系文书研究会编：《伊藤博文关系文书》（八），日本埇书房，第414页；日本外务省外交史料馆编纂：《日本外交文书》第31册，第689页；丁文江、赵丰田：《梁启超年谱长编》，上海人民出版社1983年版，第163—166页。

②近卫笃麿日记刊行会编：《近卫笃麿日记》，明治三十一年（1898年）11月2日、12日，日本鹿岛研究所出版会，昭和四十三年（1968年）版。

③《日记》，《宗方小太郎文书》，日本原书房昭和五十年（1975年）版，第673页。

④冯自由：《革命逸史》第一集，中华书局1981年版，第23页。

⑤《美洲祝圣寿记》，《清议报》第27册，1899年9月7日。

⑥《南海先生上皇帝书》，《清议报》第67册，1900年12月22日。

⑦《致大隈函》，见于蒋贵麟编《万木草堂遗稿外编》，台湾成文出版社1978年版，第584—585页；《致犬养毅》函为日本冈山木堂纪念馆所藏原件。

⑧参见桑兵《庚子勤王与晚清政局》，北京大学出版社2004年版。

⑨拙著《海外访史录》，社会科学文献出版社1998年版，第48页。

⑩《本报改定章程告白》，《清议报》第11册，1899年4月10日。

⑪哀时客：《尊皇论》，《清议报》第9册，1899年3月22日。

⑫《草茅危言》，《清议报》第27册，3b页，

⑬《十种德性相反相成义》，《清议报》第84册，3a页，

⑭梁启超：《论小说与群治之关系》，《新小说》第1期，1902年11月。

⑮梁启超：《莅报界欢迎会演说词》，《梁启超年谱长编》，第298页。

⑯《日记》，《宗方小太郎文书》，日本原书房昭和五十年（1975年）版，第673页。

⑰日本冈山木堂纪念馆藏原件。

⑱小田切万寿之助：《湖南地方近况及送呈毕永年著诡谋直纪之件》，日本外务省档案，16142—2。

⑲宫崎滔天：《三十三年之梦》，花城出版社、生活·读书·新知三联书店香港分店1981年版，第168页。

⑳平山周：《中国秘密社会史》，商务印书馆1912年版，第146页。

注

㉑谢缵泰：《中华民国革命秘史》，《广东文史资料——孙中山与辛亥革命史料专辑》，第306页。

㉒冯自由：《记上海志士与革命运动》，《革命逸史》第二集，中华书局1981年版，第68页。

㉓欧榘甲：《中国历代革命说略》，《清议报》，1899年10月25日。

㉔冯自由：《革命逸史》第二集，第29页。

㉕梁启超：《与夫子大人书》（光绪二十八年四月），《梁启超年谱长编》，第286页。

㉖参见桑兵《庚子勤王与晚清政局》，第194—197页。

㉗丁文江、赵丰田：《梁启超年谱长编》，第258页。

㉘上海市文物保管委员会：《康有为与保皇会》，上海人民出版社1982年版，第157页。

㉙《与勉兄书》，丁文江、赵丰田《梁启超年谱长编》，第320页。

㉚章炳麟：《致吴君遂等书》，汤志钧编《章炳麟政论选集》上册，第163页。

㉛《孙中山全集》第1卷，第229—230页。

㉜《亚东时报》第19号，1900年2月28日。

㉝田野橘次：《最近支那革命运动》，新智社，1903年版，第20—21页。

㉞冯自由：《毕永年削发记》，《革命逸史》第一集。

㉟周康燮《陈三立的勤王运动与唐才常自立会的关系》，香港《明报月刊》第9卷第10期，1974年10月。

㊱冯自由：《中华民国开国前革命史》称，国会开会地点在张园，人数逾百人，此据孙宝瑄《日益斋日记》及日人《井上雅二日记》订正。

㊲《井上雅二日记》，中国社会科学院近代史研究所编《近代史资料》总第74号，中国社会科学出版社1989年版。

㊳章炳麟：《致中国旬报》，《中国旬报》第19期。

㊴《井上雅二日记》，中国社会科学院近代史研究所编《近代史资料》总第74号。

㊵田野橘次：《最近支那革命运动》，第10页。

㊶《大通揭帖》，《苏报》，1900年8月18日。

㊷井上雅二：《维新党的失败及将来》，《近卫笃麿日记》第3卷，近卫笃麿日记刊行会，昭和四十三年（1968年）东京版，第296—301页。

注

㊸英文原件见《井上雅二日记》。

㊹康有为：《唐烈士才常墓志铭》，杜迈之辑《自立会史料集》，岳麓书社 1983 年版，第 221 页。

㊺参见孔祥吉《罕为人知的中日结盟及其他》，巴蜀书社 2004 年版。

㊻陈肇琪：《总理史实访问记》，参见《国父年谱》上册，台湾近代中国出版社 1994 年版，第 109 页。

㊼《李鸿章全集》（三），《电稿》三，上海人民出版社 1987 年版，第 870—871 页。

㊽《中国报序》，《中国旬报》第 1 期。

㊾陈肇琪：《总理史实访问记》。关于刘、孙通讯内容，冯自由《刘学询与革命党之关系》称："至庚子夏，总理在日本忽接刘自粤来书，谓粤督李鸿章因北方拳乱，欲以粤省独立，思得足下为助，请速来粤协同进行。"见《革命逸史》第一集，第 77 页。

㊿内田良平：《中国革命》，《近代史资料》总 66 号。

51根据《续对支回顾录》，1900 年 4、5 月间，刘学询曾到日本与孙中山密议，商定孙归国条件。因此，这里的"特使"也可能就是刘学询。

52《法国驻东京公使馆致印度支那总督》，1900 年 6 月 7 日，法国国家档案馆，印支，B11（36）。参见陈锡祺主编《孙中山年谱长编》，第 207−208 页。

53《神奈川县知事浅田德则报告》，明治三十三年六月十一日，章开沅等主编《辛亥革命史资料新编》（6），湖北人民出版社 2006 年版，第 36—37 页。

54内田良平：《中国革命》，《近代史资料》总第 66 号。

55参见陈锡祺主编《孙中山年谱长编》上册，第 215—216 页。

56冯自由：《革命逸史》第四集，中华书局 1971 年版，第 91—92 页。

57《孙逸仙谈话》，1900 年 7 月 25 日兵库县知事报告，发兵秘字第 410 号，日本外务省档案《各国内政关系杂纂（支那）（革命党）》。

58《孙逸仙谈话》，1900 年 7 月 25 日兵库县知事报告，发兵秘字第 410 号，日本外务省档案《各国内政关系杂纂（支那）（革命党）》；参见史扶邻《孙中山与中国革命》，山西人民出版社 2010 年版，第 147 页。

59《英国自治领中之中国革命党》，英国外务部档案，F.O.N. 第 1718 号。

60《驻上海总领事小田切万寿之助致外务大臣青木周藏书》，1900 年 9 月 5 日，

注

章开沅等主编《辛亥革命史资料新编》(6)，第69页。

㉑陈肇琪：《总理史实访问记》。

㉒冯自由：《刘学询与革命党之关系》，《革命逸史》第一集，第79页。

㉓日本外务省档案，1900年9月29日。

㉔宫崎滔天：《宫崎滔天氏之谈》及《宫崎滔天氏谈》，宫崎龙介、小野川秀美编《宫崎滔天全集》第4卷，日本平凡社1973年版，第286—321页。

第四章

清廷的新政和袁世凯集团的崛起

在清廷推行新政的过程中，袁世凯出力最大，成绩最突出，也得益最多，逐渐形成以之为核心的北洋集团。

清廷推行新政

奕劻

八国联军入侵，慈禧太后挟光绪帝仓促西逃，国破家亡、颠沛流离的生活不能不对慈禧太后的思想发生影响。1901 年 1 月 29 日（光绪二十六年十二月初十日），慈禧在西安以光绪帝的名义下诏，声称“不易者三纲五常，昭然如日月之照世；而可变者令甲令乙，不妨如琴瑟之改弦”。诏书指责康有为所讲“新法”，乃是“乱法”，辩称皇太后所为，乃是“剪除叛逆”，并非“不许更新”，要求军机大臣、各省督抚等，各举所知，各抒所见，在两个月内详悉条议。[①] 4 月 21 日（光绪二十七年三月初三日），清廷成立督办政务处，筹办“新政”。政务处以庆亲王奕劻为首，李鸿章、荣禄、王文韶、鹿传霖等为督办大臣，刘坤一、张之洞“遥为参预”。但是，这个政务处实际上只是个咨询机构，任务是汇编中外政典，供慈禧太后参考。7 月 24 日（六月初九日），清廷诏改总理各国事务衙门为外务部，以奕劻为总理大臣。

袁世凯闻风即动。当年 4 月 25 日（三月初七日），率先奏陈慎号令、教官吏、崇实学、增实科、开民智、重游历、定使例、辨名实、裕度支、修武备等意见十条。同年7月至8月（六月），刘坤一、张之洞联合上《江楚会奏变法三折》。第一折提出设文武学堂、酌改文科科举、停罢武科、奖励游学等“兴学育才”意见四条；第二折论整顿中法十二条，如提倡节俭、打破资格限制、停止捐官、改进刑狱、裁撤绿营等；第三折论采用西法十一条，如广派官员出国游历，练外国操，提倡工艺制造，制定矿律、路律、商律、交涉律、刑律等。10月2日（八月二十日），清廷发布慈禧“懿旨”，要求刘、张二人“按照所陈，随时设法，择要举办”，同时要求各省疆吏“一律通筹，切实举行”。此后，新政遂全面推开。

（一）编练新军

1901年（光绪二十七年）8月，清廷下令自明年始，停止武科考试，传统的弓箭刀矛等冷兵器被淘汰。1903年（光绪二十九年）12月4日，清廷接受袁世凯建议，设立练兵处，以庆亲王奕劻任总理大臣，袁世凯为会办大臣，铁良为帮办大臣，统一领导训练新军事宜。同时，清廷又在各省设立督练处（督练公所），设督办，训练并统辖全省新军。次年，清廷仿照日本军制，拟定《陆军营饷章程》，将新

湖北新军将领合影

军分为常备、续备、后备三类，士兵自应征入伍至退伍，为时共10年。常备军的最高建制为军，军下设2镇（相当于师），每镇12512人。镇以下的建制依次为协（旅）、标（团）、营、队（连）、排、棚（班）。每棚目兵14名。至1906年（光绪三十二年）陆军部成立前，清廷共练成北洋新军6镇，约8万人。

同年11月（九月），清廷将传统的兵部改为陆军部，将练兵处并入，以铁良为尚书，计划在全国编练新军36镇；至1911年（宣统三年）武昌起义前夕，全国各省共编练新军14镇，18协，4标，外禁卫军2协，总兵力约20万人。其中北洋原定练成4镇，实际练成6镇；浙江、福建、吉林按原定计划练成1镇；其他各省则均未完成预定任务，其中湖北原定练成2镇，实际练成1镇、1个混成协；江南原定练成2镇，实际练成1镇、1个混成协。没有完成的主要困难是财政。按当时标准，如36镇全部编成，仅建军费及一年军饷即需1.2亿两白银，超过清廷全年的财政收入。这自然是难以做到的。

新军仍采传统的募兵制，但已不同于旧军。它采用日本操法训练；全部装备近代武器，步、马、炮、工程、辎重等兵种混合编组；士兵文化程度较高；军官大多毕业于新式军事学堂，年纪较轻，具有近代军事知识和技能。因此，这是迥别于绿营、巡防的一支新式武装。1905年（光绪三十一年）至1911年（宣统三年）间，清廷在直隶河间、河南彰德、安徽太湖、直隶永平举行会操，每次会操人数都在3万以上，标志着新军的训练已经达到了相当水平。

清廷海军在甲午之战中几乎全军覆没。清廷在编练陆军过程中，也在积极恢复海军。1909年（宣统元年）春，清廷派肃亲王善耆、尚书铁良、提督萨镇冰等人筹建海军。同年7月（五月），任命郡王贝勒载洵及萨镇冰为筹办海军大臣。1910年（宣统二年）12月，清廷撤销筹办海军事务处，成立海军部。次年3月，任命载洵为海军正都统（总司令），萨镇冰为海军统制（舰队司令）。当时，清廷设有巡洋舰队和长江舰队，分别担任海防及江防。

在编练新军的同时，清廷还创办了“巡警军”。1901年（光绪二十七年），清廷在日本人川岛浪速的帮助下，成立京师警务学堂。次年，袁世凯在保定仿照西法试办巡警，得到清廷表扬，命令各省照办。1905 年（光绪三十一年），清廷成立巡警部，以徐世昌为尚书，毓朗、赵秉钧为左右侍郎。次年 11 月（九月），清廷将巡警部改名为民政部，在各省设立巡警道或警务总局。

（二）废科举，兴学堂

变法失败后，清廷一度复活八股取士制度，但为时不久，即宣布废除。1901 年（光绪二十七年）6 月，清廷下令自明年始，乡试、会试均用策论。1904 年 1 月（光绪二十九年十一月），张百熙、荣庆、张之洞联合奏请"递减科举，注重学堂"，建议自丙午（1906 年）科起，每科递减名额三分之一。1905 年（光绪三十一年）9 月，袁世凯、赵尔巽、张之洞、周馥、岑春煊、端方等再次联合上奏，声称"欲补救时艰，必自推广学校始，而欲推广学校，必自先停科举始"。[②] 同月，清廷下令自丙午年（1906 年）开始，停止所有乡试、会试及岁考，一切士子皆由学堂出身。中国的科举制度始于 607 年（隋大业三年），至此，已推行一千三百余年。它的废除，是中国教育史和文化史上的大事。

清廷在逐步废科举的同时，不断推动新式学堂的兴办。1901 年（光绪二十七年）9 月，清廷命各省将省城书院改为大学堂，各府书院改为中学堂，各县书院改为小学堂。次年 8 月，清廷颁布管学大臣张百熙所拟《钦定学堂章程》，将教育分为初等、中等、高等三段七级，被称为"壬寅学制"，但公布后并未实行。1904 年 1 月（光绪二十九年十一月），清廷批准张百熙、荣庆、张之洞三人共同拟订的《奏定学堂章程》，规定蒙养院四年，初等教育九年（初等小学五年、高等小学四年），中等教育五年，高等教育十一年至十二年（预科性质的高等学堂三年、分科大学堂三至四年、研究院性质的通儒院五年）。学生从进入小学至通儒院毕业约需二十五至二十六年。普通教育之外，另有师范、实业两个教育系统。这一教育制度，通称"癸卯学制"，一直实行到辛亥革命发生。1906 年（光绪三十二年）2 月，慈禧太后指示学部振兴女学。次年，颁布《女子学堂章程》和《女子师范学堂

京师大学堂足球队合影

章程》，女子教育取得合法地位。1911 年（宣统三年），允许初等小学堂男女合校。

清廷向由礼部管理科举，国子监管理国学，此外就没有管理教育的机构。1901 年（光绪二十七年），清廷以张百熙为管学大臣，管理京师大学堂及全国学务。1905 年（光绪三十一年）12 月，清廷设立学部，以荣庆为尚书，管理全国教育。次年，各省设提学使司，管理全省教育，在府州县厅设劝学所，下分若干学区，每区设劝学员。

清廷虽然决定兴办学堂，迈开了教育现代化的步子，但是，清廷又在《奏定学堂章程》中明确规定："无论何等学堂，均以忠孝为本，以中国经史之学为基，俾学生心术一归于正，而后以西学瀹其智识，练其艺能。"学部成立后，进一步规定以"忠君、尊孔、尚公、尚武、尚实"为教育宗旨。这就决定了清末的教育仍然有浓厚的封建性。

在各方推动下，清末学校教育发展迅速。1903 年（光绪二十九年），有学校 719 所，1910 年（宣统二年），发展至 52 000 多所，增加 73 倍。1902 年（光绪二十八年），有学生 6 943 人；1910 年（宣统二年），发展至 1 562 170 人，增加 224 倍。

在兴办学堂的同时，清廷开始较多地向国外派遣留学生。1901 年（光绪二十七年），清廷通令各省选派学生出洋留学，同时规定，对自费留学、获得优等凭照归国的学生可以一体奖励，"分别赏给进士、举人各项出身，以备任用"。[③] 由于日本邻近中国，因此，大批学生涌向扶桑三岛。1901 年（光绪二十七年）为 274 人，1902 年（光绪二十八年）为608人，1905年（光绪三十一年）即发展至8 000人，次年，增加至12 000人。④但是，据学者研究，当时有不少学生兼有数校学籍，所以其实际人数在8 600人左右。⑤

清末留日学生

（三）奖励实业

1903年9月（光绪二十九年七月），清廷应华侨资本家张振勋奏请，设立商部，以载振为尚书，伍廷芳、陈璧为左右侍郎。1906年(光绪三十二年)，清廷将工部并入商部，改设农工商部。商部和农工商部都陆续公布过一系列鼓励发展实业的章程，如《商人通例》《公司律》《公司注册试办章程》《商标注册暂拟章程》《破产律》等。其中《公司律》共11节131条，规定凡向商部注册的局、厂、行号、店铺均享“一体保护之利益”；各项公司，不论官办、商办、官商合办，“均应遵守商部定例办理”；凡“附股人”(投资者)，不论官阶大小，有职无职，皆“利益均沾”，“无稍立异”。《商标注册暂拟章程》共28条，为商标制作、注册、注销、保护、惩罚等方面的问题作了详细规定。《破产律》共69条，规定了申报破产条件及处理办法。三者在中国法律史上均属首创。

外务部和路矿总局在1902年（光绪二十八年）制定《筹办矿务章程》时曾允许洋商独资办矿，但外务部与农工商部在1907年（光绪三十三年）制定《大清国矿务正章》时却提出了比较多的限制，规定外国人不准收买矿地，如无华人合股，不准他国矿商单独开矿。《正章》比较注意保护华股权益，明确规定华商、洋商“权利均分，盈亏与共”，“华洋股份以各占一半为度”等，反映出当时正在蓬勃开展的收回利权运动的影响。《正章》公布后，英、法、美等国纷纷反对，迫使清廷于1910年（宣统二年）修改，取消了原有限制外商、保护华商的规定。

商部最初鼓励华商投资铁路建设。1903年（光绪二十九年）颁行的《重订铁路简明章程》规定，凡华商集股修路，地方官应一体保护，“不得干涉公司办事之权”；“不得已而搭附洋股，则以不逾华股之数为限”。

为了鼓励民间投资近代企业，商部、农工商部陆续颁布过《奖励公司章程》《华商办理实业爵赏章程》等条例，规定可根据集股额多寡，分别赏给不同的官衔。如1907年（光绪三十三年）农工商部颁布的《改定奖励华商公司章程》规定，集股800万元，可获商部头等顾问官头衔，加头品顶戴；集股300万元，可任命为商部头等商务议员，加五品顶戴。为了奖励发明、创造，农工商部于1906年（光绪三十二年）颁布《奖励商勋章程》，规定凡能制造新式机器者，奖一等商勋，加二品顶戴；有特别发明、创造者，破格奖励。1907年（光绪三十三年），张謇获头等议员称号，许鼎霖等人则分获三等至五等议员称号。

新政允许商人组织各种商业团体。1903年（光绪二十九年），商部颁布《商会简明章程》。1906年（光绪三十二年），颁布《订定商会章程附则》。此外，商部于1904年（光绪三十年）颁布《试办银行章程》。度支部于1908年（光绪三十四年）颁布《大清银行则例》和《银行通行则例》，对认股、发行纸币、经营金银、外汇等问题作出规定。

张謇创办的大生纱厂

清廷实施奖励实业的政策后，民用新式企业发展加快。如以1895年（光绪二十一年）的资本额为100，则1905年（光绪三十一年）为300，1906年（光绪三十二年）即发展至700以上。1908年（光绪三十四年）时，全国各地商会发展到近300个。但是，清廷仍然掌控官办企业，凡属“可兴大利”之事，往往定为官办。1906年（光绪三十二年），湖南申请商办铁路，即遭否定。上述各项政策在实际执行中既常遇阻力，清廷又无力建立关税保护制度，废除阻碍近代工商业发展的厘金，因此，1907年（光绪三十三年）以后，民用新式企业的创立即呈下降趋势。

（四）法制改革

1902年（光绪二十八年）3月，袁世凯、刘坤一、张之洞联名会保刑部左侍郎沈家本、出使美国大臣伍廷芳“修订法律，兼取中西”。但是，伍廷芳此际尚在国外，直到第二年12月之后，才以外务部右侍郎的身份参与修律。1904年5月15日（光绪三十年四月初一日），修订法律馆开馆，首先翻译外国法律，如：德意志《刑法》《裁判法》，俄罗斯《刑法》，日本《现行刑法》《改正刑法》《陆军刑法》《海军刑法》《裁判所构成法》等，同时，着手删修《大清律例》。该律例沿袭明律，顺治以后陆续增益，死罪竟多至八百四十余条，成为中国有史以来苛繁律例之最。1905年4月（光绪三十一年三月），沈家本、伍廷芳奏请删除凌迟、枭首、戮尸、缘坐、刺字等重刑、酷刑，并建议轻罪不准刑讯，笞杖改为罚银或劳役，都得到清廷批准。次年，沈、伍奏请试行《刑事民事诉讼法》，设立陪审员及律师。《刑事民事诉讼法》多达5章260条，是此前中国不曾有过的法律。但是，张之洞等督抚大臣认为该法“于中法本原似有乖违”，强烈反对，未能公布，施行自然更谈不上。同月，沈、伍二人奉命会同商部拟订《商律》中的《破产律》，得到批准。6月1日（四月二十九日），伍廷芳请假回籍修墓，此后，修律工作由沈家本单独主持。1906年6月12日（光绪三十二年闰四月二十一日），沈家本撰《禁革买卖人口变通旧例折》，主张废除奴婢律例。11月6日（九月二十日），清廷实行官制改革，将大理寺改为大理院，沈家本被任命为大理院正卿，但仍兼修订法律大臣。不久，京师法律学堂开学，沈家本又被任命为管理京师法律学堂事务大臣。

1907年（光绪三十三年），沈家本吸收西方法律思想，主持完成《刑律草案》的编纂，清廷发交各部院、督抚核议。旧律分笞、杖、徒、流、死等五种刑名；新律则改为死刑、徒刑、拘留、罚金四种，死刑酌减，16岁以下少年犯实行“惩治教育”。次年6月5日（五月初七日），学部根据张之洞的意见，复奏批驳新刑律，特别指责其内乱不处死刑和奸无夫妇女无治罪条文等多项内容。奏折称：“其有关伦纪之处，应全行改正，总以按切时势而仍不背于礼教为主。”[⑥] 清廷支持张之洞的意见，于1909年1月（宣统元年）下谕称：“凡我旧律义关伦常诸条，不可率行变革，庶以维天理民彝于不敝。”[⑦] 1910年1月（宣统元年十二月），沈家本等将修正后的《刑律草案》奏报清廷，清廷交宪政编查馆核议。该稿仍然受到守旧派的攻击，宪政编查馆参议劳乃宣指责《草案》“一味模仿外国，而于旧律义关伦常诸条弃之如遗”，沈家本著文反驳，形成“法理派”和“礼教派”的一次著名辩论。沈认为：“无夫妇女犯奸，欧洲法律并无治罪之文”，“当于教育上别筹办法，不必编入刑律之中”。[⑧] 而劳乃宣则坚持认为，此乃“大犯不韪之事，故不能不治罪”。[⑨] 11月5日（十月初四日），宪政编查馆将《修正刑律草案》核议完毕，改名《大清新刑律》上奏，清廷交资政院议决。劳乃宣以议员身份邀集亲贵议员105人，提出修正案。沈家本时任资政院副总裁，两派再次辩论。结果，总则通过，分则未及讨论；“和奸无夫妇女罪”一条，由于“礼教派”占多数，劳乃宣获胜。[⑩] 1911年1月25日（宣统二年十二月二十五日），清政府将《大清新刑律》全文颁布。

这一时期，沈家本等完成的另一项工作是《刑事诉讼律草案》。该稿提出原、被告待遇同等，允许被告人聘用辩护人及辅佐人，审判公开，以及不服一审、二审，均可上控等现代审判原则。清廷发交宪政编查馆复核。第二年，因辛亥革命爆发，未能颁行。

清廷推行新政的目的是巩固和加强自己的统治，但是，新政是具有现代化性质的进步改革。它表明，清廷虽然顽固，但终于无法抵御历史潮流，不得不在某些方面顺应时势。新政实施的结果之一是资本主义现代化经济有所发展；之二是促进了新型知识分子阶层的形成，也促进了一支新型军队的发展。这一文一武两支队伍，不久以后，都成了清廷的掘墓人。

袁世凯集团的崛起

在清廷推行新政的过程中，袁世凯出力最大，成绩最突出，也得益最多，逐渐形成以之为核心的北洋集团。

袁世凯以小站练兵起家，因戊戌告密和镇压山东义和团有功，得到慈禧太后信任。1901 年 11 月 7 日（光绪二十七年九月二十七日），李鸿章去世，遗折向清廷保奏："环顾宇内人才，无出袁世凯右者。"同日，袁世凯被命署理直隶总督兼北洋大臣。次年 6 月 9 日（五月初四日）实授。此后，他先后兼任督办政务处大臣、督办关内外铁路大臣、会议修订商约大臣、练兵处会办大臣、办理京旗练兵事务大臣、督办电报事务大臣等职，权力几乎伸展到了新政的各个方面。

清廷在天津小站练兵，始于 1894 年（光绪二十年），名定武军，有士兵 4 750 人。袁世凯到任后，增至 7 300 人，改称新建陆军。1901 年（光绪二十七年），清廷将张之洞、刘坤一陆续训练的自强军约 3 000 人从江南调到山东，交袁世凯训练、指挥，袁所掌握的兵力进一步扩展。1903 年（光绪二十九年），袁世凯出任练兵处会办。这一职务虽上有总理大臣奕劻，下有铁良，但奕劻

袁世凯编练的北洋新军

位尊事冗，铁良人微言轻，才具平平，实权完全掌握在袁世凯手中。练兵处提调徐世昌是袁的密友，小站时期的参谋营务处总办、军政司正使刘永庆是袁的姻亲，军令司正使段祺瑞、军学司正使王士珍都是袁的部将。这样，练兵处虽是清廷的中枢军事机构，实际上成了袁的私人衙门。

袁世凯担任直隶总督后，迅速派人赴各地招募，练成北洋常备军左镇。又与铁良合作，挑选旗兵，练成京旗常备军一镇。1904年（光绪三十年）日俄战争期间，袁世凯奏请扩军，成立北洋常备军右镇及北洋第三镇。次年，又以武卫右军及江南自强军等为基础，成立第五、六镇。至此，袁世凯超额完成了原来编练四镇的任务，其成绩为各省之冠。

清末新军操练

袁世凯练兵，编制、操法、武器，均采西法，但沿袭湘军、淮军“兵为将有”的传统，形成封建性很强的军事派系。袁世凯认为：“治军之道，首在训兵。”凡兵丁入伍之初，必为之讲解“忠义”要旨，编为歌诀，经常考问。同时还制定了一系列森严的军法，用以控制士兵。其《简明军律》规定的“斩”罪多至18条，如：临阵回顾退缩及交头接耳者斩；结盟立会，造谣惑众者斩；黑夜惊呼，疾走乱伍者斩；如头目战死，本棚兵丁无一伤亡，则全棚均斩。[11] 经过袁世凯的训练，北洋六镇成为当时中国最为精锐、作战能力最强的现代化部队。

袁世凯不仅注意掌握士兵，而且重视控制军官。在长期练兵过程中，袁利用结拜、亲朋、同乡、同僚、同学、门人、故旧等种种关系，拉帮结派。北洋六镇所用将领，大都是袁世凯小站练兵时的亲信，如段祺瑞、冯国璋、王士珍、曹锟、张勋、张怀芝、段芝贵、陆建章、姜桂题等。他们视袁为“衣食父母”，只知忠于袁世凯，惟袁之马首是瞻。1906 年 11 月（光绪三十二年九月），清廷设立陆军部，以铁良为尚书，规定“所有各省军队，均归该部统辖”，但是，清廷并不能改变北洋军忠于袁世凯私人的状况，袁事实上成为当时中国的最高军事权威。

袁世凯也高度重视文人的作用。徐世昌原是进士、翰林院庶吉士，袁用之为谋士。唐绍仪是美国哥伦比亚大学学生，袁用之为西文翻译兼洋务委员，成为袁的重要助手。阮忠枢原是举人，曾任北洋水师学堂汉文教习，袁用之为总文案。杨士骧原为李鸿章的亲信幕僚，袁用之治理直隶。杨的弟弟杨士琦，袁用之为洋务总文案。其他淮系官吏、幕僚，如孙宝琦、赵秉钧、于式枚等，袁世凯也都一一收罗重用，形成武将之外的文人官僚集团。

袁世凯深知，除了军事实力，还必须有经济实力。他出任直隶总督后，迅即通过唐绍仪、梁士诒、杨士琦、周学熙等人掌控原由李鸿章、盛宣怀所经营的官办或官督商办的企业、铁路和航运。1902 年（光绪二十八年），袁被派任督办关内外铁路，即将二成盈利拨归北洋。同年年底，袁将招商局收归北洋名下。次年初，袁以电务督办大臣名义接管电报局，任命亲信杨士琦为帮办电政大臣，兼招商局总办。两局每年均须向北洋报销官款。1903 年（光绪二十九年），清廷成立商部，尚书载振、伍廷芳、陈璧都与袁关系密切。1906 年（光绪三十二年），成立邮传部，唐绍仪、胡燏棻分任左右侍郎，梁士诒掌握“部中枢要”。此外，袁世凯还网罗了一批经济人才，如周学熙、孙多森、梁士诒、张镇芳、毛庆蕃等，他们受袁委派，或得到袁支持，陆续创办起一批新式企业。其中厂矿如：1903 年（光绪二十九年），袁支持周学熙在天津创立北洋工艺局，成为北洋官办实业的总枢。1907 年（光绪三十三年），成立滦州煤矿公司。1908 年（光绪三十四年），与德人汉纳根（Hanneken）合办井陉煤矿。上述煤矿，每年均须从营业额中抽取百分之五报销北洋。金融如：1904 年（光绪三十年），袁世凯受原管理户部事务大学士荣禄与户部尚书鹿传霖委托，以官商合办名义在天津代设户部银行，铸造货币，发行钞票，代理国库。其后，袁世凯又陆续委派周学熙等创办银元局、铜元局，依靠特权，垄断原料，取得高额利润。北洋集团创立的其他著名企业还有启新洋灰公司、京师自来水股份有限公司等。这些企业的创立，壮大了北洋集团及其成员的经济实力。袁世凯本人，在漳德、汲县、辉县三地拥有土地 40 000 亩，在开滦煤矿及启新洋灰公司拥有大量投资，财产逾 2 000 万。当然，这些企业的创立也带动了天津地区工业的发展。在袁的倡导和影响下，天津绅商纷纷投资建立纺织、制油、制革、制盐、制棉、面粉等各类公司，使天津成为当时全国的工业发达城市之一。

袁世凯高度重视教育，认为“经国要图，莫此为巨”。1901 年（光绪二十七年），袁世凯在山东济南首办省立大学堂。1902 年（光绪二十八年）、1903 年（光绪二十九年），先后在保定、天津创办直隶大学堂及北洋大学堂。1903 年，北洋派赴日本的官费留学生达 60 人，仅次于湖北，约占全国所派官费生的 1/5。袁和张之洞同为“立停科举，推广学校”的奏请者之一。1906 年（光绪三十二年），直隶有高等学堂 5 所，初等农、工、师范类学堂 121 所，中学堂 27 所，小学堂 4 344 所，女子学堂 41 所，学生入学人数已达 86 652 之众。袁世凯尤为重视军事教育。1902 年（光绪二十八年），袁世凯在保定开办行营将弁学堂，培训直隶、山东、河南、山西等省军官。次年，创办北洋武备速成学堂，招收各省陆军小学堂毕业生。自 1903 年（光绪二十九年）至 1906 年（光绪三十二年），袁世凯还先后开办保定陆军小学堂、姚村陆军小学堂、陆军经理学堂、陆军师范学堂、宪兵学堂、北洋讲武堂、保定军官学堂以及军医、马医、军械等学堂，培养了大批军事骨干。袁在这一方面的绩效，在清末督抚中无人能与之比肩。

在政治上，袁世凯不仅是新政的首倡者之一，而且支持积极立宪运动，博得“开明之巨子”的声誉。1905 年（光绪三十一年），袁世凯首倡清廷派大臣出洋考察宪政。次年，应诏参与阅看考察政治大臣的回京陈奏，促成清廷宣布预备立宪。袁世凯随即成立宪政研究所，编刊《立宪纲要》，同时创办自治局与自治研究所，推行地方自治。1907 年（光绪三十三年），立宪运动进入高潮，袁世凯上奏，要求皇帝亲诣太庙，昭告立宪。同年，天津士绅集会，选举 30 人为议员，组成天津议事会。袁世凯并命直隶各州县，以天津为榜样，于三年内完成地方自治。1908 年 11 月（光绪三十四年十月），光绪帝和西太后相继去世，载沣摄政，袁世凯立即向清廷提议，速开国会，实行宪政，以安人心。袁世凯的这些做法，博得国内立宪派领袖张謇等人的欢心，也得到部分在国外的立宪派分子的拥护。1907 年（光绪三十三年）冬，杨度自日本回国为伯父治丧，袁世凯即与张之洞联名奏保他为四品京堂，在宪政编查馆行走，后来又推荐他为慈禧太后和满族亲贵讲解立宪问题，使杨乐为其用。

奕劻是爵位世袭罔替的亲王。自 1884 年（光绪十年）起管理总理各国事务衙门，长达 20 年。1903 年（光绪二十九年）进入军机处，成为领班军机大臣。袁世凯摸准他爱财的弱点，不断以巨款行贿。凡王府的年节、生辰、请客、婚嫁、子孙满月、周岁等一切费用，均由袁世凯预先布置。因此，袁长期得到奕劻的充分支持和保护。通过行贿等手段，袁还与内阁协理大臣那桐、内务府大臣世续、太监总管李莲英等深相结纳。

在山东巡抚任上，袁世凯残酷镇压义和团，被联军统帅瓦德西称为“明达督抚”，博得列强普遍欣赏，认为他是中国“最有才干的政治家”，将会“超越李鸿章所能达到的高度”。[12] 1905 年（光绪三十一年），中国各地因反对美国排斥华工，发生抵制美货运动，袁世凯多次指示天津巡警“压抑风潮”。同年，他应美国公使要求，上奏清廷，请饬令各省严禁抵制美货。袁的这些举措，使美国使馆官员极为满意。1907 年 9 月（光绪三十三年七月），清廷为了削弱袁世凯对军队的控制，调袁世凯为军机大臣兼外务部尚书，但这却进一步增强了袁世凯与列强的关系。任内，袁继续贯彻对外妥协方针。同年，江浙人民反对清廷出卖苏杭甬路权，要求集款自办，但是，袁世凯却断然反对，表示“宁用十分压力，决不为众议所夺”，并于次年与英国银公司签订合同。袁的“友好”态度自然使英方十分满意。英国驻华使节萨道义（Sir Ernest Mason）、朱尔典（Sir John Newell Jordan）都与袁关系密切。当时北京的外交圈中就在议论：“人们相信袁世凯。此人的确很聪明，他能把有才能的人搜罗在他自己身边。这便是他的主要优点。”[13]

清廷推行新政的时间不长，在这一过程中，以袁世凯为核心的北洋集团迅速崛起，在军事、经济、政治、外交等方面都聚集了大量权力，成为足以摇撼清廷的一支举足轻重的力量。

注

①《德宗景皇帝实录》卷476。

②舒新城编：《中国近代教育史资料》上，人民教育出版社1961年版，第63—64页。

③《光绪朝东华录》(四)，第4720页。

④李喜所：《近代中国的留学生》，人民出版社1987年版，第126—127页。

⑤实藤惠秀：《中国人留学日本史》，生活·读书·新知三联书店1983年版，第38—39页。

⑥刘锦藻：《清朝续文献通考·刑考六》，浙江古籍出版社2000年版。

⑦故宫博物院明清档案局编：《清末筹备立宪档案史料》下册，中华书局1979年版，第858页。

⑧沈家本：《书劳提学新刑律草案说帖后》，见沈家本《历代刑法考·附寄·文存》卷8，中华书局1985年版。

⑨劳乃宣：《管见声明说帖》，收入《新刑律修正案汇录》，见《桐乡劳先生遗稿》附录。

⑩劳乃宣：《韧庵老人自订年谱》，台湾文海出版社1967年版，第46页。

⑪袁世凯辑：《新建陆军兵略录存》卷三，清光绪二十四年石印本，北京大学图书馆藏。

⑫埃德温·丁格尔：《辛亥革命目击记》，中国青年出版社2002年版，第154页。

⑬《总形势：同柔克义先生的谈话》，法国外交部档案，章开沅等主编《辛亥革命史资料新编》(7)，第64页。

第五章

新型知识阶层的兴起与国内革命团体的出现

由于他们追求民主、共和，以在中国建立共和国家为目标，因此可以称为共和知识分子，他们是当时各项政治运动的先锋和主力，构成清末革命党人的主体，也是这一革命的领导力量。

新型知识阶层走上政治舞台

（一）晚清新型知识分子的构成

20世纪初，中国逐渐出现新型知识分子。他们虽自幼濡染儒家典籍，但出身新式学堂，或在国外留学，具有与科举出身的传统文士不同的知识结构。除声、光、化、电等现代自然科学外，在不同程度上掌握西方人文和社会科学知识，如达尔文的进化论、卢梭的天赋人权论等。他们的身份相对独立，或者尚未就业，或者大部分服务于新兴的教育、新闻、出版事业。其中部分人愤恨清廷的腐败、专制、丧权辱国，由投身救亡运动而逐渐走上革命道路，以在中国建立民主、共和制度为理想。这部分人就社会地位论，可以称为平民知识分子；就政治态度言，可以称为革命知识分子。由于他们追求民主、共和，以在中国建立共和国家为目标，因此可以称为共和知识分子，他们是当时各项政治运动的先锋和主力，构成清末革命党人的主体，也是这一革命的领导力量。其中又分几种类型。以对资本主义的态度言，一种人主张在中国发展资本主义经济，另一种人不同程度上接受欧洲社会主义思潮影响，希望避免西方资本主义已经产生的弊病，走一条新的道路。以文化态度言，一种人强调保存国粹，发扬传统文化；一种人强调吸收西方先进文化，对传统文化持比较严厉的批判态度。

共和知识分子之外，另有部分知识分子，虽有拯救民族危亡之志，渴望改革和进步，甚至向往民主，但害怕革命暴力和处于社会底层的劳动大众，求稳求安，担心革命会造成社会大破坏，招致内乱，或引起列强瓜分，因此与戊戌变法时期形成的改良派合流。这部分人，主张在中国发展资本主义，希望以温和的办法实行君主立宪制度，可以称为立宪知识分子。他们构成清末立宪派的主体。

另外还有少数知识分子，痛恶资本主义发展所带来的弊端和灾难，也看出了资本主义政治制度的虚伪和丑恶一面，受西方无政府主义思想影响，主张在中国实行无政府主义。其中一类人既反对在中国发展资本主义，也反对建立民主、共和政体；另一类人认为无政府是一个比较长远的目标，在当前，不妨与推翻清廷，建立民主、共和政体的革命党人同行。

上述三种新型知识分子组成了清末思想、文化界五光十色的拼图，导致政治斗争中纷纭复杂局面的出现。

（二）东京留日学界的办刊热

日本东京是中国新型知识分子集中的地区。1900 年 11 月 1 日（光绪二十六年九月初十日），东京高等大同学校学生郑贯一、冯自由、冯斯栾等组织开智会，创办《开智录》，随《清议报》附送。以之为起点，各种刊物如雨后春笋，竞相面世，层出不穷。1901 年 5 月 10 日（光绪二十七年三月二十二日），秦力山等创办《国民报》，明确地倡导反清。此后，留日学生，特别是留日各省同乡会的刊物即层出不穷，如《游学译编》《湖北学生界》《浙江潮》《江苏》等。这些刊物，大都具有强烈的爱国、爱乡意识，在拒俄运动前后纷纷转向革命。现择其主要者，按出版时间先后，简介于下：

《开智录》，1900 年 11 月 1 日（光绪二十六年九月初十日）出版于横滨。月出两册。1901 年（光绪二十七年）春停刊。《论帝国主义之发达及二十世纪世界之前途》一文痛斥帝国主义为“膨胀主义”“扩张版图主义”“侵略主义”“强盗主义”，呼吁中国人民奋起相抗，“破其势，挫其锐，摧其锋，屈其气，败其威”。《义和团有功于中国说》肯定义和团“出于爱国之心”，“冒万死以一敌八”的精神，公开提出推翻满洲贵族统治的主张，“倾此二百余年根深强固野蛮无纪之政府”。这是留学生刊物发出的第一声革命呐喊。事后，《清议报》经理冯紫珊禁止刊物在该报印刷，解除郑贯一的编辑职务。孙中山闻讯，介绍郑赴香港任《中国日报》记者。

《译书汇编》，1900 年 12 月 6 日（光绪二十六年十月十五日）出版于东京。月刊。由江苏人杨廷栋、杨荫杭、雷奋等编辑。他们都是东京中国留学生中第一个团体励志会的会员。该会以“联络感情，策励志节”为宗旨，刊物则以译介西方和日本的政法名著为宗旨，先后译介了法国卢梭的《民约论》、孟德斯鸠的《万法公理》、英国斯宾塞尔的《政治哲学》、德国伯伦知理的《政治哲学》以及日本人的《近代政治史》等书。刊物之外，以增刊的形式译介《波兰衰亡史》《美国独立史》等著作数十种。从第 12 期起，该刊并发表作者对西方政法名著的研究心得和一般政论。《时事漫论》一文指出：“兼弱攻昧”，是“帝国主义”本质；“利己损人”，是“帝国主义”目的。《法兰西革新机关》一文赞美法国革命时雅各宾派所组织的“俱乐部”，认为在当时中国，成立类似的机关“尤为急务”。马君武《社会主义与进化论比较》介绍圣西门、布鲁东、马克思等人的学说，认为社会进化，必将“打破今日资本家与劳动者之阶级，举社会皆变为共和资本、共和产业，以造于一切平等之域”。①

1903 年 4 月，该刊改名为《政法学报》，共出 8 期。

《国民报》，创刊于 1901 年 5 月 10 日（光绪二十七年三月二十二日），终刊于同年 8 月 10 日（六月二十六日），共出 4 期。编者有秦力山、戢元丞、沈翔云等。《二十世纪之中国》一

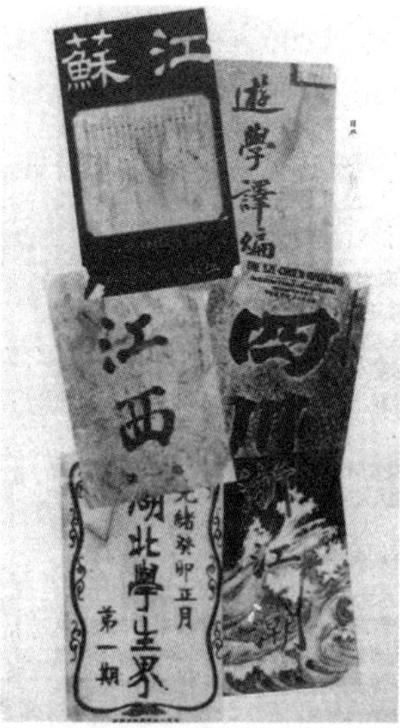

清末留日学生创办的革命刊物

文揭示中国的危急形势："久已为列强俎上之肉，釜中之鱼，其存其亡，不容自主"；义和团运动之后，列强侵华已经改变了手法，"其用无形瓜分之手段，愈巧而愈密"；号召中国人民"并力一心，翻然变计，共谋图存"。同文指出：秦汉以来，中国人屈服于专制之下，已两千余年，独夫民贼们"以种种牢笼、束缚、压制、威胁之术，以便其私图"。学术，非以智民，而是用以"养成奴隶"。用人行政大权，完全出于"一人之喜怒哀乐"。中国的法律，为一人掌控，"恃为威胁人民、摧锄士气之具"。[②]《说国民》一文指出，到了晚清，专制更甚："报馆有禁，出版有禁，立会演说有禁，倡公理目为邪说，开民智则诬为惑人"，结果，"一国之人而无一不为奴隶"。[③] 章炳麟的《正仇满论》一文批判梁启超的《中国积弱溯源论》，认为当时的满洲贵族"无一事不足以丧吾大陆"，因此"革命固不得不行"。[④]

《游学译编》，留日湖南籍学生编，1902 年 11 月（光绪二十八年十月）创刊，以译文为主，兼刊论著，参加编译的人员有杨度、周宏业、曾鲲化、杨毓麟（笃生）、黄轸（兴）、张孝准等。该刊范围广泛，举凡西方国家的学术、政治、教育、历史、现状、列强侵华报道等，均在译述之列。以拒俄运动为线，此前不超出改良主义范围，拒俄运动后，迅速转变。《满洲问题》一文称："满洲政府禁制吾四万万人之与俄宣战，吾国民当以四万万人之同意，与满政府宣战。"[⑤]《民族主义之教育》一文宣称："革命者，今日支那民族最大之幸福也。"[⑥]

《湖北学生界》，1903 年（光绪二十九年正月）1 月由湖北留日学生创办。《开办章程》规定，以"输入东西之学说，唤起国民之精神"为目的。月刊，共出版 5 期，王璟芳等编辑及发行，参与编辑者有刘成禺、蓝天蔚、李书城等多人。《叙论》一文认为中国已成"各国竞争中心"，"存亡关键在于今日"。[⑦]《痛黑暗世界》一文指责清廷"束缚国民之言论，钳制国民之举动，恣睢暴虐，为所欲为"，批判中国君主"愚民、弱民之罪，诚所谓罄南山之竹而笔不能书者矣"。[⑧]《论中国之前途及国民应尽之义务》《中国当重国民教育》等文指出：中国人民"如在网之鱼，在笼之兽，一任主人之左右之、支配之"；学者们只能歌功颂德，"文章中有一不祥之字，一过激之语，即蒙摈斥"。[⑨]《宪政平议》一文直斥"中国素不知人权之说"，呼吁打倒君权，设议院，行选举，使人民享有参政权。[10]《学生之竞争》一文认为“民为国之主人，君为国之公仆”，言论、思想、出版是“自由三大权”。[11]

自第6期起，《湖北学生界》改名《汉声》，另出增刊《旧学》，企图利用汉民族的传统文化宣传反清革命。其题词是：“摅怀旧之蓄念，发思古之幽情，光祖宗之玄灵，振大汉之天声。”

《浙江潮》，浙江同乡会主办，1903年2月17日（光绪二十九年正月二十日）创刊，1904年3月10日（光绪三十年正月二十四日）停刊，共发行12期。蒋方震在《发刊词》中提出，刊物取名浙江潮，是用来“作革命潮汹涌的象征”，“挟其万马奔腾排山倒海之气力，以日日激刺于吾国民之脑”。他作《民族主义论》，大力提倡民族主义，认为这一主义与民权自由紧密相连，“与专制政体不能相容”。《国魂篇》提倡“祖国主义”，要求“发达吾民之爱国心”。[12]《血痕花》号召人们以“断脰殉命，乐死不悔”的精神，“把这铜墙铁壁的专制政体打破”。[13]《最近三世纪大势变迁史》以平民主义建立平民社会，“各人皆以自己之力，生存于竞争之社会”，“使上层主人公个个滚下”。《新社会之理论》认为人类已从奴隶制、贵族制、大资本家阶级制，发展为无产阶级的“平民时代”，介绍了共产主义的创始人罢勃（巴贝夫）和埋蛤思（马克思）。

《江苏》，1903年4月27日（光绪二十年四月初一日）创刊。由江苏同乡会编辑出版，秦毓鎏、黄宗仰主持，月刊。至1904年3月17日（光绪三十年二月初一日），共出10期。《发刊词》以“谈腐败”为主旨，声称“我支那无所有，所有者惟腐败”，号召人们“去其陈，谋其新，腐败既去，输入不腐败”，矛头暗指清廷。《露西亚虚无党》一文表面上歌颂俄罗斯“虚无党”，提倡“破坏主义”，而实际上提倡以革命推翻清廷。文章指责“专制政体”为“国民之公敌”，专制政府为“生人之蠹”，“社会之蟊贼”，号召人们“糜万人之血”，“磔万人之身”争取自由、民主。[14]《新政府之建设》鼓吹“平民政治”，建立“法治国”，提出新政府的三项标准：必由全国国民所组织，必为全国国民之机关，必以全国国民为范围，专谋全社会幸福为目的。孙中山曾在该刊发表《支那保全分割合论》，号召中国人民“再造一新支那”。

当时，柳亚子还是16岁的少年，在《郑成功传》中赞美他“拒满洲，排荷兰，辟台湾新地”的功绩，歌颂其为“黄族好男儿模范”。[15] 在《陈涉（胜）传》中称之为“推倒政府，普救国民”的大英雄、大豪杰，是“中国革命家第一人”。[16]

上述杂志，痛斥帝国主义侵略和清廷卖国，指陈民族危机，热烈地号召救亡，无情地抨击专制制度，呼喊自由、平等、民主与共和，洋溢着强烈的爱国主义、民主主义精神。留日学生大多是热血青年，身处异国他乡，既眷恋民族、乡邦、宗国，又比国内知识界能更早、更多地接触世界先进文化，这就使他们迅速成为当时中国人中间最早觉悟的群体，发挥其先锋作用和启蒙作用。

（三）留日学生的初期政治活动

在创办杂志、进行文化宣传的同时，留日学生开始从事政治活动，逐渐出现爱国或有革命色彩的小团体。秦力山在创办《国民报》之外，还组织国民会，发展“愿为国民而不愿为奴隶”的中国人入会。

1902 年 4 月 27 日（光绪二十八年三月二十日），章炳麟、秦鼎彝（力山）、周逵（宏业）、唐蟒、马同（君武）、冯懋龙（自由）、王熊（思诚）、冯斯栾、李群（彬四）、朱楞（菱溪）等十人署名“支那遗民”，在东京发起召开“支那亡国二百四十二年纪念会”，鼓吹反清。《会启》追溯南明永历皇帝自登基至逃亡缅甸，被执送清军的历史，号召云南人毋忘李定国，福建人毋忘郑成功，浙江人毋忘张苍水，广西人毋忘瞿式耜，湖南人毋忘何腾蛟，辽宁人毋忘李成梁等抗清英雄，共起推翻满洲贵族的统治。[17]《会启》附有《会约》五条，宣

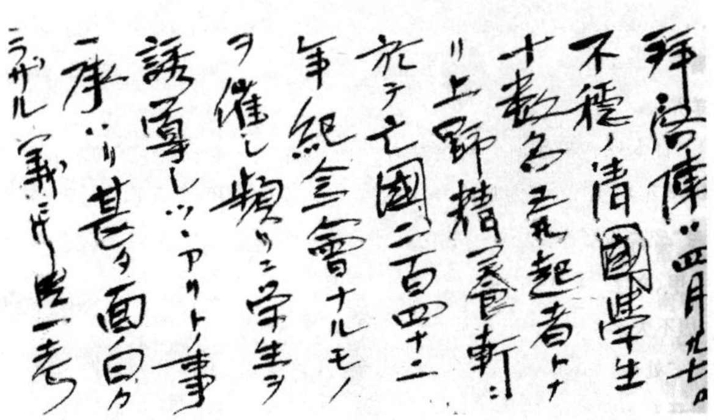
拜啓陳ハ四月廿七日
不穏ノ清國留学生
十数名ニテ発起者トナ
リ上野精養軒ニ
於テ亡国二百四十二
年紀念會ナルモノ
ヲ催シ頗ル学生ヲ
誘導シツツアリト事
承リ甚タ面白カ

日本官方关于章太炎等举办“亡国纪念会”的通报

称无论官、商、士、庶，“凡属汉种，皆可入会”，日本人有赞成者，待以来宾之礼，同时表示每年开会两次。[18] 从《会约》看，它既是会议章程，又具有某种团体性质。会议原定在东京上野精养轩举行，清朝驻日公使蔡钧密报日警，日警于前一日召章太炎等谈话。章穿着华服，长衣大袖，手摇羽扇，进入警察署。警长询问各人为清国何省人，章太炎答说：“余等皆支那人，非清国人。”警长再问属何阶级：“士族乎？平民乎？”章太炎答称：“遗民。”听得警长一再摇头，宣称奉东京警视总监命，制止开会。届时，精养轩密布警察，到达轩门的中国学生均被劝散。孙中山率横滨华侨十数人到会，临时改为聚餐，以遮警察耳目。餐后回到横滨，在永乐楼补行纪念仪式。

同年冬，叶澜、秦毓鎏、张继、苏子谷（曼殊）、冯自由、陈由己（独秀）等创办青年会，“以民族主义为宗旨，以破坏主义为目的”，这是东京中国留学生中第一个革命色彩鲜明的团体。

（四）中国东南的学界风潮

上海亦是新型知识阶层活跃的另一个地区。东京召开“支那亡国二百四十二年纪念会”的同一日，蔡元培等在上海创立中国教育会。蔡元培（1868—1940），字鹤卿，后改号民友、孑民，浙江山阴（今绍兴）人。出身商人家庭。1892年（光绪十八年）考中进士。1901年（光绪二十七年）应聘为上海南洋公学特班总教习。当时，上海留东学界翻译之风大盛，出版新书的出版社，如作新社、广智书局、商务印书馆、镜今书局、东大陆图书局等，如雨后春笋，纷纷在上海成立。但是，外版教科书多不适用，

蔡元培

爱国学社成立时师生合影

蔡元培创立教育会，本意为自编教科书，嗣因驻日公使蔡钧建议停派留日学生，借以阻遏新思想的传播，蔡元培等遂计议自办学校。成立后，吴稚晖、黄宗仰、汪德渊、钟宪鬯、林獬、陈竞全、章炳麟、金天翮、龙泽厚、吴葆初、马君武、马叙伦、陈范、张继、刘师培等陆续加入。次年11月，南洋公学无理开除一伍姓学生，该班学生不平，校方竟进一步开除全班学生，学生愤而全体罢课、退学。退学后的学生何靡施、胡敦复等人在中国教育会的支持下成立爱国学社。不久，南京陆师学堂学生章士钊等亦因事退学，加入爱国学社。初时，爱国学社有学生55人。至1903年4月，发展至132人。学校学生高谈革命，放言无忌。《本纪》在旧史中原是皇帝的传记，但章太炎却要学生书写自己的生平，都自称“某某本纪”。[19]

爱国学社的机关刊物是《童子世界》，创刊于1903年4月6日（光绪二十九年三月初九日）。前21号为日刊，22号至30号为双日刊，31号至32号为旬刊。至1905年（光绪三十一年）5月中旬停刊。由于该刊的执笔者都是学生，因此充分表现出年轻人的锐气和无畏，自称本报“无一语不激烈”。该刊批判清廷的卖国行为：“我们祖国已经糟的不成样子，你道不是那些卖国贼、民贼弄坏的？”“拍外国人的马屁，东边割了一块地皮，西边送了十万银子，穷是穷了，亡是差不多了，我们还不要骂他、恨他么！”[20] 该刊特别激烈地批判君主专制政体，指出“做皇帝的人把全国的权柄，全国的财产都拿在自己手里，做百姓的随便做什么事，都要他答应下了那一道什么上谕才可以”。[21]化名“祛魔子”的文章指出，皇帝“比强盗、官吏恶过十倍，害过万分”，“盗了天下人的天下，拿天下人做奴隶”。[22] 这是此前还没有过的痛快淋漓、尖锐泼辣的言论。俗话说初生牛犊不怕虎，《童子世界》的作者完全不把历代统治者所膜拜的至圣先贤放在眼里，自称“他有一双眼，我们也有两只；他有四肢，我们也有两手两脚”。吴忆琴的文章承认孔子是“大圣”，但并不认为出自娘胎，天生如此，满怀信心地表示：“他能这样，我们就不能这样？我们就不能做一个圣人的圣人么？”[23] 在这些年轻人身上，找不到任何偶像崇拜和迷信的影子。

南洋公学风潮之后，吴兴浔溪公学、江宁江南陆师学堂、杭州浙江大学、上海广方言馆、杭州蕙兰书院等校纷纷发生退学风潮。据不完全统计，1903 年（光绪二十九年）全国 15 省共发生各类学潮 59 次，其中，江浙两省发生 26 次。1904 年（光绪三十年）全国 13 省发生各类学潮 67 次，其中江苏、浙江、湖北发生 36 次。[24] 这些风潮，是近代中国学生运动的开端，反映出新型知识分子自治、民主意识的觉醒，预示着他们在中国政治舞台上即将发出更大的声响。

拒俄运动与革命宣传热

（一）阻法运动

广西多游勇，常聚众起事。1903 年 4 月 24 日（光绪二十九年三月二十七日），日本报纸刊载消息，广西巡抚王之春向驻扎越南的法兵求援，并向洋行借款，许以事平之后，用全省路矿权作为酬劳。当日，东京清国留学生会馆干事决定致电抗争，声称：“假款乞援，桂省必非我有。各国从此生心，大局立可动摇。”[25] 同时决定电告上海中国教育会响应。4 月 25 日（三月二十八日），留学生会馆在锦辉馆召集会议，与会留日学生五百余人一致赞成干事们的意见，向清廷政务处发出长函。同日，广西人龙泽厚（积之）在上海张园召开会议，中国教育会、爱国学社师生及上海士绅四百余人参加。广西人马君武提议组成有势力的自立会，“与外人及顽固者抗衡”，吴稚晖建议工商界罢市，蔡元培建议立即成立反对法兵干涉的专门团体。当日，签名参加“阻法会”者达三百余人。[26] 杭州临近上海，府学堂等九校联电抗争，广州时敏学堂也起而响应。

王之春借法兵并非可靠消息，它在海内外迅速激起波澜，说明新型知识分子的政治敏感和爱国热情。不久，这种热情在东北问题上再度爆发。

（二）拒俄运动

八国联军侵华期间，沙俄乘机出兵霸占中国东北。1900 年 11 月（光绪二十六年九月），沙俄提出《奉天交地暂且章程》，企图将奉天省变为俄国殖民地。次年 3 月 15 日（正月二十五日），汪德渊、汪康年、蒋智由等上海爱国人士在张园集会，声称如各国援例，中国立亡，要求清廷“力拒俄约，以保危局”。[27] 江苏、浙江、广东、山东等地迅速有人响应。满族人祜噜氏继宗致函上海《中外日报》，代表八旗子弟致谢，希望海内外同仁闻风兴起，合力救国，函称：“勿因难而易志，勿畏势而结舌，俾众志之成城，作中流之砥柱，中国不亡，黄种不灭，是所厚望于诸君子焉。”[28] 在全民反对的声势下，清廷驻俄公使拒绝在条约上签字。同年 4 月 19 日（三月初一日），清廷与沙俄签订《东三省交收条约》，规定沙俄军队应分期从中国境内撤离，但到第二年，沙俄不仅不依约撤军，反而乘机提出七项新的侵略要求。1903 年 4 月 27 日（光绪二十九年四月初一日），在上海的江苏十八省爱国人士集会张园，决定致电清廷外务部及各国政府，表示对沙俄的侵略要求，“万难承认”；即使清廷承认，“我全国国民万不承认”。会后，冯镜如等发起成立中国四民总会，蔡元培、马君武、邹容等签名参加。

4 月 29 日（四月初三日），东京中国留学生集会，到会五百余人。

临时议长、成城学校陆军科学生汤槱（尔和）及钮永健、叶澜、周宏业、程家柽、李书城等多人发表演说。汤称：

大丈夫日日言不得死所，今俄人于东三省之举动，日本警报诸君皆已知之，此真吾国之奇垢极耻，亦正我辈堂堂国民流血之好机会……今日之势，无待烦言，战亦死，不战亦亡，均此亡国，则开战之主权，宁操之在我。虽拼命到兵穷矢尽，犹不失为亡国之雄鬼……东三省一失，内地十八省外人纷树国旗，中国人还有立脚地么？到那时候，求一战而死恐不可得。今日非我堂堂国民流血之好机会么？（众大拍掌）

他建议“有不怕死、肯牺牲一身为中国革命请命的，立刻签名，编成一队，刻日出发”，向北洋请愿，奋身前敌，万死不惧。他说：

我中国自甲午以来，久成为世界三等国，以三等国民而敢与世界第一雄国死抗，我辈虽被大炮炸成飞灰，还不值得么？（众皆举手赞成）

有人反驳说：既无军械，又无军饷，学生无法担当此任，即使全体学生出动，也无法阻挡俄国人的铁骑。汤槱逐条解释、反驳，他厉声说：“死生一发之际，还想四面周到，难道还要预备衣食棺椁么！”（众皆愤发，涕泣不能仰）此时的汤槱热血沸腾，充满着为国捐躯的精神，然而，很遗憾，到了抗战爆发，他却觍颜事敌，成了华北傀儡政权的官僚。

汤槱的这场演说极富鼓动性，会场上充满慷慨悲壮的气氛。黄兴等 130 余人签名加入拒俄义勇队，50 人签名加入本部办事。浙江人潘国寿刚刚 16 岁，身体弱小，也签名入队，同乡劝阻，他大哭说：“国亡无日，欲求死所，行且不可得。我得从军以死于北边，其为吾乡人荣，不更大乎！”[29] 在致清廷北洋大臣袁世凯函中，义勇队成员决心以古希腊斯巴达人反击波斯入侵的事迹自励，开赴东北，与沙俄侵略者决战：“昔波斯王泽尔士以十万之众，图吞希腊，而留尼达士亲率壮丁数百，扼险据守，突阵死战，全军歼焉。”“夫以区区半岛之希腊，犹有义不辱国之士，何以吾数百万方里之帝国而无之乎？”[30] 5月2日（四月初六日），改名学生军。5月11日（四月十五日），再次改名为军国民教育会。5月14日（四月十八日），军国民教育会派遣汤槱、钮永建两人为特派员，到天津向袁世凯请愿，要求他主战，表示愿为前驱，但未能见到袁世凯，无功而返。

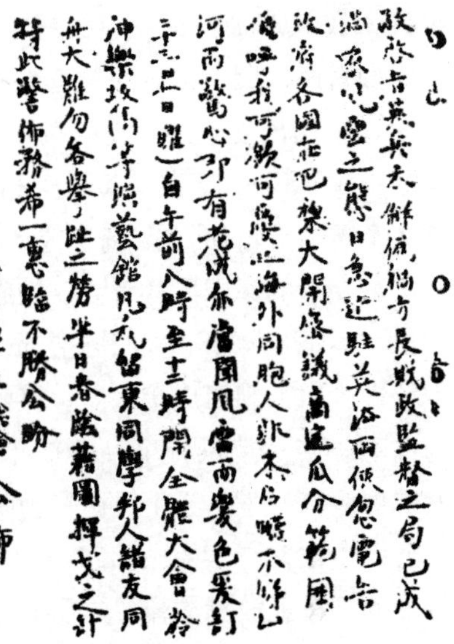
敬啓者俄兵不撤俄約方長歎政監督之局已成
滿洲[illegible]之權日急近駐英公使電告
政府各國在巴黎大開密議商定瓜分範圍
嗚呼我同胞何慘此海外同胞人非木石能不髮指山
河而驚心即有花開亦當聞風雷而變色爰訂
三十日（禮拜日）自午前八時至十二時開全體大會於
神樂坂[illegible]錦輝館凡我留東同學鄉人諸友同
舟大難何各擧[illegible]之勞半日春陰藉圖揮戈之計
特此警佈務希一惠臨不勝公盼
留日學生會館公佈

留日学生召开救亡大会公启

清廷从一开始就反对青年知识分子中展开的爱国运动。驻日公使蔡钧密电外务部，指责留学生“以拒俄为名，实图不轨”。署理湖广总督端方密电各地“一体严备”。6月3日（五月初八日），上海《苏报》发表《严拿留学生密谕》，声称编立义勇队，“有碍邦交”，要求各地督抚查拿“有革命本心”的归国留学生，就地正法。此谕虽有革命党人伪造的可能，但同月21日（五月二十六日）清廷外务部密电沿江沿海各省督抚查拿爱国学生则是事实。清廷的顽固态度使知识精英们极为愤怒，不少人因此转向革命。《苏报》发表文章，号召“排满”。自此，这家报纸的政治态度即日趋激烈。6月25日（闰五月初一日），东京出版的《江苏》杂志发表陈去病写的《革命其可免乎》，公然号召革命。7月5日（闰五月十一日），军国民教育会召开大会，由特派员汇报归国之行。秦毓鎏等十五人提出《意见书》，将原订宗旨中的“实行爱国主义”改为“实行民族主义”。大多数会员赞成，仅有十余人退会。

周树人（鲁迅）于1902年（光绪二十八年）赴日留学。拒俄义勇队成立后，周树人迅速编译小说《斯巴达之魂》，进一步阐扬古希腊斯巴达人抗击波斯入侵的英勇事迹，借以鼓励义勇队成员奋起杀敌，保卫国土。清廷拒绝义勇队的抗敌要求后，周树人愤而剪辫，决定投入民族革命，他在《自题小像》诗中写道："灵台无计逃神矢，风雨如磐暗故园。寄意寒星荃不察，我以我血荐轩辕。"[31] 当时，国内外学界普遍出现了追念先祖黄帝的热潮。《江苏》杂志刊出《中国民族始祖黄帝像》，署名"黄帝子孙之一个人"编辑出版《黄帝魂》，不少文章署名"辕孙""轩裔"或"黄孙"。

转变后的军国民教育会以鼓吹、暗杀、起义为进行方法。它首先派出"运动员"十二人归国活动，同时，杨笃生、何海樵、苏鹏、龚宝铨等少数人则组成暗杀团，谋刺慈禧太后，因难于下手，便以上海为活动据点，待机行事。1905 年（光绪三十一年），杨笃生到保定，发展保定高等学堂学生吴樾等为暗杀团成员。同年 9 月，清廷派载泽等五大臣出洋考察宪政。24 日（八月二十六日），吴樾在北京正阳门始发的列车上放置炸弹，炸伤载泽等两人，迫使考察推迟，吴樾自己则壮烈牺牲。

（三）革命宣传热

拒俄运动是新型知识精英由爱国走向革命的转折点。在此期前后，出现革命宣传热，其中，以邹容的《革命军》和陈天华的《猛回头》等几本小册子最为有名。

邹容（1885—1905），字蔚丹，四川巴县（今重庆巴南区）人，出身富商家庭，早年即"薄尧舜，非周孔"，具有异端意识。1902 年（光绪二十八年）赴日，入东京同文书院。1903 年（光绪二十九年），因强行剪去清朝留学生监督姚文甫的辫子，被迫回国。4 月 10 日（三月十三日），钮永建写信给吴稚晖，为之介绍："此君奇烈士，东京无其匹。"[32] 回国后，邹容就住在爱国学社。在此期间，因与章炳麟、章士钊、张继志同道合，结为兄弟。拒俄运动期间，他将在留日期间写成的《革命军》加以修改，由章炳麟作序，于同年 5 月出版。

在自序中，邹容自称"革命军中马前卒"。该书以通俗的语言热烈地歌颂革命是天演公例、世界公理、争存争亡过渡时代之要义，中国欲独立，欲与世界列强并雄，长存于 20 世纪新世界之上，都不可

邹容及其《革命军》

不革命。书中，邹容指责秦始皇“悍然尊大，鞭笞宇内，私其国，奴其民，为专制政体”。他认为，生民之初，并无所谓“君”，无人不自由，无人不平等，尧、舜、禹、稷等人，不过是一个团体的首领。“后世之人，不知此义。一任无数之民贼、独夫、大盗巨寇，举众人所有而独有之，以为一家一姓之私产，而自尊曰君，曰皇帝，使天下之人无一平等，无一自由。”他号召，今之革命，“当共逐君临我之异种，杀尽专制我之君主”，并且，千秋万世，“不复有专制之帝王”。[33]

在《革命独立之大义》一章中，邹容设想未来的国家定名为“中华共和国”，其主要纲领有：建立中央政府，为全国办事之总机关；各省投票公举一总议员，由总议员中投票公举一人为暂行大总统，代表全国；全国无论男女，皆为国民；男女一律平等，无上下贵贱之分；生命自由及一切利益之事，皆属天赋之权利；不得侵人自由，如言论、思想、出版等事；无论何时，政府所为，有干犯人民权利之事，人民即可革命，推倒旧日之政府，而求遂其安全康乐之心。邹容认为，新政府建立之后，“以平和为贵”，不可动辄革命，朝更夕改，但倘若新政府推行“弊端暴政”，仍然是“专制政体”，则人民仍可起而颠覆之，再立新政府。全书最后，邹容撼人心魄地呼喊：“皇汉人种革命独立万岁！”“中华共和国万岁！”“中华共和国四万万同胞的自由万岁！”

由于《革命军》说理畅达、感情炽烈，传播极为迅速。孙中山称它为“排满最激烈的言论”。[34] 鲁迅也说：“倘说影响，则别的千言万语，大概都抵不过浅近直截的‘革命军马前卒’邹容所做的《革命军》。”[35]

该书在辛亥革命时期共翻印二十余次，总印数在一百万册以上。

《驳康书》全称《驳康有为论革命书》。1902年（光绪二十八年），康有为为了打击革命思想，遏阻部分改良派向革命派转化，写作《答南北美诸华商论中国只可行立宪不可行革命书》《与同学诸子梁启超等论印度亡国由于各省自立书》，歌颂光绪皇帝“亟亟于民权自由，其心至仁如天，至公如地”，为“欧洲各国所未有，中国数千年所未闻”，声称“有君如此，岂忍负之”![36] 1903年（光绪二十九年），章炳麟在爱国学社读到康文，立即写作《驳康有为论革命书》托人自香港转寄在新加坡的康有为，未得回音，章炳麟便将该文印行。该文充分肯定戊戌变法的历史地位，但认为光绪皇帝之所以热衷变法，不过是为了保护自己的“权位”。文称：“载湉小丑，未辨菽麦。”按照传统说法，皇帝代表天命，直呼最高统治者之名，斥之为“小丑”，这在中国历史上是第一次。文章针对康有为所称中国人“公理未明，旧俗俱在”，不可能一下子“超越”跳跃，进入民主世界的论调，坚决表示：“公理之未明，即以革命明之；旧俗之俱在，则以革命去之。革命非天雄、大黄之猛剂，而实补泻兼备之良药矣。”[37] 黄宗仰是僧人，他热心革命，出资将《驳康书》与《革命军》合刊，不到一个月，数千册销行殆尽。

《猛回头》是另一本著名的小册子。作者是湖南革命党人陈天华。陈天华（1875—1905），字星台，别署思黄，湖南新化人。出身塾师家庭。1903年（光绪二十九年）留学日本。曾加入拒俄义勇队及其后身军国民教育会，是该会归国“运动员”之一。《猛回头》以弹词形

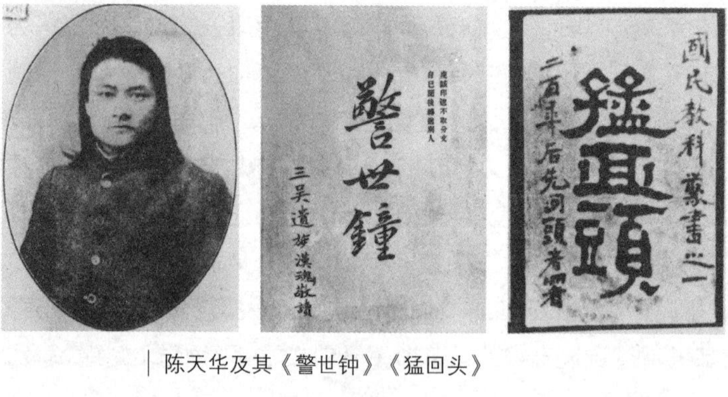

陈天华及其《警世钟》《猛回头》

式陈述列强瓜分中国的危急形势，指责清廷卖国，已经成为“洋人的朝廷”，号召同胞奋起救国。

书中，陈天华介绍了法国革命的基本情况和卢梭《民约论》的基本思想：“人民就是一国的主人，这国王就是人民的公奴隶，国王若有负人民的委任，这人民可任意掉换。”“前后数十年，终把那害民的国王贵族，除得干干净净，建设共和政府，公举一人当大统领，七年一换，又把那立法的权柄归到众议院来了。议员都从民间公举。从前种种虐民的弊政，一点没有；利民的善策，件件做到。”陈天华还介绍了美国独立的基本情况，赞扬华盛顿不肯将“众人辛苦成立的国家，做一人的私产”，“把全国分为十三邦，由十三邦公举一人做大统领，四年一任，退休后与平民一样。其人若好，再可留任四年。八年后任凭如何不能留任”。[38]

全书最后殿以唱词：“那怕他，枪如林，炮如雨下；那怕他，将又广，兵又精强；那怕他，专制政，层层束缚；那怕他，天罗网，处处高张。猛睡狮，梦中醒，向天一吼，百兽惊，龙蛇走，魑魅逃藏。改条约，复政权，完全独立；雪仇耻，驱外族，复我冠裳。到那时，齐叫道，中华万岁，才是我，大国民，气吐眉扬。”由于该书较邹容的《革命军》更为通俗，因此很快流传到广大社会和军营、农村中。

陈天华还有一本与《猛回头》齐名的小册子《警世钟》。它纯用白话写成，具有较多的理性分析成分。例如，它提倡“文明排外”，反对“野蛮排外”，主张“要拒外人，须先学外人的长处”，“要想自强，当先去掉自己的短处”。这些地方，都远远超过义和团运动的水平，显示出新型知识阶层的高明之处。

这一时期宣传革命的小册子还有《沈荩》《黄帝魂》《新湖南》（杨笃生著）等。

《沈荩》，署支那汉族黄中黄（章士钊）著。沈荩于自立军起事失败后，北上京津，担任日本报纸记者，探得清廷与俄国签订的密约七条，公之报端，推进了国内外拒俄运动的开展。1903年7月19日（光绪二十九年闰五月二十五日），被清廷逮捕。7月31日（六月初八日），慈禧太后下令用杖刑捶打，血肉横飞，被鞭四个小时，仍不断气，最后被用绳勒毙。章士钊记录其生平事迹、惨死经过，附录哀挽诗文，编为《沈荩》一书，同年作为《荡虏丛书第三种》，由“支那第一荡虏社”刊行。书中，章士钊鼓励革命党人“倾无量之头颅，购取文明幸福”，曾被清廷禁毁。

《黄帝魂》，署黄帝子孙之一个人编。辑录《开智录》《苏报》《国民日日报》等报刊文字 29 篇。其重要者有《中国灭亡论》《正仇满论》《义和团有功于中国说》《驳〈革命驳议〉》《黄帝纪年论》《王船山史说申义》等，曾一再重刊。

（四）苏报案

《苏报》创刊于 1896 年（光绪二十二年），1898 年（光绪二十四年）秋为退职官吏陈范所购。1903 年 2 月（光绪二十九年正月），陈范聘请爱国学社师生蔡元培、吴稚晖等撰写社论，言论逐渐趋于激烈。该报删弃当时报纸常有或必有的《圣谕恭录》《上谕电传》等栏目，开辟《学界风潮》栏，报道东南学界的退校斗争，因此，为新型知识阶层所注目。拒俄运动中，革命与改良两派的分野逐渐明显。上海《中外日报》为改良派鼓吹，《苏报》则倡言“革命”，认为“居今日而欲救吾同胞，舍革命外无他法。非革命不足以破坏，非破坏不足以建设，故革命实救中国之不二法门也”。[39] 5 月 27 日（五月初一日），陈范聘请章士钊为主笔。章到任后，进一步对报纸进行“大改良”“重改良”，以“发表舆论”为报馆天职，削减新闻，增加评论，企图扮演政府之“政监”，国民之“向导”，使之具有“国会、议院之倾向”。所发社

蘇報

《苏报》

论，几乎无一篇不谈革命。6月9日（五月十四日），《苏报》发表文章，赞誉邹容的《革命军》“以国民主义为干，以仇满为用”，堪称“今日国民教育之第一教科书”。6月29日（闰五月初五日），以《康有为与觉罗君之关系》为题，摘刊章炳麟的《驳康有为论革命书》，原文照录“载湉小丑，不辨菽麦”等语，这样，清朝政府就再也无法容忍了。

清廷早就注视着爱国学社等团体的活动，下令“严密查拿，随时惩办”。6月23日（五月二十八日），兼署湖广总督端方致电两江总督魏光焘，指责《苏报》“悍谬横肆，为患非小”。魏指令上海道袁树勋办理。6月29日（闰五月初五日）上午，侦探、巡捕等多人闯进苏报馆，出示查禁爱国学社及《苏报》，捉拿章炳麟、邹容、龙泽厚、陈范等七人的命令。次日，巡捕到爱国学社抓人，章炳麟本已事先得到消息，但他毅然留在社内，对巡捕说：“余人都不在，要拿章炳麟，我就是！”章被捕后，又写信动员龙泽厚和邹容二人投案。他于狱中写成答《新闻报》文，大义凛然地指出，此案是“满洲政府与汉种四万万人”之间的“大讼”，“吾辈书生，未有寸刃尺匕足与抗衡，相延入狱，志在流血”。他相信革命必将胜利，满怀信心地宣称：“请看五十年后，铜像巍巍立于云表者，为我？为尔？”7月15日（闰五月二十一日），租界会审公廨举行第一次审讯。律师指责章炳麟触犯“圣讳”，章答：我只知道载湉是满清人，不知所谓“圣讳”。邹容承认，因愤满人专制，故有《革命军》之作，但他表示：“现在我意欲改作《均平赋》一书，令天下人无甚贫富。”这一段话表现出邹容思想的新跃进。他关心的已不仅是“排满”的种族革命，也不仅是建立中华共和国的“政治革命”，而是“均平”这一“社会革命”的更加高远的目标。1904年5月21日（光绪三十年四月初七日），上海知县会同英国副领事复讯，判处章炳麟监禁三年，邹容监禁二年，罚做苦工，到期驱离租界。

在狱中章太炎与邹容互相唱和，以诗歌表达革命意志。章诗《狱中赠邹容》云：

邹容吾小弟，被发下瀛洲。快剪刀除辫，干牛肉作糇。英雄一入狱，天地亦悲秋。临命须掺手，乾坤只两头。

邹容答诗云：

我兄章枚叔，忧国心如焚。并世无知己，吾生苦不文。一朝沦地狱，何日扫妖氛。昨夜梦和尔，同兴革命军。

两位革命家一长一少，互勉互励，视死如归，虽人在牢狱，而心系革命。

1905 年 4 月 3 日（光绪三十一年二月二十九日），邹容瘐死狱中，年仅二十岁。次年 6 月 29 日（五月初八日），章炳麟刑满出狱，被同盟会派人接往东京。

（五）上海地区革命宣传活动的继续发展

《苏报》被封后，章士钊、张继、何靡施、陈去病等于 1903 年 8 月 7 日（光绪二十九年六月十五日）继刊《国民日日报》，以香港出生的上海英文报纸记者卢和生为发行人，在英国领事署登记。作者除章、张、何、陈外，还有苏曼殊、陈由己（独秀）等。该报批判锋芒继续指向皇权专制主义。社论《说君》一文以《君祸》为标题，从六个方面揭露皇权专制主义，论证古往今来的种种祸害，均出于君主。文称："种种罪恶，唯君所造，何以故？以君能纳一切，吐一切，生杀一切。故国有一君，而国多百祸，世界有百君，即世界多无量祸。"《中国古代限制君权之法》称：自秦朝开始，"君民共主之世变而为君权专制之世"；自汉朝起，"以天下为一家一姓之私"，君主私有土地，独操赏罚，干涉教育，将立法、行政、司法三大权力完全归之"一家一姓"；发展到当时，已经成为"君权专制达于完全极点之时代"。《箴奴隶》一文指出，中国人"感受三千年奴隶之历史，熏染数千载奴隶之风俗，只领无数辈奴隶之教育，揣摩若干种奴隶之学派"，终于形成一个"庞大无外之奴隶国"。《革天》向传统的"天命"观挑战，宣称“天可革，而其他革乃可言”。《道统辨》分析儒学“道统”说形成的原因：既在于世儒标榜，更在于君主“愚民”与“御民”的需要，目的在于“束缚臣民之思想”，“使臣民柔顺服从，而消灭其聪明才力”。此外，《关于中国古代信天之思想》《中国鬼神原始》等文，批判鬼神迷信，宣扬无神论，在当时的宣传活动中独具特色。

《国民日日报》在《苏报》案之后以无畏的勇气逆流而上，被称为《苏报》第二。不久，因内部矛盾，各自向外国在上海的公堂提出诉讼，1903 年 12 月 3 日（光绪二十九年十月十五日）以后停刊。1904 年 10 月（光绪三十年九月）上海东大陆书局将该报内容分类编辑，出版《国民日日报汇编》四集。

《俄事警闻》，1903 年 12 月 15 日（光绪二十九年十月二十七日）创刊。当年 9 月 6 日（七月十五日），沙俄政府将 7 项侵略要求合并为 5 条，重新向清廷提出。10 月 28 日（九月初九日），沙俄军队强行重占奉天（沈阳），升起沙俄旗帜，上海的拒俄运动继续向前发展。中国教育会的蔡元培、叶瀚、陈竞泉等人组织对俄同志会，研究对付办法，签名与会者近二百人。对俄同志会决议创办《俄事警闻》。广告称：“同人因俄占东三省，关系重大，特设《警闻》以唤起国民，使共注意于抵制此事之策。”[40] 该报先后发表《告留学生》《告农》《告工》等 73 篇文章，分别向各阶层呼吁。其中称赞留学生为“有热忱，有志趣，有爱力，负未来众人翁之硕望，而为二十世纪吾国文明一切之母”，称赞工人是“世界上顶有力量的”一流人，认为“田地都是公产，不耕田地的人，没有可以霸做产业的”，应许农民到一定时候，“可以想个把田地归公的法子”。该报共发行 73 号。

俄事警聞
本報編輯所上海新馬路華安里
本報總發行所上海棋盤街中市
本社廣告
同人因俄佔東省關係重大特設警聞以喚起國民使共注意於抵制此事之策社員見聞淺陋不足爲全國耳目閱報諸君如有要聞迅請寄示俾得刊入報端警告全國
本社徵文廣告
對俄同志會廣告
新書二種出板
達爾文物種由來
美國獨立檄文
法國人權宣言書
瑪志尼少年意大利章程
噶蘇士戒國人書
合刻
圖說

《俄事警闻》

《警钟日报》，由《俄事警闻》改名。1904 年 2 月 8 日（光绪二十九年十二月二十三日），日俄战争爆发，单独“对俄”已不足以概括爱国志士的责任。3月13日（光绪三十年正月二十七日），对俄同志会改名为争存会，“以养成国民资格，抵制外界压力为宗旨”，《俄事警闻》也因而改名为《警钟日报》。主计钟观光，总理陈竞泉，蔡元培、汪允中、刘师培、陈去病等编辑。创刊于1904年2月26日（光绪三十年正月十一日），至1905年3月25 日（光绪三十一年二月二十日），被清廷上海道封禁。

该报自己概括十大特点：“民族主义之提倡者”“抵御外族之先锋队”“民党之机关”“学生社会之机关”“为独特之清议”“特倡古学”“以提倡实业为主”“特设时评”“特刊之调查表”调查和报道会党。该报继承《苏报》《国民日日报》的传统，成为革命党人在东南地区的新喉舌。不过，增加“提倡古学”，借宣扬中国历史和传统文化以宣传革命则是其新特色，后来则发展为国粹派。

这一时期在上海及其附近地区创办的革命刊物还有：

《觉民》，1903年11月（光绪二十九年九月）创刊于金山张堰镇，每月一期，创办人为高旭及其叔父高燮、弟弟高增。次年出版9、10两期合刊后未见再出。该刊宣扬爱国主义，提倡“文明之民族主义”，认为“异族之与吾无侵犯者、我亦视为朋友”，“惟其苟有侵夺我一丝之权利，则不惜粉身碎骨以争之”。[41] 脱羁的文章揭露中国专制政治的种种“防民之术”和“愚民之术”，以“固其万世帝王之业”。[42] 黄天（高燮）诗云：“由来专制伤民族，奴隶根株铲却难。种种不堪种种丑，令我一读心胆寒。”[43] 刊物宣扬民主主义和军国民主义。其创办者和撰稿人后来大都加入了革命文学团体南社。

《中国白话报》，1903年12月（光绪二十九年十一月）创刊于上海，半月刊，后改为旬刊，至1904年10月（光绪三十年九月）停刊，共刊行24期，创办者福建侯官人林獬（又名少泉，后改名白水），留日学生，别号白话道人。该刊以“种田的、做手艺的、做买卖的以及那当兵的弟兄们”为读者对象，动员下层劳动群众参与救国和革命，在清末的白话文运动中独具特色。《论法律》一文揭露“中国的政体都是君主专制”，“皇帝的意思就是法律，做百姓的人一点儿都不能干预”；“做皇帝的人不受法律拘束，听他无所不为”。[44] 该报号召农民组织“农党”，工人组织“工党”，各行各业都建立自己的政党和团体，在此基础上联合，“大大的结个社会党”，共同为在中国建立“独立共和的政体”而奋斗。[45]

《女子世界》，1904 年 1 月（光绪二十九年十二月）创刊，至 1906 年（光绪三十二年）停刊，共出 17 期，创办人丁初我。除社论用文言外，其他栏目均用白话。该刊揭露封建礼教、道德和宗法制度的压迫，号召实行“女子革命”，也号召女界与男子合作，投入斗争。柳亚子《哀女界》一文要求“巾帼须眉，相将携手，以上二十世纪之舞台，而演驱除异族，光复河山，推倒旧政府，建设新中国之活剧”。[46]

《二十世纪大舞台》，陈去病与京剧艺人汪笑侬合办。1904 年 10 月（光绪三十年九月）创刊于上海。当年秋，汪笑侬根据《波兰衰亡史》编写并演出《瓜种兰因》，借波兰历史宣传爱国思想，推动上海“戏剧改良”热潮，在《警钟日报》任编辑的陈去病认为戏剧这一形式利于向下层社会宣传革命，便联合汪笑侬共同创办此刊。《招股启并建章》称：“以改革恶俗，开通民智，提倡民族主义，唤起国家思想为唯一之目的。”[47] 柳亚子誉之为“梨园革命军”，要求大量编演清初扬州十日、嘉定三屠以及法国革命、美国独立等历史剧，借以激励人民在现实生活中“建独立之阁，撞自由之钟，以演光复旧物、推倒虏朝之壮剧、快剧”。[48] 该刊共发表时事剧、历史剧、西洋剧 8 种。其中《安乐窝》直刺慈禧太后的“穷奢极欲”，规定以女丑扮演。在筹备出版第三期时被封。

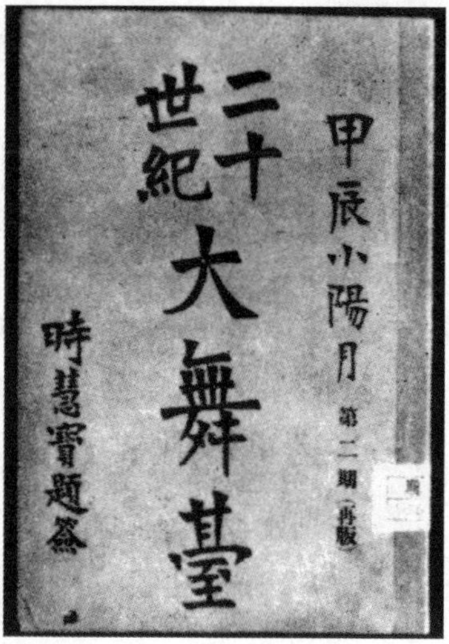

《二十世纪大舞台》

在当时的办刊热中，有两份刊物独具特色，这就是《政艺通报》和《国粹学报》。两者的主编都是广东顺德人邓实。

《政艺通报》，1902 年 2 月 24 日（光绪二十八年正月十七日）创刊于上海，半月刊。每届年底，即将该年内容分类归并出版，称为《政艺丛书》。《通报》至 1908 年 2 月（光绪三十四年正月）改为月刊，但仅出两期即停刊。共出146期。《丛书》自壬寅（1902年）至丁未（1907年），共出版6集。

《通报》分政、艺两编。所谓政，指政治；所谓艺，指技艺。所谓通，指贯通古今、中外、政艺六个方面。该报批判专制主义，认为其制始于秦，汉以来虽代有更革，但面目未改。邓实称：君是客，民为主。但是，邓实认为民主政体是遥远的事，主张实行君民共主，兴民权，限君权，立宪法，实行地方自治，因此，它不是革命刊物。然而，它提倡"保存国粹"振兴国学，借以保国、保种、保学，和部分革命党人有其一致之处。

《国粹学报》，创刊于1905年2月23日（光绪三十一年正月二十日），是国学保存会的机关刊物。在该会成立时，邓实提出，该会的任务是"绸缪宗国，商量旧学，摅怀旧之蓄念，发潜德之幽光。当沧海之横流，媲前修而独立"。其中所称"沧海之横流"，指的是当时中国人向西方文化学习的热潮。据此可知，它是一家专门提倡研究"旧学"以抵御"西学"的学术刊物。它号召人们保存国粹，光大国学，从传统文化和典籍中发掘"种族革命"思想，有其积极意义，但是，又有其保守、复古的消极一面。主要作者有邓实、黄节、刘师培、章太炎等人，大都属于革命派，但也有不赞成革命的人。该刊共发行82期，至民国元年（1912年）3月，改名《古学汇刊》。除办刊外，国学保存会还曾刊行《国粹丛书》，编辑教科书，创办国光印刷所，印行《神州国光集》。

这一时期上海的新闻界、出版界突破了清廷的高压统治与思想钳制，众卉纷呈，诸说并出。虽处于内地，但借助上海的特殊条件，放言畅论、慷慨激烈的程度比之东京中国留学界毫不逊色，形成了前所未有的思想大解放与大活跃。近代中国，戊戌变法时期是第一次思想解放高潮。1903年（光绪二十九年）前后几年，日本东京的中国留学界和上海及其附近的知识界共同推动，形成了第二次思想解放高潮。这第二次高潮，时间虽短，但就其方面的广泛和言论的激烈程度来说，显然超出了戊戌时期的先行者，这一思想解放的高潮不仅对于久处专制统治下的中国人民有启蒙和警醒作用，也为同盟会的成立与民族、民主革命高潮的到来做了舆论准备。

无可否认，由于国粹主义思潮的传播，人们不能正确处理吸收外来先进文化与发扬民族优秀传统、创造反映时代要求的新文化与继承旧文化精粹之间的关系。在其后的民主革命运动发展的过程中，新思想、新文化并没有随之茁壮生长，相反，却日渐沉寂。五四新文化运动的爆发正是为了弥补辛亥革命时期的不足。吴玉章说：辛亥革命"没有强有力的思想革命作先导"，"未能攻破封建主义的思想堡垒"，"在理论方面不但缺乏创造性的活动，而且对西方十七八世纪启蒙学者的著作和十九世纪中叶的主要思想家的著作也都没有系统地介绍"。[49] 吴玉章是辛亥革命的参加者，他的上述看法是有见地的。

黄兴与湖南地区的华兴会

（一）华兴会

华兴会的创办人是黄兴。黄兴（1874—1916），原名轸，字廑午，湖南善化（今长沙）人。1898 年（光绪二十四年）入武昌两湖书院。1900 年（光绪二十六年）参加自立军起义密谋。1902 年 6 月（光绪二十八年五月）被派赴日本，进入弘文学院师范科。同年 12 月 14 日（十一月十五日），参与创办《游学译编》。1903 年（光绪二十九年）加入拒俄义勇队及军国民教育会，担任归国运动员。同年回乡，任

黄兴

华兴会活动地点——长沙天心阁

教于长沙明德学堂。11月4日（九月十六日），黄兴三十岁生日，刘揆一、章士钊、柳聘农、周震麟等为黄兴祝寿，商定成立华兴会。1904年2月15日（光绪二十九年十二月三十日），华兴会在明德学堂校董龙璋的西园寓所正式召开成立大会，到会100余人。陈天华、杨笃生、宋教仁、刘道一、吴禄贞、李书城、李燮和等陆续加入。据张玉法统计，在华兴会的早期89名会员中，以出身分，知识分子51人，会党12人，其他5人，不详21人；以籍贯分，湖南53人，湖北7人，浙江3人，福建、安徽各2人，广东、直隶、四川、江苏、贵州各1人，不详16人。据此可知，以知识分子为主，湖南人为主。[50]

华兴会成立后，迅速设计出“或由会党发难，或由军学界发难，互为声援”，由“湘省首义”，“各省纷起”，最后“直捣幽燕”的武装斗争方案。当时，湖南会党中以醴陵马福益的哥老会势力最大。黄兴派刘揆一携亲笔函前往联络。1904年（光绪三十年）初春，黄兴又由刘陪同，亲到湘潭与马福益相见，决定于当年11月16日（十月初十日）慈禧太后七十岁生日时在长沙起义。为此，华兴会做了大量准备工作。黄兴售产借贷，供给军用。为了和江浙革命党人联络，黄兴还亲到上海，和章士钊、陶成章等联系。同年10月上旬（九月），湖南劣绅王先谦探得华兴会消息，向署理湖南巡抚陆元鼎告密。10月24日（九月十六日），清兵搜查华兴会机关，黄兴、刘揆一等或藏或避，仅会党首领游德胜、萧贵生被捕，供出实情。11月4日（九月二十七日），游、萧被杀，黄兴化装出走上海。在汉口登船时，护送的圣公会教士黄吉亭要他到沪后拍一“兴”字电报，表示平安。自此黄兴即废本名，改以“兴”字为名。

华兴会筹备起义时，杨笃生、章士钊在上海与蔡元培、陈由己

(独秀)、杭辛斋等成立爱国协会，计划响应。11月7日（十月初一日），黄兴、刘揆一邀请陈天华、陈去病、柳亚子、黄炎培、张继、吴春阳、万福华等在上海英租界余庆里集会，决定即日起分头运动长江中、下游的学界和军界，在湖北和南京等处起义。11月19日（十月十三日），万福华在上海酒楼谋刺前广西巡抚王之春，未成被捕，牵连而及章士钊、黄兴、张继等十余人，相继被捕，但因无证据，陆续被释。黄兴与刘揆一再次赴日，革命党人在长江中下游起义的计划也因而夭折。

长沙起义计划泄露后，马福益逃往广西。1905年(光绪三十一年)4月，自桂返湘，途中遭遇清兵，被捕后解往长沙，历经酷刑而忠贞不屈，同月20日（三月十六日）被害。

黄兴赴日后，与宋教仁等于1905年6月3日（光绪三十一年五月一日）共同创办杂志《二十世纪之支那》。编辑有田桐、宋教仁、黄兴、陈天华、仇亮等人。现在仅能见到第一期，第二期因刊登谴责日本侵华的文章，被日本政府没收。该刊用黄帝纪年，首期刊登黄帝画像，宋教仁题诗，歌颂黄帝大刀阔斧，栉风沐雨，奠定九州的功绩，要求四万万同胞“尚无数典而忘其祖”。《简章》声明：“提倡国民精神，输入文明学说。”所刊文章具有鲜明的反帝思想。公明（宋教仁）所写《西方第二之满洲问题》揭露沙俄“朝思暮想”要将新疆“据为已有”的野心，体现了革命党人对国家边疆的关心和爱护。

湖北地区的科学补习所与日知会

张之洞的新政推动了湖北地区现代工业、文化事业的发展，新军也办得有声有色。以学校言，有武备、自强、农务等学堂，又有两湖、经心、江汉等书院。留学运动兴起，湖北是最早向日本派遣留学生的省份之一。还在1902年，湖北新军人数即已达7750人。

湖北留日学生在1903年初（光绪二十八年末）创办杂志《湖北学生界》。拒俄运动中，湖北籍学生蓝天蔚被推为义勇队队长，武昌

蓝天蔚

学界数百人在曾公祠集会演说。其后，湖北武备高等学堂学生吕大森与朱和中、李书城等经常聚会，其地点，一在花园山李步青住处，一在将弁学堂总教习吴禄贞的水陆街住处。1904年（光绪三十年）初，湖北当局将朱和中、贺之才等派往欧洲留学，李书城、时功玖、孔庚等派赴日本留学，花园山的聚会因而解体。

同年3月，黄兴的学生、华兴会会员胡瑛（宗畹）为官府所忌，躲到吴禄贞处，结识张难先。二人都认为“革命非运动军队不可，运动非亲自加入行伍不可”，[51] 便投入新军当兵，开辟了一条知识精英与军队相结合的道路。这是其他地区革命党人所没有的特色。正是这一条道路，最终导致武昌首义和全国革命高潮的掀起。

同年7月3日（五月二十日），吕大森与胡瑛、刘静庵等在武昌成立科学补习所，以进行课程补习为名，进行革命宣传，组织革命活动。其公开发表的简章宣称：“集合省同志，取长补短，以期知识发达，无不完全。”[52] 胡瑛任经理，吕大森、曹亚伯、宋教仁、欧阳瑞骅等任干事。他们大量介绍知识分子和会党成员从军。现在已知的科学补习所成员55人，大多不在学界，即在军界，籍贯以湖北为主。

刘静庵

科学补习所成立不久，黄兴自沪过鄂，科学补习所开会欢迎。黄兴告以长沙起义计划，得到补习所同人一致赞同。彼此相约，由湖南首难，湖北响应。其后，胡、吕曾赴长沙与黄兴联络，商量具体计划。胡被推为华兴会鄂分部总理，吕被推为施南及四川分部总理。胡瑛与刘静庵等议定，一俟长沙发动，即在武汉刺死张之洞及张彪，劫夺火药库起义。长沙华兴会暴露后，胡瑛等紧急布置隐蔽，张之洞搜查时一无所获，只能开除欧阳瑞骅及宋教仁二人学籍了事。

日知会旧址，在今武汉候补街

1904年至1905年之交，清廷派户部侍郎铁良南下考察财政、武备等事，科学补习所的王汉、胡瑛计划在汉口大智门将其击杀。届时，铁良所坐铁车已开，二人追踪至河南彰德，王汉开枪不中，被追捕，投井而死。胡瑛伪装行商，为之收殓安葬，于事后赴日。

科学补习所之后，刘静庵利用中华圣公会所设日知会名义，使之变为秘密革命组织。圣公会是美国的一个基督教派，在武昌高家巷设有教堂，附设日知会，辟有阅览室，订购各种新书新报，供人阅览，刘静庵任司理。他和牧师胡齐勋商量，本基督救世之意，革命救国，胡齐勋表示，愿与刘"共为其难"。刘静庵得到同意后，遂重订章程，重新组织。每逢星期日，举行演讲会，暗中发展同志。1906年（光绪三十二年）2月，召开成立大会，朱子龙、孙武等百余人到会，刘静庵发表演说，提出成立"干事部"，"以后负一切责任，及一切开导民智，救中国危亡，成一新中国"。会后，公推刘静庵为总干事，范腾霄、朱子龙等为干事，陆费逵等为评议。吴禄贞捐银50两作为开办经费。已知会员182人，大多数为湖北人，以学界、新闻界或投入军界的新型知识分子为主。[53]

蔡元培与江浙地区的光复会

《苏报》案之后，军国民教育会暗杀团以上海为据点，先后发展了蔡元培、钟宪鬯、章士钊、刘师培、陈由己（独秀）等人为成员。1903 年（光绪二十九年）10 月，沙俄侵占奉天，蔡元培等人成立拒俄同志会，上海地区的爱国、革命活动再度活跃。公开活动为出版《俄事警闻》《警钟日报》等报刊，秘密活动为组织军国民教育会暗杀团。后者的情况，据蔡元培回忆为："以一纸书黄帝等字，供于上方；杀一鸡，滴血于酒中，我等都跪而宣誓，并饮鸡血酒。"[54] 陈独秀则回忆，当时自己在安徽，章士钊写信相召，自己一到上海，"便加入了这个组织，住上海月余，天天从杨笃生、钟宪鬯试验炸药。这时，孑民先生也常常来试验室练习、聚谈"。[55] 不过，暗杀团的活动虽可以击杀统治集团的个别人，却无法摧毁旧的统治制度。在革命党人中，陶成章虽也热衷于暗杀，但他主张"暴动与暗杀并行"，因此同时还在走另外一条道路。[56]

陶成章（1878—1912），浙江会稽（今绍兴）人。年轻时当过乡村塾师。义和团运动期间，到北京谋刺慈禧太后，未找到下手机会。其后，游历东北、内蒙古等地，察看形势，筹划"破坏中央"。[57] 1902 年（光绪二十八年）赴日，先后就读于东京清华学校和成城学校，为进入日本陆军士官学校作预备。1903 年（光绪二十九年），浙学会会员王嘉祎等人在东京秘密集会，商讨建立革命团体，陶成章与浙籍留学生龚宝铨、魏兰等均参与活动。1904 年（光绪三十年）初，陶成章等归国。当时，浙江会党林立，有伏虎会、白布会、终南会、双龙会、龙华会、平阳党、私贩党等种种名目。同年 2 月 17 日

陶成章

（正月初二日），陶成章偕魏兰到浙东，访问会党首领，宣扬“人种之分”与“民族之说”。这就跳出了暗杀活动的狭小天地。同年秋，陶成章曾计划响应华兴会的长沙起义，在金华、衢州、严州三地起事。不久，长沙起义流产，陶成章久候无信，即决定独力进行，与龚宝铨到上海活动。

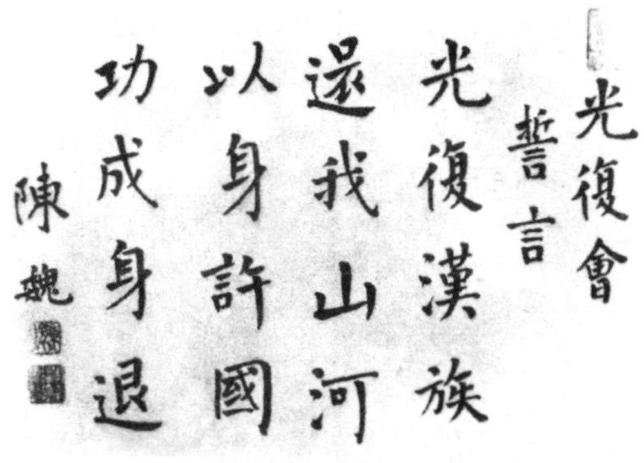

光复会入会誓词

陶成章到上海后，与龚宝铨商量，决定建立革命团体，名复古会。当时，章太炎尚在狱中，陶、龚二人便推蔡元培为首领。1904 年（光绪三十年）11 月中旬，蔡元培对暗杀团进行改组。因为章太炎有“改制同族，谓之革命；驱逐异族，谓之光复”的说法，便取名光复会，又名复古会。蔡元培为首任会长。会员入会时须举行仪式，刺血并对天发誓，其誓词为：“光复汉族，还我山河，以身许国，功成身退。”明末清初，清军在江南一带大肆屠戮，这一地区对清军的反抗也最为惨烈。关于光复会，吴玉章评论说：“它极力主张民族革命，代表了江南广大人民长期以来强烈的反满复汉要求。”[58]

蔡元培是新旧思想兼容的知识分子。他旧学功底较深，但又受到当时刚刚在中国流行的社会主义思想影响。办《俄事警闻》期间，他曾经写过一篇小说，叫《新年梦》，幻想未来社会“一个人出多少力就受多少享用，不出力就没有享用”，“各国无战事，民间渐渐康乐”，无君臣，无父子，无夫妇，“废国界”。1907 年（光绪三十三年）后留学德国，也仍然热衷社会主义，计划写作《新水浒》，“拟即梁山泊地方建设世界新社会之雏形”。[59] 但是，他身居欧洲，对光复会已无实际影响。

1905 年 1 月（光绪三十年十二月），绍兴府学堂监学徐锡麟到上海访问蔡元培，经陶成章介绍，加入光复会。1905 年 2 月（光绪三十一年正月），陶成章、魏兰再到东京，成立光复会东京分部，以

徐锡麟

浙江人王嘉祎为主持人，其成员有蒋尊簋、孙翼中、许寿裳、周树人（鲁迅）等。同年，陶成章归国在上海开设讲习所，主讲催眠术。后来鲁迅回忆说："想起来已经有二十多年了。以革命为事的陶焕卿，穷得不堪，在上海自称会稽先生，教人催眠术以糊口。有一次他问我：'可有什么药令人一嗅便睡去的呢？'"[60] 可见，两人关系相当密切。1906年（光绪三十二年），秋瑾经徐锡麟介绍，加入光复会。光复会在浙江的影响遂日渐扩大。

岳王会与其他革命小团体

这一时期出现的其他革命小团体还有不少，其中较著名者有：

公强会。1902年（光绪二十八年）成立于四川，成员有杨庶堪、童宪章、朱之洪等。

旅沪福建学生会。1903年（光绪二十九年）成立于上海。由闽籍学生何枚士等发起，成员有郑权、林森、陈子范、林述庆等。

共爱会。1904年（光绪三十年）成立于日本，其成员为秋瑾、陈撷芬等10人，其宗旨为："反抗清廷，恢复中原，主张女子从军，救护伤战士。一面通信国内女学，要求推广。"

横滨三合会。梁幕光、冯自由等组织，成员有秋瑾、刘道一、王时泽等。其仪式为：在白布上大书"翻清复明"四字，入会各人从白布下走过，以示忠于主义。又在室内烧火，各人从火上跳过，以示赴汤蹈火，在所不辞。然后刺血，饮雄鸡血酒。秋瑾被封为"白扇"（军师）、刘道一被封为“草鞋”（将军）。

赵声

易知社。1904年（光绪三十年）成立于江西，以张惟圣为社长，虞惟熙为副社长。成员有江西武备学堂、陆军小学堂学生等60余人。该社表面上以诗文结社，暗中进行革命活动。

黄汉会。1904年（光绪三十年）成立于湖南宝庆（今邵阳），李燮和等发起。“黄者，黄帝；汉者，汉人。欲以此苏国魂而振汉声，祖黄帝而耀先烈。”最初参加者仅陈天华、姚宏业、陈方度等6人，后来发展到湖南、江西及长江中下游各地。[61]

岳王会。1904年（光绪三十年）成立于安徽芜湖。成员有柏文蔚、陈由己（独秀）、常恒芳等，会长陈由己。其宗旨为继承岳飞遗志，“尽力排满”。成员大部分为安徽公学教员和武备学堂学生，约30人。后来常恒芳、柏文蔚分别在安庆和南京成立分部，各任分会长。

关于岳王会南京分会，柏文蔚回忆说：1905年（光绪三十一年）秋，“孙中山先生派吴旸谷来组织长江流域同盟会，余首先领导岳王会全体同志加入。其他如赵声、林之夏、冷遹、伍崇仁、孙麟、韩金声、林述庆、何遂、杨韵珂、倪映典等均以次加入，当即公推赵声为长江盟主”。[62]

强国会。1905年（光绪三十一年）春成立于南京，成员有柏文蔚、赵声、张通典、杨卓林、林之夏等，新军军官数十人参加。后来这批人大都成为岳王会南京分会的成员。

汉族独立会。1905年（光绪三十一年）春成立于福州，发起人为林斯琛等。此前，福州已有益闻社、文明社、复明山堂、共和山堂等组织，汉族独立会即在这些组织的基础上成立。

其他零散组织尚多，不能一一备述。这些组织的出现，说明推翻满洲贵族的统治已是普遍要求，历史发展的趋向是，将这些组织团结起来，进一步提高其水平和素质。

注

①《译书汇编》第 2 号第 11 期。
②《国民报》第 1 期。
③《国民报》第 2 期。
④《国民报》第 4 期。
⑤《游学译编》第 9 册。
⑥《游学译编》第 10 册。
⑦《湖北学生界》第 1 期。
⑧《湖北学生界》第 4 期。
⑨《湖北学生界》第 3 期、第 2 期。
⑩⑪《湖北学生界》第 2 期。
⑫《浙江潮》第 1 期。
⑬《浙江潮》第 4 期。
⑭⑮《江苏》第 4 期。
⑯《江苏》第 9—10 期合刊。
⑰冯自由：《章太炎与支那亡国纪念会》，《革命逸史》第一集，第 57—69 页。
⑱参见拙著《晚清史事》，第 218—221 页。
⑲参见拙作《柳亚子评传》，《哲人与文士》，第 357—358 页。
⑳《童子世界》第 15 号。
㉑钱瑞香：《印度灭亡史》，《童子世界》第 22 号。
㉒祛魔子：《盗的最巧的手段》，《童子世界》第 32 号。
㉓《学问》，《童子世界》第 24 号。
㉔桑兵：《晚清学堂学生与社会变迁》，学林出版社 1995 年版，第 100 页。
㉕《记电争广西事》，《江苏》第 2 期，1903 年 6 月。
㉖《爱国演说摘录》，《苏报》，1903 年 4 月 27 日。
㉗杨天石、王学庄编：《拒俄运动》，中国社会科学出版社 1979 年版，第 10 页。
㉘杨天石、王学庄编：《拒俄运动》，第 40 页。
㉙杨天石、王学庄编：《拒俄运动》，第 92 页。
㉚杨天石、王学庄编：《拒俄运动》，第 90 页。
㉛参见拙作《〈斯巴达之魂〉和中国近代拒俄运动》，《〈自题小像〉新探》，均见《横生斜长集》，百花文艺出版社 1998 年版，第 293—301 页。

注

㉜吴稚晖档案，台北中国国民党党史馆藏件，08709。
㉝中国史学会主编：《辛亥革命》（一），上海人民出版社2000年版，第334、351页。
㉞孙中山：《有志竟成》，《孙中山全集》第6卷。
㉟鲁迅：《杂忆》，《鲁迅全集》第1卷，人民文学出版社1981年版，第221页。
㊱《康有为政论选集》上册，中华书局1981年版，第477—478页。
㊲汤志钧编：《章太炎政论选集》上册，第204页。
㊳中国史学会主编：《辛亥革命》（二），上海人民出版社2000年版，第164—185页。
㊴《苏报》，1903年5月13日。
㊵《本社广告》，《俄事警闻》，1903年12月15日。
㊶邓秋枚书，《觉民》第9—10期合本。
㊷《教育箴言》，《觉民》第1—5期合本。
㊸《题战余录》，《觉民》第9—10期合本。
㊹《中国白话报》第11期。
㊺白话道人：《甲辰年国民的意见》，《中国白话报》第5期。
㊻亚卢：《哀女界》，《女子世界》第9期。
㊼《二十世纪大舞台》第1期。
㊽《发刊词》，《二十世纪大舞台》第1期。
㊾吴玉章：《论辛亥革命》，人民出版社1972年版，第14—15页。
㊿张玉法：《清季的革命团体》，第282页。
51张难先：《湖北革命知之录》，上海商务印书馆1946年版，第55页。
52《警钟日报》，1904年7月26日。
53张玉法：《清季的革命团体》，第551—563页。
54高平叔：《蔡元培年谱长编》，人民教育出版社1996年版，第289页。
55重庆《中央日报》，1940年3月24日。
56陶成章：《致吴稚晖函》，手稿，吴稚晖档案，台北中国国民党党史馆藏，03869。
57陶成章：《布告同志书》，陶成章佚文，台北中国国民党党史馆藏。
58《吴玉章回忆录》，中国青年出版社1978年版，第31页。

注

⑲蔡元培：《致吴稚晖函》，手稿，吴稚晖档案，台北中国国民党党史馆藏，07895。

⑳《华盖集续编》，《鲁迅全集》，人民文学出版社 1981 年版。

㉑李兴潇、李兴藻：《追忆先父李燮和》，2004 年长沙自印本。

㉒柏文蔚：《五十年经历》，《近代史资料》1979 年第 3 期。

第六章

中国同盟会的成立

同盟会的成立使分散的革命力量从此有了统一的组织，标志着近代中国的民族民主革命进入了一个崭新的阶段。9 月 30 日（九月初二日），孙中山兴奋地写信向南洋华侨报告："近日吾党在学界中，已联络成一极有精彩之团体，以实力行革命之事。现舍身任事者已有三四百人矣，皆学问充实、志气坚锐、魄力雄厚之辈，文武才技皆有之。"

孙中山组建中华革命党与访问第二国际

（一）组建中华革命党

孙中山与同志在东京合影

孙中山早有号召各省同志组织“大集团”的想法。1899年（光绪二十五年）秋，孙中山计划与梁启超联合组党，未能成功。1901年（光绪二十七年）至1902年（光绪二十八年）之间，留学生中有人建议孙中山扩张兴中会，孙均答以徐图机会。1903年7月22日（光绪二十九年闰五月二十八日），孙中山自越南回到日本横滨，开始筹建一个新的革命组织。他托廖仲恺夫妇、马君武、胡毅生、黎仲实等人在东京“物色有志学生，结为团体，以任国事”。① 当时，正值拒俄运动之后，部分留日学生迫切要求学习军事，但清廷驻日使馆禁止私费生进入陆军初级学校——振武学校。8月（七月），孙中山与犬养毅商量，犬养介绍日本退职骑兵少佐小室友次郎及任职于东京兵工厂的步兵大尉日野熊藏两人为教官，于东京青山创办革命军事学校。入学者14人，由孙中山主持宣誓，誓词为："驱除鞑虏，恢复中华，创立民国，平均地权。"这是对兴中会誓词的一次重大修改，表明孙中山的革命理想已经不限于民族和民权二者，开始考虑民生问题。

9月26日（八月初六日），孙中山离开日本，再赴檀香山。当时，冯自由等已将章炳麟的《驳康有为论革命书》和邹容的《革命军》合并印行，订名《章邹合刊》，孙中山就带着这一本《合刊》起行。因《苏报》案避居日本的黄宗仰为之饯行，赋诗道："此去天南翻北斗，移来邦水奠新都。伫看叱咤风云起，不逐胡虏非丈夫。"10月5日（八月十五日），他抵达檀香山，发现当地的兴中会会员均已受梁启超影响，改入保皇会门下。11月（九月底至十月初），孙中山到希炉重建革命组织"中华革命军"，仍以上述16字为誓词，加盟者十余人。12月（十月中旬），孙中山返回檀香山，先后发表演说，宣称革命成功之日，将"效法美国选举总统，废除专制，实行共和"。"有人说我们需要君主立宪政体，这是不可能的。没有理由说我们不能建立共和制度。"② 同时，孙中山改组当地华侨程蔚南所办商业报纸《檀山新报》（原名《隆记报》），使之成为与改良派报纸《新中国报》论战的基地。

这一时期，孙中山更多地考虑"社会主义"问题。12月17日（十月二十九日），他在《复某友人函》中称："所询社会主义，乃弟所极思不能须臾忘者。"信中，孙中山在叙述欧美地主掌握巨额财富，形成"富者富可敌国，贫者贫无立锥"的情况后表示：

> 夫欧美演此悬绝之惨境，他日必有大冲突，以图实剂于平。盖天下万事万物无不为平均而设，如教育所以平均知识，宫室衣服所以平均身体之热度，推之万事，莫不皆然。则欧美今日之不平均，他时必有大冲突，以趋剂于平均，可断言也。然则今日吾国言改革，何故不为贫富不均计，而留此一重罪孽，以待他日更衍惨境乎？此固仁者所不忍出也。

这是孙中山第一次以文字谈“社会主义”，解释他何以将“平均地权”列为革命纲领，表明他已在深入地思考如何避免出现欧美社会贫富严重不均的社会问题。孙中山所组建的“中华革命军”，实际上就是“中华革命党”。同函中，他说：“今在檀香山，已将向时‘党’字改为‘军’字。今后同志当自称为‘军’，所以记□□（邹容）之功也。”[③] 此函说明，孙中山此前所建立的革命组织名为“中华革命党”，这时，已经改为“中华革命军”。

（二）改造洪门

美洲华侨中有洪门会员十余万人，不少人受改良派影响，加入保皇会。为了便于与美国华侨中的会党联系，1904年1月11日（光绪二十九年十一月二十四日），孙中山在檀香山致公堂国安会馆加入洪门，受封为“洪棍”。同月，孙中山在当地继续发展中华革命军成员数十人。5月，孙中山在旧金山着力改造洪门。他手订致公堂新章程要义及规程80条，提出“联合大群，团集大力，以图光复祖国，拯救同胞，实为本堂义务之下不可或缺者”。又将“驱逐鞑虏”等16字定为洪门纲领，规定“本堂以协力助成祖国同志施行宗旨为目的”。[④] 5月24日（四月初十日），孙中山偕洪门大佬黄三德到美国各地宣传，旧金山致公堂先期向各地发布公启，宣称：“排满革命，舍我其谁？洪英洪英，速宜奋发，同心协力，众志成城，共图义举。”[⑤] 他写信告诉黄宗仰说：“弟近在苦战之中，以图扫灭在美国之保党，已到过五六处，俱称得手。”[⑥]

7月22日（六月初十日）至8月31日（七月二十一日）之间，孙中山与王宠惠合作，以英文完成《中国问题的真解决——向美国人民呼吁》一文，批判满洲贵族的专制统治，认为“由满洲人来将国家加以改革，那是绝对不可能的，因为改革意味着给他们以损害。实行改革，那他们就会被中国人民所吞没，就会丧失他们现在所享受的各种特权”。文章叙述满洲贵族二百六十多年统治之下对中国人民的种种压迫，如：侵犯人民的生存权、自由权、财产权，压制言论自由，禁止结社自由，纵容贪污行贿，征收苛捐杂税，使用野蛮的酷刑逼取口供等。文章认为满清王朝“正迅速地走向死亡”，热情地展望中国革命成功后的美好情景：

一旦我们革新中国的伟大目标得以完成，不但在我们的美丽的国家将会出现新纪元的曙光，整个人类也将得以共享更为光明的前景。普遍和平必将随中国的新生接踵而至，一个从来也梦想不到的宏伟场所，将要向文明世界的社会经济活动而敞开。⑦

9月14日（八月初五日），孙中山抵达华盛顿。9月27日（八月十八日），抵达纽约。在纽约，孙中山与保皇会的欧榘甲在华人剧院隔日演讲，互相辩论，长达十天之久。革命党的影响逐渐增大，而保皇会的影响则日益减少。

（三）访问欧洲

武昌花园山湖北革命党人当时曾决议：“寻孙逸仙。”1904年（光绪三十年），魏宸组、贺子才、朱和中等相继被派赴欧洲留学，相约继续前议。同年12月下旬，孙中山自美国纽约到达英国伦敦。1905年1月上旬（光绪三十年十一月末至十二月初），应在比利时留学的贺子才、史青等之邀，到达布鲁塞尔。在与留学生们彻夜长谈，讨论革命方略时，朱和中提出，应该改换新军头

孙中山与朱和中等留欧学生合影

脑，由军营中起义，并以吴禄贞多年在湖北军中的运动成绩为证。孙中山认为，士兵以服从为主，不能首义，建议以改良会党为入手之方，吸收学生加入，使之领导会党。双方争论了三天三夜。朱和中等提出："革命者，最高之理论，会党无知识分子岂能作为骨干？先生历次革命所以不成功者，正以知识分子未赞成耳！"孙中山从朱和中等人的意见中得到启发，得出结论说："今后将发展革命势力于留学界，留学生之献身革命者，分途作领导之人。"[⑧] 其后，孙中山提议组织革命团体，进行宣誓，誓词仍为"驱除鞑虏，恢复中华，创立民国，平均地权。"加盟者三十多人。其后，又在留德、留法学生中发展了部分成员。这些组织，当时没有定名，但实际上是同盟会的前身。

（四）访问第二国际

1889年7月14日（光绪十五年六月十七日），有22个国家的393名代表，参加在巴黎召开的"国际社会主义者代表大会"，李卜克内西、倍倍尔、拉法格等27人组成大会主席团，建立第二国际。1900年（光绪二十六年）巴黎大会，决定成立常务委员会，名为社会党国际局，由每个国家的党选派代表一名（后增为两名）组成。

1905年5月中旬（光绪三十一年四月中旬），孙中山在贺之才陪同下，访问设在布鲁塞尔的第二国际执行局。在与该局主席王德威尔德（E. Vandervelde）和书记胡斯曼（C. Huysmans）的谈话中，孙中山介绍了刚刚成立的革命组织的主张：第一，驱逐篡权的外来人，使中国成为中国人的中国。第二，土地全部或大部分为公共所有，很少或者没有大的地主，由公社按一定章程将土地租给农民。孙中山称："中国社会主义者要采用欧洲的生产方式，使用机器，但要避免其种种弊端。""防止往往一个阶级剥夺另一个阶级，如象所有欧洲国家都曾发生过的那样。"[⑨] 孙中山要求第二国际接纳他的党为成员。这一行动，显示出孙中山对社会主义的同情和向往，也显示出，孙中山力图将自己的政治活动和国际社会主义运动联系起来。

同年6月11日（五月初九日），孙中山自法国东归。

中国同盟会的成立

（一）同盟会的成立

在孙中山东归之前，日本中国留学界的革命情绪日渐高涨，改良、保皇的意见已很少有人响应。

1905年初（光绪三十年十二月末），日本《万朝报》译载德国某报文章，宣称各国商业统计表关于中国领土已不列长城以北，承认其为俄国范围，“此实瓜分政策”云云。消息在中国留日学生中引起骚动。四川学生首先集会，有人提出《要求归政意见书》，主张慈禧太后将“大政”归还光绪皇帝。同时要求清廷“宣布立宪以定国是”。该《意见书》提议于1905年2月4日（光绪三十一年元旦）致电清廷，陈述意见，并随撰详细呈文，公举代表二三人到北京伏阙上书。陈天华受此影响，一度起草《要求救亡意见书》，也为此准备回国向清廷请愿。东京中国留学界展开大辩论。广西同乡会认为：“抵御瓜分之策，以革命为宗旨。”福建、安徽、贵州、直隶四省同乡会公函称：“此次提议上书政府，公认为不切时势，无补时局，请置勿议。”留学生会馆干事及各省评议员大会讨论，结果，反对请愿者占十分之九。[10]这种情况，说明大部分留日学生已赞成革命，跨越原来各省同乡会的畛域，在当地成立全国性革命组织的条件已经成熟。

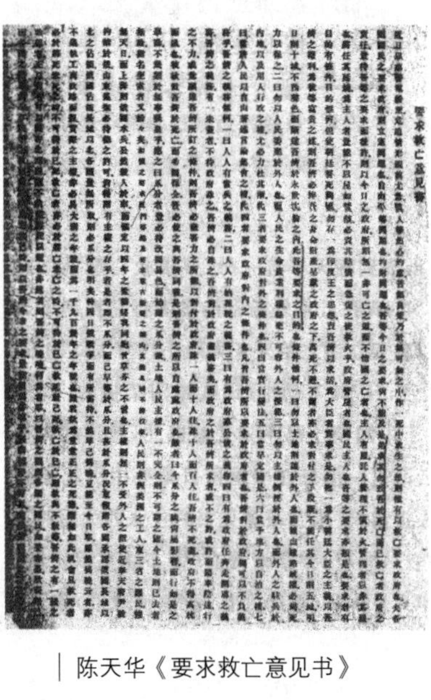
要求救亡意见书

陈天华《要求救亡意见书》

1905年7月19日（光绪三十一年六月十七日），孙中山抵达日本横滨。同月下旬，经宫崎滔天介绍，孙中山与黄兴在东京相见。不久，陆续结识宋教仁、张继、李书城、田桐、邓家彦、何天炯、汪精卫等人。7月28日（六月二十六日），孙中山偕宫崎访问《二十世纪之支那》杂志社，会见陈天华、宋教仁。孙中山指出，“此一省欲起事，彼一省亦欲起事，不相联络，各自号召”，必将酿成内乱，招致列强干涉，中国灭亡，“故现今之主义，总以互相联络为要”。[11] 次日，华兴会成员在黄兴住处集会，讨论和孙中山的合作问题。

7月30日（六月二十八日）下午，来自国内十省的革命志士在东京赤阪区桧町三番黑龙会会所、内田良平的家中召开筹备会议，出席可考者计：

湖南籍黄兴、宋教仁、陈天华、刘道一等20人。

湖北籍时功玖、曹亚伯、王家驹、蒋作宾、李仲揆（四光）、田桐等20人。

广东籍孙中山、冯自由、汪兆铭、古应芬、李文范、胡毅生、朱大符（执信）、何天炯等17人。

广西籍马君武、邓家彦等7人。

安徽籍程家柽、吴春旸、王天培等6人。

江西籍陈荣恪等2人。

浙江籍蒋尊簋1人。

陕西籍康宝忠1人。

留日时期的汪精卫

福建籍王孝缜1人。

直隶籍张继1人。

以上共76人，外加日本宫崎滔天、内田良平、末永节3人，共79人。[12]

孙中山被推为会议主席。他提议成立中国革命同盟会，湖南学生张明夷反对，主张定名“对满同志会”。孙中山称：“满清政府腐败，我辈所以革命。即令满人同情于我，亦可许其入党。革命党宗旨不专在排满，当与废除专制、创造共和并行不悖。”[13] 孙的意见得到大家赞成。

这就将同盟会从狭隘的目光中解放出来，提高了它的思想和革命水平。有人提出，本会是秘密性质，不必明用“革命”二字。经反复讨论，同意此说，因此定名为中国同盟会。孙中山提议以“驱除鞑虏，恢复中华，建立民国，平均地权”为纲领，有几个人反对，建议删去“平均地权”四字，孙中山用一个多小时，从世界革命趋势及当今社会民生问题重要两方面作了解释。他说：“平均地权即解决社会问题之第一步方法，吾党为世界最新之革命党，应高瞻远瞩，不当专向种族、政治两大问题，必须并将来最大困难之社会问题亦连带解决之，庶可建设一世界最良善、富强之国家。”[14] 湖北人曹亚伯带头说：“我凭良心签名。”大家都没有异议。孙中山即草拟盟书，众人公推黄兴、陈天华审订，其词为：

联盟人　　省　　　县人，当天发誓，驱除鞑虏，恢复中华，创立民国，平均地权，矢信矢忠，有始有卒，如或渝此，任众处罚。

天运乙巳年　　月　　日　　中国同盟会会员

与会者纷纷填写盟书，孙中山领导各人同举右手向天宣誓，誓毕，孙中山称，在干事会未成立前，众人盟书由我保管，我的盟书请诸君公举一人保管，大家推黄兴。然后，孙中山到隔室向会员传授同志相见时的握手暗号及联系暗语：

问：何处人？
答：汉人。
问：何物？
答：中国物。
问：何事？
答：天下事。

传授既毕，孙中山与会员一一行新握手礼，并道喜说：“为君等贺，自今日起，君等已非清朝人矣！”在散场时，室内木板倒塌，声如裂帛，孙中山幽默地说道：“此乃颠覆满清之预兆！”众人鼓掌欢呼。

8月7日（七月初七日）孙中山亲到何香凝住所，介绍何入会，为之主盟。何香凝遂成为中国同盟会的第一位女盟员。

8月13日（七月十三日），留日学生在东京麹町区富士见楼开会欢迎孙中山。日警初限300人，后扩大到900人，但当日会场爆满，警察命令封门，门外人大声喧哗，宋教仁爬到门额上，对众说明缘由，仍然无效，警察只能开门，阶上下，厅内外，挤得满满的，门外伫立，向楼上仰望的还有数百人。东京自有留学生以来，还从未出现如此盛况。孙中山一身白衣，拾级而上，发表了热情洋溢的演说，他回顾历史，认为中国古代文明，西人之所不及，中间倾于保守，才让西人独步。他呼吁到会诸人，勇于承担，“将振兴中国之责任，置之于自身之肩上”，同时也号召人们，“取法西人的文明”，“择地球上最文明的政治、法律来救我们中国”，“利用此一好山河，建一头等民主大共和国”。当时，改良派主张循序渐进，认为中国必须经由君主立宪才能进入民主共和，不能跳跃，孙中山坚决反对这一主张，主张“取法乎上”，为中国谋求“永久太平”。他以火车为例说：“铁路之汽（火）车，始极粗恶，继渐改良。中国而修铁路也，将用其最初粗恶之汽车乎？抑用其最近改良之汽车乎？”[15] 程家柽、宫崎寅藏等也发表演说。宫崎称，自己之所以倾家荡产，不愿饿死，就是为了留下性命，看到中国革命成功。事后，驻日公使杨枢向清廷报告说：“学生之赴会听讲者，日千余人，至为可惧。”[16]

8月20日（七月二十日），同盟会在东京赤阪区霞关阪本珍弥子爵的宅邸召开成立会，到会约百人。会议通过黄兴、陈天华等人起草的会章，选举孙中山为总理。总理之下按三权分立原则设执行、评议、司法三部，黄兴被推举为执行部庶务，总理不在时，代行一切。汪精卫被推为评议部评议长，田桐、曹亚伯、冯自由、朱执信、胡瑛等20人先后为议员，邓家彦、宋教仁被分别推为司法部判事长和检事长。

同盟会成立时，胡汉民、廖仲恺因暑假返乡。9月1日（八月初三日），胡、廖回到东京，孙中山又应邀亲自访问二人，二人表示：革命本素志，民族主义、民权主义，均无丝毫疑义，唯平均地权、民生主义犹有不明白之点，孙中山为之解释说：“中国此时似尚未发生问题，而将来乃为必至之趋向。吾辈为人民之痛苦而有革命，设革命

廖仲恺

成功，而犹袭欧美日本之故辙，最大多数人仍受痛苦，非吾人革命之目的也。”[17] 二人听罢，表示没有其他疑问，孙中山又为二人讲解革命党的性质与作用，党员对党的义务与牺牲、服从等要求，二人都应允，孙中山遂介绍二人入会。三人的这次谈话，一直持续到第二天早晨。

孙中山将广东视为革命策源地。9月8日（八月初十日），孙中山派冯自由、李自重二人赴港，在当地及澳门、广州三地建立同盟会分部，同时命冯主持香港《中国日报》。

同盟会的成立使分散的革命力量从此有了统一的组织，标志着近代中国的民族民主革命进入了一个崭新的阶段。9月30日（九月初二日），孙中山兴奋地写信向南洋华侨报告：“近日吾党在学界中，已联络成一极有精彩之团体，以实力行革命之事。现舍身任事者已有三四百人矣，皆学问充实、志气坚锐、魄力雄厚之辈，文武才技皆有之。”当时，中国内地除甘肃一省在东京没有留学生外，其他17省都有留学生参加同盟会。信中，孙中山表示：“如来投者陆续加多，将来总可得学界之大半。有此等饱学人才，中国前途诚为有望矣。”[18]

同盟会成立于日本东京，自然，其成员最初以留学生占大多数。此后向国内各地发展，也仍然以学生居多。据调查统计，在1905年至1907年参加同盟会的会员中，可以查出本人成分的379人，其中留学生、学生354人，占93%，官僚、有功名的知识分子10人，教师、医生8人，各占2%多，资本家、商人6人，占1%多，贫农1人，占不到1%。[19] 因此，同盟会是一个以新型知识分子为主体的革命组织。

同盟会总章规定，本部下设支部，支部下设分会，国内应设南部、东部、中部、西部、北部等5个支部，国外应设南洋、欧洲、美洲、檀岛等4个支部。至1911年（宣统三年）7月同盟会中部总会成立前，国内约建立分会组织20余个，国外则遍及南洋、欧洲、美洲及檀香山地区。

同盟会成立后，孙中山、黄兴、章炳麟等每天在一起商量讨论，制订《革命方略》，共包括《军政府宣言》《安民布告》《对外宣言》《招降满洲将士布告》《扫除满洲租税厘捐》等14个文件，规定了革命的目标及相关政策。

（二）反对《取缔规则》

1905年11月2日（光绪三十一年十月六日），日本文部省公布《关于许清国人入学之公私立学校之规程》（简称《取缔规则》），对中国留日学生多所限制，其中第九条规定，学校对清国留学生的校外宿舍须进行管理；第十条规定，不得招收被其他学校认为“性行不良”、勒令退学的学生。取缔，在日语中本是管束、监督之意，因此，日本文部省公布的《取缔规则》并不含有严重意义；但中国学生认为这将给清廷勾结日本压制留日学生提供借口，由留学生总会干事长杨度等出面，向驻日公使杨枢呈递公禀，要求修改。12月（十一月）初，路矿学堂的中国学生发出传单，宣布《取缔规则》有辱国体，要求全部废除。12月5日（十一月初九日），留日中国学生300余人聚会，议决联合罢课，反对《取缔规则》的风潮遂愈演愈烈。有一份《意见书》说：

文明之与野蛮，其程度在有无法律也。自由之与奴隶，其资格在有无人格也。日本以野蛮之手段，灭文明之法律，而使我可亲、可爱、可尊、可畏、可惧之留学生尽行丧失其自由，投陷于奴隶，视秦政之一举而坑，其居心为更惨毒矣。[20]

该《意见书》提出，“若留学生而不甘为奴隶也，则此次之规则，不可不反对”。将日本政府的规定视同秦始皇的“焚书坑儒”，将斗争上升为“自由”与“奴隶”之争，其意义就被极大地夸张了。

对《取缔规则》，中国留学生中一开始就存在着局部修改和全部废除两种意见；在讨论对策时，又存在着激烈、温和两派的种种分歧，日本报纸借此嘲讽中国学生“放纵卑劣”。陈天华受到刺激，于

12月7日（十一月十一日）写就《绝命书》，中云："心痛此言，欲我同胞时时勿忘此语，力除此四字，而做此四字之反面，坚忍奉公，力学爱国。恐同胞之不见听而忽之，故以身投东海，为诸君之纪念。"[21]次日，投大森湾自杀。

陈天华逝世后，留日学生中的激烈分子纷纷回国。有人甚至发起成立敢死会，要求留日学生全体归国，指责持反对意见的留学生为"狗类"，要求"以一死命，换一狗头"。文称："八千中之反对者，多不过二千，以二千敢死者，换此二千卖国者，则所存四千余人，尚可无一败类，合为一心，结一最坚固、最雄强之团体，以为我祖国争光。"[22]政治运动，特别是群众运动中，常常会出现"左"倾思潮以至极"左"思潮，"敢死会"的意见就是一种极"左"思潮。孙中山担心形势进一步发展，同盟会会员大批回国，有被清廷一网打尽的危险，致电提醒，于是，同盟会会员朱执信、胡汉民、程家柽、汪精卫等于12月24日（十一月二十八日）组织维持留学界同志会，主张回校上课。[23]同时，胡瑛、宋教仁、孙武等则组织联合会，号召罢课归国。1906年1月11日（十二月十七日），留日学生集会协商，多数通过自1月13日（十九日）起复课，一场风波得以平息。

《民报》的出版与三民主义理论体系的提出

（一）《民报》创刊

在同盟会成立会上，黄兴提出，以《二十世纪之支那》作为机关报，但该刊不久即被日本政府禁止。1905年11月26

民報

第壹號

發刊詞

孫文

《民报》发刊词

《民报》时期的章炳麟（左五）与同志合影

日（光绪三十一年十月三十日），同盟会另刊《民报》，以“颠覆现今之恶劣政府”“建设共和政体”“维持世界真正之和平”“土地国有”“主张中国、日本两国国民之联合”“要求世界列国赞助中国之革新事业”为宗旨，在发刊词中，孙中山首次提出“民族”“民权”“民生”三大主义。后来，它被人概括为“三民主义”。

《民报》最初的编辑人为胡汉民，发行人张继，经理陈天华。创刊后迅速得到广大读者欢迎。第一号共发行六版。至第七号时，发行至 17 000 余份。这是《民报》办得最活跃、最有声有色的时期，与改良派的论战也主要在这一时期。

1906 年 6 月 29 日（光绪三十二年五月初八日），章炳麟出狱，孙中山自东京派人到沪迎接。7 月 7 日（五月十六日），章炳麟经安徽人孙毓筠介绍，孙中山主盟，加入同盟会。7 月 15 日（五月二十四日），在留日学生欢迎会上演说，提出要以宗教发起信心，增进国民的道德，同时用国粹激动种性，增进爱国的热肠。关于前者，他认为各教都有“神秘难知”的话，孔教“还算干净”，但是“孔子最是胆小，虽要与贵族竞争，却不敢去联合平民，推翻贵族政体”。“孔教最大的污点，是使人不脱富贵利禄的思想。”“今日想要实行革命，提倡民权，若夹杂一点富贵利禄的心，就像微虫霉菌，可以残害全身，所以孔教是断不可用的。”“那基督教，西人用了，原是有益，中国用了，却是无益。”他主张改良佛教，用以造就勇猛无畏、富于牺牲精神的革命党人。他说：“这华严宗所说，要在普度众生，头目脑髓，都可施舍与人，在道德上，最为有益。”关于后者，章炳麟说：“为甚提倡国粹？不是要人尊信孔教，只是要人爱惜我们汉种的历史。”“一是语言文字，二是典章制度，三是人物事迹。”[24] 自第七号起，《民报》改由章炳麟主编，办刊方针开始改变。

章炳麟主持《民报》期间，继续发表胡汉民、汪精卫等人与《新民丛报》的论战文章，章本人也写过《〈社会通诠〉商兑》等文章参加论战。但是，他本人正热衷于革命党人的思想、道德建设，便按照自己在欢迎演说会上提出的两条路子走。他力图将佛学改造为一种为新时期服务的革命哲学，又力图利用中国历史、文化为反清斗争服务，这样，《民报》上讲“佛法”、讲“传统”的文章便多了起来。同时，章炳麟对胡、汪等人的论战风格也有不同意见，认为“辞近诟谇”。㉕ 1907年1月11日（光绪三十二年十一月二十七日），梁启超托湖南人徐应奎（佛苏）会晤章炳麟及宋教仁，要求停止论战，“以后和平发言，不互相攻击”。㉖ 章炳麟同意“调和”，但是孙中山、黄兴、胡汉民都不同意。

1907年12月（光绪三十三年十一月），章炳麟因脑病，也由于同盟会内部矛盾，辞去《民报》编辑职务，㉗《民报》自第19号起由张继编辑。1908年1月（光绪三十三年十二月），张继因参加日本无政府主义者的活动，被日本政府追捕，逃往法国。《民报》改由陶成章编辑，陶声明“专以历史事实为根据，以发挥民族主义，期于激动感情，不入空漠”。㉘ 至第23号，仍由章炳麟编辑，汤增璧为副。

1908年10月（光绪三十四年九月），日本政府以“激扬暗杀”为名，禁止《民报》第24号发行。章炳麟3次致书日本内务大臣平田东助抗议，表示“本编辑人兼发行人宁为玉碎，不为瓦全”。㉙ 其后，章炳麟又在东京地方裁判所的法庭上展开斗争，质问日本政府：“言论自由，出版自由，文明国法律皆然，贵国亦然，我何罪？”㉚ 日本庭长哑口无言，但仍判禁止《民报》出版，并处罚金115元。由于章炳麟无钱交纳罚金，被日本警察署拘留，改为拘役115天。事为浙江同乡龚宝铨等获悉，和周树人（鲁迅）商量，转请许寿裳挪用一部书的印刷经费，章炳麟才得以免除拘役。㉛

1909年（宣统元年）冬，汪精卫受命到日本复刊《民报》。此事引起章炳麟的强烈不满，加剧了同盟会的内部矛盾（详见第八章）。复刊后的《民报》托名在巴黎出版，仅发行两期。

（二）三民主义理论体系的提出

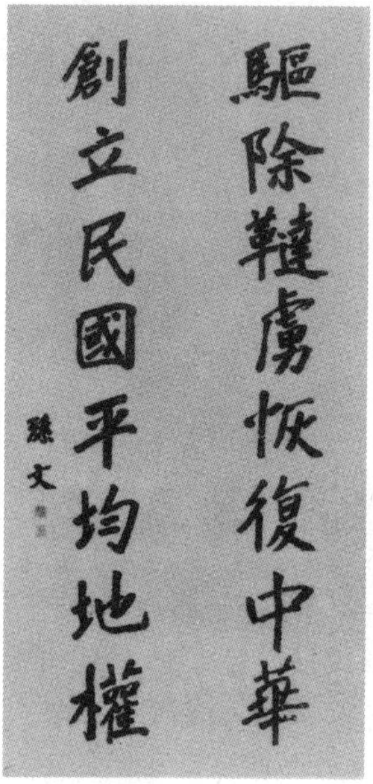

孙中山手书同盟会纲领

孙中山提出三民主义有长久的历史渊源。兴中会的最早誓词只有民族、民权两项内容。至1903年青山革命军事学校的16字誓词，已经包含了三民主义的主要内容。同盟会创立前后，三民主义已经相当成熟。

民族主义。其主要内容是“驱逐鞑虏”，推翻满洲贵族的统治。孙中山称：“民族革命的原故，是不甘心满洲人灭我们的国，主我们的政，定要扑灭他的政府，光复我们民族的国家。”但是，孙中山和一般种族革命者不同，他特别指出：“我们并不是恨满洲人，是恨害汉人的满洲人。假如我们实行革命的时候，那满洲人不来阻害我们，决无寻仇之理。”[32] 这就比较正确地说明了必需推翻满清王朝的原因，而且也为后来提出“五族共和”奠定了思想基础。

民权主义。孙中山称之为“政治革命的根本”。其主要内容是“建立民国”。孙中山尖锐地指责君主专制制度，视为“恶劣政治的根本”和中国历史久乱不治的原因所在。他说：“中国数千年来，都是君主专制政体，这种政体，不是平等自由的国民所堪受的。”[33] 又说：“在昔虏朝行暴君专制之政，以国家为君主一人之私产，人民为其仆隶，身家性命悉在君主之手，故君主虽穷民之力，民不敢不从。”[34] 他不仅要求在现实生活中彻底扫除中国数千年来的“君主专制之治”，而且要求扫除革命者思想中的专制余毒。他说：“凡是革命的人，如果存有一些皇帝思想，就会弄到亡国。”他称这一革命为“平民革命”，政府为“国民政府”。[35] “四万万人一切平等，国民之权利义务无有贵贱之差，贫富之别，轻重厚薄，无稍不均。”“人民之事，人民公理之。”在《军政府宣言》中，孙中山规定了这一民主制度的基本内容：“凡为国民皆平等以有参政权。大总统由国民公举。议会以国民公举之议员构成之。制定中华民国宪法，人人共守。敢有帝制自为者，天下共击之！”[36]

西方英、法、美等国为了防止权力过分集中，一般实行行政、司法、立法三权分立，孙中山不满足于此，提出将来中华民国的宪法实行“五权分立”。在三权之外，增加考选、纠察二权。孙中山指出，美国官吏，或由选举，或由委任，往往有愚蠢无知的人夹在里面，因此美国政治腐败散漫。他建议设立独立机关，专掌考选权，大小官吏必须考试，定了他的资格，不论选举，或委派，必须合格之人，方得有效，借以避免盲从选举和任用私人的流弊。孙中山又认为，美国议院掌握纠察权，往往擅用此权，挟制行政机关，形成“议院专制”，因此，他建议设立独立机关，专管监督弹劾的事。孙中山自称，他的这种设计“不但是各国制度上所未有，便是学说上也不多见，可谓破天荒的政体”，可以使中国得到“完全无缺”的治理。[37]

孙中山也认识到，民主政治的发展是一个过程，不可能一蹴而就，因此，又设想了“军法之治”“约法之治”“宪法之治”三个阶梯，企图逐步扩大人民的民主权利。[38] 在第一阶段，军队与人民同受治于军法之下，扫除旧污，除害兴利，一县以三年为限，解除军法。在第二阶段，军政府以地方自治权归之当地人民，地方议会议员及地方行政长官皆由人民选举，军政府与人民之间彼此的权利、义务，均规定于约法，有违反者，负其责任。以天下平定后六年为限。在第三阶段，军政府解除兵权、行政权，国民公举大总统，公举议员，组织国会，根据宪法推行一国政事。

孙中山与汪精卫谈道：革命之志在于发扬民权，革命之中却必须以兵权为重。不掌兵权，难以掌握政权，不掌握政权，也就难以伸张民权。但是，“用兵贵有专权”，兵权在握的人有可能将政府据为己有，中国历史上的汉高祖、唐太宗、宋太祖、明太祖之流均是如此，孙中山鄙之为“一丘之貉”。孙中山认为，要防止这种情况出现，关键在于约法和议会的制衡，“军政府即欲专擅，其道无由”。[39]

民生主义。其目的是消灭贫富差距，实现民生幸福。孙中山看出了早期西方资本主义社会的弊病，也看到了西方工人运动和社会主义运动的发展，企图在中国资本主义尚未充分发展之前先事预防。他在《〈民报〉发刊词》中说："近时志士舌敝唇枯，惟企强中国以比欧美。然而欧美强矣，其民实困，观大同盟罢工与无政府党、社会党之日炽，……犹不能免于第二次之革命，而况追逐于人已然之末轨者之终无成耶！"[40] 他说："社会问题在欧美是积重难返，在中国却还在幼稚时代"，"中国现在资本家还没有出世"。孙中山希望中国革命能够不走欧美旧路而另辟新途，他说："睹其祸害于未萌，诚可举政治革命、社会革命毕其功于一役。还视欧美，彼且瞠乎后也。"[41] 关于孙中山的"预防资本主义"思想，吴玉章评价说："孙中山先生所以提出这种主张，是从关怀劳动者的痛苦生活和同情被剥削者的悲惨境遇出发的。他的这种主观社会主义思想，在一定程度上反映了中国人民伟大的气魄和崇高的理想。"[42]

怎样达到这一美好的境界呢？孙中山吸收美国经济学家亨利·乔治（Henry George）的理论，提出"平均地权"说。《军政府宣言》称："文明之福祉，国民平等以享之。当改良社会经济组织，核定地价。其现有之地价，仍属原主。所有革命后社会改良进步之增价，则归于国家，为国民所共享。"[43] 此后，孙中山逐渐形成了"自报地价""值百抽一""照价收买""涨价归公"的一套完整设计。这就是，土地所有者自报土地价格，政府按"值百抽一"的原则征收地税，如土地所有者报价过高，则税负随之增高；如报价很低，则政府可以按所报地价收买。一旦工商业、交通业发达，地价提高后，其增值部分收归公有，用之于社会全体。孙中山设想，实行这一政策之后，既可以防止"少数富人把持垄断的弊窦"，使土地所有者不致因地价飞涨而暴得多金，又可使国家获得大量财富。孙中山无限乐观地估计，国家仅凭收地价税一项就可以财源充足，有条件免去人民的其他赋税，同时为人民造福兴利，达到"家给人足，无一夫不获其所"的美好境界。他说："行了这法之后，文明越进，国家越富，一切财政问题断不致难办。现今苛捐尽数蠲除，物价也便宜了，人民也渐渐富足了。""私人永远不用纳税，但收地租（即地价税——著者）一项，已成地球上最富的国。这社会的国家，决非他国所能及的。我们做事，要在人前，不要落人后。这社会革命的事业，定为文明各国将来所取法的了。"[44]

确实，现代工商业和交通事业发展之后，土地价格会迅速增值，其所有者会因之不劳而获得厚利。孙中山曾举例说：英国大地主威斯敏士打公爵有封地在伦敦西南，后来伦敦市区扩展，公爵的封地成为市区的一部分，地价大涨，公爵一家的地价占伦敦地价的四分之一，公爵的财富也就与国家相等。孙中山批判道："贫富不均竟到这种地步，'平等'二字已成口头空话了。"[45] 孙中山的主张反映出他对这种状况的强烈不满，力图将因社会进步所形成的土地"增价"收归国有，为全民造福。但是，工商业资本家积累财富的通道很多，例如，剥削"剩余价值"、买低卖高等，仅有"平均地权"这一措施并不能堵塞这些通道，因之也就不能解决工商业发展之后财富愈来愈多地积聚于少数人之手的问题。关于此点，梁启超当时就批评孙中山"未识社会主义之为何物"，"误认土地涨价为致富之唯一原因，故立论往往而谬也"。[46] 不仅如此，只收单一的地价税，工商业资本家的利润就不必纳税，这自然大有利于资本家和资本主义的发展。此外，这一办法既剥夺大地主的土地增价，也剥夺小土地所有者的土地增价，打击面很大，实行起来会诸多窒碍，因而，这一主张有很大的空想和不切实际的成分。此后在和改良派的辩论中，革命党人逐渐形成了"大资本国有"的思想，即操纵国计民生的矿山、水电、交通由国家经营，其利润为全民所有。20 世纪 20 年代，孙中山又提出"发达国家资本"，实行累进税率，"多征资本家的所得税和遗产税"，这些办法统称之为"节制资本"。[47] 这才弥补了"平均地权"的理论漏洞。

资本主义具有两重性，一方面，它极大地推动科学和社会生产力发展，促进社会的全面现代化；另一方面，它有剥削性，易于造成贫富两极分化、拜金主义、物欲流行等社会弊病。对于这种情况，章炳麟曾经从哲学上概括为"善亦进化，恶亦进化"。[48] 1906 年 12 月 2 日（光绪三十二年十月十七日），孙中山在《民报》创刊周年庆祝会上发表演说称："社会党常言，文明不利于贫民，不如复古，这也是矫枉过正的话。况且文明进步是自然所致，不能逃避的。文明有善果，也有恶果，须要取那善果，避那恶果。欧美各国，善果被富人享尽，贫民反食恶果，总由少数人把持文明幸福，故成此不平等的世界。我们这回革命，不但要做国民的国家，而且要做社会的国家，这决是欧美所不能及的。”[49] 孙中山在这里提出了一个正确对待资本主义的原则：“取其善果，避其恶果。”这一原则的提出具有极其重要的理论和实际意义。[50]

为了减少列强对同盟会所进行的革命的阻力，尽可能争取其中立，同盟会在其《革命方略》中制订了《对外宣言》，共七条：

一、所有中国前此与各国缔结之条约，皆继续有效。

二、偿款外债照旧相认，仍由各省洋关如数摊还。

三、所有外人之既得权利，一体保护。

四、保护外国居留军政府占领之域内人民财产。

五、所有清政府与各国所立条约，所许各国权利及与各国所借国债，其事件成立于此宣言之后者，军政府概不承认。

六、外人如有助清政府以妨害国民军政府者，概以敌视。

七、外人如有接济清政府以可为战争用之物品者，一概搜获没收。[51]

在近代，列强入侵，以一系列不平等条约束缚中国的进步与发展，中国民族要独立，就必须反对列强侵略，孙中山的民族主义反对“害汉人”的清廷，自然应该包含这一内容，但是却缺乏相应的鲜明概括。同时，他的平均地权理论所面对的是全部土地所有者，而非单指占有土地较多、靠剥削农民为生的地主阶级，它主要解决现代工商业、交通发展较快的城市土地需求，在相当长的一段时期内对农村土地影响不会很大，因此，并不能满足中国社会广大无地、少地农民长久以来就存在的土地要求，无法成为动员农民参加革命的口号。只是到了20世纪20年代，孙中山才提出“耕者有其田”的主张，将农民的土地要求纳入自己的理论视野。他的主张是，让农民得到土地，让地主也不受损失。设想的是一种和平的、双赢式的土地改革。[52]

尽管如此，孙中山的三民主义兼顾民族、政治、社会三个方面，企图超越欧美资产阶级革命，先事预防，克服资本主义发展所形成的贫富悬殊现象，解决近代中国的民族独立、人民民主和民生幸福三大问题，这就使它远远高出于其他革命团体的主张，是当时最进步、最完全的革命纲领。

革命派与改良派的论战

（一）论战的开端与发展

在革命党人中，第一个出面与改良派辩论，倡言革命必要的是章炳麟。1901 年（光绪二十七年）春，梁启超在《清议报》连载《中国积弱溯源论》，认为中国“积弱”，“总因”之重大者，“在国民全体”；“分因”之重大者，“在那拉一人”；歌颂光绪皇帝“忘身舍位”，“为中国开数千年未有之民权”，只要推倒那拉，使光绪重掌朝政，中国便可获救。8 月 10 日（六月二十六日），章炳麟在《国民报》发表《正仇满论》，指名批评梁启超的观点。该文可以视为革命派与改良派论战的开端。

1902 年（光绪二十八年）春，康有为写作《答南北美洲诸华商论中国只可行立宪不可行革命书》《与同学诸子梁启超等论印度亡国由于各省自立书》，鼓吹“无误于异论，无鼓动于浮言”，“坚守保皇会义”。1903 年（光绪二十九年），章炳麟著《驳康有为论革命书》反驳，这是双方论战的第二个回合。

同年 6 月 8、9 日（五月十三、十四日），《中外日报》针对拒俄运动期间出现的革命言论，发表《革命驳议》一文，就“外情”“内情”两方面立论，说明中国今日均不可以“言革命”。6 月 12、13 日（五月十七、十八两日），《苏报》发表章炳麟、柳亚子、蔡寅、邹容四人合写的《驳〈革命驳议〉》，论证“各国新政，无不从革命而成”。[53] 这是双方论战的第三个回合。

中國日報
“China”

《中国日报》

同年 12 月（十一月），孙中山在檀香山，也曾多次发表演说，批判保皇主张。当时，康有为的弟子陈仪侃在檀香山任《新中国报》主笔，在报上攻击革命。孙中山便利用兴中会会员程蔚南所办《檀山新报》发表《敬告同乡书》，与陈仪侃论战。针对改良派所称“名为保皇，实则革命”，孙中山特别指出：“革命、保皇二事，决分两途。如黑白之不能混淆，如东西之不能易位。”[54] 又针对陈所作《敬告保皇会同志书》，发表《驳保皇报书》，逐条批驳陈的观点。例如陈文一开始就以“爱国”立论，孙中山问道：“试问其所爱之国为大清国乎？抑中华国乎？”[55] 这是双方论战的第四个回合。

1903年11月24日（光绪二十九年十月初六日），康有为自印度经南洋到达香港，命弟子徐勤创办《商报》，提倡“保皇扶满主义”，《中国日报》立即奋起批驳。同时，《世界公益报》《广东报》《有所谓报》《东方报》《少年报》等纷纷参战。陈撷芬撰文指出：“国已亡而种将灭”，吾辈责任在于使中国“成一片洁净之乐土，享共和之幸福”。[56] 横行撰文指出，清廷并非慈禧太后一人的“专制政体”，而是“贵族专制政体”，奕劻、铁良等“贵族王公”们，“自恃高贵，且自用其愚，以保持其世袭弗替之富贵，把持庶政，杜绝民权”，必须效法法兰西，走革命之路。[57] 该报还发表《与康有为书》，批评其政见“所言皆谬，其误国误民不少矣”，要求康公开答辩。[58] 这是双方论战的第五个回合。

通过以上五个回合的辩论，双方各自亮出旗帜，提出观点。及至同盟会成立，《民报》创刊，论战遂无可避免地进一步展开。

《民报》创刊后，即对康有为、梁启超的言论继续有所批评。1906年（光绪三十二年），梁启超在《新民丛报》上发表《开明专制论》和《申论种族革命与政治革命之得失》两篇长文，反驳革命派的批评。不久，又将两文合刊为《中国存亡之大问题》。同年4月28日（四月初五日），《民报》第3号单独印行《〈民报〉与〈新民丛报〉辨驳之纲领》，列举双方在12个方面的分歧。接着，《民报》陆续发表《驳〈新民丛报〉最近之非革命论》《再驳〈新

留日时期的胡汉民

民丛报〉之政治革命论》《〈新民丛报〉之谬妄》《驳革命可以生内乱说》《论社会革命当与政治革命并行》《告非难民生主义者》等文，全面展开和改良派的论战。国内的《复报》等刊则加以配合。

东京期间，革命派参加论战的主将有胡汉民、朱执信、汪精卫等，改良派参加论战的主将仅梁启超一人；南洋期间，革命派参加论战的主将有田桐等人，改良派参加论战的主将有徐勤等。

（二）论战的主要内容

论战主要围绕革命党人所倡导的“种族革命”“政治革命”“社会革命”等问题展开。

1. 关于“种族革命”。

改良派否认满洲贵族所实行的民族歧视和民族压迫，认为满人、汉人都有好有坏；满洲是中国国土，不是异国；满族早已同化于汉族；满洲入关是中国统治者的更迭，不是中国的灭亡。梁启超批评革命派的排满论是一种褊狭的民族主义，主张“多从政治上立论，而少从种族上立论”。[59] 其结论是满洲政府是“四万万人之政府”，没有推翻的必要，只须监督改良即可。[60] 对清廷的“预备立宪”，改良派寄以希望。

革命派大量揭露清廷所实行的民族歧视和民族压迫，认为 260 年来，“满洲之对于汉民也，无一而非虐”；又大量揭露清廷鸦片战争以来与洋人签订不平等条约，媚外卖国的种种行为，认为只有坚决推翻“蔑弃我国家权力之异族专制政府”，才能使中国强盛。[61] 他们指出，清廷的“预备立宪”不过是满洲贵族中的“阴柔派”愚弄汉人的手段，以“立宪为表，中央集权为里”，目的是延长爱新觉罗政权的寿命。[62]

革命派中确有不少人具有狭隘的种族主义思想和复仇情绪，但是，也有人提出“仇一姓不仇一族论”，认为清兵入关前后，种种罪孽，其过均在“满酋”，因此不共戴天的敌人只是“满族之爱新觉罗之一姓”，特别是这一姓中的少数“特权”分子。文章称：“满洲旧制，阶级甚严。据隆崇之地位，握高尚之特权者，仅其私昵数辈，非能尽人而然也。”这就将满洲贵族集团和广大满族群众区分开来。文章宣称：

当革命发生时，满族群众能够附义来归，就应该为之“安置郡县，视若汉民”；在革命政府成立之后，还应该为满族群众“谋生聚教训之方”，让每一个人都各得其所，快乐地“与我汉族同生息于共和政体之下”。[63]

2. 关于“政治革命”。

改良派认为：国家是平衡正义、调和利害冲突的团体。在君主国，君主超然于利害之外，可以调和冲突；在共和国，没有超然于利害之上的君主，无法调和冲突。革命派认为：君主专制，政敝而不能久存。在列强虎视鹰瞵的现代社会，“以一人擅神圣不犯之号，以一姓专国家统治之权”，极为不合时宜。共和制没有等差，没有阶级，可以使国家长治久安，是最美好、最适宜的制度，因此，必须彻底改造中国数千年来的君主专制政体。[64] 至于“调和人民利益冲突”，革命派认为，在实行代议制的共和国里，议会可以发挥这一作用。[65]

改良派质疑选举制度，认为在实行代议制的国家，议员和选民之间的意见常常不同，选举中也会发生舞弊现象，多数人的意见不一定代表真正的国利民福。[66] 革命派认为：从纯理论角度考察，国民全部直接行使主权才是真正的民主政治，但是，在实际上，国民只能通过代议制行使权力。选举过程中固然会产生种种弊端，但可以采取措施防止，不能因此废除选举制度。[67]

改良派认为：国家必须具有最高主权，它是唯一而不可分割的。如实行共和制，就必须使立法、司法、行政等三种权力分立，这样，国家机关之间就会出现相互牵扯、倾轧等现象，使国家失去最高主权，不成其为国家。[68] 革命派认为：国家权力如总摄于一个机关，为善为恶都将失去限制，无法保证国家秩序和国民自由，因此，必须将国家权力分属于三个不同的机关，此为摧毁专制所必须。所谓“分立”，并非互不联系，各自孤立，而是不相抵触，各自独立。[69]

改良派认为：西方人富于自治性质，可以采用共和制。中国人和西方人种不一样，而且长期处于专制政体之下，缺乏实行代议政治的能力，甚至连实行君主立宪的程度也没有，只能先行开明专制，逐渐向立宪转移。据梁启超称，骤然实行共和，必将导致“下等社会”猖獗，形成阶级争夺，大乱不已，最后，人民不得不将政治自由交给一个人，从而复活专制。[70] 革命派认为：自由、平等、博爱是人类的天性，共和、立宪制度正植根于这种天性之上，因此，完全适合中国国民。而且，中国人的聪明才智一点儿也不比其他民族逊色，一旦清除了暴君污吏的压制，其能力必将迅速恢复。革命派还提出，革命将会激发人民的固有天性，陶冶其“共和国民之资格”。他们宣布，在20世纪，必须追求一种完整的、彻底的民主主义，“铲除专制惟恐不尽”。

改良派询问革命派：是实行普通选举还是限制选举？倘使实行前者，让家无担石储粮、“目不识丁”的“贫民”中选了，“议会果复成何议会，而政府果复成何政府”？[71] 革命派反问道：何以“贫民”就不能具有选举资格？“犹是横目两足，犹是耳聪目明，独以区区阿堵故，不得有此权利，吾不知其何理也？”[72] 他们提出，普通选举的特色就在于不以财产资格作为选举要件，人们“皆平等有选举权”。[73]

3. 关于“社会革命”。

冯自由自1899年起，即追随孙中山，经常听到孙中山有关“社会革命”的讲述。《民报》创刊，孙中山提出“三大主义”之后一个月，冯自由即根据所闻，在香港《中国日报》发表《民生主义与中国政治革命之前途》一文，此文经修改后转载于《民报》第四号，编者特加按语，说明“与本报宗旨有合”。这是该报最早阐述孙中山民生主义的文章。[74] 其后，朱执信发表《德意志社会革命家小传》，介绍马尔克（马克思）和嫣及尔（恩格斯）的生平，阐述《共产党宣言》与《资本论》的基本思想，倡导“社会革命”；又发表《论社会革命当与政治革命并行》，说明两种革命同时进行“有相利而无相害”。梁启超则发表《社会革命果为中国今日所必要乎？》，全面说明中国“不必”“不可”也“不能”实行“社会革命”的理由。梁文并附录孙中山演说中关于“社会革命”的部分，逐段反驳。为了针锋相对，《民报》发表《告非难民生主义者》一文，引录梁文，逐段作答。

改良派认为，中国不必进行社会革命。其理由是，中国的经济社会组织具备“天然之美质”，与欧美不同。欧美贫富悬殊，而中国则自秦以来，贵族即已消灭，实行子女平均继承，赋税极轻，豪富之家极少，“无极贫极富之两阶级存”，只须实行“社会改良主义”。[75] 革命派认为，中国虽然不像欧美那样贫富悬隔，但贫富之分仍然存在，埋

冯自由

藏着第二次革命的危险，因此，仍然需要先行预防，消患未然，实行“社会革命”。朱执信说：“当其未大不平时行社会革命，使其不平不得起，斯其功易举也。”[76]

改良派还认为，中国不可进行社会革命，其理由是，资本家为“国民经济之中坚”。[77] 中国如果没有大资本家出现，外国资本家和外资就会大量侵入，中国的无资本者或有资本而不大者，只能“宛转瘐死”于外国资本家脚下，永远没有苏醒再生的这一天。而且，提倡“社会革命”，“以排斥资本家为务”，每日煽惑劳动者要求减少工时，增加工资，同盟罢工，则将削弱中国资本家的对外竞争力，结果也只能“倒毙”、完蛋。梁启超提出，今日中国所急当研究的是生产问题，不是分配问题。必须以奖励资本家为第一义，以保护劳动者为第二义，即使在初始时期“牺牲他部分人之利益”，也在所不辞。只有这样，中国资本家才有可能与外资竞争，其余均属次要。[78] 革命派同情劳动者，认为欧美社会“劳动者之痛苦，如在地狱”。[79] 因此，反对奖励资本家，指责资本家为“不耕不织，坐致巨万”的“盗贼”，[80] 资本主义的托拉斯为中国未来的“大毒物”。[81] 他们主张实行国家民生主义，使国家成为大资本家。在这一情况下，外资输入有利无损。他们认为，不能置“他部分人之利益”于不顾，必须郑重研究社会分配问题，避免欧美贫富悬殊的状况。[82]

改良派又认为，中国不能进行“社会革命”，其理由是，社会革命必须“体段圆满”，这就要将土地、工厂、机器等一切“生产机关”收归国有，让国家自为地主，自为资本家，国民皆成为劳动者，分配极均，而这就要产生“自由竞争绝而进化将滞”“报酬平等，遏绝劳动动机”、分配职业应由强制还是“自由选择”等种种问题。其结果是，国家成为独一无二的公司，将全国人民之衣食住，乃至所从事的职业统统管起来，“一切干涉之而负其责任”。梁启超询问：这样的政府，适于存在吗？有能够担任的人才吗？有了，能够保证他们不会“滥用职权，专制以为民病乎?”[83] 革命派表示：我们并不要求绝对圆满，只要求相对圆满，即土地国有、大资本国有，对于某些“可竞争的事业”，则听任私人经营，不会产生阻滞竞争等问题。[84] 革命派特别提出，我们所提倡的是“心理的平等”，而非“数理的平等”。所谓“心理的平等”，指的是“个人各立于平等之地位”，“各视其材力聪明”，公平竞争，并非平均主义。[85]

改良派认为，私有制是“现社会一切文明之源泉”，反对“土地国有”，指责革命派的有关主张是为了博得“下等社会”的同情，鼓动他们起来屠戮“上流社会”。他们并提出，欧美社会的症结在于“资本家专横”，单纯解决土地问题并不能解决贫富悬绝的问题。在土地国有的基础上实行单税制，政府会有钱，但不会影响到国民。革命派则表明，我们之所以只谈土地，而不谈资本，主张首先解决土地问题，是因为中国的土地已在私人之手，而资本家尚未出世。他们尖锐地抨击地主阶级阻碍“商工界”的发展，主张以“定价收买”的办法实行“土地国有”，使国家成为唯一的大地主和大资本家，每个人都可以根据需要向国家租用土地。“至其面积则不妨依其业异其标准，而为之制限。”[86] 革命派设想，这样做既可以保证使地主强权在中国绝迹，令“劳动者有田可耕”，又可使社会财富聚于国家。[87]

改良派认为：营利观念是驱动力。私人企业，为营利观念驱动，可以发明再发明，改良再改良，不断前进；公营企业的“公吏”（管理者）由于利不归己，不求有功，但求无过，保守而不求进取，结果，流弊百出。因此，改良派对“麦喀、比比尔”等人的“社会革命主义”持反对态度，认为必不可行，即行，也必在千数百年之后。革命派则对马克思主义持赞许态度。在这方面，以朱执信为最突出。他在《德意志社会革命家小传》中介绍了马克思的生平以及《共产党宣言》《资本论》的基本观点，赞颂马克思的“资本基于掠夺”的思想；又在《论社会革命当与政治革命并行》一文中提出，“社会革命”必须以“阶级竞争”为手段，动力是凭劳力为生的“细民”，对象是拥有资本的资本家和运用资本的企业家——“豪右”。[88]

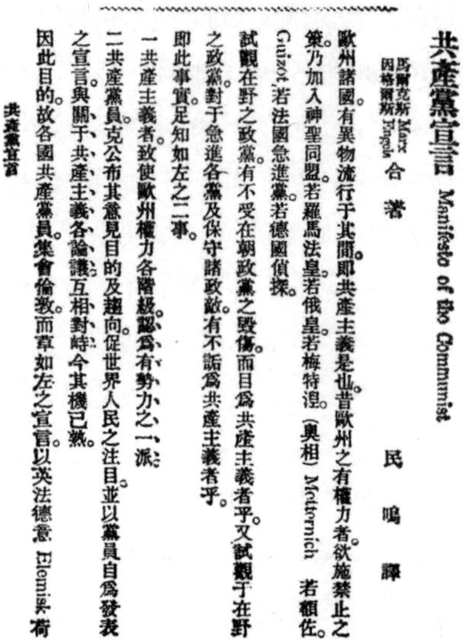
共產黨宣言 Manifesto of the Communist

馬爾克斯 Marx 因格爾斯 Engels 合著　民鳴譯

歐州諸國。有異物流行于其間。即共產主義是也。昔歐州之有權力者。欲施禁止之策。乃加入神聖同盟。若羅馬法皇。若俄皇。若梅特涅。(奧相) Metternich 若頡佐。Guizot,若法國急進黨。若德國偵探。

試觀在野之政黨。有不受在朝政黨之毀傷。而目爲共產主義者乎。又試觀于在野之政黨。對于急進各黨及保守諸政敵。有不詬爲共產主義者乎。

即此事實。足知如左之二事。

一共產主義者。致使歐州權力各階級。認爲有勢力之一派。

二共產黨員。克公布其意見目的及趨向。促世界人民之注目。並以黨員自爲發表之宣言。與關于共產主義各論議。互相對峙。今其機已熟。

因此目的。故各國共產黨員。集會倫敦。而草如左之宣言。以英法德意 Elemisk 荷

共產黨宣言

《共产党宣言》的最早中译本，载《天义》16—19册合刊，1908年

梁启超提倡社会改良主义。其内容为：(1) 铁道、市街、电车、电灯、自来水等归国有或市有；(2) 制定工场条例，使资本家不能虐待劳动者；(3) 制定各种保险法；(4) 特置储蓄机关；(5) 以累进率征收所得税及遗产税。梁启超认为，只要采取了上列预防措施就可以避免欧美“阴风惨雨”的气象。他攻击革命党人提倡“社会革命”，不过是“利用此以博一般下等社会之同情，冀赌徒、光棍、大盗、小偷、乞丐、流氓、狱囚之悉为我用”，其心险恶，其术卑劣。[89] 革命派则认为，改良派的这一系列方案，“皆逐末而无足以救患”。[90]

可以看出，改良派与革命派的分歧在于：充分发展资本主义还是节制资本主义。前者比较典型地反映当时中国新生的资产阶级的利益，而后者则寄希望于国有经济（土地国有、大资本国有），只允许资本主义在一定程度和条件下发展，考虑的重点是社会平民的利益。在这场论战中，革命派发展和补充了孙中山的有关论点，已经在实际上提出了“节制资本”的思想。

4. 革命是否会招致内乱与瓜分。

改良派认为：民气如火，一旦进行，各地难免会发生闹教案、杀西人一类举动，列强就会出兵干涉，实行瓜分。一旦打起来，列强船坚炮利，中国人不可能和洋人相抗，其结果必然是四万万人被杀尽，至少也将沦为牛马。革命派认为：瓜分的原因在于不能自立，不能自立的原因在于满人秉政；只有排满，只有革命，才能免除瓜分之祸。列强之间已经形成了一种“均势”，“互相牵制而莫敢先发”。如果革命仅限于国内问题，排满而不排外，或者，是一种“正当的排外”，“善

守国际法”，列强将保持局外中立。他们甚至表示，清政府和列强签订的条约、债务、义务，都可以根据国际法继续承担，列强将不会干涉。

改良派认为：革命一定会引起内乱，短则十余年，长则数十年，蒙革命之害者动辄百数十年。康有为以法国革命为例说：“革命之举，必假借于暴民乱人之力，天下岂有与暴人乱民共事而能完成者乎？”[91]革命派认为：现在的革命不同于中国历史上的农民暴动，可以避免群雄相争的局面，为中国革命史开辟新纪元，因此内乱完全可以避免。

改良派竭力渲染革命过程中“杀人盈野”“血流成渠”的恐怖现象，主张以请愿、不纳租税等手段进行斗争。革命派认为：革命必须有“全副事业”，离不开“黑铁”和“赤血”，免不了要杀人、流血。不革命，每年被清廷残杀，以及死于租税捐输等原因的同胞也不可胜计。他们反问改良派：“革命不免于杀人流血固矣，然不革命则杀人流血之祸可以免乎？”

（三）论战是非

论战中，改良派提出过若干正确的观点，例如，满洲是中国国土，满族是中国民族之一；他们也曾深入地思考过一些问题，例如，实现民主所需要的人民的政治文化素质、革命在某些条件下可能带来的内乱以及彻底的“社会革命”的破坏作用，等等。但是，清廷当时已腐朽不堪，人心丧尽，在要不要推翻满洲政府这一根本问题上，改良派违背人心所向，其失败是必然的。

论战也暴露出革命派在思想上的若干局限。在“种族革命”问题上，革命派显然被种族问题吸引了过多的注意，以为只要推翻了清廷，中国就一片光明，“今惟排满而一切之阶级无不平”。他们不了解，专制主义在中国历史悠久，盘根错节，还会有顽强、持久的表现。在“政治革命”问题上，他们显然过于乐观，未能认识在中国实现民主共和制度的长期性和复杂性。在“社会革命”问题上，他们批判资产阶级，强调限制资本主义，而未能充分认识到资产阶级在社会发展中的进步作用，也未能认识资本主义在中国还需要有一个较大的发展。他们希望国家成为大资本家，而未能认识到可能会由之产生权贵资本主义或官僚资本主义。他们幻想有一种办法，使“富者益富，贫者亦富”，这就预示着他们不会采取坚决的手段，剥夺地主阶级的土地所有权。在革命是否会招致内乱和瓜分问题上，他们完全没有想到，革命后可能出现军阀割据，也没有想到，列强除武力干涉外，还会有其他干涉方式。

在论战中，《民报》士气旺盛，而《新民丛报》则日益困窘。1906年（光绪三十二年）春，梁启超自觉无法反驳《民报》上的某篇文章，致函徐佛苏求援。同年7月21日（六月初一日），梁启超在《新民丛报》第85号刊登徐佛苏所作《劝告停止驳论书》，要求停止论战。1906年12月（光绪三十二年十一月），他在致康有为函中称：“革党现在东京占极大之势力，万余学生从之者过半。”[92] 可见人心已大半倒向革命党方面，革命、改良两派论战的胜负已经定局。

梁启超深知论战的重要性。他在致康有为函中力陈辩论对于改良派生存的意义。函称：“今日局面，革命党鸱张梦〔蔓〕延，殆遍全国。我今日必须竭全力与之争，大举以谋进取，不然将无吾党立足之地。”又称：“今者我党与政府死战，犹是第二义，与革党死战，乃是第一义。有彼则无我，有我则无彼。”[93] 然而，梁启超终于无力回天。1907年春（光绪三十三年），梁启超致函蒋智由、徐佛苏，要求助以一期之稿，可见其困窘之状。同年11月25日（光绪三十三年十月二十日），出版最后一期，不久停刊，共出96期，前后历时近6年。

（四）论战在南洋

1907年（光绪三十三年）之后，孙中山将领导革命的中心转向南洋，论战的中心也移向《中兴日报》和《南洋总汇新报》以及槟榔屿《光华日报》与《槟城新报》之间。

南洋论战是东京论战的延续。论战中，孙中山曾以南洋小学生为笔名撰写文章为《中兴日报》助阵。他高度肯定汪精卫和胡汉民在《民报》所发驳斥革命会导致瓜分的文章，认为汪文“使中国人士恍然大

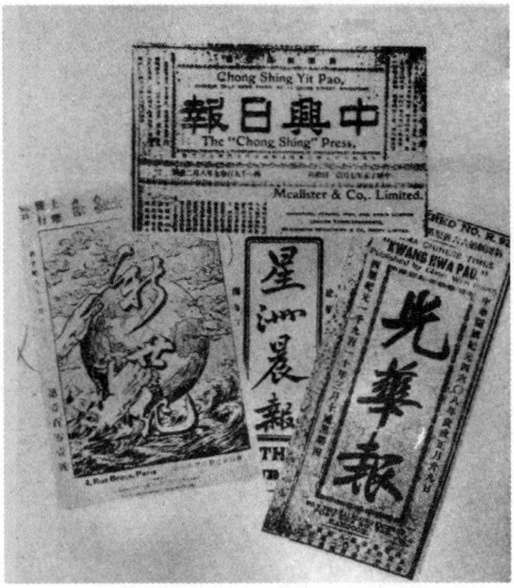

南洋地区革命刊物

悟，惧外之见为之一除”，胡文“铁案如山，非惧外媚满者所能置辩也”。文称：“扶清灭洋之义和拳起矣，其举虽野蛮暴乱，为千古所未闻，然而足见中国人民有敢死之气。同时又有革命军起于南方，举动文明，毫无排外，更足见中国人民有进化之机矣。”[94]胡汉民、汪精卫也积极撰文参战。当地年轻华侨不识中文，孙中山又命人以罗马文创办《阳明日报》。

《南洋总汇新报》的前身是《南洋总汇报》。《南洋总汇报》为新加坡侨商陈楚楠、张永福和陈云秋所办，创刊于1905年（光绪三十一年）秋。其中陈楚楠、张永福为革命派，而陈云秋不主张革命，1906年（光绪三十二年）初，双方矛盾激化，无法调和，用抽签的方法决定报社方向，结果，陈云秋得签。陈楚楠、张永福不甘心报社易手，于1907年8月20日（光绪三十三年七月十二日），另出《中兴日报》。该报初时以王斧为主编。1908年（光绪三十四年）初，民报社自东京特派田桐前来主持。陈云秋则与保皇会合作，由康有为弟子徐勤、欧榘甲、伍宪子等主持笔政。自1908年6月29日（光绪三十四年六月初一日）起，改名《南洋总汇新报》。

1908年9月9日、10日（光绪三十四年八月十四日、十五日），平实发表《论革命不可强为主张》，认为“革命之事，非大圣人、大英雄不能为；虽有大圣人、大英雄，时势不可为，亦不能为。所谓时势不可为亦不能为者，人民不归心，即时势之不可，虽圣人英雄，不能强为也”。[95] 9月11日（八月十六日），孙中山发表《平实开口便错》，指出平实混淆自然与社会，革命所反映的是“人心之趋向”，“中国人受专制之祸二千余年，受鞑虏之祸二百余年”，“今幸有主张革命者出而唤醒同胞，使之速醒，而造成革命之时势，将见醒者愈多，则革命者亦愈众”。平实不知道“南洋小学生”是何许人，发表《小子听之》反驳，以轻蔑的口吻指责对手：“口尚乳臭，哓哓饶舌。吁！我岂错哉。我为汝言之。”该文引孔子、孟子之说，依然混淆自然与社会，论证革命是违反“自然”的“逆天”行为。9月15日（八月二十日），孙中山再发《平实尚不肯认错》一文，说明“孔孟，古之圣人也，非今之科学家也”，“孔孟所言有合于公理者，有不合于公理者”，不可泥古不化，一概盲从。他以孔子“不在其位，不谋其政”，“庶人不议”等语反问平实：“尔今又何偏要谋满人之政而上书乞求开国会，以为庶人之议耶？”[96]

孙中山与平实论战时，陶成章也正在南洋，他写了《规保皇党之欲为圣人英雄者》《规平实》《再规平实》《规正平实之所谓时势观》等四篇文章助战。

1906年（光绪三十二年）9月1日，清廷下诏宣布“预备立宪”，国内外的改良派非常兴奋，纷纷成立立宪团体，开展国会请愿运动。1908年（光绪三十四年）6月，《总汇报》发表《立宪为今日救国之唯一手段》一文，鼓吹君主立宪，田桐立即发表《与〈总汇报〉书》，提出五大问题，要求立即展开辩论。在《附则》中，田桐满怀信心地提出“胜负决之于舆论”，或在新加坡开会，取决于举手的多寡。《南洋总汇报》改为《南洋总汇新报》后，也加强了力量，连续发表《敬告国民宜以全力要求国会》《论国民皆宜加入国会期成会》等文。因此，关于国会、立宪的论争成为《中兴日报》和《南洋总汇新报》的主要内容。改良派认为，国会立，则宪政可成，百废俱举，中国即可转危为安，转弱为强，转贫为富。[97]革命派则认为，真正立宪政体必须“以民权为母”，如果人民“无毫末之实力”，“万事出于钦定”，那么，“专制之毒，又何能改”？[98]他们认为，在民主立宪国，国会能充分开展活动，发挥作用，而在君主立宪国，则国会难以活动。他们宣布，要扫除中国长期的君主专制，必须实行民主立宪，“由君主国体转变为民主国体”，“是诚可谓革数千年之命也”。[99]论战结果，徐勤文不终篇即离开报社，与孙中山笔战的记者平实也不就主编之职。

槟榔屿是马来西亚西北部的一个小岛。1900年（光绪二十六年）

孙中山与新加坡同盟会负责人合影

8月，康有为应英国新加坡总督之邀迁居此地，至1910年（宣统二年）5月迁居新加坡，十年之中，虽常离此他游，但始终以此为据点，争取华侨，募集经费，是东京以外改良派的另一基地。1909（宣统元年）年底，革命派在新加坡开设的开明演说书报社关闭，次年夏，《中兴日报》停刊。孙中山将同盟会南洋支部搬到槟榔屿，便筹备在槟榔屿另创一报。四川留日学生、原《四川杂志》编者雷铁厓受命出当此任。不久前，同盟会缅甸分会的机关报《光华报》受清领事馆摧残停刊，此报遂命名为《光华日报》。11月13日，孙中山在槟榔屿召集会议，筹备广州起义。12月2日，《光华日报》出版。雷铁厓在《发刊词》中宣称，以“渐”与“诚”为主旨，希望通过报纸，逐渐影响社会。文称：“阳和之消息潜通，自可使百花齐放；涓滴之泉源虽小，行见合万派朝宗。”[100]

《光华日报》创刊后即与当时改良派报纸《槟城新报》展开论战。古代为神化君主，认为尧的眉毛有八种颜色，舜每只眼睛有两个瞳孔，都是天生异秉。《光华日报》上的《恫书》一文认为，君主也是普通人：“五官百体，方趾员颅，凡为人类，无不同具，非为君者果有八彩、重瞳之特异也。不过强暴之目的得达，而遂高踞万民之上耳！”[101] 不过百日，《槟城新报》便不支败阵。

除南洋外，缅甸、泰国、加拿大等地的部分中文报纸也相继卷入论战。自1907年（光绪三十三年）至1911年（宣统三年），檀香山的《自由新报》几乎无日不与《新中国报》笔战，温哥华的《大汉日报》与《日新报》之间，往复驳论，长达二百余续。此次论战，规模浩大，影响深远，为中国历史前所未有。

革命报刊的继续发展

（一）同盟会成立之后的革命报刊

《醒狮》

同盟会的成立促进了革命运动的开展，也促进了革命宣传活动的发展，国内外各地革命报刊继续涌现。以杂志计，同盟会成立前的革命刊物不足30种，成立后则发展到40种以上。以报纸计，同盟会成立前仅创办十余种，成立后则发展到65种以上。

除《民报》外，新出现的革命刊物有下列各种：

《醒狮》，1905年9月（光绪三十一年八月）创刊，东京中国留学生会馆总发行，撰稿人有高旭、柳亚子、马君武、李叔同、宋教仁等。

《洞庭波》，1906年10月18日（光绪三十二年九月初一日）创刊于日本东京，湖南留日学生陈家鼎、杨守仁、仇式匡、宁调元等编辑，仅出1期。1907年1月25日（光绪三十二年十二月十二日）改名《汉帜》，出版2期。

《鹃声》，1906年（光绪三十二年）创刊于日本东京，雷昭性（铁厓）、董修武、李肇甫等编辑。

《云南》，1906年4月（光绪三十二年三月）创刊于日本东京，云南留日学生吕志伊、杨振鸿、赵伸、李根源、罗佩金等应孙中山的要求而办。[102] 共发行23期。

《复报》，1906年5月8日（光绪三十二年四月十五日）创刊于上海，柳亚子、田桐等编辑，共刊行11期。

《大江七日报》，1907年3月3日（光绪三十三年正月十九日）创刊于日本东京，夏重民主编。

《晋乘》，1907 年 9 月 15 日（光绪三十三年八月初八日）创办于日本东京，由山西留日学生景定成、景耀月、谷思慎等创办，共出 3 期。

《河南》，同盟会河南分会机关刊物。1907 年 12 月（光绪三十三年十一月）创刊于日本东京，总编辑刘积学，发行人张钟端，实际编辑为程克、孙竹丹，共发行 15 期。鲁迅曾在该刊发表《摩罗诗力说》《文化偏至论》《破恶声论》等文章五篇、译述一篇。关于该刊，鲁迅回忆说：“那编辑先生有一种怪脾气，文章要长，愈长，稿费便愈多。”[103]

《四川》，1908 年 1 月 5 日（光绪三十三年十二月初二日）创刊，吴玉章任编辑兼发行人。共出 3 期，被日本政府查禁，吴玉章被判徒刑半年，缓期执行。

《夏声》，1908 年 2 月（光绪三十四年正月）出版于日本东京。由陕西留日学生主办，共出版 8 期。

《江西》，1908 年（光绪三十四年）创刊于日本东京，江西留日学生编刊。

《南社丛刻》，革命文学团体南社的机关刊物。1909 年 11 月 13 日（宣统元年十月初一日），陈去病、柳亚子等 17 人在苏州虎丘召开南社成立会。1910 年 1 月出版第一集。至武昌起义前，共出版四集。以发表具有革命思想的传统诗、词、古文为主。

《民声》，1910 年 5 月（宣统二年四月）创刊于上海。

《南报》，1910 年 9 月（宣统二年八月）出版于广西桂林，为同盟会广西支部机关报。编辑及发行人为该支部秘书长赵正平，署名侯声。支部长耿毅、总参议何遂（贱夫）等均积极为该刊写稿。

《四川》

在上述刊物中，爱国主义、民主主义，反对满洲贵族的专制统治，反对改良、保皇和君主立宪等内容仍然是主旋律，但在若干问题上，又有深化和发展，革命党人提出了不少重要的观点，在不同程度上补充、丰富了同盟会的理论。

关于反对帝国主义。前期革命党人注重宣传“排满”，忽视反帝。这一时期的革命刊物对此有所加强，尤其注重于号召人民与帝国主义斗争。侠少（吕志伊）在《云南》杂志载文，突出宣扬领土主权观念。文称：“我之土地所有权，固神圣不可侵犯。非我中国国民被杀尽死尽，我中国全土沉于太平洋底之一日，则中国之一沙一石一草一木，皆我中国国民为之主人翁。”[104]《鹃声》载文指出：“中国今日所处的地位，危险得很”，号召中国人民发扬“民气”，增强“爱国心和团结力”，“故使欧米（美）、日本人而据吾国，吾虽死而犹必攘之”。《四川》杂志载文指出：“中国实大有为之国也。政府亡我，外人亡我，苟四万万之国民不自亡我，则虽数十百之英、俄亦不能跨马饮江，逾鸿沟一步。”[105] 这位作者深信，制止列强侵略的伟力存在于人民之中，他说：“嘘四万万众之怨气，则风动六洲；泻四万万众之热潮，则红腾碧海。当胡尘卷地之秋，正壮士裹尸之日，我人人有不敢辞死之决心，而敌乃不敢存谋我之妄念。”[106]

为了反对帝国主义，《南报》载文提出，中国国内必须统一。文称：“亡国之民，统一则复；弱国之民，统一则强。举义之民兵，统一则能战；久练之精兵，统一则无敌。知乎此而后可以建救国之功德，而后可成救国之英雄。”[107] 该刊更进一步提出，要实现国民统一，必须实行“博爱主义”，推进中国各族人民之间的团结：“急扫其此畛彼域之见，激发其吴越同舟之情，联满、蒙、回、藏、苗、猺为一家，共死生存亡之生涯，以与德、法、日、俄较，则岂只四百兆人之福。”[108]

革命党人前期的宣传侧重于揭露满洲贵族欺压中国各族人民的事实，这一时期的刊物比较重视揭露其对外妥协，出卖中华民族利益。《四川》杂志载文指出：清廷“数十年来，外交政策，惟拱手听命之一法，欲租即租，欲领即领，事事不敢与人争。”[109] 同刊载文指出：“政府卖铁路，卖矿产，卖航路，卖海港，以及森林、渔业、关税诸权。他国所视为重要而倚如生命者，政府则慷人之慨，咸三揖三让拱手而献诸外人。”[110]

对于清廷所宣传的“预备立宪”，宋教仁在《醒狮》载文，直率指出：“满政府必不能实行立宪也明矣，即能行之，亦必非真正立宪。”[111]《河南》杂志载文批评其为“巧假名目为掩饰牢笼之术，外以支吾列强，内以隐弭党恶”，“婆面虎心”，“谋巩固中央集权之计”。[112]吕志伊指出，按照清廷对于议政院和咨议局的规定，只能造成“数重之专制”。他说：“专制之时代，中央则君主独裁之政治也，地方则暴官污吏之政治也。将来立宪之时代，中央则君主与贵族专制之政治也，地方则官吏与劣绅土豪之政治也。”[113]

1908年（光绪三十四年），清廷颁布《钦定宪法大纲》。革命党人指出其“悖正义”“昧法理”“反事实”。全文40条，竟有37条抄袭日本宪法。“于君上之权，则备记唯恐不周，臣民之权，则漏遗滋甚。”[114]雷昭性指出，这一《宪法大纲》只是在变戏法：“变其专制之名，而不损君权之实。”既“顾君权，恋专制”，而又可以“笼络天下之人心”，“潜消隐患于无形”。[115]

值得指出的是，有些文章已经超出了革命派所倡导的“种族革命”的界限。《河南》杂志载文指出：“满人之平民可不排，而满人之官吏则必不能不排。不特此也，汉人中之在政府，其朋比为奸，助纣为虐者，亦在必排之列。盖吾之排斥，非因种族而有异也，乃因平民而有异。孰祸我平民，即孰当吾排之冲。故不特提携汉人之平民，亦且提携满人之平民以及蒙、回藏之平民也。”[116]在当时一片“革命排满”的呐喊声中，该文作者不以“种族”为标准，而以是否“祸我平民”为标准，将“满人之官吏”与“满人之平民”区分开来，是少有的清醒者。

从批判满洲贵族的专制统治始，有些刊物进一步批判中国两千多年的专制制度。《鹃声》载文指出：“我们受了二千年来专制政府的害，才造成了一个麻木不仁的中国人之性质。今欲改良这个麻木不仁的性质，非破坏中国这个专制政体，是无从下手的。”《江西》载文指出：“中国专制政体垂数千年，根深蒂固，不可遽拔，弊至繁多矣”，因此，荡涤、拔除其毒素，“诚非易易”。[117]

在革命党人提倡的民权主义的基础上，有些刊物进一步突出“平民”观念。《河南》杂志载文，要求建立“平民政府”。文称：“一切

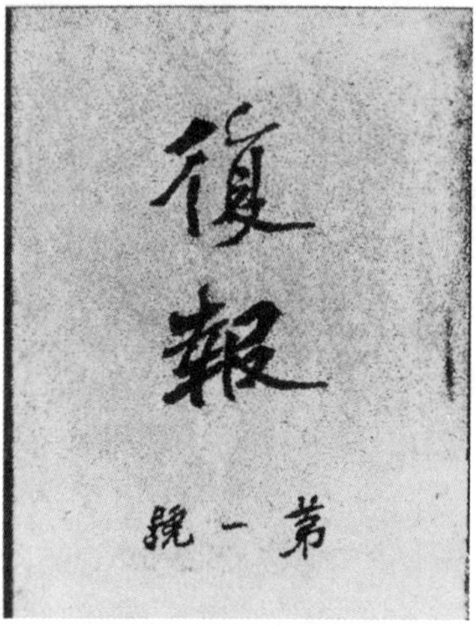

《复报》

之平民，皆有为国家最高机关之地位”，“皆与有参与国权行使之权”，“一切平民之思想，即为统治权之源泉，而非一人、数人所得专者也”。[118]《复报》载文指出，所谓“民权主义”，其内容应该是老百姓有“组织政府和破坏政府的权利，不能让暴君污吏一味去乱闹”。该刊特别指出建立法治国家的重要。恨海（田桐）的文章指出：“所谓立宪者何？立法也。立宪国者何？法治国也。法治国者何？以所立之法，为一国最高之主权之机关。一国之事，皆归法律以范围之，一国之人皆归法律以统治之。无所谓贵，无所谓贱，无所谓尊，无所谓卑，无所谓君，无所谓臣，皆栖息于法之下。”[119]《云南》杂志则载文强调，必须充分发展人民力量，团结一致，使统治者虽欲作恶而不可能：“苟人人扩张其能力，以图国家之进步，则群议相洽，事实相逼，有欲不进步而不能者。当此时也，虽桀、纣不能肆其虐，幽、厉不能行其暴，惟随国民之能力为转移耳。”[120]

环绕革命派所倡导的“民生主义”，有些刊物进一步宣扬和介绍西方的社会主义思潮，《复报》载文提出：“一国之人，富者少而贫者多，流无数鲜血，仅为少数之富民营一极乐园，尤属千古所不平之事。由是观之，贫富界之革命，其能已乎？”[121]《鹃声》载文指出：“西洋近百年来，出了一派甚么社会党。”其宗旨是“使一国的人民，莫得顶穷的，也莫得顶富的”，建设一个“完全美满的黄金世界”。该文预言：“总算这个种子在萌芽了，缓缓的生长起来，自然会开花结果。”《夏声》载文提出，世界的发展“由专制而自由，今又由自由制度渐趋于社会制度”，自由制度“已成晚照斜阳，行将就没，而黑云蔽空，冲滔天之大浪而来者，即此社会主义之新思潮也。”[122] 宁调元在《汉帜》发表日本劳动党的宣言，在按语中表示：“二十世纪社会主义之潮流如日中天，已弥漫于六大洲之壤土，大有遇之者昌，遏之者亡之慨。吾国平民中资本家之毒尚浅，急谋诊治，较之东西各国事半而功倍，可断言也。有识者曷加之意。”[123]

对于中国传统的儒家学说，宁调元在《孔子之教忠》一文中提出：“古之所谓至圣，今之所谓民贼也。何以言之？孔子者，盖驯谨成性者也，其发于议论，著之行为，无一不以是为宗旨。致贻中国二千年专制之毒，民族衰弱之祸。”[124] 吴虞撰文指出：世界上的专制主义有君主专制和教主专制两种。前者束缚人的言论，后者束缚人的思想。前者以秦始皇焚书坑儒、汉武帝罢黜百家为代表，后者以孔子诛少正卯、孟子辟杨墨为代表。文称，儒家“严等差，贵秩序”，“于霸者驭民之术最合，故霸者皆利用之以宰制天下，愚弄黔首”。[125]《河南》杂志载文提倡“无圣”，鼓吹人们破除对于“圣人”的迷信，认为“破专制之恶魔必自无圣始”。编者肯定该文的思想，提出秦汉以后，“历世相传有不可思议之一怪物，曰圣人”。[126] 这些批判，已经开启五四新文化运动的先河。

文化专制主义是政治专制主义的表现，为政治专制主义服务。后来成为南社发起人之一的高旭在《醒狮》载文，揭示政治专制和文化专制之间的关系。他认为：中国学术思想之所以不进步，在于“政体之专制”；西方学术思想之所以进步，在于“政体之文明”。在他看来，文明国的人民“其著书立说，一任其脑筋电力之所至，无今无古，无人无我，纵横六合，唯所创造”。对于当时的中外文化论争，高旭主张“吸收与保存两主义并行”，“拾其精华，弃其糟粕”。文称：“对于我国固有之学，不可一概菲薄，当思有以发明而光辉之；对于外国输入之学，不可一概拒绝，当思开户以欢迎之。”

在革命报纸中，香港《中国日报》改由冯自由主持，1910年（宣统二年）以后，改由谢英伯主持，继续发挥中坚作用。其他同盟会成立后新出的报纸中比较著名的有：

广州：《时事画报》《南越报》《国民日报》《可报》《平民报》《国民报》《齐民报》《中原报》《人权报》。

汕头：《中华新报》。

桂林：《南风报》。

福州：《建言日报》。

贵阳：《西南日报》。

武昌：《武昌白话报》《汉口商务报》《大江报》《雄风报》。

汉口：《江汉日报》。

北京：《帝国日报》《国风日报》《国光新闻》《国维日报》。

天津：《民意日报》。

开封：《国是日报》。

长春：《长春日报》。

上海：《神州日报》《民呼报》《民吁报》《民立报》《中国公报》。

新加坡：《中兴日报》《星洲晨报》《南侨日报》《阳明报》。

槟榔屿：《光华日报》。

仰光：《光华日报》《进化报》《缅甸公报》。

曼谷：《华暹日报》。

檀香山：《民生日报》。

加拿大：《大汉日报》。

旧金山：《少年中国晨报》。

上述报纸，其主题与上述刊物名称大体相同。一般说来，海外报纸放言无忌，风格尖锐泼辣，而国内的报纸则比较谨慎，所受压迫也较多，但是，这些报纸的编辑和记者讲究斗争艺术，前仆后继，屡禁屡出，不屈不挠。这一方面，以上海地区的几家报纸表现最为突出。如：

于右任

《神州日报》，1907年（光绪三十三年）4月2日创办于上海，于右任为社长，以杨笃生为总主笔。于右任，字伯循，陕西泾阳人。1904年（光绪三十一年），因所刊《半哭半笑楼诗集》讥讽时政，被陕西巡抚升允指令通缉，逃亡上海，进入马相伯主持的震旦学院求学。次年，因反对外籍教员干涉，与同学别组复旦公学。不久，约集杨笃生、邵力子等创办日报，亲赴日本募捐，得到秦陇豫晋学生协会支持，报纸得以出刊。发刊词由杨笃生、王无生主稿，于右任参订，署名三函。《苏报》案之后，上海文网渐密，因此，发刊词写得隐晦曲折，但仍能让读者领会其旨意。如云：“空言可托，有痛哭流涕以陈词；来日大难，冀瘖口哓舌之有补。”[127] 报纸不用清朝君主年号，而以干支代替，盛销一时。发行不到半年，因邻居失火殃及，报社被焚。6 月 20 日，于右任因无力恢复辞职。报社由叶仲裕、汪彭年、杨笃生三人主持。1908 年（光绪三十四年）4 月 20 日，杨笃生赴欧，汪允中任主笔，报纸主张改为“哀求政府，速行改革，以救国于垂亡”。[128] 但在清廷开始镇压后，报纸又逐渐转变，宣传“今而后，决无再以和平请愿之理”。[129]

民立報
MIN LI PA
浙蘇路公司查帳人均鑒
萬國體育會廣告
嘉定旅滬同鄉會敬告
國勢要覽延期出版
同濟德文醫學堂招生
留美豫備學堂招生

《民立报》

《民呼报》，于右任辞去《神州日报》职务后，得到同乡富商柏筱鱼、银行家沈缦云、张静江的资助，于 1909 年（宣统元年）5 月 15 日于上海创刊。于右任自称：“以为民请命为宗旨，大声疾呼，故曰民呼。”它不谈满汉种族问题，而集中攻击清廷官吏的腐败、暴虐，否定清廷的“预备立宪”，报道当时风起云涌的保矿、保路斗争。7 月 27 日，甘肃官方致电上海道蔡乃煌，指控报社侵吞甘肃赈灾捐款，于右任被拘，报纸于 8 月 14 日停刊，仅出 92 期。

于右任被拘后，同盟会派景耀月赴沪营救，并接替于的工作。景到沪之日，官方虽已查明《民呼报》并未侵吞赈灾款项，仍将于逐出租界。10 月 3 日，于右任、景耀月、范光启、朱少屏等续刊《民吁报》，范任社长，朱任发行人。该报“以提起国民精神，痛陈民生利病，保存国粹，讲求实学”为四大宗旨，而实际上重点在第一条，倡言“宣达民情，鼓舞民气”，认为不必事事“仰政府之鼻息”，“承政府之颜色”，“顺政府之意旨”，而要“进而与专横政府抗，与强霸列强抗”。[130] 由于 1908 年日本违约擅自改线修筑我国东北境内的安奉路，国内掀起抵制日货运动，《民吁报》大量发表反日文字。日本驻上海领事两次照会蔡乃煌，要求封禁该报。会审公廨在没有原告、不经辩护的情况下，判处永远封禁该报。上海市民纷纷到报社门前张贴悼词，燃香痛哭，以示抗议。

《民立报》，社长于右任，主笔宋教仁。1910年10月11日在沈缦云等人资助下创刊。于右任在首篇社论《中国万岁！民立万岁》中倡言“有独立之言论，始产独立之民族，始能卫其独立之国家”。社论《人道主义论》提出：“国由民而成，国民之合成意力，则国家之精神系统作用也。”文章认为，所谓“合成意力”，就是“人民之公共心理”，“人类之共同心理”，也就是“人道”。文章尤其反对个人专制：“倘专行之以一二人之野蛮思想、专制手段，恐二十世纪之人民，未见其能安之也。”[131] 该报至1913年9月5日停刊。

考察辛亥革命时期的报章、杂志、各类图书和小册子，应该承认，革命党人的宣传工作取得了巨大成功。常言说：“报馆一间，犹联军一队。”“一支笔，能抵三千毛瑟枪。”晚清的这些报刊对于转移人心，形成舆论，推动革命高潮到来的作用是无法估量的。

注

①《建国方略》，《孙中山全集》第 6 卷，第 236 页。
②《孙中山全集》第 1 卷，第 226—227 页。
③《孙中山全集》第 1 卷，第 228 页。
④《民报》第 1 号。
⑤陈锡祺主编：《孙中山年谱长编》上册，第 314 页。
⑥《孙中山全集》第 1 卷，第 240 页。
⑦《孙中山全集》第 1 卷，第 251—255 页。
⑧朱和中：《欧洲同盟会纪实》，《辛亥革命回忆录》第 6 集，中华书局 1963 年版，第 6 页。
⑨ M. 伯纳尔：《孙中山访问第二国际书记处》，《近代史资料》1979 年第 3 期，第 2 页。
⑩参见拙作《陈天华的〈要求救亡意见书〉及其被否定经过》，《晚清史事》，第 263—271 页。
⑪陈旭麓主编：《宋教仁集》下册，中华书局 1981 年版，第 543—546 页。
⑫陈锡祺主编：《孙中山年谱长编》上册，第 342—343 页。
⑬陈锡祺主编：《孙中山年谱长编》上册，第 343 页。
⑭冯自由：《中国同盟会史略》，《革命逸史》第二集，第 136 页。
⑮《在东京中国留学生欢迎大会的演说》，《孙中山全集》第 1 卷，第 277—283 页。
⑯《历史档案》1965 年第 1 期。
⑰胡汉民：《胡汉民自传》，中国社会科学院近代史研究所编《近代史资料》总第 45 号，中国社会科学出版社 1981 年版。
⑱《复陈楚楠函》，《孙中山全集》第 1 卷，第 286—287 页。
⑲刘大年：《赤门谈史录》，人民出版社 1981 年版，第 33 页。
⑳李大钧、黄毓兰：《对待日本取缔中国留学生意见书》，日本外交史料馆档案，《清国留学生关系杂纂》。
㉑《陈天华集》，湖南人民出版社 1956 年版，第 235 页。
㉒《乙秘第 436 号》，日本外交史料馆档案，《清国留学生关系杂纂》。
㉓参见《吴玉章回忆录》，第 37 页；《维持学界同志会组织之件》，日本外务省档案，《清国留学生关系杂纂》。

注

㉔《演说录》,《民报》第 6 号。

㉕汤志钧编:《章太炎年谱长编》上册,中华书局 1979 年版,第 208 页。

㉖参见陈旭麓主编《宋教仁集》下册,第 706—711 页。

㉗参见拙作《章太炎与端方关系考析》,《晚清史事》,第 327—330 页。

㉘《本社特别广告(二)》,《民报》第 19 号广告栏。

㉙《乙秘第 1041 号文书》,日本外交史料馆藏《〈民报〉关系杂纂》,承日本小野信尔教授惠赠该卷宗全部复印件,谨此致谢。

㉚汤志钧编:《章太炎年谱长编》上册,第 288 页。

㉛周遐寿:《鲁迅的故家》,上海出版公司 1952 年版,第 348 页。

㉜㉝《在东京〈民报〉创刊周年庆祝大会的演说》,《孙中山全集》第 1 卷,第 325 页。

㉞《中国同盟会革命方略》,《孙中山全集》第 1 卷,第 318 页。

㉟《在东京〈民报〉创刊周年庆祝大会的演说》,《孙中山全集》第 1 卷,第 326 页。

㊱《中国同盟会革命方略》,《孙中山全集》第 1 卷,第 297 页。

㊲《在东京〈民报〉创刊周年庆祝大会的演说》,《孙中山全集》第 1 卷,第 331 页。

㊳《中国同盟会革命方略》,《孙中山全集》第 1 卷,第 297—298 页。

㊴《与汪精卫的谈话》,《孙中山全集》第 1 卷,第 290 页。

㊵《〈民报〉发刊词》,《孙中山全集》第 1 卷,第 288—289 页。

㊶《〈民报〉发刊词》,《孙中山全集》第 1 卷,第 289 页。

㊷《吴玉章回忆录》,第 32 页。

㊸《孙中山全集》第 1 卷,第 297 页。

㊹《在东京〈民报〉创刊周年庆祝大会的演说》,《孙中山全集》第 1 卷,第 329 页。

㊺《在东京〈民报〉创刊周年庆祝大会的演说》,《孙中山全集》第 1 卷,第 328 页。

㊻张枬、王忍之编:《辛亥革命前十年间时论选集》第 2 卷上册,生活 · 读书 · 新知三联书店 1960 年版,第 341、344 页。

㊼《孙中山选集》下册,第 815、840 页。

注

㊽《俱分进化论》，《民报》第 7 号。
㊾《孙中山全集》第 1 卷，第 327—328 页。
㊿参见拙作《取那善果，避那恶果——略论孙中山对资本主义的态度》，《寻求历史的谜底》，中国人民大学出版社 2010 年版，第 309—313 页。
51《孙中山全集》第 1 卷，第 310—311 页。
52《在农民运动讲习所第一届毕业礼的演说》，《孙中山选集》，第 937—939 页。
53 柳亚子：《我和言论界的因缘》，《逸经》创刊号；参见拙作《柳亚子评传》，《哲人与文士》，第 358 页。
54《孙中山全集》第 1 卷，第 232 页。
55《孙中山全集》第 1 卷，第 233 页。
56陈撷芬：《女界之可危》，《中国日报》，1904 年 4 月 26 日。
57横行：《论清国今日非一人专制政体乃贵族专制政体》，《中国日报》，1904 年 3 月 18 日。
58《中国日报》，1904 年 3 月 7 日。
59梁启超：《杂答某报》，《新民丛报》第 64 号，第 21 页。
60梁启超：《杂答某报》，《新民丛报》第 84 号，第 13 页。
61汉民：《排外与国际法》，《民报》第 10 号，第 20、32 页。
62嗣轩：《〈新民丛报〉非种族革命论》，《复报》第 3 期。
63佚名：《仇一姓不仇一族论》，《民报》第 19 号。
64思黄（陈天华）：《论中国宜改创民主政体》，《民报》第 1 号，第 41 页。
65精卫：《再驳〈新民丛报〉之政治革命论》，《民报》第 6 号，第 89 页。
66梁启超：《申论种族革命与政治革命之得失》，《新民丛报》第 76 号，第 7—9 页。
67精卫：《再驳〈新民丛报〉之政治革命论》，《民报》第 6 号，第 91—96 页。
68梁启超：《申论种族革命与政治革命之得失》，《新民丛报》第 76 号，第 22 页。
69精卫：《再驳〈新民丛报〉之政治革命论》，《民报》第 7 号，第 34—36 页。
70梁启超：《开明专制论》，《新民丛报》第 74 号，第 1 页。
71梁启超：《开明专制论》，《新民丛报》第 75 号，第 21 页。
72县解（宋执信）：《论社会革命当与政治革命并行》，《民报》第 5 号第 61 页。

注

⑬精卫：《再驳〈新民丛报〉之政治革命论》，张枬、王忍《辛亥革命前十年间时论选集》第2卷上册，第479页。

⑭冯自由：《民生主义与中国政治革命之前途》，《革命逸史》第四集，第109—110页。

⑮饮冰（梁启超）：《社会革命果为今日中国所必要乎》，张枬、王忍之编《辛亥革命前十年间时论选集》第2卷上册，第332—359页。

⑯县解（朱执信）：《论社会革命当与政治革命并行》，张枬、王忍之编《辛亥革命前十年间时论选集》第2卷上册，第437页。

⑰饮冰（梁启超）：《再驳某报之土地国有论（节录）》，张枬、王忍之编《辛亥革命前十年间时论选集》第2卷下册，第592页。

⑱梁启超：《杂答某报》，《新民丛报》第86号，第17—19页。

⑲民意（胡汉民）：《告非难民生主义者（节录）》，张枬、王忍之编《辛亥革命前十年间时论选集》第2卷下册，第685页。

⑳蛰伸（朱执信）：《德意志社会革命家小传》，张枬、王忍之编《辛亥革命前十年间时论选集》第2卷上册，第141页。

㉑自由（冯自由）：《民生主义与中国政治革命之前途》，张枬、王忍之编《辛亥革命前十年间时论选集》第2卷上册，第422页。

㉒民意（胡汉民）：《告非难民生主义者》，《民报》第12号，第85—87页。

㉓饮冰（梁启超）：《社会革命果为今日中国所必要乎》，张枬、王忍之编《辛亥革命前十年间时论选集》第2卷上册，第343页。

㉔民意（胡汉民）：《告非难民生主义者》，《民报》第12号，第101—102页。

㉕饮冰（梁启超）：《再驳某报之土地国有论（节录）》，张枬、王忍之编《辛亥革命前十年间时论选集》第2卷下册，第695页。

㉖饮冰（梁启超）：《再驳某报之土地国有论（节录）》，张枬、王忍之编《辛亥革命前十年间时论选集》第2卷下册，第707页。

㉗民意（胡汉民）：《告非难民生主义者》，《民报》第12号，第100—101页。

㉘县解（朱执信）：《论社会革命当与政治革命并行》，张枬、王忍之编《辛亥革命前十年间时论选集》第2卷上册，第438页

㉙饮冰（梁启超）：《社会革命果为今日中国所必要乎》，张枬、王忍之编《辛亥革命前十年间时论选集》第2卷上册，第358—359页。

注

⑩ 民意（胡汉民）：《告非难民生主义者（节录）》，张枬、王忍之编《辛亥革命前十年间时论选集》第 2 卷上册，第 673 页。
⑪ 明夷（康有为）：《法国革命史论》，张枬、王忍之编《辛亥革命前十年间时论选集》第 2 卷上册，第 308 页。
⑫ 梁启超：《与夫子大人书》，丁文江、赵丰田《梁启超年谱长编》，第 373 页。
⑬ 梁启超：《与夫子大人书》，丁文江、赵丰田《梁启超年谱长编》，第 372—374 页。
⑭ 孙中山：《论惧革命召瓜分者乃不识时务者也》，《孙中山全集》第 1 卷，第 380—382 页。
⑮《南洋总汇新报》1909 年 9 月 9—10 日，章开沅等主编《辛亥革命史资料新编》第 5 卷，湖北人民出版社 2006 年版，第 39 页。
⑯《孙中山全集》第 1 卷，第 363—384 页。
⑰ 耒助：《论国会之趋势》，《南洋总汇新报》1908 年 8 月 10 日。
⑱ 宅仁：《正总汇报定期开设国会为中国富强之基础》，《中兴日报》，1908 年 9 月 10 日。
⑲ 辨奸：《驳总汇报论国会与君主之关系》，《中兴日报》1908 年 10 月 22 日。
⑳《光华日报》创刊号。
㉑《光华日报》1910 年 12 月 14 日；唐文权编《雷铁厓集》，华中师范大学出版社 1986 年版，第 133 页。
㉒ 李根源：《云南杂志选辑序》，中国科学院历史研究所第三所编《云南杂志选辑》，科学出版社 1958 年版，第 1 页。
㉓《鲁迅全集》第 1 卷，人民文学出版社 1981 年版，第 3 页。
㉔ 侠少（吕志伊）：《论国民保存国土之法》，《云南》第 5 号。
㉕ 思群：《列强协约与中国之危机》，《四川》第 3 号。
㉖《清国与列强》，《四川》第 3 号。
㉗ 侯声（赵正平）：《国民统一论》，《南报》第 2 期。
㉘ 侯声（赵正平）：《博爱主义》，《南报》第 3 期。
㉙《对清政策》，《四川》第 1 号。
㉚《西江警察权问题》，《四川》第 2 号。
㉛《清太后之宪政谈》，《醒狮》第 1 期。

注

⑫《清朝亦将变化耶》，《河南》第 4 期；《警告同胞勿受立宪者之毒论》，《河南》第 5 期。

⑬侠少（吕志伊）：《国会问题之真相》，《云南》第 16 号。

⑭苏楼：《宪法大纲刍议》，《民声》第 1 期。

⑮铁厓（雷昭性）：《中国立宪之观察与欧洲国会之根据》，《民声》第 2 期。

⑯⑱鸿飞：《对于要求开设国会者之感喟》，《河南》第 4 期。

⑰《国会论》，《江西》第 2—3 期合刊。

⑲恨海（田桐）：《满政府之立宪问题》，《复报》第 1 号。

⑳返魂：《一致论》，《云南》第 7 号。

㉑漱铁和尚（顾忧庵）：《贫富革命》，《复报》第 4 号。

㉒侠魔：《二十世纪之新思潮》，《夏声》第 3 号。

㉓《汉帜》第 2 号。

㉔杨天石、曾景忠编《宁调元集》，湖湘文库甲编第 367 种，湖南人民出版社 2008 年版，第 369 页。

㉕《广益丛报》第 254 号。

㉖《河南》第 3 期。

㉗冯自由：《上海神州日报小史》，《革命逸史》第二集，第 249 页。

㉘《陈景仁获咎后之感言》，《神州日报》1908 年 7 月 27 日。

㉙《时事小言》，《神州日报》1910 年 11 月 5 日。

㉚帝召（景耀月）：《本报四大宗旨》，《民吁报》1909 年 10 月 5 日；枚玖（景梅久）：《国民之自觉》，《民吁报》1909 年 10 月 25 日。

㉛《民立报》1910 年 10 月 12 日。

第七章

中国同盟会成立后的起义与暗杀活动

同盟会成立后，即积极筹备起义。

早在 1897—1898（光绪二十三年至二十四年）之间，孙中山和宫崎滔天讨论选择武装起义地点时，就曾提出“急于聚人，利于接济，快于进取”三个原则，他表示，“心不能舍广东”。之所以如此，一是因为广东多会党，是一支可以迅速利用的社会力量；二是因为广东濒海，利于从海外输入武器、人员和金钱。

萍浏醴起义

萍浏醴起义不在同盟会的计划之列。

萍浏醴地区会党活跃。马福益牺牲后，当地会党分化成几股，互不统属。1906 年（光绪三十二年）春，长江大水，米价飞涨，同盟会会员刘道一偕湘籍留日学生蔡绍南回国，在水陆洲的船上召集会议，决定运动军队，联络会党，于夏历年底发难。会后，刘道一留长沙活动，蔡绍南到萍乡，利用与会党素有联系的明德学堂学生魏宗铨，联络浏阳会党头目龚春台等，成立洪江会。

刘道一

洪江会推龚春台为大哥，以忠孝仁义堂为最高机关，誓词为“誓遵中华民国宗旨，服从大哥命令，同心同德，灭满兴汉，如逾此盟，人神共殛”。口号为：“六龙得水遇中华，合兴仁义四亿家。金相九成王业地，乌牛白马扫奸邪。”附近各县的贫苦农民和安源矿工纷纷入会，洪江会决定，派蔡绍南、魏宗铨赴上海和日本，和同盟会取得联系。到上海后，见到受同盟会派遣回湘的宁调元与李发群，李介绍二人加入同盟会。二人在即将启程之际，被龚春台急函召回。

洪江会的发展引起清吏警觉。10月2日（八月十五日），中秋酬神演戏，传说起义在即。10月7日（八月二十日），清军突袭麻石，第三路码头官李金石投水牺牲。12月3日（十月十八日），龚春台、蔡绍南等集会，讨论起义时机。龚、蔡因军械不足，主张稍缓，码头官廖淑保主张立即起义，争持不决，廖独自到麻石举旗发动，迫使龚、蔡不得不通知各路，同时动作。12月4日（十月十九日），起义全面爆发，义军迅速发展至三万余人。12月6日（十月二十一日），义军举着“大汉”“灭满兴汉”等大小白旗进攻上栗市，驻军仅有二十多人，闻风远遁。

义军定名为中华国民军革命先锋队，龚春台为都督，发布的檄文宣称，不仅要“破数千年之专制政体”，“建立共和民国”，而且表示要研究“社会问题”，“使地权与民平均，不致富者愈富”。[①] 这一檄文反映出同盟会和孙中山思想的影响，不过，它还无法影响起义群众。连当时同盟会的若干会员都还弄不明白，下层群众何能理解和接受！当时的醴陵知县汪文溥就曾在日记中写道：“匪号称革命军，而头目尚不知革命作何解，无论胁从。”[②] 起义军之所以发展迅速，主要是因为龚春台以打开浏阳，没收富户钱粮，就可以有饭吃相号召。

在洪江会之后，浏阳洪福会的姜守旦也宣布起义，义军定名为新中华大帝国南部起义恢复军。姜表示，不受洪江会约束。

义军起事之后，江西、湖南、湖北三省督抚迅速调集清军镇压。义军仓促起事，缺乏统一领导，武器以鸟枪、抬炮、大刀、木杆等居多，不少人甚至徒手上阵，在武器精良的清军围攻下，逐渐不支。12月8日、9日（十月二十三日、二十四日），龚春台两次进扑浏阳，未成。12月10日（十月二十五日），清军攻克上栗。12月12日（十月二十七日），龚春台、蔡绍南战败。蔡在前往普迹市请援途中遇害，龚秘密转往长沙。其后，姜守旦部受到清军堵击，姜逃亡。其他起义领导者刘道一、魏宗铨陆续被害。

对于刘道一的牺牲，孙中山极为痛惜，有诗哀悼：

半壁东南三楚雄，刘郎死去霸图空。尚余遗业艰难甚，谁与斯人慷慨同！塞上秋风悲战马，神州落日泣哀鸿。几时痛饮黄龙酒，横揽江流一奠公？

此诗不一定出于孙中山亲笔，但很好地表现了孙中山对牺牲战友的感情。

萍浏醴起义的失败使长江中下游的革命力量受到很大摧残。同盟会成立后即派余诚为湖北分会会长。他依靠日知会扩展会务，湖北革命活动日盛。1906 年（光绪三十二年）春，熊子贞等创办黄冈军界讲习社，每星期日集会演讲。军中十人一组，暗中计划革命。当年，清军在河南会操，熊子贞企图乘机举事，事泄逃亡。萍浏醴起义被镇压后，湖南巡抚岑春煊移文张之洞，要求协拿姜守旦、刘林生（即刘揆一）、李燮和、朱子龙、萧克昌等十五人，其中，朱子龙是日知会会员。1907 年 1 月 7 日（光绪三十二年十一月二十三日），朱子龙被捕。次日，新近自日返国的胡瑛被捕。1 月 13 日（十一月二十九日），警探搜查日知会，刘静庵、梁钟汉、季雨霖、张难先等七人陆续被捕。其后，刘静庵、朱子龙病死狱中，张难先、季雨霖被保释，胡瑛被判永远监禁。

谭人凤

为了支援萍浏醴起义，东京同盟会总部除宁调元、李发群外，还曾先后派谭人凤、孙毓筠、杨卓林等归国，计划在湖南、湖北、江西、江苏、安徽等省响应，但均无所成就。孙毓筠时任同盟会庶务干事，在南京被捕后，因系清廷大学士孙家鼐的侄孙，仅被判监禁五年。杨卓林在南京，秘密联络扬州会党，谋刺两江总督端方举事，不幸被人告密，审讯时自称“白种迫我黄种，卓心存保黄种之议”，“我志不遂死耳，天下岂有畏死杨卓林耶！”[③] 宁调元抵湘时，起义已经失败。在折返日本途中，于岳州被捕。由于同盟会湖南分会会长禹之谟新近被清廷惨杀于靖州，宁调元便在狱中委托同志重新组织同盟会湖南分会，积极参与组织革命文学团体南社，并且写下了大量慷慨激昂、感人至深的诗歌，如：“鬼雄如果能为厉，死到泉台定复仇”，“只缘不伴沙场死，虚向人间走一遭”，“不管习风与阴雨，头颅尚在任吾狂”等。[④]

同盟会的两广起义

（一）黄冈起义

黄冈地属广东潮州府饶平县。许雪秋接受孙中山委任后，即归国散发以鹰球为图案的票布，招揽会党，建立炎兴堂。萍浏醴事起，他认为时机成熟，要求孙中山派人协助发动，孙中山随即派乔义生、方汉成等及日人萱野长知、池亨吉到港，就近协助。许雪秋初定1907年2月19日（光绪三十三年正月初七日）分路大举进攻潮州及汕头。

黄冈起义誓师仪式

届期，因故未能发动，孙中山指示，此后起义须与惠州、钦州、廉州同时发动，以便牵制清军，万勿孟浪从事，致伤元气。[⑤] 4月下旬（三月上旬），许雪秋因有会党二人被捕，急谋举事营救，胡汉民等劝其静候孙中山命令。同年5月22日（四月十一日），会党头目余丑聚集七百余人攻克黄冈，成立军政府，以陈涌波、余丑为正副司令，同时以"大明都督府孙"或"广东国民军大都督孙"等名义出示安民。由于当地米价昂贵，军政府限价出售，因此，颇得当地贫民拥护。[⑥] 5月25日（四月十四日），义军进击清潮州镇总兵黄金福部，失利。5月27日（四月十六日），陈涌波、余丑决定解散义军，保存实力。

（二）惠州七女湖起义

孙中山的计划是惠州、潮州同时并举，在委派许雪秋赴潮州的同时，先后派遣黄耀庭、余绍卿、邓子瑜自新加坡赴惠州发动。三人都和当地会党有密切关系，但黄、余二人领取经费后均无所作为，只有惠州归善人邓子瑜不辱使命。1907年（光绪三十三年）4月，邓子瑜从南洋到香港，委派陈纯等在归善、博罗、龙门三地起事。6月2日（四月二十二日），陈纯一路在惠州近郊七女湖劫夺清军防营枪械。6月5日（四月二十五日），进攻泰尾。6月7日（四月二十七日），克杨村。6月8日（四月二十八日），计划进攻博罗。其时，邓子瑜正在香港购置弹药，得到黄冈起义失败消息，派人通知起义部队。义军因军械不继，又受到清军李准部的进攻，不得已埋枪解散。

（三）防城起义

潮、惠两路先后失败，但孙中山仍寄希望于钦州、廉州。1907年（光绪三十三年）3月，广西僮族会党首领王和顺加入同盟会。9月1日（七月二十四日），率二百余人起义于钦州王光山。在《中华国民军南军都督王》等告示中，王和顺叙述了自己从以“反清复明”为志到接受孙中山革命纲领的经过，声称：“民族主义虽足以复国，未足以强国，必兼树国民主义，以自由、平等、博爱为根本，扫专制不平之政治，建立民主立宪之政体，行土地国有之制度，使四万万人无一不得其所。”⑦ 这一告示和萍浏醴起义中的檄文一样，为防城起义增添时代色彩，但不会有实际激励作用。9月4日（七月二十七日），起义军攻入防城。同日，进攻钦州，因原定响应的清军统领、同盟会会员郭人漳变卦，义军改攻灵山，计划进入广西。9月8、9日（八月初一、初二日）两日，与清军激战，饷械两缺，王和顺率少数部下退回安南。

（四）镇南关起义

广东方面的一再失败促使孙中山的活动重点逐渐转向广西。1907年12月2日（光绪三十三年十月二十七日），广东钦州会党领袖、僮族人黄明堂等率乡勇80人，潜袭镇南关，迅速得手，相继占领3个炮台。次日，孙中山、黄兴、胡汉民及日本人池亨吉等到关。4日（二十九日），清军来攻，孙中山亲自发炮还击。他感慨地说：“反对清廷二十余年，此日始得亲发炮击清军耳！”⑧ 同日，清军参将陆荣廷派人持密函登台，表示愿以所部投入麾下。孙中山当即复函陆荣廷，要他密为内应，同时决定回安南筹款筹械，命黄明堂坚守5日。12月7日（十一月初三日），清廷指责张鸣岐失去重隘，交部议处。清军以四千余人的优势环攻镇南关。次日，黄明堂等弃关，退入安南燕子大山。

黄明堂

（五）钦、廉、上思起义

1908年1月24日（光绪三十三年十二月二十一日），安南法国殖民当局应清廷要求，驱逐孙中山出境。孙中山命胡汉民留守河内机关，命黄兴为总司令，再次在钦、廉地区发动起义。次年3月27日（二月二十五日），黄兴率领云南旅越青年200余人，组成“中华国民军南路军”，在钦州、廉州、上思一带转战四十余日，多次击溃清军，所向皆捷，但终因缺乏后援，又无力支付收买清军所需的赏银，黄兴不得不解散义军，退回安南。

钦、廉、上思起义军事指挥黄兴

（六）河口起义

河口地当中越边境，既是通商口岸，又是军事要地。1908年（光绪三十四年）4月，孙中山命黄明堂、关仁甫等策划云南起义。事先，关仁甫与清军约定，凡携械来降者赏银一元。4月29日（三月二十九日）夜，黄明堂率200余人自安南渡河入境，清军一部响应，共同占领河口。4月30日（四月初一日），成立云贵都督府，布告称：“拟欲推倒现今之清政府，建造社会主义之民主国家，同时对于友邦各国益墩睦谊，以维持世界之和平。”[⑨] 除宣布保护占领地内外国人生命财产外，特别声明“外国人于条约上已得之条例，皆得继续有效力”，反映出当时革命党人力图不得罪列强的心理。5月3日（四月初四日），孙中山电委黄兴为云南国民军总司令。5月7日（四月初八日），黄兴到达河口，催促黄明堂进攻昆明，黄明堂担心军粮不继，犹疑不决，黄兴决定亲率军队北征，黄明堂仅派兵百人，出行不久即纷纷哄散，黄兴只能折返河口。5 月 9 日（四月初十日），黄兴返回河内，第二天北上，经过老街时被法警解送出境。

河口起义过程中，清廷多次向法国外务部交涉，要求安南法国殖民当局采取行动镇压中国革命党人。5 月 6 日（四月初七日），庆亲王照会法国驻华公使说："这些革命党人大胆而果断，加之人数众多，然而，如果我们对其腹背夹攻，力追穷寇，那么清洗他们的巢穴，抓住他们的头目是不难办到的。不幸的是他们在印度支那有可靠的藏身之处，他们可以随时来去，法国当局并不加以阻拦。他们要来进攻了，我们没法阻止他们进攻。他们要撤退了，我们又不可能追击。我们束手无策。"⑩ 次日，法国殖民部致电法国印度支那总督，指令"必要时采取行动，不要使中国政府对我们有任何不安之心"。⑪ 5 月 6 日（四月初七日），法国政府向清廷驻法公使刘式训表示："自当竭力相助。"⑫ 其后，安南法国殖民当局即封锁边界，阻止起义人员及粮械进入云南。5 月 24 日（四月二十五日），河口失守，黄明堂率 600 余人突围，进入安南境内后被解除武装，强行押送新加坡。

光复会的浙皖起义

陶成章自称："仆素抱独行主义，外间党人举动，向日皆未尝闻问。"⑬ 同盟会成立后，光复会虽"附属"于同盟会，但是，浙江地区的光复会仍然保持原名，在事实上保持着自己的独立系统。该会"以浙江为根基，以江、浙、皖、赣、闽为本会办事区域"。⑭ 其间，秋瑾、陶成章先后加入同盟会，但是，徐锡麟却始终不肯加入。

（一）秋瑾、徐锡麟起义

秋瑾（1875—1907），字璿卿，号竞雄，又号鉴湖女侠，浙江山阴（今绍兴）人。1875年11月8日（光绪元年十月十一日）出生于福建厦门。年轻时就蔑视封建礼法，出嫁后居住北京，目睹八国联军的侵略和清廷的腐朽，立志献身救国，《致王时泽书》云："吾自庚子以来，已置吾生命于不顾，即不获成功而死，亦吾所不悔也。"⑮ 1904年（光绪三十年）冲破家庭束缚，东渡留学，在东京创办《白话报》。1905年（光绪三十一年）归国，春夏间在绍兴经徐锡麟介绍，加入光复会。七月，再赴日本，途中，见到日俄战争地图，日人索句，有诗云：

秋瑾

万里乘风去复来，只身东海挟春雷。忍看图画移颜色，肯使江山付劫灰！浊酒不销忧时泪，救时应仗出群才。拚将十万头颅血，须把乾坤力挽回。

到日本后，加入同盟会，任评议部评议员和浙江主盟人。1905年（光绪三十一年）冬，在日中国留学生发生反对"取缔规则"风潮，秋瑾力主全体归国，演讲时抽出倭刀，猛然插在桌上，大声说："如有人回到祖国投降满虏，卖友求荣，欺压汉人，吃我一刀！" 1907年1月14日（光绪三十二年十二月初一日），秋瑾在上海创办《中国女报》，宣扬女权和女子革命。

徐锡麟（1873—1907），字伯荪，浙江绍兴人。1901年（光绪二十七年）任教于绍兴府学堂。1903年（光绪二十九年）到日本游览，受拒俄运动影响，萌发"排满革命"思想。次年归国。他热心公益，参加光复会后迅速成为实际领袖，光复会的根据地也逐渐自上海移到绍兴。1905年（光绪三十一年），徐锡麟在绍兴创立体育会，召集各校青年学习射击技术。9 月 23 日（八月二十五日），和陶成章共同创办大通学堂，设体育专修科。开学之日，浙江会党竺绍康、王金发率数十人前来。徐锡麟即准备以之举事，尽杀绍兴官吏，为陶成章劝阻。陶说革命必须“破坏中央、袭取重镇”，浙江并非要冲，如在浙江举事，必须首先联络安徽，同时“以暗杀扰乱南京”。徐赞同。[16] 其后，徐、陶分别行事。徐通过表叔、原湖南巡抚俞廉三的推荐，和友人陈伯平、马宗汉等到日本学陆军，徐因近视被拒。1906 年（光绪三十二年）春归国。同年冬，捐得道员资格，分发安庆，任巡警学堂堂长、陆军小学监督等职，暗中准备起事。

徐锡麟到安徽做官后，秋瑾即回到绍兴，继任大通学堂督办。她接续徐锡麟的工作，广召金华等地会党成员到学堂学习兵操。5 月（四月），秋瑾编各地会党为八军，用“光复汉族，大振国权”八字为记号，商定于 7 月 6 日（五月二十六日）在金华首先发动，处州继起，夺取杭州，不成则转入江西，联络安庆，和时在当地任巡警学堂堂长的徐锡麟呼应。

7 月 1 日（五月二十一日），光复会员叶仰高被捕，供出部分党员的别名或暗号。端方电告安徽巡抚满人恩铭，恩铭转示徐锡麟，徐发现自己的别名就在其中，决定于次日巡警学堂举行毕业典礼时起事。当夜，陈伯平起草告示，提出“光复汉族，翦灭满夷”，“遇满人者杀”，“遇汉奸者杀”，“不杀汉官”等条例。[17] 7 月 6 日（五月二十六日），恩铭等到堂参加典礼，徐锡麟发现收支委员顾松意图告密，疾步趋前，向恩铭行礼报告：“回大帅，今日有革命党起事！”恩铭正错愕间，徐锡麟迅速从靴统内抽出两支手枪，以左右手同时向恩铭射击。他因近视，担心不中，便连续发射，恩铭身中七枪，被部下背走。随后，

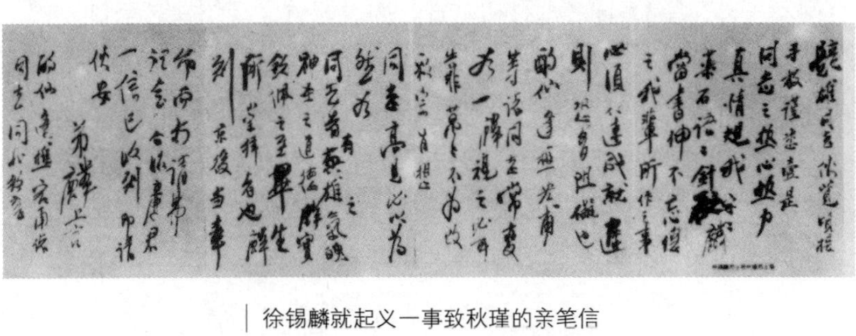

徐锡麟就起义一事致秋瑾的亲笔信

徐锡麟、陈伯平、马宗汉三人即胁迫学生到军械所夺取枪炮，被清军包围。双方激战，陈战死，徐、马被俘。审讯中，徐询问恩铭中枪后情况，按察使联裕骗以仅受微伤。接着说："尔知罪否？明日当剐尔心肝矣！"徐听到此言，突然大笑说："然则恩铭死矣！恩铭死，我志偿。我志既偿，即碎我身为千万片，亦所不惜。区区心肝，何屑顾及！"当晚临刑前，徐锡麟神色自若地说："功名富贵，非所快意。今日得此，死且不悔矣！"他的心被挖出祭祀恩铭，肝被恩铭卫队炒食。

孙中山和陶成章之间的矛盾这时已现端倪。审讯中，清吏问徐锡麟，是否为孙文指使，徐答："我与孙文宗旨不合，他亦不配使我行刺。"徐的这两句话充分表露出对孙中山的不满和鄙视，反映出他所受到的同盟会会内第一次"倒孙风潮"的影响。[18] 反过来，浙皖起义的失败又进一步加深了陶成章和孙中山之间的矛盾。陶本来就认为孙好说大话，所言常多不实。浙皖起义之所以失败，陶成章即认为和孙中山"遍放谣言"有关。他在《布告同志书》中说："翌年丁未，孙文复又遍放谣言，谓其已由南洋密运军火来长江，清吏防患未然，加意搜索，因而牵及全局，遂造成皖浙之变。故徐君于就义之前，尚有余愤。而马君宗汉，亦曾致书其友，深以孙文放谣言，害及实事为憾。"[19]

7月10日（六月初一日），秋瑾得知安庆起义失败，派学生20余人到杭州埋伏，准备待嵊县会党王金发兵到后起义。7月13日（六月初四日），王金发到，商定于7月18日（六月初九日）统军进入绍兴。午后，杭州清兵入绍，有人劝秋瑾离堂暂避，秋瑾拒绝说："我怕死就不会出来革命，革命要流血才会成功，如满奴能将我绑赴断头台，革命成功至少可以提早五年。"[20] 她遣散同志，毅然留守学堂，被捕后百问不答。7月15日（六月初六日）凌晨，就义于绍兴轩亭口。

作为女革命家，秋瑾被害激起了广泛的社会同情。陈去病拟在上海召开追悼会，未成。7月29日（六月二十日），发起组织神交社，结合文化人"论交讲学"，成为后来革命文学团体的前身。1908年2月25日（光绪三十四年正月二十四日），陈去病与秋瑾的盟姊徐自华等在杭州西湖凤林寺举行追悼会，谒墓致祭，组织秋社。

（二）安庆熊成基起义

就义前的熊成基

1908年11月14、15两日（光绪三十四年十月二十一、二十二日），西太后和光绪皇帝相继去世，张恭邀约安徽熊成基、浙江陈其美、褚辅成等，准备同时举义。

熊成基（1887—1910），字味根，江苏扬州人。光复会员。1904年（光绪三十年）考入安徽武备学堂，参加岳王会。次年，入江南炮兵速成学堂。1907年（光绪三十三年）调回安庆，先后任马营、炮营队官。同年，倪映典策划于除夕起义，被端方发觉，南逃广州，熊成基被继推为岳王会主持人。他在士兵中鼓吹“彰人道，均贫富”的“社会主义”思想，据称，“乐从者多”。[21]

1908年11月19日（光绪三十四年十月二十六日），熊成基等决定，以熊掌握的炮营、马营攻城，以驻扎城内的薛哲的步营和范传甲的辎重队为内应，于当晚10时发动，熊成基被推为总司令，预定破城之后，再行推举总统然后赶赴太湖，控制秋操清军，夺取南京。[22]不幸，当晚城内有两名士兵被捕，起义计划泄露。因此，城外的炮营、马营虽发动顺利，而城内薛、范二人的行动却都遇到困难。城外义军围攻一昼夜后，撤退至集贤关，再退至庐州。熊成基本拟在此联络皖北会党，进窥中原，但所部已不足百人，只得宣布解散。范传甲在义军撤离后，愤而谋刺清军协统余大鸿，未成被害。

1909年（宣统元年）2月，熊成基潜赴日本，加入同盟会。同年9月，化名到东北，企图向俄国方面出售在日本所获地图，借以换取革命经费。1910年1月（宣统元年十二月），清海军大臣载洵等经过哈尔滨，熊成基被人诬告为谋刺载洵。1910年2月27日（宣统二年正月十八日），熊成基就义。

四川和东北的起义

| 佘英

在发动两广起义的同时，孙中山也将目光注视到四川。同盟会成立后，孙中山即指示四川主盟人黄树中，扬子江流域为必争之地，四川位于上游，应及早筹划。黄即邀请泸州哥老会首领佘英到日本与孙中山会谈。1906年（光绪三十二年）夏，佘英到达东京，加入同盟会。孙中山委任其为西南大都督。其后，佘英、谢奉琦、熊克武陆续回到四川，分头发动。

最初的起义地点决定在佘英的家乡泸州，时间为1907年11月14日（光绪三十三年十月初九日），当日，清吏庆贺慈禧太后生日，会疏于防范。准备过程中，黄树中制造炸药时受重伤，医治后得活，改名黄复生。爆炸引起清吏警惕，佘英遂将起义日期提前到11月6日（十月初一日），地点则改为泸州近城江安，但仍因清吏戒备，放弃计划，熊克武等奔赴成都，仍拟于11月14日炸毙集会庆祝的清吏，四门放火，占领成都。届期，会党4 000余人在各旅馆待命，起义号火泼油待燃，清吏突然改变朝贺地点，实行戒严，熊克武等不得不再次放弃计划。其后，四川革命党人决定在叙府起事，时间为1908年1月26日（光绪三十三年十二月二十三日），推谢奉琦到当地主持。当日晚，因有党人被捕，再次被迫中止。

四川革命党人具有不屈不挠、长期奋斗的韧性。1908年2月（光绪三十四年正月），佘英、熊克武等集会隆昌，总结经验，决定赴日购械，建立属于同盟会自己的武装，在起义时用作先锋和主力。会后，佘、熊二人赴日，向同盟会本部报告。在吴永珊（玉章）和李肇甫的帮助下，通过宫崎寅藏购得部分枪械。

1909年3月12日（宣统元年二月二十一日），佘英、熊克武计划在川北广安举事，未成。1910年2月2日（宣统二年十二月二十三日），程德麟、佘英等在川南发动，牺牲200余人。佘英被俘受审，为保护战友刘慎终，指着他质问官府："他是我家装水烟的雇工，抓他来干什么？"但刘抗辩说："佘大爷我是跟你搞革命的，怎么说是装水烟的？我活着和你在一起，死也要和你在一起。"[23]事后，同盟会员廖仲纶等突入刑场，救出佘英，但所救非真身。佘英被害，廖也被捕杀。同年12月，程昌祺、温朝钟进攻川东黔江，县令弃城请援，起义军一度进入城中，但不久亦在清军的进攻下失败。

四川革命党人的上述起义，或在筹备过程中中止，或举事后迅即失败，但其地区遍及川中、川北、川南、川东各地，显示出四川会党反清势力的深厚。

在同盟会发动的各次起义中，宋教仁计划发动的东北起义独具特色。

宋教仁与孙中山不同，重视经营东北。1907年4月1日（光绪三十三年二月十九日），宋教仁偕日人古川清等到达安东，以中国同盟会孙文、黄兴的名义致函绿林武装——"马贼"首领李逢春等人，分析东北的优越战略地位，认为在南方起兵，"欲为割据之事则易，欲致清政府之死命则难"，建议双方联合"南北交攻，共图大举"。[24]李逢春阅信后，约宋教仁面谈，表示赞成同盟会宗旨。其后，宋教仁组织同盟会辽东支部，以吴禄贞、蓝天蔚、张绍曾等为负责人。孙中山在惠州发动起义时，宋教仁曾拟起兵响应，首占辽沈，继占山海关，进窥北京。后因察觉清廷已有防范，中止计划。

宋教仁的东北计划本可以沉重打击清廷，动摇其北方统治，可惜后起无人，未能继续。

广州新军起义与“三二九”起义

（一）广州新军起义

以会党为主体的起义陆续失败后，革命党人逐渐将活动重点转向新军。倪映典南下广州后，任新军炮兵排长。他利用新军中的“讲古仔”形式，叙述岳飞、韩世忠抗金以及清军入关、扬州十日、嘉定三屠、洪秀全金田起义等历史故事，鼓动反清，最后归结为：“我们多数人受此少数欺压，轻汉重满，全无公道，专以压制手段，外国人则不然，何以我汉人甘为奴隶？”[25] 由于内容生动，听众日益增加。同时，朱执信也在广东陆军中学、小学、讲武堂等处做了不少工作。至1909年（宣统元年）冬，广州新军中已有同盟会员3 000余人。

同年10月（九月），同盟会在香港设立南方支部，以胡汉民为支部长，汪精卫为书记，倪映典为运动新军总主任。孙中山并指定，以赵声主持起义计划。1910年1月（宣统元年十二月），倪映典到香港报告，订于1910年2月24日（宣统二年正月十五日）夏历元宵节时发难。远在美国的孙中山同意这一计划，黄兴、赵声及湖北共进会的孙武等陆续抵港。香港商人李海云提供了经费支持。胡汉民担心力量不足，又命姚雨平等运动广州近郊的巡防营，朱执信等联络番禺、南海等地的会党。黄兴还致函宫崎寅藏，召集日本军官前来支援。

《神州画报》所载新军起义情形图

正在此际，一名士兵参加同盟会的证书被查获，粤督袁树勋警觉，下令将各标营子弹潜运入城。夏历除夕，二标士兵因事与警察互殴，新军士兵数百人持械入城包围巡警局，索回被捕士兵。当夜，倪映典赶至香港报告，黄兴等决定提前至 2 月 15 日（正月初六日）起义。事成后，黄兴、倪映典率军进攻湖南，赵声留守，以胡汉民管理广东的民政与财政。2 月 10 日（夏历元旦），二标士兵继续入城，捣毁警局。同日夜，倪映典回到广州，决定起事。2 月 12 日（正月初三日），倪映典进入炮、工、辎营，射杀管带等人，宣布起义，倪被推为司令，率千余人进至沙河。清军李准、吴忠禹部闻讯赶来，双方对阵。倪被吴部管带李景濂（同盟会员）诱入营中谈判，出营时被乱枪击毙。倪牺牲后，起义军因子弹迅速用罄，被迫撤退，部分人被俘，部分人逃亡。

（二）广州“三二九”起义

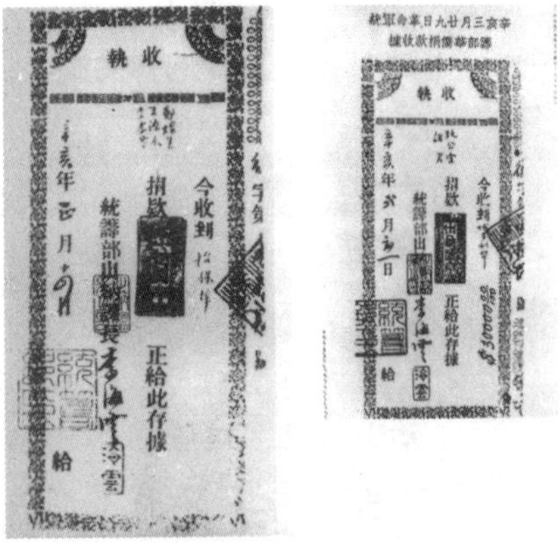

革命者给捐助者出具的收据

新军起义失败后，孙中山继续提议，在广东组织一次新的起义。1910 年 11 月 13 日（宣统二年十月十二日），孙中山在槟榔屿召开会议，黄兴、赵声、胡汉民、南洋及国内东南各省代表出席，光复会的李燮和也应邀参加。孙中山鼓励到会者“为破釜沉舟之谋”，“举全力以经营”。会议决定以广州为起义地点，以新军为主干，同时联络防营和会党。先定经费 10 万元，即席捐得 8 000 元。会后，黄兴、胡汉民、邓泽如赴南洋，孙中山赴美洲募捐。计南洋荷属殖民地捐得 32 550 元，英属殖民地捐得 47 663 元，美洲捐得 77 000 余元。

1911 年 1 月（宣统二年十二月），黄兴在香港跑马地 35 号设立统筹部，被推为部长，以赵声为副，下设调度、交通（联络）、储备、编制、秘书、出纳、调查、总务等八课，由姚雨平、赵声、胡毅生、陈炯明、胡汉民、李海云、洪承典分任课长。其后，陆续在广州设立秘密机关38处。

福建籍革命者起义前在香港合影

4月23日（三月二十五日），黄兴致函南洋华侨邓泽如等人，告以“本日驰赴阵地，誓身先士卒，努力杀贼，书此以当绝笔”。他对别人说：“我既入五羊城，不能再出去。”“余人可迈步出五羊城，惟我克强一人必死于此矣！”其他革命党人也都怀着和黄兴同样的决心。林觉民致妻函称：

吾今以此书与汝诀别矣。吾作此书时尚是世中一人。汝看此书时，吾已成为阴间一鬼。吾作此书，泪珠和笔墨齐下，不能竟书而欲搁笔，又恐汝不察吾衷，谓吾忍舍汝而死，谓吾不知汝之不欲吾死也，故遂忍悲为汝言之。吾至爱汝，即此爱汝一念，使吾勇于就死也。

林觉民与妻子的绝笔

……语云：仁者老吾老以及人之老，幼吾幼以及人之幼。吾充吾爱汝之心，助天下人爱其所爱，所以敢先汝而死，不顾汝也。汝体吾此心于啼泣之余，亦以天下人为念，当亦乐牺牲吾身与汝身之福利，为天下人谋永福也。

方声洞也在给父亲的信中写道：“此为儿最后亲笔之禀，此禀果到家，则儿已不在人世者久矣！”“但望大人以国事为心，勿伤儿之死，则幸甚矣！”这些信件，充分表现出当时革命党人心怀天下万众的广阔胸襟和至公无私、视死如归的精神。

4月27日（三月二十九日）下午4时，黄兴集众动员，朱执信赶到，剪去长衫下半截参加。谭人凤从香港赶来，告以香港党人无法按时赶到，建议缓期。黄兴顿脚道：“老先生毋乱军心，我不击人，人将击我矣！”谭人凤也整装，向黄兴要枪，黄兴劝他说：“先生年老，后事尚须人办，此是决死队，愿毋往。”谭说：“君等敢死，余独怕死耶？”黄兴于是拿了两把枪给谭。谭在接枪时误触扳机，打响一枪。黄兴将枪从谭人凤手上夺回，连声说：“先生不行！先生不行！”派人将谭送到陈炯明家。

5时半，黄兴乘坐肩舆，其他人打扮成侍从，臂缠白布为记，直扑总督衙门。黄兴手持两枪，连连发射，数十人在螺号声中冲入内堂，张鸣岐匆忙转入李准的水师行台。黄兴等放火后出署，与李准的亲兵大队激战，黄兴被打断一节手指，仍继续射击。其后，黄兴兵分三路，喻培伦等攻督练公所，徐维扬等攻小北门，黄兴亲率方声洞、朱执信等出大南门，接应巡防营。在激战中，三路先后失败。4月28日（三月三十日），赵声来见，二人相抱痛哭。次日，黄兴在女革命党人徐宗汉护送下易服化装，返港治疗。

参与起义失败后被捕的革命党人

起义失败后，清吏大肆搜索。被捕革命党人林觉民、陈可钧、李雁南、喻培伦、陈更新、程良等29人英勇就义，连同其他战死者遗骸，共72具，由党人潘达微收葬于白云山红花岗，潘为之改名黄花岗，后世就称这次起义为黄花岗起义。

暗杀活动

还在军国民教育会期间，即有暗杀团的组织。湖南人杨笃生与苏鹏在日本横滨设立炸药制造所，学制炸药，杨失慎炸伤一目。其后，苏鹏到上海，向蔡元培等传授技术。杨笃生、苏鹏、张继等潜入北京，计划在颐和园至西直门的路上炸毙慈禧太后，窥伺四五个月，未获下手机会。1904年（光绪三十年）冬，杨再次入京，谋划“中央革命”。他到保定与吴樾等共同组织北方暗杀团，亦称军国民教育会保定支部。㉖

吴樾及其《暗杀时代》原稿（局部）

（一）吴樾炸五大臣

吴樾（1878—1905），字孟霞，后改孟侠，安徽桐城人。保定师范学堂学生。1905年1月（光绪三十年十二月）创办《直隶白话报》，主张“君主不爱国，就是国人的仇敌，人人都有治理他罪的权柄”。[27] 他认为“排满之道”有二，一为暗杀，一为革命。暗杀虽个人可为，革命则非群力不可，当时还是“暗杀时代”。他和好友赵声相约，请赵进行“兵革之事”，以暗杀之事自任。最初，以户部侍郎铁良为对象，后来，改以奉命出洋考察的五大臣载泽等人为对象。在《与妻子书》中，他表示：“奴隶以生，何如不奴隶而死，以吾一身而为我汉族倡不奴隶之首，其功不亦伟耶！”[28] 1905年9月24日（光绪三十一年八月二十六日），吴樾怀揣炸弹，身穿红缨官服，伪装五大臣随从，在北京正阳门车站混上专车，正准备投掷时，因车头与车厢接轨，车身震动，引发爆炸，吴樾肢断腹裂，壮烈牺牲。

同盟会成立后，更建立专门团体，聘请流亡在日本的俄国“民粹党”人为教习。1907年（光绪三十三年），《民报》在《天讨》增刊中发表吴樾的《暗杀时代》，将暗杀与革命同列为“排满之道”。同年，东京和巴黎的中国留学生中，出现两种无政府主义的报纸，《天义》和《新世纪》，都鼓吹暗杀。此后，在革命党人中，先后发生刘思复炸李准，汪精卫等炸载沣，邝佐治刺载洵，温生才刺孚琦，林冠慈、陈敬岳再炸李准，李沛基炸凤山等多起暗杀事件。其中，以汪精卫等炸载沣事件最为有名。

（二）刘思复炸李准

刘思复

刘思复（1884—1915），广东香山（今中山）人。1904年（光绪三十年）留学日本。次年加入同盟会，到横滨学习制造炸弹。1906年到香港编辑《东方报》。当时，广东水师提督李准仇视革命，经常捕拿革命党人。刘思复便以炸李事自任，得到赞同。同盟会香港机关派朱执信等人协助。1907年（光绪三十三年），李准镇压黄冈、七女湖起义后回广州，刘思复计划在李准赴总督衙门参见时行事。6月11日（五月初一日）晨，携带炸弹出门，不幸爆炸，面部受伤，左手五指全废，被警察发现后逮捕。刘自称实验化学受伤，清吏因无证据，判令解押原籍监禁。1909年（宣统元年）经人营救出狱。1910年（宣统二年），与谢英伯、高剑父等组织支那暗杀团，武昌起义后，计划暗杀袁世凯，因南北和议告成作罢。民国成立后，成为著名的无政府主义者，废姓，改名师复。㉙

（三）汪精卫等炸载沣

河口等起义失败后，东京同盟会员日益沮丧。其后，同盟会内部矛盾加剧，汪精卫更加灰心，邀约黄复生、喻培伦、陈璧君等到北京从事暗杀。1909年（宣统元年）11月，汪精卫致函胡汉民及南洋革命党人称："此行无论事之成否，皆必无生还之望。""弟虽流血于菜市街头，犹张目一望革命军之入都门也。"1910年1月（宣统元年十二月），汪精卫等在北京琉璃厂开设守真照相馆以为掩护。最初，拟在正阳门火车站炸死自哈尔滨返京的筹办海军大臣载洵，未得机会。后在什刹海银锭桥下埋设炸弹，谋炸摄政王载沣。1910年4月16日（宣统二年三月初七日），北京警厅逮捕汪精卫与黄复生。载沣本拟处汪死刑，因当时清廷正在扬言"立宪"，在肃亲王善耆府中做家庭教师的同盟会会员程家柽乘机进言，清廷于是故作"宽大"，汪、黄均仅被判永远监禁。狱中，汪精卫曾作诗云："慷慨歌燕市，从容作楚囚。引刀成一快，不负少年头。"实际上，他在狱中受到优待，"饮食、衣服、夜具，均甚自由"。㉚

（四）邝佐治刺载洵

邝佐治，广东新宁人，厨工。原名霖，到美国后，因敬慕华盛顿，改名佐治。1909年（宣统元年）在旧金山加入少年学社，次年加入同盟会。1910 年（宣统二年）冬，满族亲王载洵赴美考察军政，在旧金山登陆，邝佐治混身人丛，准备从裤袋取枪射击时被侦探逮捕。按美国法律，持枪无罪，当地同盟会会员也聘请律师，拟为之辩护，但邝佐治直言，此次满洲皇帝派载洵访美，实欲兴建海军，束缚汉人，我“早已密购手枪，立意杀之，以除国家大害”。“我料我死后必有无数之我继续进行。”被判徒刑 14 年。民国建立后获释。

（五）温生才刺孚琦

温生才（1870—1911），字练生，广东嘉应人。出身贫寒，在南洋做苦工。同盟会会员。1909 年参加南洋华侨所组织的暗杀团。1911 年（宣统三年），到广州谋刺广州将军孚琦，致函南洋同志说：“看满贱种太无人道，恨火焚心，时刻不能耐。自从徐（锡麟）、汪（精卫）二君事失败后，继起无人，弟思欲步二君后尘，因手无寸铁，亦无鬼炮，莫奈何，暂忍。能得手有鬼炮时，一定有好戏看。弟心已决，死之日即生之年，从此永别矣！”4 月 8 日（三月初十日），华侨飞行家冯如在广州表演，孚琦前往观看，温生才在东门外茶馆伺伏，待其回程时冲出，左手攀轿，右手出枪，连击 4 发，将孚琦击毙后从容离去，被巡警逮捕。审讯中，清吏要他招供，温称：“晚饭未吃，懒得说话。”清吏送来饭菜，温生才边吃边谈，声言：“与孚琦并无仇怨，不过近来苛细杂捐，抽剥已极，民不聊生，皆由满人专制。”清吏讯以同党，答称：“十八省都有。”讯以同党所在，答称：“遍地皆是。”吓以刑法厉害，答称：“何不拿来试试呀！”清吏喝令捆绑，温生才伸直两手，刽子手居然无法使之弯曲。赴刑场途中，大呼：“快死快生，再来击贼！”[31]

就义前的温生才

（六）林冠慈再炸李准

林冠慈，原名冠戎，广东归善人，农民出身。1910年（宣统二年）参加刘思复所组织的支那暗杀团。次年“三二九”起义失败后，谋刺粤督张鸣岐和水师提督李准，同志为他饯行，他慷慨陈词：“我以身许国，早视死如归。此行无所系念，老母在家，不及一面为憾耳！”因改名冠慈。同年8月13日（七月初一日），林冠慈与陈敬岳、潘赋西三人分头出发，当李准乘轿经过时，林连掷两弹，将李准炸倒，未死，林本人牺牲。陈于纷乱中遭警察逮捕，11月7日（九月十七日）被害。

（七）李沛基炸凤山

“三二九”之役后，黄兴急于复仇，多次在香港表示：“此时党人惟有行个人暗杀之事，否则无以对诸烈士。”[32] 他闭门谢客，专事准备，拟以一死拼李准。其后，组织东方暗杀团，派人到广州南关，开设洋货店，将配置毒药的重型炸弹置于屋檐下的斜板上，系以长绳。适逢清新任广州将军凤山到任，黄兴遂改以凤山为对象。1911年10月25日（宣统三年九月初四日），凤山乘肩舆路过店前，李沛基割绳，炸弹轰然下落，凤山被炸毙，李沛基从瓦砾堆中爬出，从容走避。

暗杀十分危险，从事者必须具有视死如归的精神，但是，这种斗争方式不能摧毁敌对政权。1911年（宣统三年）春，美洲《少年中国晨报》发表社论，认为“吾党之所求者，在废灭鞑虏清朝，创立中华民国，事业伟大，断非区区暗杀一二元凶大恶所能有济者”。同盟会在南洋的机关报《光华日报》迅速转载，显然针对这接二连三的暗杀活动而言。[33]

注

①冯自由：《中华民国开国前革命史》上编，第249页。
②汪文溥：《醴陵平匪日记》，《近代史资料》1956年第4期。
③邹鲁：《中国国民党史稿》，第705页。
④参阅杨天石、曾景忠编《宁调元集·前言》。
⑤参见拙作《许雪秋》，《民国人物传》第2卷，中华书局1980年版，第34页。
⑥《京报》，1907年6月7日。
⑦《中国日报》，1907年9月28日。
⑧胡汉民：《胡汉民自传》，中国社会科学院近代史研究所编《近代史资料》总第45号。
⑨《中兴日报》，1908年6月6日。
⑩法国外交部档案，《辛亥革命史资料新编》(7)，湖北人民出版社2006年版，第89页。
⑪法国外交部档案，《辛亥革命史资料新编》(7)，第91页。
⑫《驻法公使刘式训致外务部电》，光绪三十四年四月初七日。
⑬《陶成章致吴稚晖函》，手稿，吴稚晖档案，台北中国国民党党史馆藏，03870。
⑭《凭单》，见徐市隐《缅甸中国同盟会开国革命史》第3节。
⑮《秋瑾集》，中华书局上海编辑所1960年版，第45页。
⑯陶成章：《布告同志书》，台北中国国民党党史馆藏。
⑰《马宗汉供》，《神州日报》，1907年7月17日。
⑱参见拙作《同盟会的分裂与光复会的重建》，《晚清史事》，第280页。
⑲台北中国国民党党史馆藏。
⑳王璧华：《秋瑾成仁经过》，《近代史资料》1957年第2期。
㉑《熊成基被逮始末记》，《神州日报》，1910年2月13日。
㉒《薛哲供词》，《神州日报》，1908年12月11日。
㉓熊克武：《辛亥前我参加的四川几次武装起义》，《辛亥革命回忆录》第3集，文史资料出版社1963年版，第24页。
㉔《宋教仁日记》，湖南人民出版社1980年版，第356页。
㉕莫昌藩等：《1910年广东新军革命纪实》，《近代史资料》1955年第4期。

注

㉖参见拙作《杨笃生》，《民国人物传》第 2 卷，第 46 页。

㉗谪青：《论国家和朝廷的分别》，《直隶白话报》第 13 期。

㉘《辛亥革命》(三)，上海人民出版社 1957 年版，第 391 页。

㉙拙作《师复传》，《民国人物传》第 4 卷，中华书局 1984 年版，第 398—402 页。

㉚陈璧君：《上总理书报告刺摄政王失败经过》，台北中国国民党党史馆藏，241/319.2。

㉛拙作《温生才传》，《民国人物传》第 2 卷，第 38—40 页。

㉜胡汉民：《胡汉民自传》，中国社会科学院近代史研究所编《近代史资料》总第 45 号。

㉝《光华日报》，1911 年 3 月 8 日。

第八章

同盟会的内部矛盾与中部总会的成立

孙中山 1910 年 6 月（宣统二年五月）的东京之行并未消除同盟会骨干之间的矛盾，孙中山离去后，谭人凤、赵声约集宋教仁、林文、李肇甫、邹永成、刘承烈等会议。会上，宋教仁称："在边地进行为下策，在长江流域进行为中策，在首都和北方进行为上策。"会议取中策，决定成立中部同盟会。

同盟会内部矛盾的发生

同盟会的内部矛盾最初表现在国旗图式上。孙中山主张沿用兴中会的青天白日旗，因为该旗为烈士陆皓东设计；黄兴主张采用井字旗，以示平均地权之意。二人在争论中都动了感情，最终，黄兴妥协，接纳了孙中山的意见。

（一）第一次倒孙风潮

张继

1907 年 2 月（光绪三十三年正月），日本政府接受清廷要求，通过内田良平、宫崎寅藏等，劝孙中山离日。日本政府赠孙 5 000 日元，股票商人铃木久五郎赠送 10 000 元。孙中山从铃木的赠款中提出 2 000 元作为《民报》经费，将余款携赴南方发动起义。事为张继、章炳麟等人得知，引起不满。张继主张，革命之前，必先革革命党之命；章主张孙应向日本政府“示威”；刘师培则指责孙中山受贿。不久，黄冈、七女湖起义先后失败。张继、章炳麟等催逼同盟会庶务刘揆一召集会议，革除孙中山总理职务，改推黄兴。刘师培企图自任总理，并企图引用日人北一辉、和田三郎为同盟会干事，从而形成第一次“倒孙风潮”。刘揆一一面致函冯自由、胡汉民，要他们劝孙中山高姿态地向同盟会本部“引咎谢罪”，企图借此平息风波，一面则坚决反对革除孙的总理职务，以免起义军陷入困境。为此，他甚至和张继扭打起来。①

刘师培

在同盟会内部发生意见分歧前后，日本社会党发生软（温和）硬（激烈）两派的分裂。软派以片山潜为代表，主张通过议会斗争，实现社会主义；硬派以幸德秋水、堺利彦、山川均、大杉荣等无政府主义者为代表，完全反对议会斗争，主张以直接行动（总同盟罢工与暗杀）实行革命。日本社会党的这种分裂迅速影响了同盟会。

1907 年 4 月（光绪三十三年三月），幸德秋水在《平民新闻》上发表文章，号召东洋各国的社会党联合起来。同年春，成立亚洲和亲会（一名东亚同盟会）。该会章程由章炳麟起草，规定其宗旨为“反抗帝国主义，期使亚洲已失主权之民族各得独立”；“凡亚洲人，除主张侵略主义者，无论民族主义、共和主义、社会主义、无政府主义，皆得入会”；“如一国有革命事，余国同会者应互相协助”。② 日本方面参加者有幸德秋水、堺利彦、山川均、大杉荣等，中国方面参加者有章炳麟、张继、刘师培、何震、陈独秀、苏曼殊等，朝鲜方面参加者有赵素昂等，越南方面参加者有潘佩珠等，此外，参加者还有菲律宾和印度的在日革命者。该会不设会长、干事一类职务，宣称“各会员皆有平均利权”。

社会主义讲习会的成立与无政府主义派别的出现

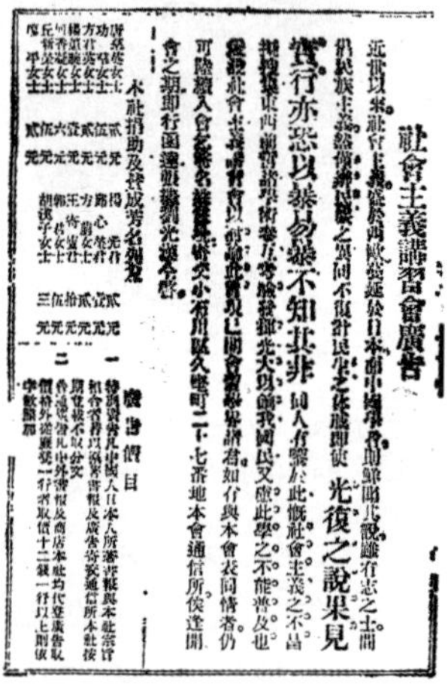
社會主義講習會廣告

近世以來，社會主義盛於西歐，蔓延於日本，而中國學者則鮮聞其說。雖有志之士間倡民族主義，然僅辨種族之異同，不復計民生之休戚，即使光復之說果見實行，亦恐以暴易暴，不知其非。

社会主义讲习会广告

1907年8月31日（光绪三十三年七月二十三日），张继与刘师培发起组织“社会主义讲习会”，指责当时革命者“仅辨民族之异同，不复计民生之休戚”，表示要另辟道路，实行无政府革命。他们在其机关刊物《天义》上译载过《共产党宣言》的片断，称赞阶级斗争理论为“不易”之说，但又攻击马克思主义的国家学说，主张建立“无中心”、“无畛域”、没有任何“在上之人”的社会。其理论核心是“均力主义”。刘师培认为：人人做工，人人劳动，固然平等，但是，同一做工，有难易苦乐的不同，仍然不平等，因此，他设计了一个按年龄不同在各种行业中轮转的方案，即每个社会成员20岁以前在“栖息所”学习，21岁至36岁“业农”，同时以业余时间从事筑路、开矿、伐木、盖房、制造铁器陶器、纺织、制衣等工作，37岁至40岁烹饪，41岁至45岁运输货物，46岁至50岁为工技师及医师，50岁以后入栖息所养育儿童并任教师。刘师培认为，经过了这样的轮转后，就“人人为工，人人为农，人人为士，权利相等，义务相均”，达到“完全平等”的境界了。该会还特别关心农民问题和妇女问题，设有农民疾苦调查会。对孙中山的三民主义，该刊持全盘否定态度，认为共和政体“不共不和”，“平均地权”只是和王莽改制一样的愚民政策。

章炳麟、陶成章一度积极参加社会主义讲习会的活动，章炳麟在演说中宣称“无论君主立宪、民主立宪，均一无可采”，“国家之事业，是最鄙贱者”。他强烈批判资本主义文明，认为“愈文明之人愈恶”，“愈野蛮，其恶愈减”。他将无政府主义和佛教虚无主义结合起

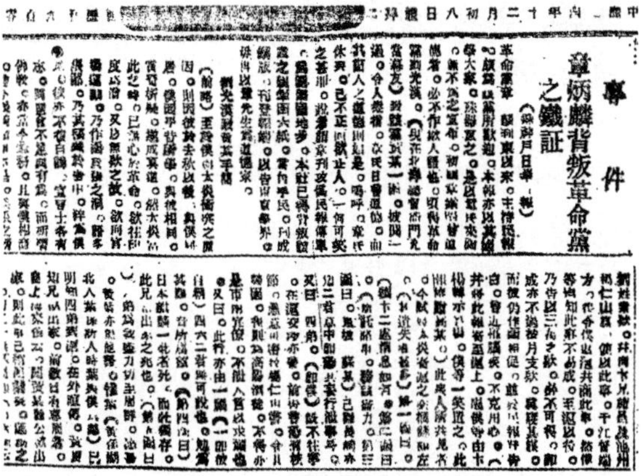

事件

章炳麟背叛革命黨之鐵証

孙派革命者攻击章炳麟背叛的文章

来，认为最高理想是“五无”——无政府，无聚落，无人类，无众生，无世界，但在初级阶段，不妨设立共和政府。为了减轻政府祸害，必须：1. 均配土田，使耕者不为佃奴；2. 官立工场，使佣人得分赢利；3. 限制遗产继承，使富厚不传子孙；4. 解散议员，使政党不敢纳贿。章炳麟表示，如果没有这四项，君主立宪、民主立宪都不如实行专制。[③] 他有时甚至说：“立宪无益，盛唐专制之政，非不可以致理。”[④]

在成立亚洲和亲会前后，章炳麟即和印度在日本的革命者来往密切。同盟会内部发生矛盾后，章炳麟悲观失望，但他仍想了解印度革命状况，“知所观法”，便企图去那里当和尚。同年十月，他先是通过清廷驻长崎领事卞綍昌和张之洞联系，后是命刘师培回国，通过居士杨仁山运动端方，企图获得资助。章炳麟曾先后六次致函刘师培夫妇，指示交涉要点，但刘师培夫妇回国后，即向端方自首，除建议策反章炳麟外，并向端方提出使《民报》停刊，在三年内毙杀孙中山、黄兴等保证。1908年2月（光绪三十四年正月），刘师培夫妇回到东京，通过北一辉策动程家柽，以10万元购买孙中山的首级。同时，创办《衡报》，提出“颠覆人治，实行共产”等无政府主义纲领。

No/O　第十號

EQUITY

The Chinese Anarchist News.

衡報

每月發行三次

ISSUED THREE TIMES A MONTH.

EDITOR LIEU SUN SOH.

價目表

General objects

1. Anarchist communism

2. Antimilitarism and General strike

3. Peoples worry jotting

4. International revolutionary and laborer Association

No. 21, Gochome

Iidamachi,

Kojimachiku,

Tokyo,

Japan.

中国无政府主义者的第一份报纸《衡报》

《衡报》受到西欧和日本社会主义者、

无政府主义者的影响，关心工农问题，发表过一批《贵州农民疾苦调查》《四川工人之悲苦》之类的调查报告，也曾发表《论中国田主之罪恶》一类论文，阐述中国地主阶级的特征、类型和地租形态，还曾提出“抵抗资本阶级”为当时中国的“急务”。该报主张在中国建立“劳民协会”，以“运动农工为本位”，提倡知识分子“脱卸长衣，或入工场，或为农民，或往服兵”，建立革命基础。该报特别强调“农民革命”，认为“欲行无政府革命，必自农民革命始”。但是，该报坚决反对武装斗争，而以农民抗税和工人罢工作为主要斗争手段。[5]

同年4月，章炳麟、刘师培之间因事吵翻。11月，《衡报》被日本政府查封，刘师培夫妇回到上海。为了进一步制造革命党人的内部纠纷，将章炳麟的六封信的“真迹照片”寄给黄兴，同盟会的内部矛盾因之更加复杂化。[6]

孙中山对东京总部的情况很恼火，也很失望。1907年9月13日（光绪三十三年八月初六日），他致函宫崎寅藏，表示不再信任平山周、北一辉、和田三郎等，要宫崎一人独任运动日本方面的有关工作，同盟会本部、民报社中人，均不必与之商议。同时，复函刘揆一称：“党内纠纷，惟事实足以解决，无引咎之可言。”[7] 此后，孙中山决定“从新组织团体”，一意经营南洋支部和《中兴日报》，力图使之成为新的领导中心和宣传中心，对东京总部和《民报》，就不大愿意过问了。

南洋支部以胡汉民为支部长，在新加坡、吉隆坡、槟榔屿等地均设立分会。孙中山曾称，“南洋之组织与东京同盟会不为同物”，可见孙对东京同盟会的反感之深。

在东京之外，在巴黎的吴稚晖、张静江、李石曾等人创办《新世纪》，形成另一个无政府主义派别。该刊创办于1907年5月22日（光绪三十三年四月十一日），终刊于1910年5月21日（宣统二年四月十三日）。共出版121号。

《新世纪》以介绍俄国无政府主义者克鲁泡特金的著作为主，像所有无政府主义者一样，将国家、政府、军队、宗教、法律、巡警一概视为“强权”或“强权”之助，它从进化论的观点出发，反对“尊古薄今”，提倡“尊今薄古”，认为今人诵习古人学说，不过是为了

“察往知来，考察人类进化的脚迹”，并非“崇拜其学说，羡慕其行事，为万世之标准”。因此，他们对当时的国粹主义思潮深恶痛绝，批评说：“于科学大昌明时代，而好古者之保存国粹，以狗屁不值之四书五经，而必编为教科书，吠影吠声之帝皇家谱历史，而必插入于课程中，吾诚不知其好古之成见何其深，而崇仰旧说若是之甚也。”[⑧] 对孔子和儒学，《新世纪》持极端的批判态度。绝圣在《排孔征言》中提出，将孔子列为革命对象。文称：“欲世界人进于幸福，必先破迷信，欲支那人之进于幸福，必先以孔丘革命。”该文认为“孔毒”入人已深，必须刮骨破疽，痛心协力，“开展并完成批判孔丘的伟绩”。[⑨]

《新世纪》编者虽然是无政府主义者，但是，他们认为，无政府主义只是“终极目标”，在当时，他们的主张和同盟会的革命主张并不矛盾，两者之间，完全可以“协力以图最近之革命”。[⑩] 因此，他们和孙中山及同盟会的关系良好。在孙中山和同盟会经济困难时，张静江等大力援助；在陶成章攻击孙中山时，《新世纪》明确地站在孙中山一边。

共进会

位于汉口法租界的共进会总部

同盟会成立时，没有设立联络会党的专门机构。为了弥补这一缺陷。1906年（光绪三十二年），执行部内有调查科之设。萍浏醴起义失败后，国内会党分子纷纷逃亡日本，同盟会再有联络部之设，以吕志伊为部长，东斌步兵学校学生张伯祥、焦达峰分任副部长及调查科长。焦达峰原是湖南浏阳的哥老会成员，参加过萍浏醴起义；张伯祥原为川陕一带孝义会头目。他们都不满意孙中山一意经营南方，放松中部地区的会党工作。同时，又觉得会党头脑简单，必须于同盟会之外另建团体，委用熟悉会党的人。1907 年（光绪三十三年）8 月，焦达峰、张伯祥、刘公、邓文翚、吴永珊（玉章）及各地在日会党头目在东京成立共进会，推张伯祥为总理，下设内政、外交、军务、财政、党务等各部。

共进会草拟过文言、白话宣言各一份。文言宣言号召“四万万黄帝子孙”奋起为祖宗复仇，声称“共进者，合各党派共进于革命之途，以推翻满清政权，光复旧物为目的”。[11] 白话宣言则严厉指责清廷“奉承洋人，作洋人的奴隶”，“只顾请洋人来保他做皇帝”，号召人们“拼命去杀那满鞑子”，认为只要中国整顿好了，洋人也就不敢来欺负了。[12] 可见，共进会成员思想中最兴奋的部分是反满。至于革命后应该建立什么样的政权，中国社会发展应该走一条什么样的道路，它没有回答。该会军务部部长孙武并将同盟会誓约中的“平均地权”改为“平均人权”。其理由，孙武的解释是“吾国人民智识程度太低，一时做不到”。[13] 其他人的解释是“满人压迫汉人，人权不平均”，或是：中国人除视官僚为上品外，士农工商都有地位，独视会党为下品，革命成功后，各界一律平等相待。[14] 在入会手续上，共进会模仿会党开堂、烧香等办法，其《光复堂诗》云：“堂上家家气象新，敬宗养老勉为人。维新守旧原无二，要把恩仇认得真。”

1908 年（光绪三十四年）4 月下旬，同盟会在云南河口发动起义，共进会的居正、孙武曾赶往参加。孙武，原名葆仁，字尧卿，湖北夏口人，家资巨万。因慕孙文之名，为便于号召，便改名孙武。早年毕业于武备学堂，曾任湖南新军教练。1904 年加入科学补习所，后又加入日知会。到日本后，进入大森军事学校学习，曾称：“联络会党，会党又野性难驯。今后惟有运动士兵，借矛夺盾。”[15] 因此，在共进会中，他是注重在湖北新军中进行活动的人。

居正

河口起义失败，共进会与同盟会分道扬镳的趋向日渐明显。当年夏，黄兴曾询问焦达峰“何故立异”，焦答：“同盟会举止舒缓，以是赴急，非敢异也。”黄兴再问：“如是，革命有二统，二统将谁为正？”焦笑答：“兵未起，何急也！异日公功盛，我则附公；我功盛，公亦当附我。”⑯ 谭人凤也批评共进会模仿会党，是从“文明”向“野蛮”倒退，但都未能改变焦达峰等人的想法。

张伯祥担任共进会总理为时不久，即行归国，由江西人邓文翚继任。其间，孙武为共进会制定三等九级军制，确定旗式。旗帜为：红底、黑心，轮角，外加十八颗黄星，象征黄帝子孙、十八省人民铁血主义精神。后来武昌起义时，在湖北军政府门前飘荡的就是这种旗帜。

五省革命协会的筹创与光复会的重建

（一）五省革命协会的筹创

稍后于共进会，陶成章与浙江革命党人张恭等也在积极联络会党。秋瑾、徐锡麟起义失败后，浙江龙华会的力量大受损失。1907年（光绪三十三年）冬，陶成章、张恭等企图重新组织龙华会。次年春夏间，二人倡议，将浙江、福建、江西、安徽、江苏等五省会党打成一团，成立革命协会。山，定名为一统龙华山；堂，定名为汉族同登普度堂。为了加强反满色彩，它将会党传统崇拜的偶像关羽改为“岳爷爷”，将目标定为收回“大明江山”。章程规定，所有官职都取法于“大明大唐”，但是，它又同时宣称：“无论什么君主立宪、共和立宪，总不免少数人的私意，平民依旧吃苦。”章程设想，革命之后，由大家公举总统，任期五年或八年，“或者竟定为无政府，不设总统”。又设想，“把田地改作大家公有财产，也不准富豪霸占，使得我们四万万同胞，并四万万同胞的子孙，不生出贫富的阶级”。⑰ 可以看出，这一章程同样受到幸德秋水一派日本社会主义、无政府主义者的影响。

这一时期，陶成章曾致函在巴黎的吴稚晖，称："若就用武功以倒政府一方面而论，江浙一带，弟等固已运动有基础，但中国人不识无政府主义之可行，若与之言此，其必掩耳却走。且弟等之所运动入会者皆盐枭、哥老等之下流社会，更不识无政府之为何物，故鼓动之仍在排满主义，而其间涉以财产、土地公有之说，为日后预备渐变为无政府主义之地步而已。"据此函，陶成章的理想是建立无政府主义社会，其所以重新组织"龙华会"，以"岳爷爷"为崇拜偶像，其目的在于为"盐枭""哥老"等"下流社会"说法。

1908年11月（光绪三十四年十月），光绪帝、西太后相继死去，张恭邀约安徽熊成基、浙江陈其美、褚辅成等协同起义。12月8日（十月二十六日），熊成基在安庆起事，但旋即失败。张恭等邀集浙江会党在上海开会，拟在浙江衢州、嘉兴等地发动，但为刚自日本回国的刘师培探悉，密告两江总督端方，张恭被捕，起义流产，革命协会也因而未能成立。

（二）第二次倒孙风潮

孙中山离日后，东京中国同盟会不仅日益涣散，而且财政上也日益困难，尤以《民报》为甚。

章炳麟一直想改造佛学，使之成为革命党人的思想武器和理论武器。他在接办《民报》后，即发表多篇文章，宣扬这一思想，因此，《民报》的风貌与前大不相同。由于佛学既艰深繁琐，又与当时知识精英的思想严重脱节，因此，《民报》受到人们的批评，讥讽其为"不作民声，而作佛声"，销路随之下降。章炳麟有时不得不并日而食。陶成章曾将《民报》的窘困情况向在南洋的孙中山报告，但南洋方面自顾不暇。1908年（光绪三十四年）9月，陶成章亲赴南洋，企图通过发行《民报》股票的办法筹集经费，同时要求孙中山拨款。孙中山无法，将自己的手表等物交陶成章变卖济急。陶成章要求孙为之代筹5万元，孙即推以南洋经济恐慌，断难办到。1908年11月（光绪三十四年十月）以后，《民报》实际上处于停刊状态。

同盟会成立后，华兴会等原来的小团体均自动解散，但光复会始终保持组织，继续发展会员。1906年（光绪三十二年），陶成章发展自湖南来沪的李燮和为光复会会员。陶本人迟至1907年1月4日（光绪三十二年十一月二十日）才加入同盟会。南洋筹款遭遇困难后，陶成章遂决计“独自经营”。他在槟港中华学堂教员李燮和的支持下，印刷光复会盟书，准备在南洋发展会员。1908年11月（光绪三十四年十月），陶成章到缅甸募捐，在当地《光华日报》上发表其所著《浙案纪略》，宣扬秋瑾、徐锡麟的事迹，同时，以江、浙、皖、赣、闽五省革命军布置决行团名义发行债券。正面所盖印章为“浙江同盟分会”，而在背面则声明“光复会由来已久”，内地“更改为难”。12月，陶成章到槟榔屿等地筹款，都不顺利，陶成章怀疑孙中山暗中为难。不久，在爪哇泗水成立光复会。许雪秋等在黄冈起义失败后流亡南洋，对孙中山的善后安排不满，纷纷加入光复会。

1909年（宣统元年）8月，陶成章到槟港，向李燮和诉说对孙中山的不满，遂由李执笔，邀约魏兰及在中华学堂教书的湖南陈方度、胡国梁等数人，起草《意见书》。该《意见书》以川、广、湘、鄂、江、浙、闽七省同志的名义，指责孙中山有“残贼同志”“蒙蔽同志”“败坏全体名誉”等罪状三种十四项，诬称其在香港存款20万，要求开除孙中山的同盟会总理职务，废除南洋支部章程，另订新章，令南洋各地分会直属东京总会，重开《民报》机关。[18] 9月，陶成章即赶赴东京，要求黄兴邀集各省同盟会干部开会讨论。黄兴致函陶成章，表

代論

南洋革命黨人宣佈孫文罪狀傳單

此傳單用石版印成由爪亞友人寄來屬刊報端者其中一節本報不敢增減隻字

陶成章等宣布孙中山“罪状”

示愿作中间人，出面解说，陶成章以“此非仆一之事，二三人私议，固何为者”，坚持公开讨论。[19] 当时，汪精卫正在东京筹备续出《民报》，未邀章炳麟参加，章在陶成章支持下，愤而刊发《伪民报检举状》，指责汪精卫所刊《民报》为“伪”，同时指责孙中山不肯解决《民报》的经济困难，“背本忘初，见危不振”，其中的重磅炸弹是指责孙中山贪污，“怀挟巨资，而用之公务者十不及一”。[20] 张继因于1908年1月（光绪三十三年十二月）参加日本无政府主义者举行的街头游行，被日警追捕，逃亡法国，这时，也致函孙中山，要求他退隐深山，或辞退同盟会总理职务，从而形成第二次倒孙风潮。[21]

黄兴在收到刘师培“揭发”章炳麟的有关信件后，除决定不再让章参与同盟会机密外，没有采取其他措施。陶、章二人相继发表对孙中山的攻击文章后，黄兴也仍然持克制态度。他与谭人凤、刘揆一联名致函李燮和等，列举事实，一一为孙中山辩诬。在越南的中国革命党人则发表《河内公函》，详述孙中山在云南、广西发动起义的实情。南洋革命党人还派人调查，发现孙中山在九龙的住宅“家徒四壁”；孙眉已因支持革命破产，自己盖了草房子在种地。1909年（宣统元年）秋，刘师培叛降端方之事暴露，革命党人怀疑章、刘之间存有暧昧关系。12月19日（十一月初七日），香港《中国日报》发表《为章炳麟叛党事答复投书诸君》等文，指责章是秘密通敌的“两截人物”。孙中山因陶、章二人的诬陷影响自己在华侨中募捐活动，将刘师培提供的章炳麟向端方谋款的有关函件交美洲《少年中国晨报》发表。在此前后，吴稚晖主办的巴黎《新世纪》以及日本《日华新报》、香港《中国日报》《公益报》、新加坡《中兴日报》都发表了批评章炳麟的文章。[22] 1910年1月25日（宣统元年十二月十五日），陶成章发表《布告同志书》作答，除自辩外，继续指责孙中山等“居心阴险，行事巧诈”，“行事实等儿戏，同志性命，其戏具耳”，“既以诈伪之术行之内地，复以夸大之言，施之海外，于彼一己之名利，固有进矣，其如祖国前途何！”[23]

（三）光复会的重建

陶成章一向认为光复会早于同盟会，甚至对外宣传“光复会即为同盟会之原”。[24] 陶成章此次到东京，作好了如开除孙中山总理职务不成，就与同盟会彻底分家的准备。他对章炳麟说：“逸仙难与图事。吾辈主张光复，本在江上，事亦在同盟会先，曷分设光复会？”[25] 1910 年 2 月（宣统二年正月），光复会在东京重建。以章炳麟为会长，陶成章为副会长。本部设于东京，在南洋设行总部。

陶成章不满意同盟会所举行的历次武装起义，讥为“东放一把火，西散一把沙”，既劳民伤财，又易于引起外人干涉。[26] 光复会重建后，即“专主个人运动，以教育为根本”，“实事求是，以图渐进”，企图走渐进的“教育救国”道路。3 月 10 日（正月二十九日），章炳麟、陶成章等在东京创办《教育今语杂志》，作为光复会的通讯机关。该刊大部分文章用白话，即所谓“今语”写成。其宗旨为：“保存国故，振兴学艺，提倡平民普及教育。”该刊用“周召共和”纪年，坚持反清、反专制的立场。良史在《中国政治史略论》中将秦汉以来的帝王分成强徒、窃贼、外寇三类，指责他们“妄窃皇帝的名号，看待百姓，和那奴隶一样，天天把他残杀起来，有反抗的，都叫他做大逆不道，又把那灭九族的酷刑，恐吓天下的百姓，使那不敢做大逆不道的事。一味私心，把个好好儿的中国，竟变成了一个鬼蜮豺狼的世界”。[27]

章炳麟认为，世界各国，兴灭无常，“其能屹立数千载而永存者，必有特异之学术，足以发扬其种姓，拥护其民德者在焉”。因此，该刊的最大特点是用民主主义思想来观照中国的历史和文化，并以白话向读者宣讲。章炳麟继承章学诚“六经皆史”的思想，将儒家视为十家、九流中的一家。经，只是古代“官书”的名目，孔子只是“史学的宗师”，老子是中国“头一个发明哲理的”。在治学态度上，章炳麟主张重点应在“求智慧”，而不大赞成“为致用”。[28] 在中外文化关系上，章炳麟主张，“不可舍己之长”，但是“对于别国所有，中国所无的学说”，也应该“取来补助”。[29]

重建后的光复会改以南洋为活动基地。总部以李燮和、沈钧业、魏兰三人负责。在新加坡，设招待员；在爪哇，设机关所；在邦加，设教育会，以槟港华侨温庆武为会长，沈钧业为视学员；在泗水，创办书报社。冬十一月，沈钧业到泗水主持《汉文新报》。

陶成章素来主张在北京进行“中央革命”，但他认为，在北京，只能实行暗杀。[30] 他曾幻想在北京开设妓院，借机毒杀满族亲贵。[31] 不过，重建后的光复会并不一概反对起义。1910 年（宣统二年）冬，同盟会计议在广州再次发动起义。黄兴致函李燮和，邀他“捐除成见，同任艰巨”，李燮和立即表示赞成，并致函陶成章，劝其以大局为重，届时在江浙配合。[32] 11 月 13 日（十月十三日），孙中山在槟榔屿召开秘密军事会议，李应邀出席，会后回邦加，向当地华侨募得荷币三万余盾，李的妻子也捐出大部分积蓄，作为起义经费。1911 年 2 月 1 日（宣统三年正月初三日），陶成章因在东京处于孤立状态，无法活动，回到南洋。同年，广州“三二九”起义爆发。李燮和率领陈方度、柳聘农、胡国梁等人回国参加。陶成章也应李燮和等电召，到达香港，已成分裂状态的同盟会，和光复会再次出现合作迹象。

东京同盟会本部的再兴

孙中山虽然一意经营南洋支部，企图以之代替在东京成立的同盟会。但是，这毕竟是一个地域性的组织，无法号召全国。因此，孙中山力图以某种方式对同盟会进行改组，建立一个新的组织。1910 年 2 月 27 日（宣统二年正月十八日），孙中山在旧金山建立同盟会分会，将同盟会原来的 16 字纲领修改为：废灭鞑虏清朝，创立中华民国，实行民生主义。盟书中的中国同盟会会员则改为中华革命党党员。同年秋，孙中山到达槟榔屿，通知南洋各同盟会分会一律照改。1911 年（宣统三年）春，又通过美洲《少年中国晨报》、槟榔屿《光华日报》将这一变动公布。不过，始终未能得到各地同盟会员的普遍承认。

1910 年 6 月（宣统二年五月），孙中山自檀香山秘密前来日本，谭人凤、赵声、黄兴等前来相见。谭人凤要求改良会务，孙中山表示同意。宋教仁前往商量，孙中山发牢骚说："同盟会已取消矣，有力者尽可独树一帜。"宋教仁问故，孙中山答道："党员攻击总理，无总理安有同盟会？经费由我筹集，党员无过问之权，何得执以抨击！"对于孙中山的这些违反民主原则的话，宋教仁未加辩驳，回来告诉谭人凤，谭也很有意见。第二天，谭、宋同往见孙，孙持论如前。谭人凤驳斥说："同盟会由全国志士结合组织，何得一人言取消？总理无处罚党员之规条，陶成章所持理由，东京亦无人附和，何得怪党人？款项即系直接运动，然用公家名义筹来，有所开销，应使全体与知，何云不得过问！"谭人凤的这些话驳得孙中山哑口无言，只表示"容日后约各分会长再议"。[33] 6月23日（五月十七日），东京小石川区警察署长来访，命孙于6月25日（五月十九日）离日。届时，孙中山离开日本。7月11日（六月初五日），抵达新加坡。

宋教仁

孙中山离日前，与黄兴等人商定，当总理不在时，同盟会本部领导工作由执事部庶务刘揆一代理。1910年1月（宣统元年十二月），保界拒约运动爆发，刘揆一团结部分同盟会员，参加并成功地领导了这一运动（详第十章第四节）。1911年（宣统三年）3月，刘揆一发表《提倡汉满蒙回藏民党会意见书》，主张"融和汉、满、蒙、回、藏之民党"，认为只有实行民族团结，才"内可倾倒政府而建设共和国家，外可巩固边疆而抵抗东西强权"。该文强调汉、满两族在反对瓜分问题上的一致性，力图将斗争矛头指向少数"满洲皇族"。文称："使满人而知断送满洲桑梓地者为满洲皇族也，知汉族不强，满族亦随而亡也，知非建立共和政府满汉种族之意见终不能融洽也，吾恐汉人虽不革命，满人犹当首先排去其皇族而倾倒其政府矣。"[34] 这是革命党人

｜刘揆一《提倡满汉蒙回藏民党会意见书》

在民族关系认识上的一个大飞跃，也是同盟会革命思想的大进步。

变化不仅表现在刘揆一一个人身上。武昌起义爆发后，章炳麟在日本发表《致留日满洲学生书》，说明所谓“民族革命”，并非“屠夷满族，使无孑遗，效昔日扬州十日之为也”。他许诺在攻克北京之后给予满族人民以平等待遇，文称：“君等满族，亦是中国人民，农商之业，任所欲为，选举之权，一切平等，优游共和政体之中，其乐何似！”[35] 他在四年前就曾将此意告知肃亲王善耆。章炳麟本是革命党人中排满思想最强烈的人，连他都发生了如此重大的变化，说明革命党人在民族关系问题的认识上普遍有了提高。

同盟会中部总会的成立

孙中山1910年6月（宣统二年五月）的东京之行并未消除同盟会骨干之间的矛盾，孙中山离去后，谭人凤、赵声约集宋教仁、林文、李肇甫、邹永成、刘承烈等会议。会上，宋教仁称：“在边地进行为下策，在长江流域进行为中策，在首都和北方进行为上策。”会议取中策，决定成立中部同盟会。会后，谭人凤南下香港，与黄兴、胡汉民商量。黄兴表示须有经费，胡汉民则坚决反对。谭人凤愤然对胡说：“本部在东京，总理西南无定踪，总于何有？理于何有？”他以杯酒敬胡汉民说：“劝君放开眼界，天下事断非珠江流域所能成。余往返香港三四次矣，请从此别！”[36]

为解决经费问题，宋教仁曾准备将湖南新化的锑矿专卖权出售给日本，但始终未能落实。谭人凤回日后，虽决意进行，但事实上不能不处于停顿状态。同年冬，宋教仁回到上海，参加编辑《民立报》，局面才逐渐打开。1911 年广州起义失败后，宋教仁、吴永珊逃回上海，决定筹划再举，派吴永珊及张懋隆入川发动。同年 7 月 31 日（闰六月初六日），宋教仁、陈其美、范光启、吕志伊、谭人凤等在上海召开中部同盟会成立会，湖南、浙江、四川、福建、江苏、安徽、云南等 7 省的革命者共 29 人出席。湖北虽无人出席，但此前谭人凤已与孙武、蔡济民等建立联系。会议推举陈其美、潘祖彝、宋教仁、谭人凤、杨谱笙等分掌庶务、财务、文事、交通、会计等各项工作。暂不设总理，虚位待贤。会议还通过了《中国同盟会中部总会章程》和《宣言》，规定该会由中国同盟会员中的“表同意者”组织而成，“以推覆清政府，建设民主的立宪政体为主义”，“会员皆一律平等”。在机关内部实行“合议”制，防止专制独断。它既批评同盟会以往的缺点，又力图保持良好的关系，声称“奉东京本部为主体，认南部分会为友邦”。在武装起义问题上，它批评此前同盟会靠金钱收买乌合之众，希冀侥幸成事的做法，表示要“培元气，养实力”，进行长期准备。[37] 8 月 2 日（闰六月初八日），选举谭人凤为总务会议长。

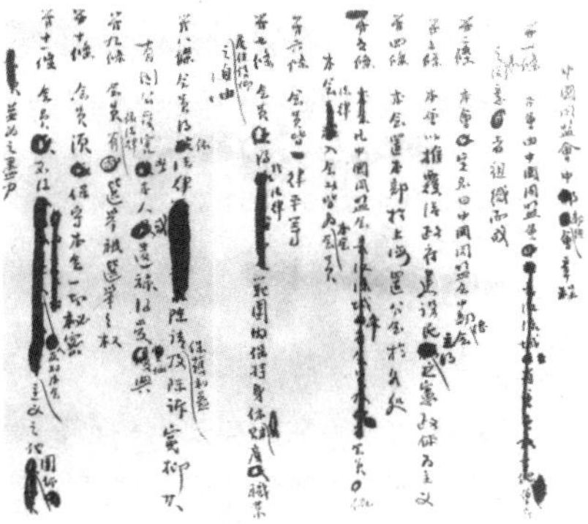

宋教仁亲拟同盟会中部总会章程（手稿）

中部总会成立后，在安徽、湖北、湖南等省建立了分会，在南京军界也做了部分组织工作，并曾计划派人到南洋及东京办报，但均以经费支绌，进展困难。

中部同盟会的成立适应了长江流域革命形势高涨的需要。但是，它规定以宣统五年（1913 年）为大举时期，则仍然对形势估计不足。

注

①参见拙作《同盟会的分裂与光复会的重建》,《晚清史事》,第272—277页。
②《章太炎年谱长编》上册,第243页。
③章炳麟:《五无论》,《民报》第16号。
④《章太炎政论选集》上册,第374页。
⑤参见拙作《论〈天义报〉刘师培等人的无政府主义》,《哲人与文士》,第221—252页。
⑥参阅拙作《章炳麟与端方关系考析》,《晚清史事》,第324—340页。
⑦刘揆一:《黄兴传记》,《辛亥革命》(四),第289页。
⑧真民(李石曾):《续好古之成见》,《新世纪》第28号。
⑨《新世纪》第52号。
⑩真民:《与友人论种族革命党与社会革命党》,《新世纪》第8号。
⑪邓文翚:《共进会的原起及其若干制度》,《近代史资料》1956年第3期。
⑫《共进会宣言书》,《近代史资料》1957年第2期。
⑬《孙武演说》,《亚细亚报》,1913年2月27日。
⑭杨玉如:《辛亥革命先著记》,科学出版社1985年版,第37—38页。
⑮贺觉非:《辛亥武昌首义人物传》上册,第165页。
⑯张难先:《湖北革命知之录》,商务印书馆1945年版,第232页。
⑰平山周:《支那革命党及秘密结社》,第60—70页。有关考证,参见杨天石、王学庄:《〈龙华会章程〉探微》,《历史研究》1979年第9期。
⑱参见拙作《同盟会的分裂与光复会的重建》,《晚清史事》,第272—312页。关于这份《意见书》的写作经过,陶成章在致吴稚晖函中称:"南渡之后,屡见各同志之受欺于孙、汪、胡诸辈,不觉愤愤,以故各同志欲发表孙文罪状,弟亦赞成之。"(台北中国国民党党史馆藏,吴稚晖档案,03870)又,其《布告同志书》云:"去年南游,所遇同志,多有间言。仆乃细加审察,知谤言固非无因而至。"可见,材料是陶成章提供的。李兴潇、李兴藻在其自印本《追忆先父李燮和》一书中说:"陶成章来到槟港,谈到同盟会党务、人事和经济上的许多问题,对孙中山极为不满,先父颇为同情。"(见该书第17页)此说亦可备参证。
⑲陶成章:《布告同志书》,佚文,铅印件。台北中国国民党党史馆藏。
⑳参见拙作《〈民报〉的续刊及其争论》,《晚清史事》,第361—378页。

注

㉑参见拙作《同盟会的分裂与光复会的重建》，《晚清史事》，第294—304页。
㉒参见拙作《〈民报〉的续刊及其争论》，《晚清史事》，第360—378页。
㉓陶成章：《布告同志书》。
㉔《再规平实》，《陶成章集》，第123页。
㉕《章太炎先生自定年谱》，《章太炎年谱长编》，第318页。
㉖《陶成章信札》，湖南人民出版社1980年版，第53—54页。
㉗《教育今语杂志》第1期。
㉘独角：《庚戌会衍说录》，《教育今语杂志》第4期。
㉙独角：《论教育的根本要从自国自心发出来》，《教育今语杂志》第3期。
㉚参见《陶成章致吴稚晖函》，吴稚晖档案，台北中国国民党党史馆藏，03870。
㉛魏兰：《陶焕卿先生行述》，《陶成章集》，第434页。
㉜李兴潇、李兴藻：《追忆先父李燮和》，第18页。
㉝谭人凤：《石叟牌词叙录》，《近代史资料》1958年第3期。
㉞日本外务省档案，MT16141，512—513。参见拙作《从"排满革命"到"联满革命"》，《民国掌故》，中国青年出版社1993年版，第20—22页。
㉟冯自由：《革命逸史》第5集，中华书局1981年版，第232页。
㊱谭人凤：《石叟牌词叙录》，《近代史资料》1956年第3期。
㊲《中国同盟会中部总会章程》，《辛亥革命在上海史料选辑》，上海人民出版社1966年版，第8页。

第九章

立宪运动与清廷的集权

在民族、民主革命运动发生、发展的同时，以实行君主立宪为目标的改良运动也在日益发展。这一运动发端于国内新生的实业家和部分开明的官僚和绅士，得到流亡海外的原戊戌时期的维新派的响应，声势日大。清廷为挽救自身危机，消弭革命，大体赞成这一运动所要达到的目标。但是，满洲贵族最关心的是自己的权力和既得利益，不想走得过快，更不愿意失控。于是，一面宣布立宪须有“预备”，尽量拖延政治改革进程，一面则千方百计集中军政权力。

五大臣出洋与清廷预备立宪

立宪呼吁始于1902年（光绪二十八年）。至日俄战争，日本大胜，俄国惨败，不少中国人视为立宪对专制的胜利，效法日本，实行君主立宪的呼声突然强烈起来。

1904年3月23日（光绪三十年二月初七日），出使法、俄、英、比大臣孙宝琦、胡惟德、张德彝、杨兆鋆等奏请仿照英、德、日本等国，“定为立宪政体之国”。5月至7月（四月至五月），实业家张謇积极动员清廷的封疆大吏张之洞、魏光焘、袁世凯等上奏，要求立宪。7月（六月），张与赵凤昌合刻《日本宪法》呈送朝廷。9月（八月），刊印《日本宪法义解》和《议会史》等书赠给满族亲贵铁良等人。1905年（光绪三十一年），张之洞、周馥、岑春煊等先后上奏。袁世凯也奏请派大臣出洋考察。

同年7月16日（六月十四日），清廷决定派镇国公载泽、户部侍郎戴鸿慈、兵部侍郎徐世昌、湖南巡抚端方、商部右丞绍英等五位大臣，分赴东西洋考察政治。10月5日（八月二十六日）启程，在北京正阳门车站被炸，载泽、绍英受伤。延至同年12月，清廷改派山东布政使尚其亨、顺天府丞李盛铎随载泽、端方、戴鸿慈，分两批出国。次年7月，端方等陆续回国，多次被西太后召见。载泽、端方等力陈中国不立宪之害及立宪之利，认为立宪可使“皇位永固”，“外患

清廷赴欧宪政考察大臣合影

渐轻”，“内乱可弭”。8月6日、9日（七月初六日、初九日），军机大臣庆亲王奕劻、醇亲王载沣等会议。奕劻、袁世凯、徐世昌、张百熙等主张速行立宪，孙家鼐、荣庆、铁良则多所问难。会议接受载沣和瞿鸿禨的意见：“预备立宪。”①

1906年9月1日（光绪三十二年七月十三日），清廷宣示预备立宪，发布上谕称：“各国之所以富强者，实由于实行宪法，取决公论。”“时处今日，惟有及时详晰甄核，仿行宪政，大权统于朝廷，庶政公诸舆论，以立国家万年有道之基。”但是，上谕又同时声称，规制未备，民智未开，只能先从议定官制、厘定法律、广兴教育、清理财务等事情做起，作为“预备立宪基础”。上谕表示，要在数年后查看情形，再行妥议实行立宪期限。② 尽管如此，上谕仍然点燃了海内外改良派的希望。

立宪政团的组建

清廷宣布“预备立宪”后，海内外改良派纷纷组织政团，呼吁清廷迅速“立宪”。这部分人后来被称为立宪派。

（一）预备立宪公会

1906年12月9日（光绪三十二年十月二十四日），马良、雷奋等在上海组织宪政研究会，创办《宪政杂识》月刊，同时以狄葆贤（平子）的《时报》作为宣传机关。12月16日（十一月初一日），张謇、郑孝胥在宪政研究会的基础上于上海成立预备立宪公会。会长郑孝胥，副会长张謇、汤寿潜。郑孝胥，字苏戡，福建闽侯人。1882年（光绪八年）中举，曾在沈葆桢、李鸿章、张之洞处为幕客，又曾出任驻日本神户、大阪总领事。一度督办江南制造局。张謇，字季直，江苏南通人。1894年（光绪二十年）中进士。一生志在教育与实业。1898年（光绪二十四年）开办通州大生纱厂，继办通海垦牧公司、南洋渔业公司、上海大达外江轮步公司等企业。汤寿潜，原名震，字蛰先，浙江山阴人。1892年（光绪十八年）中进士。1904年（光绪三十年）提议修筑沪杭铁路，被举为总理。该会会员主要来自江苏、浙江、福建、广东各省，是以东南地区商人、绅士、官僚为主组织的团体。根据1909年会员题名录，当时共有会员358人，其中77人做过知县以上的官吏，约占21.5%，企业主、公司经理、商会总理等84人，约占23%。该会也有部分归国留学生参加，如孟昭常、孟森、雷奋、杨廷栋等。1910年3月（宣统二年二月），在北京设立分会。以孟昭常为办事员。

张謇

预备立宪公会以筹备立宪为中心工作，特别注重谘议局和地方自治。1908年2月底（光绪三十四年正月）出版半月刊《预备立宪公会报》，至1910年1月（宣统元年十二月）停刊，共出版46册。同年在北京出版《宪志日刊》。同时，该会出版了大量宪政书籍，是国内立宪派中最注重理论建设和普及宣传的团体。其出版物中，孟昭常所编《城镇乡地方自治宣讲书》一版再版，《公民必读初编》《公民必读二编》，仅广西一省即订购10万部。1909年（宣统元年），在上海开办法政讲习所，培养人才。此外，该会还曾邀集各商会，共同编纂商法。至宣统元年十一月，完成公司及总则二部，推孟昭常等二人赴北京，向清廷农工商部及法律馆投递，旨在促进商法的早日颁行。

（二）宪政公会

1906年（光绪三十二年）冬，杨度在日本东京创办《中国新报》，发表长达14万字的长文《金铁主义》，鼓吹立宪，召开国会以定国是。杨度，字皙子，湖南湘潭人。早年留学日本，曾任留学生会馆总干事。一度倾向革命，后受梁启超影响，转向改良主义。孙中山曾与人访问杨度，劝他参加同盟会。杨度答以“投身宪政久，难骤改”。他曾代五大臣撰写《中国宪政大纲应吸收东西方各国之所长》及《实施宪政程序》两文，五大臣即据以修改上奏。1907年9月（光绪三十三年七月）清廷宣布“预备立宪”后，杨度本拟与梁启超联合组织政团，嗣因梁主张开明专制，结党以宣传立宪，而杨度则主张先开国会，二人发生矛盾。杨度便改与贵州苗族人、以候补知县衔在早稻田大学肄业的官僚熊范舆合作，于同年夏在东京成立宪政讲习会，以熊为会长。后更名宪政公会。杨度任常务委员长。

宪政讲习会成立后，迅速提出建立议院的要求。在上海《时报》发表的《意见书》主张“改造责任政府”，“设立民选议院”。同年9月，熊范舆领衔，沈钧儒及满人恒钧等联署，向清廷呈递了开设民选议院的第一份请愿书。次年春，该会积极联络同志，酝酿国会请愿活动。

杨度

杨度在成立宪政公会后，即返国活动。经五大臣保荐，被任命为宪政编查馆提调。他与浙江人沈钧儒在北京发起宪政公会分会，一时入会者颇多，但不久即因清廷的压迫，活动逐渐萧条。此外，宪政公会在湖南也设有分会。

（三）帝国宪政会

帝国宪政会全名中华帝国宪政会，由保皇会改组而成。1906 年（光绪三十二年）秋，康有为致函梁启超，告以拟将保皇会改为国民立宪会。梁邀约熊希龄、杨度讨论，决定将保皇会改名帝国立宪会，于国内另立宪政会，康有为暗中主持，不出名。其纲领为尊崇皇室，扩张民权；巩固国防，奖励民业；要求善良之宪法，建设有责任之政府。计划在东京成立，设本部于上海，以杨度为干事长，徐勤为会计长，并拟派熊希龄入京，运动醇亲王载沣为总裁，载泽为副总裁。经费则由熊希龄提供 15 万，梁启超提供 5 万。

同年 12 月 9 日（十月二十四日），康有为在纽约《中国维新报》发表公启，宣告自 1907 年（光绪三十三年）元旦，改保皇会为国民宪政会，公启称：“救中国之沦亡，必以君民同治，满汉不分八字为目的。故欲速变法以救危局，非先得圣主当阳不为功；欲定良法以保久长，非改为立宪民权不为治。”简章表示，会名、会章将禀呈御前大臣载泽、商部贝子载振、两江总督端方、两广总督周馥存案，然后分设支会于内地，使国民宪政会成为“中国最先最大之政党”。简章称：会名虽改，但感戴光绪皇帝仍同，“其圣像之供奉，庆典之称祝”，一依保皇会旧例。

帝國憲政會大集議員會議序例

光緒三十三年二月初十日。我會開大會議。康總長自歐洲來港會。美東各支會。羣賢畢至。皆各會長及最熱心有人望者也。預于二月四日電致各埠派員代表。以美東人望皆集。難於久候。亦難重來。逆計遠方。難於畢至。故總長與在美衆議。卽先開議。一面展期至二月二十日。聽各地代表員先後來議。先于初十日十一日十三日大集議員數十。咸至縉紳。其道遠如澳洲者。亦派代表人至。乃假會所爲議堂。左右引長几。陳紙筆墨。爲議員座。正中高座爲總長座。及時衆議員闖序斜係肅立。觀者如堵。總長出就座。書記唱名。肅然整肅。咸起致敬。想見吾國議院將來之宏規也。

康總長乃起立演說改憲政會開會議之由。叙各國憲政之本原得失。明政黨之結構重要。慶中國之將行憲政。同志須預爲講習。然後盡國民之義務。乃能收憲權利。演凡三時。長十餘萬言。徵引廣博。發明詳晰。如著一憲政成書。以大長。今不及錄。演說畢開議。書記將提議各條。宣讀一次。各議員[illegible]

报刊所载中华帝国宪政会在美开会情形

同年，国内君主立宪呼声高涨，改名为帝国宪政会。不过，该会始终在国内影响不大。

维新派流亡海外后，纠纷不断。成立保皇会后，由于兼营商业，纠纷更烈。1902 年（光绪二十八年），保皇会在加拿大域多利成立商务会，其后，商业活动逐渐发展到北美和南美以及香港、上海等地，其业务范围涉及银行、房地产、酒店、矿业、古董、新闻出版等多方面，由于经营不善、账务混乱、职权不清、商股与党务经费不分等多种原因，至 1909 年（宣统元年），已经营困窘。

（四）政闻社

1907 年 10 月 7 日（光绪三十三年九月初一日），梁启超、蒋智由在东京创办《政论》月刊，以为组织政党的预备。10 月 17 日（九月十一日），在东京锦辉馆召开政闻社成立会，立宪派到会 200 人，据称革命党人张继、陶成章、平刚等到会 1 000 余人，日本政界要人大隈重信、板垣退助、犬养毅等人参加并发表演说。当梁启超演说“今朝廷下诏，克期立宪，诸君子宜欢喜踊跃”时，张继用日语大骂“马鹿”，继而起立大喊“打”，革命党四百余人奔涌而上，于是两派之间演出了一场“武斗”。③

政闻社以马良为总务员，徐佛苏、麦孟华为常务员，张嘉森、张寿波、戴彬、隆福为评议员，侯延爽、黄可权、徐勤、雷奋、蒋智由、陈介为干事。其政纲有四条：1．实行国会制度，建设责任政府。2．厘定法律，巩固司法权之独立。3．确立地方自治，正中央政府之权限。4．慎重外交，保持对等权利。其宗旨有三条：1．确定立宪政治，使国人皆有参与国政之权。2．对于内政外交，指陈其利害得失，以尽国民对于国家之责任心。3．唤起国人政治之热心，及增长其政治上之智慧与道德。其实行方法也是三条：1．发行有力之杂志、日报及适用之书籍。2．调查政治上之事务，通告政治上之利弊，输入政治上之学识。3．关于国家重要之事，申告政府。该社由康有为接济款项，梁启超实际负责，但二人均不出面。次年 2 月，政闻社本部迁到上海，马良、麦孟华等人也纷纷回国活动。

该社筹备期间，梁启超虽曾打算争取满洲贵族及地方大吏的支持，但均未成功。由于清廷对康、梁始终怀有敌意，因此，清廷的官吏，包括部分在野人士都对政闻社保持距离。除岑春煊一人外，政闻社缺少强力支持者。

1908 年 7 月（光绪三十四年六月），政闻社致电清廷宪政编查馆，提出“期以三年召开国会”。不久，在德国考察宪政的大臣于式枚上奏清廷，攻击国会请愿运动“几同乱党”，主张缓行立宪。政闻社社员、法部主事陈景仁致电清廷，要求速开国会，同时要求革去于式枚职务以谢天下。7 月 25 日（六月二十七日），清廷诏令将陈景仁革职看管。8 月 13 日（七月十七日），下令查禁政闻社。梁启超挽救无效，遵命解散。

这一时期成立的还有广东粤商自治会、湖北宪政筹备会、贵州宪政预备会、上海宪政研究会等，其总数近 80 个。

清廷的官制改革

清廷在下诏预备立宪的第二天，下令改革官制。1906 年 9 月 2 日（光绪三十二年七月十四日），清廷任命满族大臣载泽、世续、那桐、铁良等八人和汉族大臣张百熙、袁世凯、徐世昌等六人共同编制新官制，同时命奕劻、孙家鼐、瞿鸿禨三位军机大臣核定。9 月 16 日（七月二十八日），在恭王府设立新官制编制馆，以杨士琦、孙宝琦为提调。该馆课员中有当过袁世凯幕僚的杨士琦、金邦平、张一麐等人，同时也吸收了部分在日本学习政法的留学生，如曹汝霖、陆宗舆。

戴鸿慈、端方等归国后提出的官制改革方案是实行责任内阁制，以总理大臣、左右副大臣、各部尚书等组成“合议制”政府。编制馆所拟方案大体与戴、端相同。袁世凯当时积极主张“尚新”，表示“官可不做，法不可不改”。[4] 他赞成实行责任内阁制，力图以奕劻为总理大臣，自为副大臣，实际掌握中央权力。但是，这一方案将削弱皇权，遭到满族亲贵铁良、荣庆的坚决反对，瞿鸿禨也不愿意袁世凯进一步上升，建议旧有的内阁和军机处制度不变。袁当时虽已深得慈禧太后信任，但八国联军入侵后，地方督抚和汉族官僚的力量有所加强，慈禧太后企图借官制改革，加强中央集权，收回已经失去的权力。11月6日（九月二十日），公布由慈禧太后裁定的新官制：内阁、军机处照旧，外务部、吏部、学部照旧，宗人府、翰林院等照旧，所不同的是，将巡警部改为民政部，户部改为度支部，兵部改为陆军部，刑部改为法部，大理寺改为大理院（专司审判），将工部并入商部，改为农工商部，将理藩院改为理藩部，添设邮传部，掌管邮政、轮船、铁路、电线。次日，清廷任命各部院大臣：外务部尚书瞿鸿禨、吏部尚书鹿传霖、民政部尚书徐世昌、度支部尚书溥颋、礼部尚书溥良、学部尚书荣庆、陆军部尚书铁良、法部尚书戴鸿慈、农工商部尚书载振、邮传部尚书张百熙、理藩部尚书寿耆。11部之中，满蒙贵族6人，汉官只有5人。外务部尚书瞿鸿禨虽是汉人，但上有管部大臣奕劻和会办大臣那桐，实际上算不得第一把手。陆军部和度支部是最重要的两个部，都掌握在满族亲贵手中。

在中央官制之外，编制馆还通过了袁世凯设计的两套“急进”的地方官制的改革方案，其中提出：“每州县各设议事会，由人民选举议员，公议本府州县应办之事，并设董事会，由人民选举会员，辅助地方官，办理议事会所议决之事。”[⑤] 清廷交各省督抚讨论。瞿鸿禨通过鹿传霖，示意张之洞“驳议”。1907年1月2日（光绪三十二年十一月十八日），张之洞复电称：“只可名局，不可名会”；议事之员“有议事之职，不予以决断之权”；“董事之员宜听官令而不宜听绅令”。他表示：应“从容整理，旧制暂勿多改”。[⑥] 慈禧太后和各省督抚都赞同张之洞的意见，地方官制改革暂停。

新官制和新任命都使改良派极度失望。《时报》连续发表文章，揭露清廷“汲汲以中央集权为秘计”。徐佛苏致函梁启超称：“政界事反动复反动，竭数月之改革，迄今仍是本来面目。政界之难望，今可决断。”[⑦] 他们决定掀起国会请愿运动，争取他们最想要的东西。

宣统即位、载沣摄政与国会请愿运动的兴起

（一）丁未政潮

在清廷推行新政过程中，袁世凯的势力急剧膨胀，并与军机首辅奕劻勾结，形成联盟，引起部分朝臣的不满。官制改革中，袁的主张均被否决，清廷不仅开去了他的参预政务、会办练兵事务、督办电政、督办山海关内外铁路、会议商约等兼差，而且将北洋六镇中一、三、五、六四镇划归陆军部，只留下二、四两镇由他调遣训练。这是奕劻、袁世凯联盟的一次重大挫折，朝廷中的反对派看准机会，决定乘胜追击。

1906年9月（光绪三十二年七月），清廷调署理两广总督岑春煊为云贵总督。岑认为是奕劻和袁世凯的奸计，托病就医上海，暗中和改良派进行联系。次年春，清廷调补岑春煊为四川总督，特别规定他"毋庸来京请训"。但岑于启程赴任舟次武汉之际，却应瞿鸿禨电召，突然乘车入京，在慈禧太后面前参劾奕劻"贪庸误国"。5月3日（三月二十一日），被任命为邮传部尚书。他和瞿鸿禨联结，首先参劾袁世凯的亲信、邮传部左侍郎朱宝奎，指斥其"声名狼藉"，诏命革职。5月7日（三月二十五日），御史赵启霖奏劾布政使段芝贵收买天津歌妓杨翠喜，献给奕劻之子载振，并以十万金为奕劻祝寿，因而得以署理黑龙江巡抚。此奏甫上，舆论哗然。清廷不得不撤去段的布政使和署理黑龙江巡抚的任命；载振自请辞去农工商部尚书，也得到诏准。

奕劻和袁世凯虽经打击，但不肯甘休，借口两广不宁，将岑春煊外放两广总督。其时，汪康年正在北京办《京报》，与瞿鸿禨关系密切，企图通过瞿贯彻自己的政治主张。奕劻等即收买瞿鸿禨家奴，觅得瞿与报馆的信函，命翰林院侍读恽毓鼎弹劾，指责瞿"暗通报馆，授意言官，阴结外援，分布党羽，怀私挟诈"等罪状；奕劻并密奏瞿

图谋推翻戊戌成案，归政光绪。6 月 17 日（五月初七日），慈禧太后将瞿鸿禨开缺。此际，岑春煊正托病滞留上海，拟与自日本秘密返沪的梁启超密谈。在清廷的地方督抚中，岑春煊和改良派关系较深。1907 年（光绪三十三年）春，岑春煊调任四川总督时，曾特聘麦孟华随行。岑春煊在武汉突然改道入京时，麦孟华曾拟借岑之力入京活动。[⑧] 不料事机不密，消息泄露，麦孟华的随行计划被迫作废。8 月，端方奏劾岑在上海并无疾病，赴粤无期，意在与康有为、梁启超交接。御史陈庆桂参劾岑春煊逗留沪上，麦孟华实为"主谋"，"以应行严缉之人，而竟倚为心腹"。[⑨] 结果，岑被开缺免官；岑、梁二人也未能见面。

上述各项政治风波都发生在夏历丁未年，通称"丁未政潮"。

瞿鸿禨被开缺后，清廷调袁世凯、张之洞进入军机处，袁氏并兼任外务部尚书。袁的新任命貌似提升，其权力则进一步被削弱。

（二）国会请愿运动的发端

最早提出国会请愿问题的是杨度和宪政讲习会。1907 年 10 月 5 日（光绪三十三年八月二十八日），熊范舆、沈钧儒和满人恒均等领衔上书，提出六点理由，盛赞"民选议院"的好处：既是监督机关，可以监督政府的行政和财政，又是立法机关，可以逐渐实现司法独立。"一人失职，弹劾之书立上；一人失宜，质问之声立起。夫而后官无尸任，责有专归。一切放任因循之弊，乃可立免。"[⑩]该书强调，在专制制度下，人民要求得不到反映，积成怨愤，便会铤而走险，因此，只有开设国会才是防止"祸乱"的最好办法。该书提出，中国正处于危急存亡之秋，要求在一两年之内召开国会。在熊范舆等人影响下，湖南最早派出代表赴京请愿。次年春，河南省立宪派召集府县代表会议，熊范舆路过，在会上发表演说。会后，省内发起签名运动，并推选代表入京呈递请愿书。各省陆续效法，签名者自四五千人至一万余人不等，连北京八旗人士都有一千五百余人签名。在形势推动下，黑龙江巡抚程德全、两江总督端方、驻外使臣孙宝琦、胡惟

安徽、江苏等省国会请愿代表合影

德、李家驹等也纷纷上书或致电，要求速开国会。

清廷最怕的是形成声势。1908 年 8 月 13 日（光绪三十四年七月十七日），清廷借陈景仁事件查禁政闻社，指责该社“托名研究时务，阴图煽乱”，“着民政部、各省督抚、步军统领、顺天府严密查访，认真禁止，遇有此项社伙，即行严拿惩办”。三天后，又接着封禁在武汉的《江汉日报》。但是，清廷也不愿意做得太过分，立宪派还有一定活动余地。

（三）《钦定宪法大纲》

清廷虽然宣布预备立宪，以实行宪政为改革方向，但是满洲贵族最关心、最感兴趣的是加强君主专制制度。1905 年（光绪三十一年），清廷设置考察政治馆，开始研究宪法。1907 年（光绪三十三年）8 月，考察政治馆改为宪政编查馆，其主要工作是翻译各国宪法，研究和制定宪法，直属军机处，由首席军机大臣奕劻兼任宪政编查馆大臣。1908 年 8 月 27 日（光绪三十四年八月初一日），慈禧太后召集王公大臣会议，公布《宪法大纲》和“九年筹备清单”，宣称将于九年后召开国会。

清廷颁布《钦定宪法大纲》。该《大纲》参照 1889 年《日本帝国宪法》，但删去了其中限制君权的有关条款，以“大权统于朝廷”为立法旨意，共 23 条。由“君上大权”和“臣民权利义务”两部分构成。经奕劻上奏后由慈禧太后裁定。

在“君上大权”部分规定：“大清皇帝统治大清帝国，万世一系，永永尊戴。”“君上神圣尊严，不可侵犯。”皇帝有颁行法律，发交议案，召集、开闭及解散议院，设官制禄，黜陟百司，统率陆海军，编定军制，订立条约，总揽司法，委任审判衙门等诸般权力。它提到议院，但关于其责权，无一条涉及，相反，倒是充斥“议院不得置议”一类语言，皇帝的军事、外交、用人、爵赏、恩赦等权，都在“不得干预”之列。制定法律，这似乎是议院的职责了，但是《大纲》却特别规定：“未奉诏命批准颁布者，不能见诸施行。”

关于“臣民权利义务”，仅作为附则，它虽然规定“臣民”有言论、著作、出版及集会、结社等自由，但限于“法律范围”之内，这就实际上将这些“自由”又取消了。

该大纲完全照搬日本宪法，突出皇帝的最后裁定以及统帅军队、解散议院、更动宪法等大权。改良派对此自然不满意，但是，“九年筹备清单”规定，第二年各省谘议局开会，改良派决定先行自此做起。

（四）宣统即位，载沣摄政

1908年（光绪三十四年），慈禧太后的身体渐衰，痢疾缠身，自知不起。11月3日（十月初十日）为慈禧太后生日，光绪皇帝从南海步行到德昌门内慈禧住处，准备跪拜祝寿，慈禧拒见，传旨说：皇帝卧病在床，免拜。事后，慈禧太后发狠说：“我不能先尔死！”11月9日（十月十六日），时任礼部尚书的溥良亲见慈禧命太监送给光绪皇帝一碗“塌喇”（满语，意为酸奶）。11月11日（十月十八日），皇帝突然腹痛，在床上乱滚。11月14日（十月二十一日），光绪帝去世。[11]慈禧太后即命醇亲王载沣之子溥仪继位。当时溥仪年仅三岁，由载沣以监国摄政王的身份执政。慈禧没有想到，她自己也在11月15日（十月二十二日）离开了这个世界。

载沣是光绪皇帝的亲弟弟。改良派怀疑光绪帝之死为袁世凯所害，担心袁进一步篡夺清朝江山。他们和袁世凯既有戊戌时的旧恨，现在又加上新仇，决定利用载沣摄政的机会，“讨贼复仇”。11月18日（十月二十五日），康有为、梁启超联名致电各省督抚，声称“两宫祸变，袁为罪魁，乞诛贼臣，伸公愤”。[12] 同时又直接致电载沣，“请诛贼臣以安社稷”。[13] 此前，康、梁早已派人入京，和民政部尚书善耆、度支部尚书载泽建立联系。这时，他们便积极利用这一关系，动员二人出面鼓动载沣，对袁世凯采取断然措施。[14] 为此，梁启超还曾一度派人携带巨款入京运动。

为了说服载沣除掉袁世凯，康有为给载沣写过一封长函，详陈袁世凯种种罪行，并将当年“围园”密谋和盘托出。初稿到梁启超之手时，梁认为载沣虽是光绪帝的亲弟弟，但他的地位是西太后赐予的，很难处理“围园”密谋这样的问题，因此，主张“必当隐讳”。他提醒老师，当务之急是要求开放党禁，说话必须分外小心。康有为同意梁的看法，自此终身对“围园”密谋缄口不言。[15]

载沣当然不喜欢袁世凯，善耆等人向在海外静候消息的康、梁等保证，“元凶必去”。但是，袁世凯翅膀已硬，外有洋人支持，内有北洋陆军护卫，载沣权衡再三，于1909年1月2日（光绪三十四年十二月十一日）以袁世凯“现患足疾，步履维艰”为借口，命袁“回籍养疴”。

梁启超除要求清廷开放党禁外，还在北京高层活动，力图为“戊戌”一案平反。一度进行顺利，但是，军机大臣中的张之洞、鹿传霖都不喜欢康、梁，载沣也有顾虑。善耆密告梁启超说：“事在必成，惟痛快之举决不可见耳。”[16] 善耆等人的计划是先从死者平反入手，首翁同龢，次陈宝箴，次杨锐、刘光第等。1909年7月7日（宣统元年五月二十日），清廷开复翁同龢原官，但没有任何优抚、昭雪之词，其他人从此没了下文。梁启超对载沣很失望，致康有为函称：“周公之为人，不识究足不愧武王之弟否？似属优孟，非可任重也。”[17]

载沣摄政后，主要精力集中于抓军权。第一件事是训练一支由他亲自掌握的12 000人的禁卫军，以其弟载涛和皇族毓朗为训练大臣。1909年2月（宣统元年正月），成立筹备海军事务处，着手恢复海军，全由皇族主事。7月15日（五月二十八日），任命另一个弟弟载洵为筹办海军大臣。同日，明令规定：皇帝为全国海陆军大元帅，在皇帝亲政前，由摄政王代行职权；增设军谘处，以载涛、毓朗为管理军谘处事务大臣。该处职责是“赞助皇上通筹全国陆海军事宜”，其权力在陆军部、海军部之上。这样，载沣就将军权集中到皇族手中。

1909年10月4日（宣统元年八月二十一日），张之洞病逝，清廷以戴鸿慈补入军机处。戴于半年后去世。不久，鹿传霖接着故去。这几位大臣的相继谢世，使得汉族在清廷中枢的地位更加削弱。

（五）谘议局与资政院

1906年11月（光绪三十二年九月），清廷宣布中央官制时，就有设立资政院的表示。次年8月31日（七月十三日），清政府决定设立资政院，以溥伦、孙家鼐为总裁。上谕称："立宪政体，取决公论，上下议院，实为行政之本。中国上下议院，一时未能成立，亟宜设资政院以立议院基础。"[18] 10月19日（九月十三日），上谕命各省督抚准备设立谘议局。1908年（光绪三十四年）7月，批准《谘议局章程》《谘议局选举章程》以及《资政院章程》的《总纲》与《选举》两章。其中，《谘议局章程》规定：谘议局为"各省采取舆论之地，以指陈通省利病，筹计地方治安为宗旨"。又规定，凡籍隶本省年满25岁的男子符合下列条件者有选举资格：1. 在本省地方办理学务或其他公益事务满3年著有成绩者。2. 在中外中等以上学堂毕业得有文凭者。3. 举贡生员以上出身者。4. 在本省拥有5 000元以上的营业资本或不动产者。根据上述苛刻条件，大省如直隶、江苏，登记的合格选民约16万人，占本省人口总数的0.62%和5%；小省如甘肃，登记选民9 000余人，仅占人口总数的0.19%。

资政院

自1909年（宣统元年）3月起，各省陆续选举谘议局议员，立宪派中的头面人物，如江苏张謇、湖南谭延闿、湖北汤化龙、四川蒲殿俊等分别当选为各该省谘议局局长。同年10

月 14 日（九月初一日），各省谘议局分别召开常会，讨论督抚交议、议员提议或人民请议的各种议案。由于章程规定，谘议局要受督抚监督，对谘议局，督抚可以“劝告”，命其停会，甚至解散。因此，谘议局所能起的作用很小，各省督抚也大都不予重视，但在长期专制的中国，这毕竟是一件新事物，是民主历程中跨出的一小步。

《资政院章程》全案迟至 1909 年（宣统元年）8 月才由清廷公布。《章程》规定：资政院由钦选议员与民选议员各 100 人组成；正副总裁不由议员推选，而由朝廷另行任命；钦选议员中，各部院衙门官 32 人，王公、宗室 48 人；又规定，资政院仅能参议预决算、税法、公债法律等事项，但不得参议宪法；资政院的议决案，政府持异议时，可以要求复议；仍持原案时，由资政院总裁与军机大臣或部院大臣分别具奏，请旨定夺。以上种种限制，使得资政院无法发挥议院通常的立法和监督作用，成为一个“非驴非马”的机构。不过，由于民选议员中有不少立宪派骨干，他们的活动为资政院带来了生机。

1910 年 10 月 3 日（宣统二年九月初一日），资政院开议。湖南谘议局控告巡抚杨文鼎不经谘议局议决，擅在本省发行公债，资政院认为这是一桩侵夺谘议局权力的事件，上奏清廷，但清廷只视为杨的“疏漏”，引起议员不满，要求领班军机大臣奕劻到院接受质询。接着，云贵总督不经谘议局议决，实行盐斤加价，广西巡抚无视谘议局意见，反对巡警学堂限制外省学生，两省谘议局要求资政院核办。资政院支持两省谘议局，而清廷谕旨却将两案交盐政处及民政部审议。议员们认为这是对资政院的极端轻蔑，激烈抨击拟旨的军机大臣，决定上折弹劾。奕劻为了缓和局面，通过上谕改称，两案准如资政院所议。前后两次谕旨，互相矛盾，激起议员更大不满。12 月 8 日（十一月初七日），资政院奏劾军机大臣不负责任，“受禄则唯恐其或后，受责则唯恐其独先”。弹折要求清廷迅速组织责任内阁，用以取代军机处。资政院此举为清朝历史前所未有，摄政王载沣降谕训斥，声称“军机大臣负责与不负责暨设立责任内阁事宜，非该院总裁等所得擅与”。次日，资政院召开会议，议员们情绪激昂，或指责军机大臣们“遇事便抬出君主大权，使别人一句话也不能说”，或声称逼得“人民没有别的法子，只好拿出他的暴动手段出来”。这些地方说明，由于清廷不把资政院的合法权力当事，议员们的失望和愤懑都在迅速增强。

（六）国会请愿运动走向高潮

载沣摄政后，以坚持立宪相标榜，国会请愿运动再起。张謇与江苏巡抚瑞澂分头负责，联络各省谘议局与督抚。张謇发表《请速开国会建设责任内阁以图补救意见书》。1909年（宣统元年）12月，16省代表50余人集会上海，组成请愿代表团，以直隶孙洪伊为领衔代表，主持请愿团。北上前夕，张謇作序相送，为请愿团规定了长期奋斗的方针，内称：“得请则国家之福，设不得请，而至于三，至于四，至于无尽。诚不已，则请亦不已。”[19] 1910年1月16日（宣统元年十二月初六日），请愿团向都察院呈递请愿书。该稿由福建谘议局书记长林长民起草，要求清廷在一年之内召开国会。同时，请愿团并分头拜访王公大臣，呈送请愿书副本。1月30日（十二月二十日），清廷坚决拒绝了代表们的要求，上谕称：“筹备既未完全，国民知识程度又未画一”，“遽开议院，恐反致纷扰不安”。

孙洪伊等对结果早有预料，着手组织“请愿即开国会请愿同志会”，作长期请愿的准备。该会将总部设于上海（暂设北京），在各省设立分会。该会于1910年4月3日（宣统二年二月二十四日）重订章程，简称国会请愿同志会。同时，北京还出现了由黎宗岳发起的国会期成会，提出在4月19日（三月初十日）以前由各省谘议局推举代表两人，偕同教育会、商会代表来京一起上书。1910年（宣统二年）5月，各地代表再次进京。南洋和澳洲华侨也派出了自己的代表。6

第二次国会请愿运动代表合影

月，请愿同志会在北京出版《国民公报》，主编徐佛苏亲自写作《意见书》，认为中国若能速开国会，“可以革除一切贫弱之源”。梁启超也在《国风报》上发表《论请愿国会当与请愿政府并行》，与徐相配合。此际，入京代表已达150余人，各地签名者已达30万人。6月16日（五月初十日），代表80余人按省籍及团体的不同向都察院分别递交10份请愿书，同时向载沣另上一份请愿书，陈述“主少国疑，民穷财尽，外患鸱张，饥馑四告，革命党又前仆后起”的危急形势，声称在此情况之下，“弭乱救亡之策非开国会果有他术乎”？6月27日（五月二十一日），载沣发布上谕称，由于“财政艰难”“地方偏灾”“匪徒滋扰”等原因，不能提前召开国会，要代表们“毋得再行渎请”。

载沣的顽固态度激起了立宪派的强烈愤懑。7月12日（六月初六日），湖北省谘议局、国会请愿同志会等集会，声称“不开国会，人民不承认新捐税”。8月9日（七月初五日），各省谘议局联合会在北京召开第一次会议，推举汤化龙为会长，蒲殿俊为副会长，孙洪伊、杨廷栋、刘崇佑、雷奋、周树标、汪龙光、孟森、吴赐龄、王法勤为审查员。10月7日（九月初五日），孙洪伊等与自天津赶来的代表温世霖等17人前往摄政王府请愿，途遇东三省旅京学生赵振清、牛庄生等。赵、牛二人分别割臂、割股，书写血书，以示决心。抵达王府时，载沣外出，孙洪伊等决定留下6人守候。直到民政部善耆亲自到场劝说，保证在摄政王回邸的当日代为呈交请愿书，代表们才离开王府。10月9日（九月初七日），代表团向几天前开议的资政院呈递了请愿书。

资政院按照议事日程，首先讨论政府交议案。孙洪伊等人的请愿书，一直到10月22日（九月二十日），才被纳入议程。湖南议员罗杰提出：1．本院议员应全体赞成通过速开国会案。2．议长应从速上奏。3．摄政王应速允即开。表决时，副议长沈家本坚持投票表决，立宪派议员则主张起立表决。广西议员吴赐龄大声说：议长不赞成起立表决，是先存袒护反对者的意思，则议长本人是第一个反对速开国会者。沈家本只好同意起立表决。结果，全场一致起立。议员们兴奋得高呼：“大清帝国立宪政体万岁！”10月26日（九月二十四日），通过由钦选议员汪荣宝起草的奏章。10月28日（九月二十六日），溥伦上奏朝廷。不久，清廷认为溥伦及沈家本不能威慑议员，改以世续、李家驹为正副总裁。

第三次国会请愿运动中出现了群众大会和游行的场面。10 月 5 日（九月初三日），天津各界 2 000 余人举行大会，推举请愿代表后列队前往总督府，要求直隶总督陈夔龙代奏。10 月 16 日（九月十四日），开封各界 3 000 余人集会并游行，要求巡抚宝棻代奏，并向谘议局提出："此次请愿如不得请，学则停课，商则罢市，工则休作，谘议局亦不许开会。"10 月 29 日（九月二十七日），成都各界 3 000 余人集会，会后游行至督署，要求总督赵尔巽代奏。奉天、福建等地都出现了类似的事件和场面，表明卷入运动的群众日渐增多。

第三次国会请愿运动得到了许多督抚大员的支持。10 月 25 日（九月二十三日），由东三省将军锡良领衔，湖广总督瑞澂等 17 省督抚、将军等联名上奏，要求"立即组织内阁"，"明年召开国会"。10 月 28 日（九月二十六日），载沣决定将请愿折稿交王公大臣阅看。11 月 3 日（十月初二日），召集王公大臣会议。次日，宣布"缩改于宣统五年实行开设议院"。清廷觉得不能再让步了，宣布这一决定"万不能再议更张"。同日，另发上谕，责令民政部及各省督抚，晓谕各省代表人等，"即日散归，各安职业"。

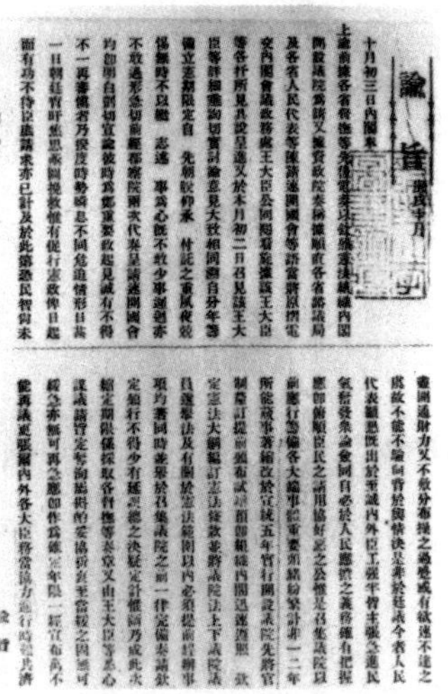

清廷颁布成立内阁上谕，称年限不再更张

（七）立宪派政治态度的变化

对清廷的决定，张謇表示满意。11 月 7 日（十月初六日），江苏、浙江谘议局致电资政院，祝贺国会缩期召开。但是，直隶、奉天等省的立宪派都不满意。湖北谘议局联合 39 个团体的代表 2 000 余人集会，要求总督瑞澂代奏，提前召开国会。成都6 000人集会，要求赵尔巽代奏。12月2日（十一月初一日），奉天学生到谘议局面见副议长袁金铠等，要求第四次向北京派出请愿代表，有两个学生当场割指，书写血书。12月4日（十一月初三日），3 000学生向督署请愿，继续有人割指。12月6日（十一月初五日），谘议局组织万余人再次请愿，《商务日报》编辑张进治割破左手食指，用血书写游行旗帜。12月11日（十一月初十日），奉天派出的第四次进京代表启程。路过天津时，激起天津学生回应。12月20日（十一月十九日），天津学界联合谘议局等三千余人集会，行进途中，砸毁横冲直撞的督署调查局总办的马车。12月22日（十一月二十一日），各校学生决定罢课请愿。直隶总督陈夔龙迫于群众声势，应允代奏要求，但清廷旋即谕令，"不准再行联名要求渎奏"，要陈"开导弹压"，甚至"查拿严办"。12月24日（十一月二十三日），清廷下令将在京东三省代表押送回籍。有几名代表坐地不动，不饮不食，坚持到次日清晨，被军警强行押上火车。其后，清廷除召见学部尚书唐景崇、民政部尚书善耆，部署对学生的防范和镇压外，又以"上谕"指责学生"轻发传单，纷纷停课，聚众要求"，命各省督抚"恺切晓谕，随时弹压"，"倘再有前项情事，立即从严惩办，并将办学人员一并重处"。[20] 陈夔龙得旨后，迅速逮捕天津普育女学校长温世霖。1911年1月9日（宣统二年十二月初九日），清廷批准将温世霖遣戍新疆。

立宪派坚持和平请愿，促使清廷自我改革，但是清廷的镇压却将立宪派推向自己的反面。在清廷下令解散请愿代表团的当日晚上，各省在京请愿代表会聚于国民公报馆，相约返省后，向各省谘议局报告，"清政府政治绝望，吾辈公决秘谋革命，并即以谘议局中之同志为革命之干部人员，若日后遇有可以发难之问题，则各省同志应即竭力响应援助，起义独立"。[21]

“皇族内阁”的建立

载沣集中军权后，又进一步企图集中政治权力。1911 年 5 月 8 日（宣统三年四月初十日），清廷宣布内阁名单：

总理大臣：奕劻（宗室）

协理大臣：那桐（满）徐世昌（汉）

外务部：梁敦彦（汉）

民政部：善耆（宗室）

度支部：载泽（宗室）

学部：唐景崇（汉）

陆军部：荫昌（满）

海军部：载洵（宗室）

法部：绍昌（宗室旁支）

农工商部：溥伦（宗室）

邮传部：盛宣怀（汉）

理藩部：寿耆（宗室）

在 13 个内阁成员中，汉人仅 4 人，而满族大臣则有 9 人，其中皇族 7 人，所以当时被称为“皇族内阁”。

内阁名单公布后，在北京参加谘议局联合会的各省立宪派领袖两次上折，批评“皇族内阁”与君主立宪政体“不能相容”，朝廷此举，表明“于立宪之宗旨有根本取消之意”。[22] 但是，载沣不能容忍对其集

清廷责任内阁全体合影

中权力的任何批评。7 月 5 日（六月初十日），清廷发布上谕，声称："黜陟百司系君上大权，载在先朝《钦定宪法大纲》，并注明议员不得干预。值兹预备立宪之时，凡我军民上下，何得稍出乎《大纲》范围之外！乃该议员等一再陈请，议论渐近嚣张，若不亟为申明，日久恐滋流弊。"[23] 语气之严厉，前所未有。这就将对清廷寄以希望的立宪派以及其他人士赶向自己的对立面去了。

注

①《考政大臣之陈奏及廷臣会议立宪情形》，《宪政初纲·立宪纪闻》，第2—5页。

②《德宗景皇帝实录》卷562。

③章炳麟：《政闻社员大会破坏状》，《章太炎政论选集》上册，第370页。关于到场革命党人人数，《梁启超年谱长编》仅称二十余人，见该书第418页。

④陈旭麓等主编：《辛亥革命前后·盛宣怀档案资料选辑之一》，上海人民出版社1979年版，第28—29页。

⑤《厘定官制大臣致各省督抚通电》，《近代史资料》总76号。

⑥《致军机处厘定官制大臣电》，《张之洞全集》第11册，武汉出版社2008年版，第9557—9563页。

⑦《梁启超年谱长编》，第368页。

⑧《蜕庵致任公书》，《梁任公先生知交手札》(一)，台湾文海出版社1974年版，第42—44页。

⑨《梁启超年谱长编》，第383页。

⑩《湖南即用知县熊范舆等请速设民选议院呈》，《清末筹备立宪档案史料》下册，第60页。

⑪《启功口述历史》，北京师范大学出版社，2004年版。近年来，中央电视台的钟里满先生，在清西陵文物管理处的配合下，先后找到了光绪皇帝死后留下的头发、内衣和部分骨骼，并且请中国原子能科学研究院的有关人员用现代科学方法多次检验，同时请北京市公安局法医检验鉴定中心的专家参加研讨，终于肯定了光绪皇帝的头发、内衣和骨骼中的砒霜均严重超标，“明显大于致死量”，其死因系“急性胃肠型砒霜中毒”。其成果《清光绪帝死因研究工作报告》和钟里满的《清光绪帝砒霜中毒类型及日期考》已发表于《清史研究》2008年第4期。

⑫《清国革命党领袖经历及行动调查》，明治文库藏《有松英义关系文书》；又见日本外务省档案1.6.1.4—2—1(3)，440805。

⑬中国史学会主编：《戊戌变法》(二)，第517页。

⑭参见拙作《须磨村密札与改良派请杀袁世凯的谋划》，《晚清史事》，第171—183页。

⑮参见拙作：《康有为“戊戌密谋”补证》，《晚清史事》，第105页—110页。

注

⑯⑰ 梁启超：《致夫子大人书》，未刊稿，台湾“中央研究院”近代史研究所藏。

⑱《德宗景皇帝实录》卷577。

⑲张謇：《送十六省议员诣阙上书序》，《张季子九录·文录》卷10。

⑳金毓黻：《宣统政纪》卷30。

㉑徐佛苏：《梁任公先生轶事》，《梁启超年谱长编》，第514页。

㉒《谘议局联合会呈都察院代奏皇族不宜充内阁总理大臣折》，《时报》，1911年6月12日；又，6月28日。

㉓金毓黻：《宣统政纪》卷30。

第十章

各类群众斗争的发展与保路、保界运动的发生

清末十年间，民族矛盾、阶级矛盾尖锐，各类群众运动风起云涌。大别之，可分为城乡人民自发斗争、抵制美货运动、收回利权运动、保路运动、保界拒约运动等。这些运动，动摇了清廷的统治基础，壮大了各种社会团体的力量，人民对清廷的不满日渐增加、郁积，使得整个晚清社会犹如一座行将喷发的火山。

城乡人民自发斗争

揭露清廷“新政”导致民众负担加剧的漫画

《辛丑条约》后，清廷将巨额赔款分摊到各省；办理“新政”中，清廷允许地方自行筹款。这样，清末的捐税名目日渐增多，人民负担也就空前加重，各种自发斗争此起彼伏。这类斗争又可分为反赔款、反教会、抗捐抗税以及饥民暴动等数种。

反教会斗争在近代始终绵延不断。这一时期，它常常和反赔款斗争相结合，群众既反对仗势横行的教会、教士，又反对媚外虐民的清朝官吏，发展到聚众起事，攻打州县衙门，有的明确提出“扫清灭洋”或“灭清、剿洋、兴汉”等口号，显示出和义和团运动时期迥然不同的特点。其著名者有：

（一）直隶景廷宾起义

1902 年（光绪二十八年），直隶广宗有所谓“赔款捐”，每亩须缴纳京钱40文。当地武举人、地主景廷宾首起反抗，得到邻近各县拥护。直隶总督袁世凯派兵镇压，景廷宾率众转移到巨鹿县，自称“龙团大元帅”，以“官逼民反”“扫清灭洋”相号召，广宗附近农民及原义和团农民纷纷参加，聚众至三四万人。义军攻占威县张家庄教堂，杀死法国神父罗泽溥。清廷命袁世凯调集段祺瑞、倪嗣冲所部新军及山东武卫右军等前往镇压。同年 7 月，景廷宾被捕杀，起义失败。

（二）河南张云卿起义

《辛丑条约》后，南阳天主教主教、法国人安西满向泌阳县勒索地方赔款银圆 11 000 元。至 1902 年（光绪二十八年）初，已交大半，只欠 2 000 元，知县被撤职，继任者勒限催收。农民利用当地素有的大刀会，组织齐心会，在张云卿率领下进攻泌阳，夷平西关教堂。次年5月间，河南巡抚锡良派兵镇压，并向教堂赔款白银26 000两了事。

（三）四川红灯教起义

四川分摊《辛丑条约》赔款 220 万两，仅次于江苏。1902 年（光绪二十八年）全省旱灾，人民生活困苦，红灯教、顺天教等会党迅速发展，其成员继承义和团传统，练习“神拳”，以“灭清、剿洋、兴汉”相号召。6 月，成都附近的红灯教首领曾阿义、廖九妹分别自称是罗汉和观音的化身，聚众起事，攻教堂，杀教士、教民，甚至潜入成都，袭击督署。8 月 5 日（七月初二日），清廷撤换总督奎俊，改以岑春煊督川。岑兴办保甲团练，推行连坐法，同时减免部分苛捐杂税，将起事陆续镇压下去。但红灯教仍秘密活动，1911 年（宣统三年）融入保路同志会的起义。

（四）南昌教案

1906年（光绪三十二年），南昌知县江召棠因办理民教械斗一案赴教堂交涉，法籍传教士王安之事先拟好条款，逼江签字，遭到江的拒绝，王即将江刺伤，致江流血过多而死。2月25日（二月初三日），南昌各界在百花洲沈公祠召开特别大会，讨论对策，赴会者人山人海。主持会议的绅士担心出事，临时宣布改期，江西巡抚胡廷干并派兵监视会场，激起公愤。群众捣毁沈公祠及城内外四所教堂，击毙王安之，并杀死英、法传教士及其家属八人。事后，英、法派军舰驶入鄱阳湖示威，清廷急忙宣布将胡廷干撤职，派人偕同法国使馆人员赴江西查办。谈判3个月后，签订《南昌教案合同》，将江召棠的被害说成"情急自刎"，以6名中国人抵命，地方官吏多人撤职，赔偿教堂银25万两。

（五）莱阳抗捐

这一时期的抗捐斗争此起彼伏，遍及城乡。群众或和平请愿，或"歇业"抗议，或揭竿而起，捣毁税卡、捐局及清廷的府县衙门。1907年（光绪三十三年），浙江海宁农民万余人进城捣毁厘卡、警局，抢劫店铺及富绅住宅。奉天辽阳为抗议重税，聚众竟至三万余人，全省震动。据不完全统计，1910年（宣统二年），各地较大规模的抗捐抗税斗争多达109起，其中，以曲诗文领导的莱阳抗捐影响最大。

莱阳抗捐领袖曲诗文

曲诗文原本是山东莱阳塾师，联庄会的首领。1910年5月11日（宣统二年四月十三日)，曲率领五六千人冲进县城，包围县衙，提出免除杂捐等要求。县令朱槐之藏匿，命绅士某代见，答应农民各项要求。事后，朱槐之却又暗中请兵，乡民闻讯，再次包围县衙。烧毁巡警局局董住宅。其后，朱槐之以弹压不力被革职，继任县令奎保推翻朱槐之的各项允诺，缉拿曲诗文，并电请山东巡抚孙宝琦派兵镇压。6 月中旬（五月初)，清军血洗九里河等村庄，屠杀乡民 1 000 余人，焚毁房屋 800 余间。事后，山东谘议局开会讨论，旅京官绅柯绍忞等联名呈请都察院查究有关官吏，迫使孙宝琦自请罢黜。清廷虽未允准，但不得不将奎保等人革职。

（六）抢米风潮

自 1906 年（光绪三十二年）起，长江地区连年水灾，饥民日增，不断发生抢米风潮。1910 年（宣统二年）3 月，长沙米价暴涨，一日数价。4 月 12 日（三月初三日)，南城贫民聚集巡警分局门前，要求减价售米，巡抚岑春蓂指为痞徒闹事，逮捕木匠刘永福。群众愤而聚集到巡抚衙门周围，要求释放被捕人员，减价粜米。岑春蓂调军队镇压，群众随即暴动。4 月 14 日（三月初五日)，烧毁巡抚衙门，到处搜查囤积的粮食，捣毁教堂、洋行、学堂、洋货店，抢掠富绅及官僚住宅。岑春蓂见事态扩大，自请免职。湖广总督瑞澂迅速调兵镇压，起事群众被捕或被杀者不下数百人。

（七）产业工人的早期斗争

中国产业工人出现于 19 世纪 40 年代，随着外资在华设厂及中国民族工业的发展，工人阶级的队伍不断扩大。1903 年（光绪二十九年）5 月，会党首领、锡矿工人周云祥率矿工数千人起义，反对法国修建滇越铁路，占领个旧，继占临安、石屏两城。同年，云贵总督丁振铎调兵镇压，周云祥被捕牺牲。此后的工人罢工虽大多抗议劳动条件恶劣，要求增加工资，属于经济斗争性质，但1905年（光绪三十一年），上海华新纱厂工人反对盛宣怀将工厂卖给日本资本家，则属于政治斗争。总计，自1905年（光绪三十一年）至1911年（宣统三年），约发生工人罢工事件55次，逐渐显示出，这个新生的阶级也在发出自己的呐喊。

（八）兵变

除人民反抗，即当时人所称“民变”外，清朝末年，还有另一类型的社会动荡，即所谓“兵变”。1904年（光绪三十年）6月，出身游勇的陆亚发率众攻占广西柳州衙署，劫夺藩库饷械。其后，转战各地，发展至万余人。曾大败清军提督丁槐所部，逼近桂林。同年冬，被两广总督岑春煊督率龙济光、陆荣廷所部清军平定，陆亚发等被杀。与陆亚发兵变大体同时，黄五肥、王和顺等率众活动于南宁周围，被丁槐以分化办法各个击破，黄五肥战死，王和顺率众十万退入大山。

上述群众的斗争大多带有原始的自发性质，其中难免没有落后、陈旧的因素，但它表明，群众中蕴藏着极大的能量，一旦引爆，就会化作烧毁旧制度的冲天烈焰。

抵制美货与收回利权运动

（一）抵制美货运动

在美国的西部开发中，华侨做出了巨大贡献。19世纪80年代，美国发生经济危机，美国政府转而采取排华政策。1894年（光绪二十年）3月，美国政府与清廷订立《限制来美华工保护寓美华人条约》，借保护“寓美华人”之名，行排斥华工之实。1904年（光绪三十年），该约期满，美国100余城市的10多万华侨联名致电清廷，要求废止。清廷指示驻美公使梁诚谈判修改，遭到美国政府拒绝。次年，美国派新任驻华公使柔克义（W.W. Rockhill）与清廷谈判，要求签订续约。美国政府这一举动在中国人民中间激起了轰轰烈烈的抵制美货运动。

哭告天下拒約同志

上海學商界同人公具

抵制美货运动所发《哭告天下拒约同志》传单

早在1904年（光绪三十年），檀香山的《新中国报》即发表《拟抵制禁例》，首倡以抵制美货相抗。次年5月10日（四月初七日），上海总商会召开特别会议，会长曾铸提出，以两个月为期，如美国强迫续约，则抵制美货。会议决定致电清廷外交部，同时遍电各省商会、商务局，共同抗争。会后，上海总商会与美国驻沪领事多次谈判，均无效果。7月21日（六月二十日），上海总商会决议各行业一致行动，不进美货，不卖美货。当场即有七大行业签字，会后70多个行业继续签押，上海各界和各省在上海的会馆纷起响应。北京京师大学堂学生联合各校学生发表《学生同盟会公启》，表示不购美货。天津商人于6月18日（五月十六日）集会，公决不买美国面粉及机器等物，违约者罚款五万元。华兴会会员禹之谟通过长沙商会召开抵制会议，成立抵制美货事务所。7月23日（六月二十一日），广东成立抵制美货

广州抵制美货漫画

总公所。会议决定推派专员，赴各商店盖章签押。革命党人郑贯一创办的《有所谓报》发表文章，抨击清廷“惧外媚外”，号召人民组织团体，奋起抗争，使“民权发达，专制堕落”。[①] 运动的规模和声势大大超过了此前的拒俄运动，全国有一百六十多个城市相继成立拒约团体，卷入的社会阶层也更为广泛。

美国公使柔克义在运动开始后即奔走于京、津、沪等大城市，指挥当地领事出面干涉。同时，一再要求清廷下令禁止抵制美货。清廷一面声明抵制美货属于商人自由行动，一面谕令各地方官“从严查究，以弭隐患”。袁世凯禁止天津商会响应上海总商会的号召，禁止《大公报》刊登拒约消息。两广总督岑春煊借故逮捕拒约会成员夏重民等。

在抵制美货运动中，上海等地商人作用突出，显示出中国民族资产阶级的觉悟正在增长。但是，在清廷的压迫下，他们权衡商业利害，顾虑日多，分歧也日多。1905 年（光绪三十一年）夏，曾铸发表《留别天下同胞书》，宣布退出运动。张謇、汤寿潜主张，8 月以前的进口美货可以贴印花出售。广州部分商人甚至同意美国方面提出的“禁工不禁商”的主张。上海虽然出现过“公忠演说团”、工界和平社等团体，主张抱定“不用美货”四字，坚持到底，但势孤力单。至当年年底，运动逐渐消沉。

（二）收回利权运动

清末，国势衰弱，财政困窘，外资大量输入，贪婪地掠夺中国的矿山开采权和铁路修筑权。清廷及有关当事人，或出于媚外，或由于昏聩，与外人所订合同常有丧权失利之处。1905 年（光绪三十一年）以后，国人的民族觉悟日渐提高，各省纷纷成立路矿公会或协会，要求自办，收回利权运动因之兴起。

较早出现的是山西、安徽等省群众的收回矿权斗争。

还在 1867 年（同治六年），英、意两国商人即在伦敦注册，成立福公司，专门承揽中国路矿事务。次年，与山西矿务局签订承办晋矿合同，获得在盂县、潞安、泽州等地 60 年的开采权。义和团运动后，山西绅商力谋自办，多次与福公司谈判，均遭拒绝。1905年（光绪三十一年），绅商在山西巡抚张曾敭支持下，集资购矿，自行开采，福公司即出面阻挠。英国公使萨道义（E.M. Satow）照会清廷外务部，声明非经福公司允许，不得在该地开采煤矿。同年冬，晋绅300余人联名上书，要求废除与福公司的合同，山西大学堂等校学生千余人支持，留日学生李培仁竟愤而蹈海自杀。1907年（光绪三十三年），山西绅商成立保晋公司，以祁县票号大股东渠本翘为经理，并迅速在盂县等地开井挖煤。谈判中，福公司表示可以容纳华股，允许晋绅一人为董事，但山西绅商坚持废约自办。同年冬，各界万余人在太原集会，议决有矿地之家不准售地与福公司，附近之人不准为之做工，或与之贸易，否则，开除其山西籍。福公司不得已，同意晋绅赎矿。1908年1月20日（光绪三十三年十二月十七日），山西商务局与福公司议定，付银275万两，赎回矿权。

安徽的收回矿权斗争集中于皖南地区。1902年（光绪二十八年），英商华伦公司与安徽商务局签订合同，取得歙县、铜陵等处勘察煤铁等矿的权利，期限为八个月，逾期作废。此后，一再展期，安徽人民遂要求收回权利，自行探查。1904年（光绪三十年），华伦公司代表与清廷外务部签订开采铜官山矿产合同，期限一年。次年期满，安徽各界再次要求收回矿权，陈独秀等创办《俗话报》，鼓动群众反抗。1907年（光绪三十三年），华伦公司拉拢中国驻英公使李经方担任华董。次年，又私招日本三井洋行商股，并通过英、日两国公使向清廷施加压力。两江总督端方为避免事态扩大，建议中英合办，但端方的建议仍然受到安徽各界强烈反对。安庆绅商要求废约自办。1909年（宣统元年）4月，成立安徽全省路矿公会。5月8日（三月十九日），芜湖商会、皖南教育会等团体召开大会，议决联合沿江各省进行“文明抵制”。1911年（宣统三年）春，清廷与英商议定，以5万英镑赎回权利，由安徽绅商组成公司自行开采。

此外，山东、四川、云南、河南、奉天、黑龙江、湖北等省都陆续发生收回矿权斗争，大都在不同程度上取得胜利。

收回路权运动的兴起大体与收回矿权运动同时，但规模更大，影响也更为深远。

清廷对铁路的重要懵懂无知，后来逐渐有所了解，但力图把持修筑大权。1896 年（光绪二十二年），清廷设立铁路公司，以盛宣怀为督办大臣，但因财政困难，不得不仰仗于向列强借款。自 1896 年（光绪二十二年）至 1903 年（光绪二十九年）期间，盛宣怀与列强先后签订一系列借款合同或草约。1903 年（光绪二十九年），商部颁布《铁路简明章程》，准许华洋官商集股筑路。几年之内，各地出现了不少民办铁路公司。民办，还是借款官办？双方之间的冲突日益尖锐，先后出现粤汉铁路风潮、江浙铁路风潮、川路风潮。

兴筑粤汉路的权利于 1898 年（光绪二十四年）由盛宣怀出卖给美商合兴公司，借款 4 000 万美元，但合兴公司资本有限，于 1904 年（光绪三十年）将三分之二的股权转卖给比利时人。对此，湘、鄂、粤三省绅商坚决反对，要求赎回自办。湖广总督张之洞得到英国驻汉口领事的支持，也持同一主张。1905 年（光绪三十一年），张之洞向香港英国殖民政府借得英镑 100 万元，赎回路权。所借之款，由三省分十年还清。同时，清廷并允许三省绅商集资设立铁路公司。当年冬，三省代表会议决定，各筹各款，各自本境修起。但到了 1906 年（光绪三十二年）夏，清廷却改变主张，首先命令湘路公司“仍应官督商办”。1908 年（光绪三十四年），清廷连发三道谕旨，命张之洞以军机大臣兼充粤汉路督办大臣，通筹粤汉路全局，并且兼督鄂境川汉路。张之洞受命后，于 1909 年（宣统元年）与英、法、德、美四国银行团达成协议，借款 600 万镑，作为兴筑粤汉路的经费。

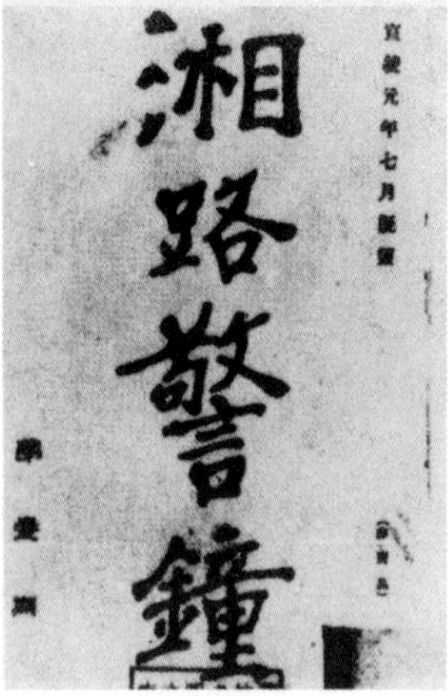

《湘路警钟》

湘、鄂、粤人民反对借款筑路。两湖留日学生出版《湘路警钟》，号召拒款保路。湖南谘议局 820 人联名呼吁，抵制借款，龙璋、谭延闿等组织湘路集股会，募集资金；革命党人文斐等组织铁路协赞会，借争路鼓吹革命。湖北方面动作较晚。1909 年 10 月（宣统元年八月），张之洞病故。不

广州各界认捐铁路股票漫画

久，湖北谘议局成立，湖北留日学生张伯烈、夏道南归来，捐款运动于是展开。11月5日（九月二十三日）、11月14日（十月初二日），湖北绅商军学各界连续集会，推举张伯烈、刘心源入京请愿。送行时，军人陶勋臣拔刀断指，以示决心，并为二人壮行。张、刘入京后，联络两湖京官向邮传部尚书徐世昌说理。1910年3月19日（宣统二年二月初九日），徐世昌召见张、刘等人，坚持借款主张，张、刘等受到责骂并被逐出门。但张伯烈等不愿退去，踞坐徐门，哀号痛哭。3月24日（二月十四日），清廷得悉湖北局势不稳，批准设立商办鄂路公司。但不久，邮传部又限令在六个月内筹足路款，否则仍借款商办。同年夏，湖北商办铁路公司虽勉强组成，而路款并未筹足，股东间又发生纠纷，旋即宣告解散。

苏杭甬铁路横跨江浙两省。1898年（光绪二十四年），盛宣怀与英国银公司签订草约，委托其代筑，但迟至1905年（光绪三十一年），仍未开工，草约失效。当年7月24日（六月二十二日），浙江绅商议决组织浙江铁路公司，推举前署两淮盐务使汤寿潜为总理，南浔富商刘锦藻为副总理，筹办集股筑路。次年，得到清廷核准，先筑苏杭段。英国公使萨道义闻讯，要求与清廷商订正约，夺取路权。清廷命盛宣怀与英方交涉，撤废旧约，但盛推诿拖延。同年5月25日（闰四月初三日），江苏绅商组建江苏铁路公司，推举苏南巨绅王清穆为总理，张謇为协理，先行修建上海至嘉兴线，以便与前此已经动工的杭州至嘉兴线相连。此际，英国公使朱尔典出面阻挠，清廷命外务部右侍郎汪大燮与英方磋商。汪提出，不将筑路之事纳入合同，但由邮传部出面向英方借款150万镑，转拨江苏、浙江两铁路公司，利息由两公司负担，任用英国总工程师并由英方代购器材。1907年（光绪三十三年），清廷谕令江、浙两公司接受此议。

揭露清廷出卖路权漫画

清廷的决定遭到江浙留日学生及国内士绅的纷纷反对，各地相继成立拒款会，反对借用英款。浙路业务学堂学生邬钢愤而绝食，呕血去世；接着，浙路副工程师汤绪也绝食殉路，风潮进一步扩大，卷入的社会阶层也日益增多。11 月 9 日（十月初四日），江苏铁路协会在上海张园召开大会，马良挥泪演说称："人家卖奴婢亦当问其愿否，今不问我江浙人而卖江浙人身家性命所关之路，直卖鸡狗耳！"② 次日，浙江旅沪同乡会召开集股大会，当场认股 2 200 余万元。11 月 13 日（十月初八日），江苏铁路股东集会，认股 1 300 余万元。会议推举王文韶、许鼎霖入京陈情。王报告称："佣贩妇竖，苦力贱役，亦皆激于公愤，节衣缩食，争先认购"，"民气之感奋，实所仅见"。③

江浙铁路风潮发生时，东京的中国同盟会正处于涣散状态。11 月 3 日（九月二十八日），章太炎、陶成章等在东京召开苏杭甬路事研究会。章太炎提出，派代表回国，鼓动罢市，占据电报局，宣布江浙两省"同时自主"。少数无政府主义者则借机提出，以暗杀活动相对付。11 月 25 日（十月二十日），浙江省召开国民拒款大会，同盟会浙江分会副会长顾乃斌在会上分发总部寄来的宣传品，号召"不完粮，不纳税，谋江浙独立"。但是，立宪派士绅不赞成，革命党人一时还处于孤立状态。1908 年（光绪三十四年）春，部分绅商决定，在不以江浙厘税抵押等条件下，接收邮传部所拨借款，但是，在领到第一批借款后，两省公司又决定，存入银行不用，准备随时交还，并不让英国工程师过问路事。1909 年（宣统元年），江浙两公司向邮传部要求废约退款。8 月 17 日（七月初二日），清廷命盛宣怀回邮传部右侍郎本任。8 月 22 日（七月初七日），汤寿潜致电军机处，指斥盛为"罪魁祸首"，要求将盛"调离路事"，结果，汤被革职。1911 年（宣统三年）2 月，苏浙两公司先后呈报邮传部，指责该部强迫借款，影响集股，公司蒙受损失，部拨存款拟作为赔偿损害之用，不再退还，同时声称，将于月内辞退英国总工程师。在两公司的空前强硬态度前，盛宣怀与英方协议，将苏杭甬铁路借款移作开封、徐州路段借款，苏杭甬路事风潮以胜利告终。

保路运动

（一）清廷宣布铁路国有

修建川汉铁路的计划发端于1903年（光绪二十九年）。当年夏，新任四川总督锡良上奏清廷，要求自设川汉铁路公司。1904年1月（光绪二十九年十二月），锡良根据商部发布的《铁路简明章程》，集股成立川汉铁路公司。该路自成都，经重庆、万县，出湖北宜昌，再经荆门、襄阳，在应山县的广水与京汉路接轨，全长2 000多公里。为修建方便，计议先从宜昌动工，向西延伸，全程3 000多公里，需银5 000万两，为四川全年岁入的3倍还多。锡良等筹议结果，决定按租抽谷，百分取三，凡实收租谷在10石以上者，提出3斗，照市价折银，名为“租股”。此外，还设计了“认购之股”“官本之股”“公利之股”等几种名目，但实际上，后来集纳的资金始终以“租股”为主，约占全部资金的百分之七十八强。

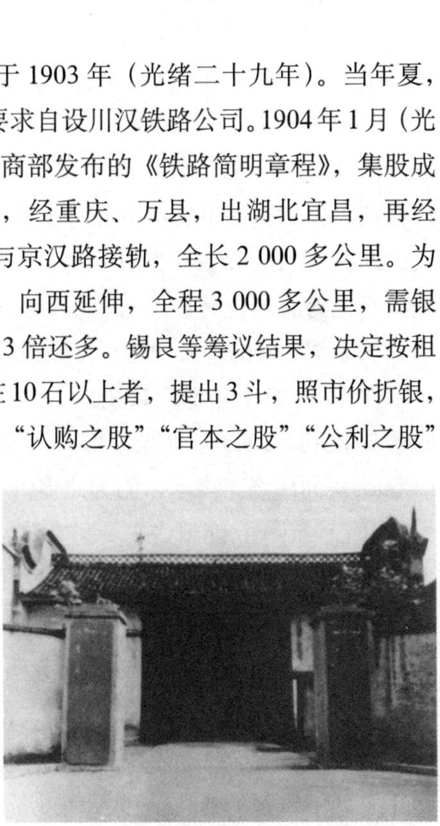
川汉铁路公司

“租股”是民间资本，它虽然份额最大，但路权却掌握在官僚手中。1907年（光绪三十三年），四川留日学生蒲殿俊、萧湘

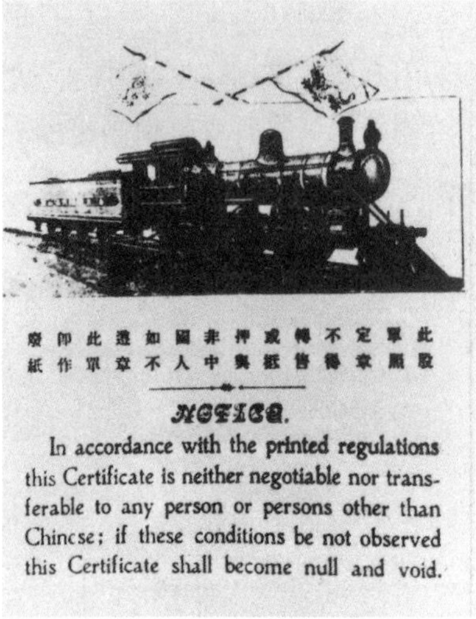

川汉铁路股票

等人在东京发布《改良川汉铁路公司议》，要求明确川汉铁路公司的商办性质。同年，锡良奏请将公司改名为商办川省川汉铁路有限公司，以前刑部郎中乔树枬为总理，在籍翰林院编修胡峻为副理，重大问题禀承总督办理，以后经理人员虽屡有变动，但大权始终掌握在官僚手中。1909 年（宣统元年），川汉铁路宜昌万县段总工程师詹天佑到任，同年 12 月 10 日（十月二十八日）举行开工典礼，先行修筑宜昌至秭归段，此时，距倡议之时已有 6 年。

蒲殿俊于 1909 年（宣统元年）10 月当选四川谘议局议长，萧湘及罗纶当选副议长。11 月 15 日（十月初三日），四川谘议局召开首次会议，议定整理川汉铁路公司办法，企图撤换官方奏派的乔树枬等人。11 月 26 日（十月十四日），召开川省川汉铁路公司第一次董事会，推举罗纶为股东会会长，以萧湘等组成董事局。立宪派逐渐掌握公司领导权，与清廷的矛盾因之日渐尖锐。

自 19 世纪末年起，即有美国、英国两家公司要求取得川汉铁路修筑权利。1903 年（光绪二十九年），美国驻华公使康格（E.H. Conger）向庆亲王表示，愿为此提供借款，奕劻模糊允诺。英国公使汤雷（Townley）闻讯，于 8 月 9 日（六月十七日）向奕劻提出，多用英国股本，奕劻表示可以考虑。9 月 20 日（七月二十九日），法国驻重庆领事照会川督锡良，要求办理勘路工程。次年秋，德国公使穆默（A.von Mumm）致函清廷外务部，要求“一体同沾利益”。

1908 年（光绪三十四年）7 月，清廷任命张之洞以军机大臣兼任粤汉路督办大臣。12 月 28 日（十二月初六日），再命张之洞兼督川汉路，作借债筑路的准备。1909 年 6 月（宣统元年四月），张之洞与英国汇丰、德国德华、法国东方汇理等三家银行议订合同草约，拟借款

550 万镑，其中 250 万镑用以建造湘鄂境内的粤汉路，另 250 万镑用以建造湖北境内的川汉路，余 50 万镑用以赎回前美国合兴公司代清廷发售的粤汉路金元债券。美国不甘被排斥，一面向清廷交涉，一面向英、法、德三国政府提出组成美、英、德、法四国银行团，共同向中国投资。张之洞亲英，主张湖北境内的川汉路可借部分美款，而粤汉路则排斥美资。7 月 15 日（五月二十八日），美国总统塔夫脱（W.H. Taft）致电载沣，对张之洞“出于成见的反对”表示不满，美国国务卿并训令驻华代办费莱齐警告清廷，“应负完全责任”。7 月 18 日（六月初二日），载沣指令外务大臣梁敦彦与费莱齐谈判，几经曲折，直到 1910 年（宣统二年）5 月，四国银行团代表之间才达成协议，投资范围将不限于湖北路段，也包括宜昌至成都段，并由美、英、法三国分派工程师主持修建。该协定签订之后，清廷即拟撤销“商办”，借款筑路。

1911 年 1 月（宣统二年十二月），清廷补授盛宣怀为邮传部尚书。同年 5 月 9 日（四月十一日），清廷发布上谕，指责商办铁路的各种缺点，宣布：“干路均归国有，定为政策。所有宣统三年以前各省分设公司集股商办之干路，延误已久，应即由国家收回，赶紧修筑。除支路仍准商民量力而行外，其从前批准干路各案，一律取消。”上谕并宣称：“如有不顾大局，故意扰乱路政，煽惑抵抗，即照违制论。”④ 5 月 18 日（四月二十日），清廷任命端方为督办粤汉、川汉铁路大臣，命他迅速前往湖广、两广、四川等地，妥筹办理。5 月 20 日（四月二十二日），盛宣怀与四国银行团代表在北京签订《湖北、湖南两省境内粤汉铁路、湖北省境内川汉铁路借款合同》，共 1 000 万镑。5 月 22 日（四月二十四日），清廷命令四川、湖南两省租股，一律停止。

（二）保路运动兴起

清廷的铁路国有命令迅速激起反抗。5 月 10 日（四月十二日），湖南谘议局致电有关省份谘议局，建议共同力争，取消“国有”政策。其后，长沙各界连日聚会抗议，声讨盛宣怀，声称如政府不同

盛宣怀

意商办，即闭市、停课、抗租。5月16日（四月十八日），长沙各团体代表到巡抚衙门请愿，有长沙、株洲段筑路工人一万多人参加。湖南巡抚杨文鼎密电瑞澂，要他转请朝廷申饬自己，借此威吓群众。6月3日（五月初七日），上谕果然对杨文鼎"严旨"申饬，但群众的情绪却愈加愤激。谘议局议员辞职，学生罢课，杨文鼎出示禁止开会，同时出动军警持械巡查，迫使长沙抗议运动暂时沉寂。9月中旬（七月下旬），四川保路风潮扩大，湖南各界闻讯，再次奋起，出现罢市停课、抗粮拒税的局面。

与长沙各界抗议运动同时，湖北、广东、四川人民也奋起斗争。其中，四川以"租股"为主，涉及广大农民，也侵犯了地主的利益，因此运动发展得尤为广泛、深入。5月16日（四月十八日），四川铁路公司董事局致电邮传部，要求"俯顺舆情"，维持商办成案。5月28日（五月初一日），举行临时股东预备会。同盟会员龙鸣剑等反对"国有"，立宪派邓孝可等要求政府退还路款，保住股本。会后，川汉铁路董事局要求护理四川总督王人文代奏，恳请清廷暂勿收路，缓刊停止租股的消息。5月31日（五月初四日），清廷下旨斥责王人文，同时指责谘议局及川路公司。次日，盛宣怀、端方联名致电王人文，声言公司已用款和现存之款，一律发给国家股票，概不还现。这样，立宪派要求退还路款的希望完全落空，加之邮局奉命拒发有关铁路问题的电报，舆论日见愤激。6月13日（五月十七日），四国借款合同传到成都，罗纶即加以签驳，联络2 400余人向王人文请求代奏朝廷。邓孝可著《卖国邮传部！卖国奴盛宣怀！》，表明立宪派也难以压制胸中的愤怒之火了！

6月17日（五月二十一日），成都各界在岳府街铁路公司集会，邓孝可、罗纶等相继发表演说。罗纶称："我们四川人的生命财产，拿给盛宣怀给我们出卖了，卖给外国人去了！川汉铁路完了！四川也完了！中国也完了！”说至此，他号啕大哭起来，满场人都跟着哭，坛上、坛下，一片哭声，连在场的警察、杂役也莫不动情。说到激昂处，罗纶以宏亮的嗓音，号召与会者“誓死反对”。他砰然击案，与会者纷纷呼应，汇成巨响。接着，罗纶宣布“要组织一个临时的机关”，既联络本省人，也联络外省的、全国的同胞，“一致反抗，反抗到底！”他表示：“达不到目的，我们四川人要商人罢市！工人罢工！学生罢课！农人抗纳租税！”会议决定成立保路同志会，以蒲殿俊为会长，罗纶为副会长，同时决定于会后到总督衙门请愿。王人文对请愿群众表示：“只要于国计民生有关休戚的事，无论怎样要据理力争。”⑤ 6 月 19 日（五月二十三日），王上疏参劾盛宣怀，要求治以欺君误国之罪。6 月 27 日（六月初二日），将罗纶等 2 400 人对借款合同的签驳上奏朝廷，附片自请处分。结果，王人文先是受到申饬，后是被革职。

保路同志会成立后，成都群众四天内要求入会者即超过 10 万人，各街道、行业纷纷成立保路同志分会。成都以外，重庆等地也陆续建立相同组织。总计，自 6 月 17 日（五月二十一日）至 9 月 7 日（七月十五日），各地约成立保路同志会 64 个。8 月 1 日（闰六月初七日），同志会选推刘声元入京，会同已在北京的谘议局副议长萧湘，叩阍请愿。刘启程北上时，各界 3 万人冒雨送行，在悲壮的气氛中，刘慷慨表示：“若力争不能破约，誓不生还！”但刘抵达北京后不久，即被清廷强行押解回籍。

清廷为镇压保路运动，一面调有“屠户”之称的川滇边务大臣赵尔丰为四川总督，一面则物色收买对象，指使其出面响应“国有”政策。8 月 2 日（闰六月初八日），赵尔丰抵达成都。几天后，

四川川汉铁路同志研究会成员合影

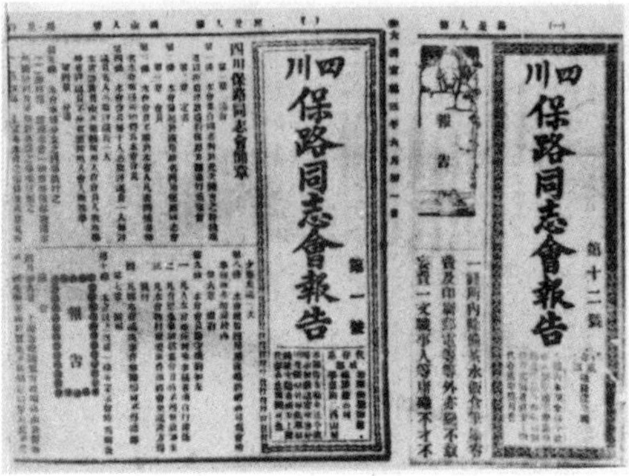
四川保路同志會報告 第一號
四川保路同志會報告 第十二號

四川保路同志会报告

盛宣怀与端方合谋，委派川路驻宜昌总理李稷勋继续主管宜昌至秭归段工程。此前，李稷勋奉盛宣怀之命进京述职，被盛收买。他未经川路公司同意，以个人名义呈文邮传部，同意该部派员前往宜昌清理账目，表示今后去留各事，由邮传部裁夺。邮传部即命李稷勋继续总理该段工程，使用川路公司存款继续修筑。这一“呈”一“札”之间，宜昌至秭归段的路权就从民间转到了官方手里。8月8日（闰六月十四日），川路总公司致电宜昌董事局，要求董事们共同质问李稷勋，令其自行辞职。8月10日（闰六月十六日），特别股东会要求赵尔丰代奏，纠劾李稷勋与盛宣怀“私相授受”，“违旨盗权”。8月13日（闰六月十九日），股东会直接致电李稷勋，声明“全体股东不认部咨”，限李在十天内辞职。8月19日（闰六月二十五日），清廷下旨，钦派李稷勋仍总宜工，同时饬令川督查明川款，实力奉行，企图用朝廷的力量压服股东们。

消息传到成都，股东们于8月24日（七月初一日）召开紧急会议，没有结果。下午，保路同志会召开大会，几万群众涌进会场，要求罢市、罢课、罢捐。会议还在进行中，街头的罢市业已开始。赵尔丰当即调派军队入城戒备，同时召集颜楷、张澜、罗纶、邓孝可等人商谈。股东会领导人决定用同志会名义刊发公启，要求“勿在街头群聚”“不得打教堂”“不得侮辱官府”，引导群众“文明争路”。同时，他们还用黄纸刊印光绪皇帝的神位，左右分别书写“庶政公诸舆论，川路仍归商办”各六字，分发各户张贴门前，早晚焚香礼拜；又在各街道中心扎搭“皇位台”，供奉光绪帝牌位，左右分别书写“文官下轿”“武官下马”。立宪派企图用这种形式将群众运动纳入轨道，同时，也为运动涂染合法色彩。

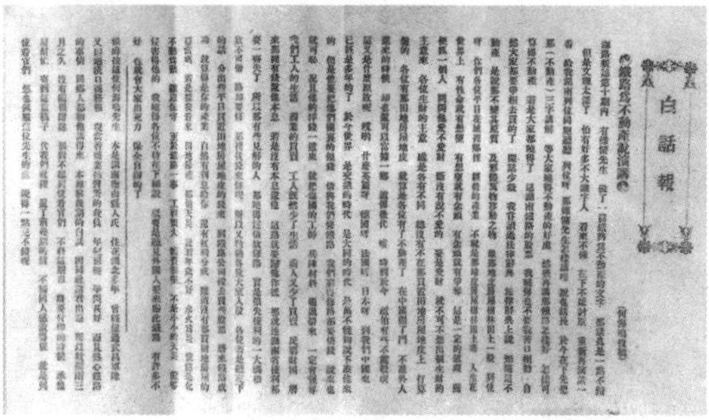
白話報

｜《铁路国有歌》

成都罢市后，四川各地纷纷响应，出现“千里内外，府县乡境，一律闭户”的局面。8月25日（七月初二日），赵尔丰派官员上街劝谕商民开市，无效。8月28日（七月初五日），他和成都将军玉昆及各司道官员会衔代奏，要求清廷同意将川路“暂归商办”，借款筑路一事交资政院讨论。8月31日（七月初八日），蒲殿俊、罗纶等按照赵尔丰的要求成立“官绅商学界联合维持会”，企图化解冲突，维持秩序。

在清廷内部，载泽、盛宣怀、端方等人主张镇压。盛宣怀一再致电赵尔丰，声称“要胁罢市、罢课即是乱党”，要赵尔丰仿照湖南等地办法，捕拿倡首人物。8月28日（七月初五日），端方参劾赵尔丰“抚驭无术”。8月30日（七月初七日），清廷通知赵尔丰，查款、收路不变，也不准备交资政院或谘议局讨论，同时警告赵：“倘或办理不善，以致别滋事端，定惟该督是问。”⑥ 清廷的这种顽固态度激怒了立宪派。9月1日（七月初九日），股东会决定不纳正粮，不认捐输，不买卖田房，不认外债分厘，通告全国。

（三）成都血案与武装抗清

在群众运动的巨大声势面前，赵尔丰、玉昆一面上奏清廷，要求罢斥盛宣怀，消弭祸乱，同时则准备采取强硬手段。9月6日（七月十四日），股东会议，有人散发《川人自保商榷书》，赵尔丰认为该文“隐含独立”，谋划借此开刀。9月7日（七月十五日），兵备道王棪谎报乱民将在成都起事。赵尔丰便以议事为名邀集罗纶、邓孝可、张澜、蒲殿俊、颜楷前来总督衙门议事，一一加以捆缚，分别拘押。同时查

保路同志会在总督衙门请愿图

封铁路公司、铁道学堂及保路报刊。人们闻讯，或手捧光绪帝牌位，或燃香顶礼，纷纷奔向总督衙门请愿。突然间，枪声大作，马队驰逐，当场被打死32人，伤者无数。据记载："众尸累累，横卧地上，犹紧抱先皇牌位不放"，"其幼尸年仅十三岁云"。[⑦] 9月8日（七月十六日），赵尔丰又派兵进攻城外的民团，谎称"匪党攻城，已被击退"。

为了掩饰这次有预谋的屠杀，赵尔丰不仅于9月7日（七月十五日）指使爪牙在督署衙门附近放火，企图诬陷群众，而且在事后诬指蒲殿俊、罗纶"借争路名目阴图不轨"，并且命人伪造信件，捏造"血书""盟单"等物，企图置蒲、罗等人于死地，群众因之更加激愤，纷纷武装反抗。

中国同盟会会员长期在四川哥老会中活动。保路运动发生后，龙鸣剑、王天杰等人积极活动，聚集力量。1911年（宣统三年）7月，重庆同盟会会员朱之洪被推选为股东代表到成都开会，与龙鸣剑等密商，认为成都防范严密，不如在外县发动，于是分头出发。当时，川西哥老会首领、同盟会会员张达三、张捷先等都已作好起兵准备。同月，川西南哥老会首领侯宝斋以庆寿为名邀集九府哥老会代表集会，推秦载赓与侯宝斋分别主持东南两路的起义。8月4日（闰六月初十日），各地哥老会首领与同盟会会员龙鸣

赵尔丰

端方赴川前与湖北要员合影

剑等在资中罗泉井开“攒堂大会”，决定组织同志军。9 月 7 日（七月十五日），成都血案发生后，龙鸣剑等在大量木板上书写“赵尔丰先捕蒲、罗，后剿四川，各地同志速起自救自保”字样，投入江中，顺流而下，向各地报警，人称“水电报”。9 月 8 日（七月十六日），秦载赓率所部同志军千余人赶到成都，进攻东门。接着，侯宝斋所部也在成都南郊与清军交战。七八天之内，各路同志军到达成都郊外者已达一二十万人。

东路：9 月 12 日（七月二十日），进攻东门的秦载赓部在与清军苦战后退到简阳休整，与占领仁寿县城的龙鸣剑、王天杰部会师，成立东路民军总指挥部。9 月 25 日（八月初四日），王天杰与奉同盟会之命回川工作的吴永珊（玉章）合作，在荣县宣布独立，推同盟会会员蒲洵主持县政。

南路：东路秦部既退，进攻成都南关的侯宝斋部也于 8 月 17 日（闰六月二十三日）前后退到双流，与反正清军周鸿勋部会合，于八月上旬共同攻下新津，但 10 月 13 日（八月二十二日）又被清军夺回。另一路由同盟会会员、哥老会首领罗子舟率领于 9 月 19 日（七月二十七日）攻占荥经，号称川南同志会水陆全军都督。

西路：以张达三为总指挥，转战于崇宁、灌县等地。

清廷得悉同志军起事消息后，决定派湖南、云南、广东等六省军队赴川，令端方迅速启程，同时起用开缺两广总督岑春煊赶赴四川，办理剿抚事宜。清廷不了解，他们的路已经走到尽头，什么方法也无法挽救灭亡的命运了。

保界拒约运动

保界拒约运动源于1911年初（宣统二年末）的边疆危机。当年1月3日（宣统二年十二月初三日），英国派兵侵占云南西北边境要地片马；1911年（宣统三年）2月，英法合办的隆兴公司强索云南七府矿产开采权，法国借口保护铁路而陈兵滇边；同月，沙俄借修订《伊犁条约》及所属《改订陆路通商条约》之机，企图攫取新疆、蒙古、张家口等地的自由贸易权、免税权、土地所有权和在中国全境的治外法权。在这些事件连续刺激下，立宪派和革命党人分头发动，掀起了一场以保界拒约为主要内容的反帝爱国运动。

1月28日（宣统二年十二月二十八日），云南谘议局致电全国报馆："英人派兵据我片马，势将北进，扼蜀、藏咽喉，窥长江流域，大局危甚。拟先文明对待，不卖英货，请转各商协力进行。"[⑧] 2月7日（宣统三年正月初九日），云南绅商在谘议局集会，成立中国保界会。3月1日（二月初一日），江苏谘议局议长张謇提议联合各局议长，上书清廷，表示"俄旧约万不可徇"。[⑨] 3月11日（二月十一日），资政院在京议员联名上书总裁溥伦，认为"修订中俄商约一事，实关系西北大局"，要求溥伦根据院章，奏请召开临时会议，但溥伦置之不答。议员们赴溥伦住宅求见，溥伦闭门不纳。议员们再次上书内阁，但内阁"温谕阻拒"。[⑩]

第四次国会请愿运动失败后，海外的立宪派企图借此发动第五次。2月下旬，在美国的中华帝国宪政会致电国内，声称："敌迫，国会迟必亡，速五请。"[⑪] 但是，国内立宪派的兴趣在于提前召开各省谘议局联合会。5月12日（四月十四日），该会在北京开幕，以谭延闿为主席、汤化龙为审查长。会上，代表们普遍提议编练民兵，保卫边疆，反映出立宪派对清廷的愤懑、绝望，以及忧患意识的加深和自保要求的增强。会上，云南籍议员提出片马一案，汤化龙认为："上奏亦无效，不如作为我辈攻击政府之资料。"⑫ 此后，片马问题即成为立宪派射向皇族内阁的有力子弹。6月24日（五月二十八日），联合会通过由湖北省谘议局副议长张国溶起草的《通告全国人民书》，全面抨击皇族内阁的内外政策。当时，清廷曾准备同意英国前驻腾越领事烈敦的要求，"永远租借片马"。对此，通告书评论道："夫永远租借实割让土地之变名词。"⑬

继国内立宪派之后，留日学界迅速行动。2月26日（正月二十八日），东京中国留学生1 200余人集会，接受邹资州、刘揆一、陈策（均为同盟会会员）三人提议，坚决拒绝俄约，成立国民军，并运动各省谘议局。会后，在河南留学生、同盟会会员刘基炎率领下，全体人员列队到中国使馆，要求支持。3月5日（二月初五日），留日各省同乡会代表集会，决定不用"国民军"名义，而称中国国民会，同时决定各省推举代表组成演说团，分往21省演说，宣传救亡。

驻日使馆最初应允支持学生，但态度旋即改变。3月15日（二月十五日），学生代表48人决定模仿北京国会请愿团在庆亲王门前长立一夜的例子，在公使馆静坐。3月16日（二月十六日），各校留学生闻讯赶来的已达五六百人。清廷驻日公使汪大燮不得已，约见国民会理事长李肇甫、干事熊樾山、职员马伯援（均为同盟会会员）。汪称"此次举动非尔等所应为"，建议将国民会改为爱国会。当日，学部致电使馆，声称"学生干预政治，例禁綦严"，"倘有抗拒情事，仍应从严究办"。⑭ 外务部也致电汪大燮，严词指责其处理不当，声称倘再听任学生们等"轻佻跋扈"，将予以革职处分。⑮ 于是，使馆态度进一步变化，指责学生们等"挟众要求，彻夜不散，殊属无理取闹"。3月18日（二月十八日），汪大燮接见李肇甫等，要求解散国民会。3月19日（二月十九日），中国国民会全体职员开会。有人提议开大会与使馆宣战，熊樾山力主以慎重态度处理。4月6日（三月初八日），发布经过修订的《中国国民会章程》，放弃组织"国民军"

的提法，宣称“以提倡尚武精神，养成军国民资格为主，并研究政治、教育、实业诸大端”。[16] 4月18日（三月二十日），归国代表、同盟会会员黄嘉梁（云南）、萧德明（四川）、蒋洗凡（山东）、金树芬（东三省）、王葆真（直隶）、傅梦豪（浙江）等6人由东京启程，分赴云南、东三省及上海。4月下旬，各省选出的归国代表已达57人。

同盟会云南分会会长杨大铸及会员王九龄是最早归国的留日学生。他们到达上海后立即到《民立报》社会晤宋教仁，发布《通告书》，力陈保卫片马的重要性，声称“我国人欲死战，则必先练民兵”。[17] 3月12日（二月十二日），上海民族资产阶级头面人物沈缦云、王一亭、虞洽卿、胡寄梅、周豹元、叶惠钧、顾馨一、袁恒之等联合发表启事，号召组织全国商团联合会，以达“人自为兵”之目的。该会以李平书为会长，沈缦云、叶惠钧为副会长，虞洽卿为名誉副会长。至7月20日（闰六月初一日），上海商团已发展到2 000人之多。其后，福建、南昌、营口、通州等地陆续建立商团。

4月下旬，国民会代表傅梦豪等到沪，即积极在知识界和工商界活动。6月11日（五月十五日），上海各界4 000人在张园召开大会，宣布中国国民总会成立，以沈缦云为正会长，马相伯为副会长，叶惠钧为坐办。

保界拒约运动兴起后，俄国驻华公使廓索维慈即照会清廷外务部，指责京外各报，“肆意诋毁，摇惑人心，请设法抑止”。[18] 同时，日本驻华代理公使也照会外务部，反对中国人民普练民团，声称“若不即时查禁，恐又肇拳匪之祸”。[19] 3月1日（二月初一日），清廷要求各省督抚“严密防范，勿任酿成事端”。[20] 国民会成立后，皇族内阁立即电令各省严防国民会员至内地“煽惑”，并查禁国民军。但是，这些禁令并未起多大作用，运动还是在浙江、江苏、吉林、福建等省份内得到发展。浙江在全省范围内成立了国民尚武总会，在绍兴、台州、湖州、衢州、宁波、嘉兴、严州等地建了国民尚武分会和民团。江苏的无锡、南通、苏州、宜兴、江都、丹徒、丹阳等地普遍建立了国民分会、商业体操会、体育会、商团体育会一类组织。9月14日（七月二十二日），国民会吉林分会成立，以蒙古族人士庆山、杨梦龄为会长，满族人士松毓为副会长，金树芬为干事长。

同盟会领导层在 1907 年（光绪三十三年）春夏之后，即处于严重的分裂状态。孙中山长期对东京同盟会本部灰心失望，并一度产生过抛弃同盟会，另建新党的打算。这种情况到 1910 年（宣统二年）冬才有所改变。当年 6 月，孙中山经檀香山到日本后，陆续会见同盟会骨干。其间，又命刘揆一复兴同盟会本部。自刘揆一被推为庶务，一批新人进入本部后，同盟会本部的工作出现转机。

中国同盟会成立后，专注于发动武装起义，忽视合法斗争和群众运动，在 1911 年（宣统三年）的保界拒约运动中，熊樾山、李肇甫、刘揆一、宋教仁、陈其美、沈缦云、叶惠钧、刘基炎、陈策、夏重民、傅梦豪、黄嘉梁、杨大铸、蒋洗凡、萧德明、王葆真、袁麟阁、褚辅成等一批同盟会会员积极参与并领导了运动。他们不仅在各类组织、各类活动中发挥了骨干作用，而且善于利用合法斗争，团结盟友，表现出一定的斗争艺术。以“留日全体学生公启”名义发出的《中国危亡警告书》特意加上“圣上御极”“两朝圣后，忧国爱民”一类的保护性字眼，《哀告同胞书》声明国民会不提倡革命。所有这些，都便于争取广大的同情者，并使清廷的镇压失去有力的借口。

同盟会的本部设于海外，其活动方式一般为在海外策划，在边疆或沿海地区发动起义。这种“输入式”的革命便于从海外获得武器和军饷，但难于和国内群众发生紧密的联系，缺少立足生根之地。留日国民会决定将中国国民总会设于上海，在各地设立分会，这就将革命工作的重心从国外转入国内，从边疆转入腹地，从而有利于国内革命运动和群众运动的发展。后来，同盟会中部

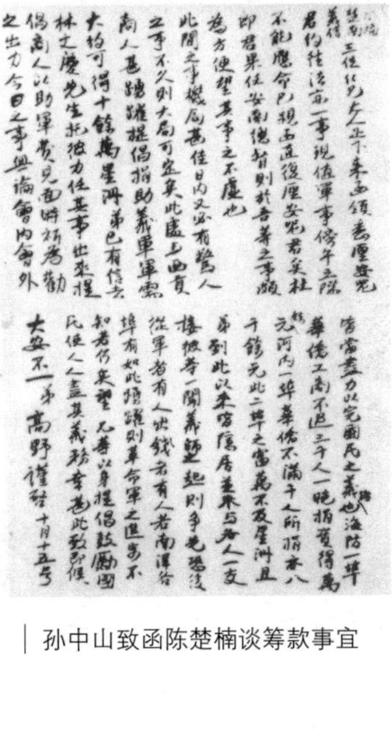

孙中山致函陈楚楠谈筹款事宜

总会将本部设于上海，在各地设分会，显然也出于同一考虑。

同盟会领导的武装起义，前期着重利用会党。会党虽和社会下层联系密切，但散漫、落后，易于见利忘义，所以同盟会后期转而依靠新军。新军掌握现代武器，组织性、纪律性强，但因其处在清廷的严密控制下，发动不易。在保界拒约运动中，同盟会会员们号召发展商团、民团以至体育会一类组织，这就开辟了新的武装力量的源泉。商团、民团是一种早已存在的地方自保性的武装组织，既为清廷所允许，也易于为各界所接受。在筹建过程中，同盟会会员们又特别说明，其目的在于"为政府之后援"，"为国家宣力"，努力以合法的外衣包裹不合法的内容，这就便于为起义积蓄力量。事实证明，在武昌起义后的各地光复中，上海、福建等地的商团、民团都发挥了重要作用。

谘议局的议员们一般主张君主立宪，维护清王朝，在政治路线上和革命派对立。但是，立宪派又因反对帝国主义侵略，要求挽救民族危机，和革命派有一致之处。运动中，同盟会会员们没有把立宪派和谘议局看成敌对势力，而是以之为盟友，利用谘议局进行工作。3 月 16 日（正月二十八日）的留学生全体大会的三个发起人中间，夏重民是同盟会会员，胡源汇则是立宪派。会议决定发动各省谘议局参加抗争。3 月 21 日（二月初三日），云南谘议局即复电赞同，声称双方的救亡办法"名异实同"。[21] 其后，留日国民会和各省谘议局之间函电往来，互通声气，互相支持。归国代表们一般也都和谘议局联系，在谘议局的赞同下，或以谘议局的名义组织各项活动。谘议局和绅、商、学各界联系密切，又是清廷承认的机构，这就为同盟会会员们的活动提供了方便条件。运动中，同盟会会员们还注意争取地方督抚如赵尔巽、增韫等人的支持，从而取得了公开活动的条件。

上海民族资产阶级在全国有较大的影响。辛亥革命前，这一阶级在各项政治活动中日益活跃。留日国民会注意联络上海民族资产阶级的头面人物和各地商界人士，这是正确的。但是中国民族资产阶级发展不足，力量微弱，仅仅依靠这一阶级决不足以成事。5 月 11 日（三月二十五日）留学生全体大会上，同盟会会员夏重民提议发动劳动者反抗清廷，会议并就此作出了相应决议，这就找到了推翻旧制度的真正强大动力。遗憾的是，当时革命党人的主体是出现不久的新型知识分子，在辛亥革命的全过程中，他们始终找不到动员和组织劳动者的有效办法。

注

①《有所谓报》，1905 年 6 月 27 日。

②《开会认股汇记》，墨悲《江浙铁路风潮》第 2 册，第 12 页。

③《政艺通报》，光绪丁未年（1907 年），卷 5。

④金毓黻：《宣统政纪》卷 52。

⑤郭沫若：《反正前后》，《少年时代》第 228 页。

⑥金毓黻：《宣统政纪》卷 58。

⑦《成都绅民代表冤单》，《辛亥革命前后·盛宣怀档案资料选辑之一》，第 140—141 页。

⑧《民立报》，1911 年 2 月 4 日。

⑨《议长之救亡电》，《民立报》，1911 年 3 月 2 日。

⑩《民立报》，1911 年 5 月 17 日。

⑪《申报》，1911 年 2 月 24 日。

⑫《直省谘议局议员联合会第二届报告书》，第 50 页。

⑬《直省谘议局议员联合会第二届报告书》，第 101—102 页。

⑭日本外务省档案：《清国留学生ノ行动》，明治四十四年（1911 年）3 月 21 日。

⑮日本外务省档案：《中国国民会总会ノ件》，明治四十四年（1911 年）3 月 23 日。

⑯《民立报》，1911 年 4 月 24 日。

⑰《滇代表通告书》，《帝国日报》，1911 年 8 月 14 日、15 日。

⑱《呜呼中国人之言论自由权》，《帝国日报》，1911 年 3 月 16 日。

⑲《国民军乎？拳匪乎？》，《神州日报》，1911 年 3 月 18 日。

⑳《外务部致各督抚英人进兵片马事报传失实请解释电》，《清宣统朝外交史料》卷 19。

㉑《云南公电》，《时报》，1911 年 3 月 5 日。

第十一章

武昌起义，清朝覆灭

武昌起义使长期奔突的地火有了喷射口，各省革命党人纷纷动作。首先响应的是湖南、陕西、江西、山西、云南，中国最大的城市上海以及贵州、浙江等省继起，从而形成了全国性的革命高潮。

武昌起义

（一）湖北地区革命组织的潜滋暗长

日知会在萍浏醴起义失败后被破坏，武汉地区的革命党人接受教训，潜入地下，隐蔽活动。自1907年（光绪三十三年）起，武汉地区出现了一个又一个秘密的革命小团体，其重要者有湖北军队同盟会、群治学社、振武学社、文学社、湖北共进会等。

湖北军队同盟会创始人为原日知会联络员任重远。1908年（光绪三十四年）3月，他自四川归鄂，经李长龄介绍，投入新军第二十一混成协第四十一标当兵。当时，黄兴正在广西钦州、廉州一带发动起义。任、李二人认为，钦、廉偏远，不如在武汉地区发动，方能振奋人心。二人相约召集日知会旧日同志，重加组织。黄申芗、杨王鹏、钟琦、章裕昆以及尚在狱中的李亚东、梁钟汉等都表示赞同。7月25日（六月二十八日），400余人于武昌洪山罗公祠召开成立会，秦炳钧任主席。为保密起见，会议决定不制定章程。

湖北军队同盟会成立后，李亚东通过狱外的同志陈少武等人创立《通俗白话报》，以“上逸”为笔名撰文鼓吹革命。该报在军学两界流布，影响很大，但不久，清吏即禁止李亚东见客，报纸停刊。任重远也因赴川联络，负责无人，会务中辍，前后只活动了5个月。其成员，有姓名可查者46人，大多为两湖籍贯的新军士兵。[①]

杨王鹏

詹大悲

群治学社的发起人为新军第四十一标士兵杨王鹏。1908年（光绪三十四年）11月，杨在安徽太湖参加湖北与南洋新军的联合会操。适值光绪帝、西太后相继去世，熊成基在安庆发动起义，杨王鹏即与钟琦、章裕昆等商量，决定利用集会，加紧进行。会操结束，回到武昌的当晚，杨王鹏即召集会议，决定成立群治学社，以杨王鹏、钟琦等10人为发起人。12月13日（十一月二十日），在武昌东门外金台茶馆召开成立会，推钟琦为庶务。会议通过的宣言规定该社的宗旨是："研究学识，讲求自治，促睡狮之猛醒，挽既倒之狂澜。"[②] 简章规定，社员须缴入社金1元，每月各捐薪饷的十分之一为社中经费，同时规定社员每月须介绍2人入社，但须经社员3人考察，而且不得介绍官佐入社，以防不测。1909年（宣统元年）7月，杨王鹏结识队官潘康时，发现潘热心革命，才破例发展。其后，钟琦被作为新军骨干调出省外，庶务改由李六如继任，社务进一步发展。已知社员共64人，大多为两湖籍新军士兵。1910年（宣统二年）2月，同盟会会员湖南人刘复基、蒋翊武相偕到鄂，投军当兵，同时协助詹大悲编辑《汉口商务报》。

《汉口商务报》创刊于1909年10月8日（宣统元年八月二十五日），原为商办报纸，因资金困难，创办不久即停业。革命党人宛思演以出售祖传田产数十亩所得承顶。主笔詹大悲，编辑何海鸣，会计兼发行刘复基，撰述有查光佛、杨王鹏等，都是武汉地区的革命党人。经营不久，仍感经费困难，詹大悲再次售产支持，群治学社也以部分基金支持。自此，该报"鼓吹革命，言论激昂，抨击无所忌讳"，成为群治学社的机关报和秘密联络点。

同年4月，湖南长沙发生抢米风潮，清廷调鄂军前往镇压，又调北洋军到鄂填防。湖南焦达峰拟乘机起事，同时联络湖北新军响应。李六如、杨王鹏与湖北共进会的黄申芗、查光佛商量后，决定于5月4日（三月十五日）夜发动。不久，长沙抢米风潮被镇压，北洋军已到汉口，全城戒严。黄申芗被警察追捕时跳墙逃逸，其他人也纷纷避离。湖广总督瑞澂敕令江汉关道齐耀珊前往查封《汉口商务报》，夏口厅威胁有关公司不得承印，同时函请驻汉英领事勒令报馆迁出租界，《汉口商务报》遂被迫停刊。

清吏虽然力图缉拿群治学社诸人，但李六如已将文件秘藏，未被搜获，学社得以保存。

1910年（宣统二年）8月，李六如召集会议，与会者决定改名振武学社，“专为联络军界同胞，讲求武学”。[③] 9月18日（八月十五日）为夏历中秋节，在武昌黄土坡召开成立大会，推杨王鹏为社长，李六如任庶务兼文书。会议规定了更为严密的制度：在各标、营、队分别设立代表；干部会议非标代表不得参加；各营按代表的命令行动，彼此不得互知情况。但是，此时社员已发展至近千人，杨王鹏等人的活动还是为混成协协统黎元洪所觉察。黎元洪传潘康时责问，潘答：“有程度稍优之士兵若干人，常集合研究学术，无所谓组织，更无所谓会党。”黎元洪发怒说：“现在革命党尽系如此，汝不严禁，反而庇护之！”遂将潘撤职，改派施化龙接差。施到任后，派人密探，向黎元洪报告杨王鹏“秘密结社，图谋不轨”。黎认为“此事万不可声张，否则更难处理”，仅将杨及四十一标二营司书郑士杰撤差，将李六如及另一士兵责打一百军棍，开除军职，没有过事吹求。

蒋翊武

杨王鹏被撤差后，社务由蒋翊武主持，取静观忍耐方针，社务停顿两个多月。1911年1月（宣统二年十二月）下旬，蒋翊武在各标同志催促下，于武昌阅马场集贤酒馆召集会议。詹大悲提议取一个更不为人注意的名字，遂定名文学社，声称其宗旨是“联合同志，研究文学”。1911 年 1 月 30 日（宣统三年元旦），文学社以团拜为名在黄鹤楼畔的风渡楼召开成立大会，推蒋翊武为正社长，詹大悲为文书部长，刘复基为评议部长，蔡大辅、王守愚为文书员，邹毓琳为会计兼庶务。会议鉴于当时形势，要求尽快发展会员，扩大组织。一个月之后，除马队八标外，湖北新军都有了文学社成员，在士兵中，社员已占多数。

3 月 15 日（二月十五日），文学社在黄土坡招鹤酒楼召开代表会议，补选第三十标士兵王宪章为副社长，派章裕昆往马队八标发展社员。“三二九”起义期间，蒋翊武计划炸毙瑞澂，举事响应，旋因广州方面失败作罢。5 月 10 日（四月十二日），文学社在黄土坡同兴酒楼召开第二次代表会议，决定在小朝街 85 号设立机关，推刘复基等驻社办公；同时增设总务部，以张廷辅为部长。6 月 1 日（五月初五日），召开第三次代表会议，决定建立阳（汉阳）夏（汉口）支部，以胡玉珍为支部长。

《汉口商务报》被查封后，革命党人决意重组舆论机关。1910 年 12 月 14 日（宣统二年十一月十三日），胡为霖创办《大江白话报》，以詹大悲、何海鸣分任正副主笔。不久，英国巡捕无故殴毙人力车夫吴一狗，汉口地方当局下令不得登载或评论，《大江白话报》“据实直书，无所畏惧”，赢得社会好评，“大悲”之名，也因而传扬。1911 年（宣统三年）春，报纸由詹大悲接办，易名《大江报》，以“提倡人道主义，发明种族思想”为宗旨。詹大悲自任经理。何海鸣、查光佛等任编辑，居正、田桐、蒋翊武等积极为之撰文。该报初为振武学社的机关报，文学社成立后即成为该社的舆论宣传机构。该报在湖北新军各标营中聘请特约通讯员，设分销处，免费赠送各营队报纸一份。“三二九”之役后，该报收集烈士书信等遗文，印成单行本，随报附送。在保路风潮中，该报逐日发表评论，痛骂盛宣怀、端方、郑孝胥等人卖国，“鼓动社会结团抵抗”，在湖北新军中影响日大。④

从湖北军队同盟会到文学社，湖北新军中的革命力量不断发展，组织日益严密。至此，文学社已发展至 3 000 人，约占湖北新军总数

孙武

的五分之一。现已知社员243人，大多为士兵及下级军官，间有学界人士，以湖北人居多。⑤

除文学社之外，湖北地区还存在着另一个革命组织，这就是湖北共进会。

1909年（宣统元年）春，孙武自日本回到汉口，受到湖北地区革命党人的热烈欢迎。新军三十二标士兵黄申芗具有排满思想，曾与人组织种族研究会。他从孙武处见到共进会章程，并得知孙中山、黄兴和同盟会的有关情况后，表示愿将种族研究会并入。同年，焦达峰到汉，和孙武研究后决定，在湖北成立共进会，用以统一长江流域会党。其后，孙武即将大冶、安陆、黄州、襄阳、汉口等五处会党分编为五镇军队，以刘公为大都督，刘英为副都督，黄申芗等分任统制。由于此前刘英、黄申芗等所部会党的暴动连续失败，孙武不得不下令暂停活动。9月，孙武赴粤，转赴广西参加共进会在当地发动的起义，事泄，孙武逃亡香港，加入同盟会。

孙武离鄂后，黄申芗将湖北共进会的活动重点转向新军，士兵会员发展至815人。1910年（宣统二年）6月，孙武自广东归鄂。1911年（宣统三年）2月，在武昌胭脂巷24号设立机关。同月，居正、谭人凤先后受黄兴之命，到汉和孙武等人建立了联系。3月31日（三月初二日），孙武命邓玉麟出面，在武昌黄土坡开设同兴酒楼，专门联络新军士兵。人们误传孙武是孙中山之弟，加入共进会者日益增多。同月，共进会的第三任总理刘公到武昌，任主盟人。当时，正值广州起义新败之后，孙武等决心在湖

秘密时共进会之大都督印

北再次发动。5 月 3 日（四月初五日），居正、刘公、焦达峰等集议，孙武提议，由两湖首义，号召各省响应。他说："我们先是被动的，今日我们要做主动了。"[6] 会议决定，如湖北首先发动，则湖南即日响应，反之亦然。此时，共进会已有新军会员约一千五六百人。其中工程营和炮八标，会员约占士兵半数以上。

湖北有新军一镇、一协，约 15 000 人，文化水平较高，训练有素，装备精良，是当时北洋六镇以外的第二大武装力量。经过革命党人长期、深入、细致的工作，加入革命组织的已近三分之一，此外，还有大量的同情革命者，因此，这支队伍实际上已发生质变，成了一支革命党人可以掌握和控制的队伍。此前革命党人历次发动的起义之所以旋踵即败，很大程度上是由于没有这样一支队伍；现在有了，起义的胜利就有了基本保证。加上武汉位居中国腹心，近代工商业和新式教育都比较发达，既是经济文化中心，又是交通枢纽，还是清廷的军事工业重地，起义一经成功，会立即造成四方震动的巨大影响。因此，在武昌首义，这是一个正确的决策。后来的事实证明，这个决策对近代中国历史发展起了无法估量的重要作用。

（二）起义爆发

武昌地区存在着两个革命组织，不可能不发生摩擦与冲突。1911 年 5 月 11 日（宣统三年四月十三日），文学社与共进会代表集会，达成合作协议。不久，保路风潮掀起，《大江报》于 7 月 17 日（六月二十二日）发表何海鸣所作短评《亡中国者和平也》，抨击清廷出卖国家主权，也抨击立宪派叩头上书的和平请愿，呼吁革命。7 月 26 日（闰六月初一日），发表黄侃所作时评《大乱者，救中国之妙药也》，文称：

中国情势，事事皆现死机，处处皆成死境，膏肓之疾，已不可为，然犹上下醉梦，不知死期之将至。长日如年，昏沉虚度，软痈一朵，人人病夫。此时非有极大之震动，极烈之改革，唤醒四万万人之沉梦，亡国奴之官衔，行见人人欢然自戴而不自知耳！和平改革，既为事理所必无；次之，则无规则之大乱，予人民以深创巨痛，使至于绝地而顿易其亡国之观念，是亦无可奈何之希望，故大乱者，实今日救中国之妙药也。呜呼！爱国之志士乎，救国之健儿乎，和平已无可望矣。国危如是，男儿死耳，好自为之。

清廷旋即以“宗旨不纯，立意嚣张”“淆乱政体，扰害治安”的罪名封闭报馆，逮捕主笔詹大悲、何海鸣。在法庭上，何海鸣声明：“国民长梦不醒，非大乱不足以惊觉，望治情殷，故出此愤激之语。”他反过来责问清廷“封报馆，拘总理，任意罗织”该当何罪。詹大悲则谴责清廷将片马“永租外人”，反以“和平解决”自饰，“丧权辱国，莫此为甚！”⑦ 武汉各界声援詹、何二人，大街小巷遍贴“安慰之纸条，哭吊之短文”。瑞澂本想将二人判处死刑，但慑于民情，只判监禁一年半。

9月初，端方调湖北新军到四川镇压保路运动。9月14日（七月二十二日），共进会、文学社代表集会，都认为时机已到，提议取消两个团体的名义，合作革命。会议决定派人赴上海邀请黄兴和同盟会中部总会的宋教仁、谭人凤前来主事。会后，居正、杨玉如衔命东下。9月24日（八月初三日），两个团体在胭脂巷11号机关召开联合大会，确定中秋节起义，推蒋翊武为临时总司令，孙武为参谋长，刘公为军政府总理。会议还确定了起义时的发动计划。同日，南湖炮队士兵与军官之间发生冲突，有人建议当晚立即起义，一时满城风雨，瑞澂为此加强了戒备，下令中秋戒严，士兵不得外出。起义总指挥部根据这一情况，决定改期于10月11日（八月二十日）起义。

俄租界宝善里14号

10月9日（八月十八日），孙武在俄租界宝善里14号机关装配炸弹，不慎爆炸。赶来的俄国巡捕发现炸药、

熊秉坤

旗帜、文告、印信，抓走刘公的妻子及弟弟等人，并引渡给清方。审讯中，清方得知起义秘密，瑞澂立即下令闭城调兵，搜捕革命党人。这就迫使革命党人不得不立即行动。当日下午5时，蒋翊武发布命令，以夜12时南湖炮队的鸣炮为号，城内外同时动作。但是，很快就接连发生意外事件。杨宏胜运送炸弹，被军警查获；邻近发动时，军警突然包围设在武昌小朝街85号的总指挥部，逮捕刘复基、蒋翊武、彭楚藩等人；负责传达命令的邓玉麟无法出城，没有及时将起义命令送到南湖。这样，10月9日（八月十八日）的起义计划就无法进行了。10月10日（八月十九日）黎明，刘复基、彭楚藩、杨宏胜三人慷慨就义；蒋翊武因拖辫，穿长袍马褂，不为军警注意，被捕后不久即乘机逃跑。

瑞澂处决了刘复基等，又捕获了30多位革命党人，兴高采烈地向清廷报功："弭患于初萌，定乱于俄顷。"他没有想到，起义领导机关虽然被破获，但散处于各标营的革命党人正在自动计议，决定按照原布置行动，地火很快就会喷薄而出。

10月10日（八月十九日）晚7时，在城外西北的塘角，李鹏升、李树芬等在马房纵火，混成协第二十一营辎重队、工程队士兵随即起义，向城内进发。

城内，工程第八营排长陶启胜查棚，发现起义迹象，被士兵程定国开枪击伤，同时，共进会工程营总代表熊秉坤赶到，也打了一枪，全营轰动。士兵们击毙阻挠起义的代理管带等三名官长，由熊秉坤带领，直扑楚望台军械库，会合守库士兵，共同占领该库。当时，集合到楚望台的士兵已达四百多人，熊秉坤指挥困难，便推举临时找到的原日知会会员、工程营左队队官吴兆麟为临时总指挥。

二十九标营址距工程营最近，士兵们高喊"打旗人"，在排长蔡济民率领下冲出营门。三十标接着发动。三十一标、四十一标驻守左旗营房，是黎元洪的协司令部所在地。为了阻挠起义，黎元洪杀死前来送信的外营士兵，又手刃准备响应的士兵邹玉溪，但在听到蛇山炮声后潜逃。士兵纷纷行动，响应起义。炮队八标位处南湖，蔡汉卿听到城内枪声后赤膊跃起，踢翻队官，士兵们拖炮实弹，向城内进发。与此同时，工程八营派金兆龙等出城迎接炮队，抵达中和门时，发现城门紧闭，金兆龙情急之下，扭断铁锁，顺利出城，与炮队会合，在蛇山、凤凰山、中和门等处构筑炮兵阵地。当晚 10 点 30 分左右，各路起义士兵会攻湖广总督衙门和第八镇司令部。瑞澂和第八镇镇统张彪先后逃跑。东方黎明，起义士兵占领督署。

10 月 11 日（八月二十日）晚，文学社第四十二标代表胡玉珍鸣枪集合士兵，宣称："武昌已为我革命军占领，我们今天光复阳夏，为祖宗报仇，为民族争光！"士兵们迅速占领钢药、兵工两厂。10 月 12 日（八月二十一日），起义军撕下庙内神帐，当作旗帜，在龟山设立指挥部，炮击在江中行驶的"楚材"号炮舰，迫使其逃走。汉阳宣告克复。同日，汉口发生纵火抢掠现象，汉阳起义士兵接受汉口商防保安会等团体要求，派兵过江镇抚，汉口也转入革命军手中。

（三）湖北军政府的成立

黎元洪

武昌光复的第二天上午，革命党人在阅马场谘议局集会，讨论都督人选，一致认为只有德高望重、有全国影响的人才能胜任。有人推举湖北谘议局议长汤化龙。汤被邀请到会后表示："革命事业，鄙人素表赞成"，但"此时正是军事时代，兄弟非军人，不知用兵"。于是，有人改推黎元洪。黎在 10 月 10 日（八月十九日）晚上杀死了两个起义士兵后，躲到一个参谋家里，被搜了出来，送到谘议局，受到众人欢迎。当

武昌起义后革命军在街道巡逻

他得知被推为都督时，脸色惨白，大喊："我不能胜任，休要害我！"众人或劝说，或威胁，都没有效果。这时有人送来一份安民告示，要黎签署，黎拒绝，革命党人李翊东气得举枪对黎说："再不答应，我就枪毙你！"说毕，李便代签了一个"黎"字。

黎元洪在被推举为都督后，不言不语，甚至不吃不喝，盘膝闭目，成了"泥菩萨"。直到10月13日（八月二十二日），他得知武汉三镇全部克复，才改变态度，同意剪掉辫子。10月17日（八月二十六日），黎元洪在阅马场登坛誓师，由谭人凤授旗授剑，黎元洪宣誓。10月25日（九月初四日），军政府开会，改订原由汤化龙等起草的《军政府暂行条例》，确定军令、军务、参谋、内务、外交、理财、交通、司法、编制等部部长名单。孙武、胡瑛、张知本等革命党人进入军政府任职。

与湖北军政府成立同时，汉口成立了以文学社为主体、詹大悲为主任的军政分府，汉阳则由日知会会员李亚东任知府。

湖北都督府成立后，迅速发出《布告全国电》《宣布满清罪状檄》《免税公告》《通告城镇乡自治职员电》及《刑赏令》等文件，号召"十八省父老兄弟、戮力共进，相与同仇，还我邦基，雪我国耻，永久建立共和国体"，同时也要求各城镇乡自治团体赶办团练，守卫乡里，"防止饥寒无告之民，乘间窃发"。10月12日（八月二十一日），军政府照会在武汉的各国领事，陈述与各国保持友好，维持世界和平的愿望，宣布此前所有清国与各国缔结的条约，继续有效，赔款外债照旧承担，既得权利和各国人民、财产一体保护，同时宣布，如各国协助清廷，妨害军政府，将以敌人视之；如以战事用品接济清廷，搜获一概没收。随后，军政府派人分头访问各国领事，要求承认国民军

鄂军都督府

为交战团体。10月17日（八月二十六日），驻汉英、俄、法、德各国领事照会军政府，宣布“中立”。

起义后，士兵仅存3 000余人。10月13日（八月二十二日），军政府决定募兵，扩军备战。各阶层人士踊跃应募，几天后，即募足五协兵力。又成立了两个敢死大队。

起义期间，革命军纪律严明。“军队寄寓民家，绝不妄取一物。如有所借贷，必按时交还。”“至于买卖，则公平交易，不见强买勒卖的行为。”[⑧] 10月13日（八月二十二日），汉口军政府林翼支在汉口出示，以“保商”为第一宗旨。三镇的商会、商团积极支持军政府。汉口各团联合会正干事、回族商人马中骥并出任汉口军政分府交通部长。

11月9日（九月十九日），湖北军政府公布由宋教仁起草的《鄂州约法》。该《约法》共7章60条。它规定人民一律平等，有言论、著作刊行、集会结社、营业，保有财产、身体、家宅等自由，有诉讼、陈请、陈诉、选举及被选举等权利；都督及议员均由人民选举产生；都督任期三年，连任以一次为限。议会可以向政府提出条陈、质问、要求答辩或弹劾。这是中国历史上第一部地方共和法典，是以后南京临时政府《临时约法》的蓝本。

（四）清廷对策与袁世凯出山

武昌起义成功，各地纷纷响应，清廷极度惊慌。10月12日（八月二十一日），清廷宣布革去瑞澂职务，命他暂署湖广总督，戴罪立功。同时命第四镇统制王遇甲率二、四两镇各一部星夜驰援，命陆军大臣荫昌赶赴湖北指挥，命海军提督萨镇冰率领海军和长江水师开赴湖北江面。10 月 14 日（八月二十三日），清廷于无可奈何之中起用袁世凯为湖广总督，岑春煊为四川总督，但袁却以“旧患足疾尚未大愈”为借口，托辞不出。10 月 20 日（八月二十九日），奕劻派徐世昌赴彰德动员。袁提出明年召开国会、组织责任内阁、宽容事变党人、解除党禁、给予指挥军队全权、供给充足军费等多项条件。10 月 26 日（九月初五日），载沣下令撤销盛宣怀职务。10 月 27 日（九月初六日），清廷召回荫昌，授袁世凯为钦差大臣，任命冯国璋为第一军军统，段祺瑞为第二军军统。这样，袁世凯才答应出山，进驻湖北孝感督战。

10 月 29 日（九月初八日），驻滦州新军第二十镇统制张绍曾及混成协协统蓝天蔚等联名电奏“政纲十二条”，要求清廷速开国会、制订宪法、组织责任内阁、削除皇族特权、大赦国事犯。同时，第六镇统制吴禄贞驻兵石家庄，准备与张绍曾配合，联络山西革命党人，待机起事。

滦州近在肘腋，清廷感到形势危急。10 月 30 日（九月初九日），清廷以溥仪的名义下《罪己诏》，承认登基以来“民财之取已多，而未办一利民之事”，所有动乱，“皆朕一人之咎”，表示要和全国军民“维新更始，实行宪政”。同日，命溥伦等速将宪法条文拟齐，提交资政院讨论；宣布不再以亲贵充任国务大臣，开放党禁，赦免戊戌以来的政治犯。11 月 1 日（九月十一日），奕劻皇族内阁总辞职，清廷任命袁世凯为内阁总理大臣，命他立即来京，组织完全内阁。11 月 3 日（九月十三日），颁布《宪法信条》19 条，承认“皇帝之权以宪法所规定者为限”。11 月 4 日（九月十四日），命各“有乱事省份”的统兵大员“妥速安抚”。11 月 6 日（九月十六日），开释因行刺摄政王系狱的汪精卫、黄复生等。可以看出，清廷为消弭革命，不得不作出若干让步，但是，核心权力和利益却是不肯退让的，所以《宪法信条》中还要强调：“大清帝国皇统万世不易。”

梁启超在运动清廷权贵“开党禁”无望后，即转变策略，利用华侨捐款，联络载涛，企图利用禁卫军和北洋第六镇统制吴禄贞的部队，内外结合，发动政变，驱逐奕劻与载泽，拥立载涛为内阁总理。他曾派专在北京做地下工作的潘若海持函见吴禄贞，函中说：“天下苍生所望于公者，岂有量哉!”[⑨] 武昌起义后，梁观察形势，定下“和袁、慰革、逼满、服汉”的八字“大方针”，主张杀盛宣怀以谢天下，以资政院、谘议局议员充任国会议员，召开国会，选举代表与起义党人谈判。11月6日（九月十六日），梁启超匆匆自日本返国，抵达大连，准备先到滦州张绍曾军中，然后带少数军人入京，收拾局面。届时，或与袁世凯合作，或取袁而代之。[⑩] 11月7日（九月十七日），吴禄贞在石家庄被人刺死，张绍曾旋被调任去职。梁启超觉得事已无可为，返回日本。

11月13日（九月二十三日），袁世凯入京。11月16日（九月二十六日），成立内阁。这一内阁和“皇族内阁”的情况完全不同。十个国务大臣中，汉族九人，蒙古族一人，一时名流如严修、沈家本、张謇等纷纷入阁。在副大臣中，则有杨度、梁启超等人。不过，很多人都不肯就职。次日，载沣召见袁世凯及各部院大臣，宣称：“现在内阁成立，应守定君主立宪宗旨，和衷共济。应办之事，可与总理大臣商办。”袁世凯当时表示：“应抱定君主立宪宗旨，公忠体国，和衷共济，以维大局。”[⑪] 事实证明，袁世凯的表态是假。不久，他设法逼迫清廷罢免军谘府大臣载涛和毓朗。接着，逼迫载沣退出政坛，逐渐掌握清廷的军政大权。在这一过程中，庆亲王奕劻给了袁很大的帮助。某日，隆裕太后感到自力不足以镇压革命党人，要奕劻找外国人帮助。第二天，奕劻即向隆裕汇报说：“外国人再三不肯，经奴才尽力说，他们始谓：革命党本是好百姓，因为改良政治，才用兵，如要我们帮忙，必使摄政王退位。”[⑫] 载沣得悉，即于12月6日（十月十六日）向隆裕泣奏，自称“以一人措施失当，而令全国生灵横罹惨祸，痛心疾首，追悔已迟”，要求辞去摄政王职务，不再干预政事。[⑬] 同日，隆裕批准载沣请求，将用人、行政等大权交由袁世凯及各国务大臣负责。

（五）汉口、汉阳失陷

袁世凯进驻孝感后，即命清军于10月27日（九月初六日）发动

汉口清军炮队

进攻。当时，革命军已退入汉口市区，指挥无人。10 月 28 日（九月初七日），黄兴偕宋教仁赶到武昌。他在和黎元洪会晤时力主坚守汉口、汉阳，毅然渡江，指挥作战。但由于清军在人数、武器上都占优势，又边进攻，边纵火，11 月 1 日（九月十一日），汉口失陷。大火一直延烧到 11 月 4 日（九月十四日），市区五分之一被毁。

为了保卫汉阳，11 月 3 日（九月十三日），湖北军政府在阅马场设台拜将，由黎元洪向黄兴亲授委任状、印信、令箭。同日，黄兴在汉阳昭忠祠设立司令部，以李书城为参谋长。日人萱野长知等十数人远道赶来参战。当时担任保卫汉阳任务的革命军约 1 万余人，加上湖南援军，共约 2 万人左右，士气旺盛，但是，革命党人却在战略上存在尖锐分歧。孙武、吴兆麟等认为新兵多，炮队缺乏，主张坚守汉阳；黄兴认为，清兵的主力集中于汉阳西北 60 里的蔡甸，汉口兵力薄弱，主张乘机反攻。11 月 16 日（九月二十六日）夜，湖南革命军乘夜色渡过汉水，进攻汉口清军，失利。11 月 17 日（九月二十七日），冯国璋下令进攻汉阳，两军在美娘山、磨子山、扁担山等地展开争夺战。11 月 26 日（十月初六日），革命军全线溃退。黄兴想以死殉职，被同志劝阻。11 月 27 日（十月初七日），汉阳失陷。革命军约伤亡 3 300 余人。

武汉军民欢迎黄兴的宣传画

汉阳失陷的当夜，湖北军政府召开紧急

黄兴在汉口前线视察

会议，黄兴建议放弃武昌，进攻南京。黎元洪表示赞成，但多数革命党人都反对。张振武拔刀起立，大声说：“敢言放弃武昌者斩！”会议决议坚守武昌。当晚，黄兴乘轮东下。11 月 28 日（十月初八日），黎元洪召集会议，决定战时总司令由蒋翊武护理，以吴兆麟为总参谋长。12 月 1 日（十月十一日），都督府中弹起火，黎元洪出逃武昌下游的葛店。

由于汉口、汉阳相继失陷，湖北方面革命党人的力量呈现颓势。但是，武昌起义已经在全国造成了连锁反应，各省都在动作，奉命前往武昌镇压革命的海军也站到了革命者一方。

各省响应

武昌起义使长期奔突的地火有了喷射口，各省革命党人纷纷动作。首先响应的是湖南、陕西、江西、山西、云南，中国最大的城市上海以及贵州、浙江等省继起，从而形成了全国性的革命高潮。自 10 月 10 日（八月十九日）武昌起义至 11 月 27 日（十月初七日）四川军政府成立止，共 49 天，内地 18 省中，宣告独立的省份已达 14 个。

其中，9个省的省会是革命党人通过武装起义实现的，江苏、广西、安徽、广东、四川5省的省会采取了"和平独立"的形式。现分述如下。

（一）武装起义

湖南：湖南新型知识分子中，参加同盟会的人数较多。据1906年（光绪三十二年）的同盟会会员名册，湖南籍会员约占百分之十六，仅次于广东。[14] 湖南新军于1905年（光绪三十一年）编成一协，最早在其中从事革命活动的是在马队中任排长的刘文锦，3月31日（二月二十六日），刘文锦在长沙天心阁召集新军各标营代表开会，报告革命宗旨，对江宣誓，共约死生。他一度被迫离军，但仍联系军中同志，准备起义，并为共进会的焦达峰介绍湖南军中关系。武昌首义后，湖南新军跃跃欲动。10月22日（九月初一日），安定超率领驻扎长沙城外的新军士兵分路攻城，守城的巡防营倒戈，新军未发一枪即顺利入城，包围抚署，抚署卫队立刻投诚。巡抚余诚格大呼："兄弟们，我们都是汉人！"他用白布书写"大汉"二字，命人悬挂桅杆，自己从后院墙挖洞，潜逃上海，巡防营统领黄忠浩及长沙知县等四人被杀。当晚，各界代表在谘议局集会，焦达峰自称，"我是奉孙文的命令来的，孙将湖南的事交给了我"，被推为都督，新军排长陈作新被推为副都督。经焦达峰提议，谘议局议长谭延闿任民政部长。当晚，军政府会议，谭延闿提议成立临时参议院。他说："我们要建设民主制度，民主制度应设议会。"次日，谭提出临时参议院议员名单，多为原谘议局议员。他被选为议长后又提出《都督发令条例》，规定参议院有规划军民全局、行政用人等权力，都督命令

光复湖南新军将领合影

谭延闿

必先经参议院审议同意。10月26日（九月初五日），谭人凤到长沙，认为参议院要夺都督的权，建议取消参议院，得到都督府多数人同意，谭延闿辞去参议院议长职务。10月28日（九月初七日），湖南新军独立第一协北上援鄂，长沙空虚。原新军管带梅馨借口“焦达峰只有会党，不喜欢新军”，于10月31日（九月初十日）发动兵变，先后杀害陈作新与焦达峰。同日，叛兵拥立谭延闿为都督。

陕西：陕西在1911年（宣统三年）编成一个混成协，其军官大多是保定陆军速成学堂的毕业生，共有同盟会员九名。白水县人钱鼎于1900年（光绪二十六年）加入同盟会，在校时即与同学张钫等人组织同袍社，暗中进行革命活动。由于陕西新军士兵大多参加帮会，钱鼎为了活动方便，也加入了哥老会。1910年（宣统二年）夏，钱鼎、张钫、井勿幕与哥老会张云山、万炳南等在大雁塔歃血为盟，结成“三十六弟兄”。武昌起义后，西安将军文瑞、护理巡抚钱能训计划将部分新军调离西安，钱鼎等被迫紧急集会。会议决定，推同盟会会员、日本士官学校毕业生、新军参谋张凤翙为指挥，于10月22日（九月初一日）立即发动起义。张表示：“成功了是国家民族之幸。万一失败，你们都说由我一人主使好了，千刀万剐我愿一人承受。”届日，起义士兵顺利占领西安汉城。钱能训藏匿随从家里，用手枪自杀未死，前陕甘总督升允则乘乱逃出城外。次日，哥老会头目刘世杰等率队进攻西安满城。满城在西安城中，住有旗民两万户，有旗兵四五千名。起义军用大炮轰塌城墙，攻入城内，西安将军文瑞投井自杀。10月26日（九月初五日），张凤翙被推为秦陇复汉军大统领，但由于哥老会各有山头，会后，陆续任命钱鼎、万炳南为副大统领，张云山、刘世杰等六人为都督、副都督，陕西一时成为哥老会的天下。10月28日（九月初七日），钱鼎自请率兵抵抗向潼关进犯的清军，在押运弹药辎重行至渭南时，因护送人员过少，被当地民团杀害。11月，升允逃到兰州，与新任陕甘总督长庚起兵“勤王”，进攻陕西。张云山、万炳

江西革命军内河水师官兵合影

南率部西征。双方激战，一直相持到南北议和告成。

江西：九江是通商口岸，也是军事重镇，新军第二十七混成协第五十三标驻九江，第五十四标驻南昌。10 月 23 日（九月初二日），九江新军在同盟会会员蒋群发动下起义，清朝文武官吏纷纷逃避，起义军兵不血刃，获得胜利。10 月 24 日（九月初三日），成立九江军政分府，推标统马毓宝为都督，蒋群为帮办军务兼参谋长。不久，江西人日本士官学校毕业生、同盟会会员李烈钧潜返九江。他曾任云南陆军讲武堂教官，蒋群便推他代替自己出任参谋长。10 月 28 日（九月初七日），由于同盟会会员蔡公时做了许多工作，南昌新军中的革命分子秘密集会，决定起义。10 月 30 日（九月初九日）夜，蔡森率领爬城队，进入城内，与警察及抚台卫队会合，打开城门，新军一拥而入，克复全城。警察纵火焚烧了皇城和抚台衙门两侧的鼓楼和旗杆，江西巡抚冯汝骙从后门逃走。10 月 31 日（九月初十日），江西宣告独立。各界人士推协统吴介璋为都督，吴表示愿将此职让给冯汝骙，但冯坚决拒绝。11 月 1 日（九月十一日），吴介璋就职，冯汝骙离开南昌，到九江后吞金自杀。不久，吴介璋因难以服众，弃职出走，彭程万、马毓宝先后接任都督，但均无力掌控江西局势，直到李烈钧接任后，江西政局才安定下来。

甲午战败后，清廷重建海军。至宣统年间，已有大小舰艇四十余艘，由萨镇冰任提督，下辖巡洋、长江两个舰队。前者由程璧光任统制，后者由沈寿堃任统制。武昌起义后，清廷急令萨镇冰率舰队到武汉配合陆军进剿，但萨和海军的多数官兵都同情革命，因此对清廷的命令持消极、敷衍态度。由于萨镇冰曾是黎元洪的老师，汤化龙便建议以黎的名义致电萨镇冰，动员海军起义。11 月中旬（九月下旬），萨镇冰率舰队东下，以赴上海就医为名离开，汤化龙的弟弟海军高级参谋汤芗铭等在九江起义。九江军政分府向武昌请示，湖北军政府即派革命党人李作栋带着汤化龙的私函前去联系。不久，汤芗铭即率舰队返航武昌，参加对清军的作战。[15]

山西：山西在1902年（光绪二十八年）设立武备学堂。三年后选拔优秀分子赴日进入士官学校深造。有阎锡山、温寿泉、黄国梁、姚以价、乔煦、张瑜等。他们不仅加入同盟会，而且加入了同盟会在士官生中秘密组织的铁血丈夫团。1909年（宣统元年），山西新军被编为暂编陆军第四十三协，黄国梁、阎锡山分任标统。姚以价、乔煦、张瑜分任管带，温寿泉任督练公所会办兼陆军小学堂监督。此外，保定陆军速成学堂毕业来晋工作的学生中也有不少同盟会会员。武昌起义后，山西巡抚陆钟琦密谋将新军调出太原，以巡防营警卫抚署。由于黄国梁的八十五标和阎锡山的八十六标中革命势力较大，陆钟琦决定将两标分别调往晋南和晋北，加以分隔，并且命令八十五标即日出发。10月28日（九月初七日），新军中的革命党人集会，决定在省会起义。10月29日（九月初八日），被命首先出发的两营士兵集合，姚以价发表演说，指责“满清入关，虐我汉人二百余年”，以及现在“外患日亟”“谄媚外人”的情况。他声泪俱下地说：“我们要不当这亡国奴，要救我们的中国，非先推倒满清不可。”士兵们公推姚以价为总司令，进攻满城与巡抚衙门，击毙陆钟琦及协统谭振德。同日，各界代表集会于谘议局，议长梁善济声称“官厅不可推倒”，被人挤开。与会者公推阎锡山、温寿泉为正副都督，温寿泉兼军政部长，黄国梁为参谋部长，山西军政府产生。

云南：云南新军为一镇，下辖两协、四个步兵标，一个炮兵标，一个马兵标。其中，协统蔡锷，管带唐继尧、刘存厚，陆军小学堂总办罗佩金，督练处副参议官李根源等，大都出身日本士官学校，都是革命分子。1909年（宣统元年）秋，清廷在云南设立讲武堂，同盟会会员李根源、沈汪度先后担任总办。教官中的李烈钧、方声涛、张开儒，学生中的朱德、范石生、朱培德等也都是同盟会会员。这样，同盟会在云南新军中就拥有较其他身份为强的力量。10月19日（宣统三年八月二十八日）、11月2日（九月十二日），蔡锷、唐继尧、刘存厚、沈汪度等人两次集会于刘存厚寓所，歃血为盟：“协力同心，恢复汉室，有逾此盟，天人共殛。”10月30日（九月初九日），蔡锷受革命党人推举，率领昆明新军起义。次日晨，进攻督署。据参与此役的朱德回忆说：“卫队营和我们有秘密联系，我自己过去也曾经奉命在卫队营作过一些革命活动。”因此，卫队很快缴械。[16]新军统制钟麟同自杀未死，被士兵处决；总督李经羲就俘，被护送出境。11月3日（九月十三日），成立云南军政府，蔡锷被推为都督，李根源被推为军政部总长兼参议院院长。

蔡锷

滇西的起义比昆明还早。10月27日（九月初六日），同盟会会员张文光联络傣族土司、同盟会会员刀安仁在云南西部腾冲起义，成立滇西都督府。张文光、刀安仁分任第一、第二都督。

上海：上海当时属于江苏松江府，是全国最大的现代工商业和文化中心，新型知识分子数量最大，民族资本家的力量也较雄厚，长期是各种爱国运动和革命活动的策源地。同盟会中部总会设于上海，光复会也在上海设有锐进学社。清末以保卫云南片马为中心的保界运动发生后，上海商团等群众自卫武装迅速发展，但是，由于上海设有租界，清军力量薄弱，没有新军，只有旧式的巡防营约千余人，警察约千人。1911年10月24日（宣统三年九月初三日），陈其美、宋教仁与上海资本家沈缦云、叶惠钧等在《民立报》馆集会，确定起义方针，11月2日（九

上海光复，革命军护卫沪宁车站

月十二日），陈其美与光复会的李燮和见面，决定第二天共同行动。11月3日（九月十三日）上午，与光复会有联系的警备队队长陈汉钦进攻设在闸北的巡警总局，宣布闸北独立，上海道台刘燕翼逃入租界。下午，陈其美等发动商团和学生敢死队，进攻当时中国最大的兵工厂——位于上海南郊的江南制造局，制造局总办张士珩（李鸿章的外甥）率部顽抗。陈其美自动入局劝降，被扣。11月4日（九月十四日）凌晨，新近由湖北归来的新军管带、上海商团总司令李英石率领商团再次进攻，李燮和也带领吴淞、闸北起义军警赶来助战，终于攻入制造局，救出陈其美，光复上海。11月6日（九月十六日），各团体集会，推举沪军都督，意见不一。敢死队头目刘福彪高举手榴弹大喊，非选陈其美不可。会后再次协商，决定以陈其美为都督，资本家李平书、沈缦云、王一亭等分任民政、财政、交通各部部长职务，虞洽卿等任顾问。李燮和则在吴淞设光复军司令部，另组吴淞军政分府。

贵州：1906年（光绪三十二年），贵州开办陆军小学堂，吸收15至18岁的青年入学。次年，受河口起义影响，学生中出现“历史研究会”的组织，名为研究历史，暗中鼓吹革命。1908年（光绪三十四年），贵州新军练成一标，陆军小学学生刁正铭成立“皇汉公”，以袍哥“码头”的名义联络新军士兵。1909年（宣统元年）之后，由贵州法政学堂学生张百麟发起的自治学社逐渐转向革命。张百麟写信给在东京的贵州籍同盟会会员平刚，表示自治学社愿加入同盟会。武昌起义后，张百麟与宪政预备会任可澄等人决定合作，于11月2日（九月十二日）会见巡抚沈瑜庆，劝其独立，沈不从。11月3日（九月十三日）夜，贵州陆军小学学生破库取枪，首先发动；同时，新军一标哗变，教练官革命党人杨荩诚自动出面，领导起义。沈瑜庆下令炮击，但无人应命。沈不得已，派人到谘议

大漢貴州軍政府令

貴州宣布獨立　已脫前日羈[illegible]

所有專制苛政　一切掃除勿存

創此空前盛舉　人民[illegible]再生

無論官紳士[illegible]　各自安堵勿驚

倘有藉端[illegible]　[illegible]斬首不徇

爲此[illegible]　[illegible]一體懔遵

贵州军政府布告

局向议长谭西庚及张百麟等辞职，交出关防印信，经汉口赴上海。11月4日（九月十四日），各界会议，推举杨荩诚为都督，队官赵德全为副都督。11月5日（九月十五日），成立枢密院，以张百麟为院长，任可澄为副院长，周培艺为行政总理。根据贵州军政府组织大纲，都督专管军事，枢密院赞划军事、指导民政，行政总理主管民政。11月7日（九月十七日），军政府改谘议局为立法院，仍以谭西庚为议长。

浙江：浙江有武备学堂、陆军小学堂等多所。1905年（光绪三十一年）冬，秋瑾以光复会和同盟会的双重身份发展会员。留日学生、同盟会员黄郛也在弁目学堂等处发展会员。1910年（宣统二年），浙江新军编成一镇两协，其中级军官中有不少革命党人。武昌起义后的第二天，陈其美即来杭，在西湖白云庵召集革命党人开会，着手准备。此后，黄郛、蒋志清（介石）等人也相继来杭，进行部署。11月3日（九月十三日），浙江革命党人推童保暄为临时都督，葛敬恩为临时参谋，指挥起义。11月4日（九月十四日）夜半，新军入城。八十二标督队官傅孟率领部分士兵会同蒋志清率领的敢死队进攻抚署，俘获巡抚增韫。卫队没有抵抗。起义军只放了几枪，扔了几个炸弹，就大功告成，前后不满四十分钟。次日，杭州光复，旗营投降，清杭州将军德济在缴械后离开杭州。11月6日（九月十六日），推举浙江谘议局议长、时在上海的汤寿潜为都督。汤名声虽大，但无实权。浙军总司令由原第八十一标标统周承菼担任，政事部长由原同盟会浙江支部长褚辅成担任。汤寿潜于两个月后离职，由同盟会会员蒋尊簋接任。

蒋志清（介石）

福建：福建新军由左宗棠旧部湘军改编而成，其中重要军官大多曾留学日本士官学校，第二十协统领许崇智倾向革命。另有被革职的福建保甲总局总办彭寿松也同情革命，于“三二九”起义前后，经同盟会福建支部总干事林斯琛介绍，加入同盟会。他提议创设军警特别同盟军，专门运动军警。11 月 1 日（九月十一日），林斯琛到上海、武汉联络后回福州，通过友人争取福建新军统领孙道仁成功，孙宣誓加入同盟会。11 月 8 日（九月十八日），在同盟会福建支部领导下，福州武备学堂学生武装分头占领城内外要地。11 月 9 日（九月十九日），新军出动，击败顽抗旗兵，八旗都统胜恩率 1300 多人投降，闽浙总督松寿自杀，福州将军朴寿乘清军反扑之机潜逃，被抓获正法。11 月 11 日（九月二十一日），推孙道仁为都督。

（二）和平独立

江苏：巡抚衙门设于苏州。巡抚程德全，政治态度较为开明。当时，驻苏新军只有第二十三协的一个标。11 月 4 日（九月十四日），该标统带刘之洁向士兵训话，声称“满洲政府不久推翻”，苏州之所以未有动作，原因在于“布置未妥，恐流血殃民”。他宣布，“现在时机成熟，不日即可宣告独立”。当晚，上海民军代表到苏州动员新军反正。次日，苏州新军、民军入城，要求江苏巡抚程德全独立，程表示同意，命人用竹竿挑去大堂上几片檐瓦，以示除旧布新之意。[17] 随即成立江苏都督府，程德全任都督。

11 月 11 日（九月二十一日），上海都督陈其美致电程德全与汤寿潜，提议组织江浙联军，推徐绍桢为总司令，会攻南京。当时，驻守南京的部队有两支，一为江南提督张勋所率领的江防营，约 7000 人，另一为新军暂编第九镇。前者是一支凶悍的反动军队，后者则受到革命影响，赵声、柏文蔚、林述庆等长期在军中活动。12 月 1 日（十月十一日），联军经苦战后攻克紫金山要塞天保城。当晚，张勋率清兵渡江北窜。两江总督张人骏、江

攻打南京的海军

宁将军铁良仓皇乘日本军舰逃走。12月3日（十月十三日），联军光复南京。

广西： 为编练新军，广西于1907年（光绪三十三年）设立督练公所，下设兵备处，由庄蕴宽、钮永建分任督办与帮办。庄思想开明，钮为同盟会会员。在一段时期内，广西集中过一部分日本士官学校和保定军官速成学堂毕业的革命党人，但后来陆续离去。同年9月，同盟会广西支部成立，以耿毅为支部长，会员逐步发展。学兵营500多学员中有会员100多人，连谘议局都设有分部，有会员十余人。李宗仁时为陆军小学学生，也在这时加入同盟会。湖南独立后，耿毅决定于10月30日（九月初九日）起义，遇雨改期。第二天，曾在日本担任过同盟会广西分会负责人的刘崛召集绿林，在梧州独立，桂林震动。商界担心战事导致地方糜烂，11月7日（九月十七日），同盟会会员、谘议局副议长黄宏宪等反复劝说巡抚沈秉堃和藩台王芝祥独立，得到同意。王芝祥命人制作了几百面黄色三角旗，上书“大汉广西全省国民恭请沈都督宣布独立”字样，遍插全城。次日，在谘议局召开大会，宣布沈秉堃为都督，布政使王芝祥、清军提督陆荣廷为副都督。11月9日（九月十九日），王芝祥所部巡防营兵变，沈秉堃避匿，陆荣廷被推为都督。

安徽： 革命党人长期在安徽活动，基础比较深厚。10月30日（九月初九日）晚，安徽同盟会主要负责人吴春阳组织新军六十二标起义，未能成功。11月5日（九月十五日），同盟会会员张汇滔在皖北组织信义会，在寿州起义，革命武装迅速发展到2万多人。11月8日（九月十八日），谘议局开会，决定宣布安徽独立，推安徽巡抚朱家宝为都督，同盟会员王天培为副都督，遭到革命党人反对。11月11日（九月二十一日），军、学各界代表集会，推王天培为都督。朱家宝煽动巡防营哄闹，迫使王天培出走，安徽出现混乱状况。吴春阳向九江军政分府都督马毓宝乞援，马派团长黄焕章率兵赴皖。黄到达安庆后，勒索谘议局，纵兵抢劫。朱家宝乘乱出逃。吴春阳到黄部责问，被杀，马毓宝继派李烈钧到安庆，拘留黄焕章。李被推为都督，但不久，即以援鄂为理由离去。其时，安徽老同盟会会员孙毓筠自南京出狱，被迎至安庆，成立军政府。安徽军政权力大体统一。不久，柏文蔚率军北伐，接任安徽都督，安徽局面才趋于稳定。

广东：广东是革命党人长期经营的重点，但在历次起义中骨干损失过大，新军大部遭到遣散，清廷又增调广西提督龙济光所部到广东，因此一时难于发动。武昌起义后，在香港主持同盟会南方支部的胡汉民将动员重点转向绿林和会党。革命党人陈炯明、王和顺、高剑父、黄明堂、周之贞等纷纷在各地揭竿而起，当时称为“民军”。10月下旬（九月上旬），民军纷纷进逼广州，形成包围势态。广东的士绅巨商担心地方“糜烂”，倡言“利用官府”，实行“改良独立”。10月29日（九月初八日），广州七十二行商总商会等团体两次集会，要求两广总督张鸣岐宣布独立。广东水师提督李准，震慑于革命形势，力图将功赎罪，主动派人与在港的胡汉民联系，约期反正。11月8日（九月十八日），各界代表会议于总商会，决定独立，推两广总督张鸣岐为都督。张鸣岐不愿受职，逃往香港。11月9日（九月十九日），李准下令各军舰一律升起国民军旗帜，电约胡汉民来省。谘议局与各界代表于是改推胡汉民为都督。11月10日（九月二十日），胡汉民等到达广州。11月17日（九月二十七日），军政府召开各界代表会议，推举在惠州起义的陈炯明为副都督，高州新军参谋黄士龙为三都督。

四川：广安是共进会会长张伯祥的故乡。1909年（宣统元年），具有同盟、共进双重会籍的熊克武在广安发动起义，虽失败而影响仍在。武昌起义前夜，同盟会会员、孝义会首领李绍伊率众攻占大竹。11月21日（十月初一日），同盟会会员、广安起义参加者曾省斋攻占广安，成立蜀北军政府。次日，重庆革命党人、重庆府中学堂学监张培爵等组织群众，召开独立大会，重庆知府在会上跪地请降。当晚，成立蜀军政府，张培爵任都督，此前在简阳起义的新军督队官夏之时任副都督，同盟会重庆支部总负责人杨恕堪及朱之洪为高等顾问，组成完全由同盟会掌握的

四川大汉军政府都督尹昌衡接见外宾

政权。11 月 26 日（十月初六日），清吏刘朝望剪辫反正，成立川南军政府。次日，被端方带到四川的新军鸣号整队，杀死端方和他的弟弟端锦，经重庆开回武昌。至此，四川总督赵尔丰已完全孤立，与不久前被自己释放的蒲殿俊等达成协议，表示愿让出政权。同日，大汉四川军政府在成都成立，蒲殿俊为都督，新军统制朱庆澜为副都督，同盟会会员、陆军小学堂监督尹昌衡任陆军部长。赵尔丰退居幕后，煽动巡防营士兵闹事抢掠，尹昌衡率领陆军小学堂学生平乱，12 月 9 日（十月十九日），改组军政府，尹昌衡任都督，罗纶为副都督。12 月 22 日（十一月初三日），尹昌衡将赵尔丰捕获，枭首示众。

至此，内地 18 省中，宣告独立的省份已达 14 个。其中，上海以民间武装商团为主力，湖南、陕西、江西、云南、山西、贵州、浙江、福建等 8 省都是新军主动、自觉地进行的。清廷建立新军，本为统治人民、镇压人民，不料却成了自己的掘墓人。新军之所以迅速变质，其起义之所以一触即发、一发即成，获得广泛的社会支持和同情，是同盟会长期、深入、细致工作的结果。多年来，同盟会坚持武装起义和革命宣传并举的方针，广泛建立分支机构，大量出版革命书刊、报纸，大批同盟会会员深入新军，联络会党，长期积蓄力量，艰苦奋斗，百折不挠，救国必须革命的思想日益深入人心。江苏等 5 省省会虽然采用了“和平独立”的形式，但当地新军起义的条件都已经成熟或接近成熟，地方统治者不得不从权达变。

各地起义过程大都顺利，没有进行过激烈的战斗。清政府的官吏大都没有反抗，或逃，或降，或自杀，或被击毙。这些情况，既反映革命形势的高度成熟，也反映出清廷地方官吏的腐朽与无能。在起义过程中，资产阶级和立宪派附和、赞成革命，各省谘议局在安定社会和政权建设方面发挥过一定作用，但是，其中若干头面人物，例如，江苏的张謇、四川的蒲殿俊在武昌起义之后都还反对革命。10 月 16 日（八月二十五日），张謇和雷奋、杨廷栋等为程德全起草奏折，要求清廷“告庙誓民，提前宣布宪法”，从而使革命消弭。[18] 蒲殿俊于 11 月 14 日（九月二十四日）被赵尔丰释放后还发表《哀告全川叔伯兄弟》一文，要求各路起义军“息事归农，力挽和平”。[19] 因此，不应过分夸大立宪派在武昌起义和各省响应过程中的作用。

（三）北方状况

在各省纷纷独立的热潮中，直隶、河南、甘肃、奉天等省的革命党人也在不断组织或酝酿起义。11月初（九月中旬），新军第六镇统制吴禄贞与山西都督阎锡山计议，组织燕晋联军，直捣北京。不幸，吴禄贞被刺，未能实行。此后，革命党人成立了同盟会京津保支部和北方革命协会，多次在张家口、任丘、通州、滦州、天津等地发动起义，使清廷的畿辅重地受到震撼。新疆远处祖国西北边陲，1912年（民国元年）1月，冯特民等在伊犁率领新军起义，成立汉、满、蒙、回、藏五族共进会和临时都督府。山东巡抚孙宝琦曾一度被迫宣布独立，后来又宣布取消。同年1月14日，徐镜心率领关东绿林军，在山东登州登陆。东三省总督赵尔巽为了躲过革命的风暴，成立奉天保安会，捕杀革命党人张榕等。1月下旬，孙中山派蓝天蔚率舰队北上，在安东成立关外都督府。上述各省的革命虽然多一些困难，但清廷大势已去，只要全国性的革命高潮再持续一段时期，它们的独立必然指日可待。

应该承认，同盟会在北方各省中所做工作远不及南方，在北洋新军中更缺少基础，因此，不能像南方一呼即起，起来之后也不能巩固和扩大。一个法国驻华外交官曾经说过："中国的命运取决于北方，那里有首都，有政府的所在地。孙逸仙离北京太远了。"[20] 同盟会成立之后，革命党人中不断有人提倡"北方革命"和"首都革命"，甚至有人明确提出"革命必在京城"[21]，但都未能引起足够重视，成效始终不大。这是辛亥革命的武装斗争未能获致全国性胜利的重要原因。

南北议和

（一）武昌停战谈判

南北初步接触 袁世凯老谋深算，认为对革命党人，非单纯使用武力可以奏效。自1911年10月下旬（宣统三年九月上旬）起，袁世凯即通过襄阳人刘承恩连续致函黎元洪，提议“和平了结”。湖北军政府决定利用这一机会动员袁世凯倒戈。11月7日（九月十七日），黎元洪接见清方信使称：“现在要说和，须将皇族另置一地与他居住，管他的吃穿，不准他管我们汉人的事情。”11月9日（九月十九日），黄兴致函袁世凯，提醒他不忘被满洲贵族赶出朝廷的往事，建议他出而建拿破仑、华盛顿之事业，保证届时南北人民都将“俯首听命”。11月11日（九月二十一日），刘承恩、蔡廷干携袁世凯手书到武昌谈判，以实行君主立宪为条件要求两军停战，遭到革命党人拒绝，连原立宪党人胡瑞霖都表示：“吾辈之主张者在民主国体，今除民主国体不议，则此次实无可议之余地。”宋教仁则再次提出：倘袁世凯能“转戈北征，驱逐建虏”，“将来自可被举为大统领”。[22] 11月12日（九月二十二日），黎元洪复函袁世凯，一方面建议袁“当仁不让，见义勇为”，一方面则以“立宪”和“满清不能参预”为底线，表示政体问题可以讨论。[23] 11月13日（九月二十三日），蔡廷干携带黎元洪复函回北京向袁世凯复命。

冯国璋

袁世凯进京后，向唐绍仪表示，总统一事，“我不能为，应让黄兴为之”，暗示政体可变。[24] 他指使杨度、汪精卫等组织国事共济会，倡言南北议和，同时则支持唐绍仪会见庆亲王，提出召开国民会议讨论君主、民主问题。奕劻涕泪纵横地表示同意，但声明他个人不能决定，须次日答复。第二天，奕劻改变主张，袁世凯估计是载沣作梗，决计一面竭力向清廷表现其忠诚，一面则施展手段，逐步逼迫清廷就范。

冯国璋所部攻陷汉阳后，清廷传谕嘉奖，赏二等男爵。冯国璋本欲乘胜渡江，进攻武昌，但被袁世凯电话制止。显然，袁世凯认为，彻底平定革命党，并非自己之福，而将武昌保留在革命党人手中，也许对自己更为有利。11 月 28 日（十月初八日），袁世凯委任的湖广总督段祺瑞到任。段到任的第二天，就致电清廷，声称汉阳虽下，但当休息兵力。同日，袁世凯的长子袁克定秘密派人携汪精卫函到鄂，和湖北方面谈妥，南北联合，推举袁世凯为总统。

唐绍仪南下　汉阳失陷的当日，黎元洪即通过英国驻汉口领事葛福提出：1. 停战 15 天，在此期间内，目前各方所占领的领土应各自驻守；2. 已加入革命党的所有省份的代表在上海集会，他们将选出全权代表与袁世凯所指派的代表进行谈判；3. 如有必要，停战继续延长 15 天。[25] 但是，袁世凯当时在军事上占有优势，不愿停战时间过长。12 月 1 日（十月十一日），朱尔典致电葛福，转述袁世凯提出的停战 3 日等 5 项条件。12 月 2 日（十月十二日），葛福向清军前线将领冯国璋的代表黄开文传达了和黎元洪的协议，决定停战 3 日。[26] 12 月 4 日（十月十四日），黎元洪回到武昌。12 月 5 日（十月十五日），停战期满，仍由葛福斡旋，继续停战 3 日。

当时，袁世凯的第一步计划是在停战之后于武昌召集各省代表会议，讨论和平条款。12 月 3 日（十月十三日），朱尔典向葛福传达了袁世凯的这一意图，要他努力斡旋此事。[27] 12 月 4 日（十月十四日），朱尔典又与清廷外务部商定：1. 停战 3 日期满，续停 15 日；2. 北军不遣兵向南，南军亦不遣兵向北；3. 总理大臣袁世

前进中的清军

唐绍仪

凯派北方居留各省代表前往与南军各代表讨论大局；4. 唐绍仪充任总理大臣代表，与黎元洪或其代表谈判。[28] 12月7日（十月十七日），隆裕太后发布懿旨，以袁世凯为全权大臣，由该大臣委派代表人驰赴南方，切实讨论，以定大局。袁世凯奉旨后，随即委任唐绍仪为全权大臣总代表，严修、杨士琦为代表，汪精卫、魏宸组、杨度为参赞，并以刘若曾等14人分别代表各省，南下谈判。次日，袁世凯召集代表谈话，声称："君主制度，万万不可变更，本人世受国恩，更当捐躯图报，只有维持君宪到底，不知其他。"12月9日（十月十九日），南方11省军政府代表推举伍廷芳为南方和议代表。同日，双方达成协议，决定自当日至12月24日（十一月初五日）止，继续停战15天，仍由葛福签押保证。[29]

唐绍仪早年就学于美国哥伦比亚大学，具有共和思想。归国后曾任袁世凯的英文翻译，后来又历任外务部右侍郎、奉天巡抚、邮传部尚书等职。他受命作为议和代表南下后，即在火车上剪掉辫子。[30] 这一行动，意味着准备和清廷彻底分手。12月11日（十月二十一日），唐绍仪抵达汉口，迅即到武昌向黎元洪表示："袁内阁亦主张共和，但须由国民会议议决，袁内阁据以告清廷，即可实行逊位。"[31]

伍廷芳

双方原定在汉口谈判，但汉口在清军控制之下，伍廷芳致函英国驻沪总领事法磊斯称，上海的许多朋友不希望他启程赴汉，当地也有许多公务需要自己关心，要求英国公使出面，促使袁世凯指示唐绍仪来上海磋商。[32] 此时，袁世凯对朱尔典的话，可谓言听计从。唐绍仪迅速得到指示，会谈决定改在上海举行。

谈判地点虽然改变了，但是，武昌地区的革命党人仍然抓紧机会，向唐绍仪提出了议和条件：1. 推翻满清王朝；2. 优待皇室；3. 对满族人一律予以体恤；4. 统一中国。这四条没有涉及革命后的政体问题，显示出在汉口、汉阳先后陷落后黎元洪等人在政体问题上的动摇。

（二）上海议和

伍廷芳与唐绍仪之间的公开谈判 湖北地区战火虽熄，但是，袁世凯的重兵仍在进攻已经宣告独立的山西、陕西。12 月 18 日（十月二十八日），民国总代表伍廷芳，中央军政府代表王正廷，参赞温宗尧、王宠惠、汪精卫、钮永建与袁世凯内阁的全权代表唐绍仪等在上海英租界市政厅举行首次会议。决定各处一律停战。12 月 20 日（十一月初一日），英国驻沪总领事法磊斯会同日、美、德、法、俄等五国的总领事向唐、伍二人递交照会，声称他们决心坚持迄今所采取的绝对中立的态度，但战事继续进行，将使外国人的重要利益和安全遭到危险。照会要求双方尽快达成协议，停止冲突。[33] 在当日举行的第二次会议上，伍廷芳坚决表示："中国必须民主，由百姓公举大总统，重新缔造。"唐绍仪在会上表示："共和立宪，万众一心。我等汉人，无不赞成。"[34] 他重提为奕劻拒绝过的方案：召开国民会议，讨论君主、民主问题，取决多数。唐称，此法可使清廷易于下台，袁世凯易于转变，军队易于收束。伍廷芳等相信多数会在自己方面，同意唐的意见。

廖宇春、顾忠琛之间的秘密协议 与伍、唐公开谈判的同时，在上海文明书局还有另外一个秘密谈判的会场。北方出席者是陆军小学堂总办廖宇春和北京红十字会会长夏浚贻。廖的使命得到段祺瑞的同意，携有段的密码本。南方出席者是和黄兴关系密切的苏军总参谋长顾忠琛和元帅府秘书官俞仲还等。会谈中，顾忠琛极为坦率地交出了底牌："和战之机，实惟项城操之。现在反正者十余省，联军北伐者数十万，决无屈服君主问题之理。项城果能颠覆清政府，为民造福，则大总统一席，愿以相属。"对此，廖宇春自然满意，但他表示，希望得到黄兴和程德全的"一纸证书"，并且订立草约。12 月 20 日（十一月初一日），顾忠琛将黄兴的委任书交给廖，双方议定五条：1. 确定共和政体。2. 优待清室。3. 先推覆清政府者为大总统。4. 南北满汉出力将士，各享其应得之优待，并不负战时害敌之责任。5. 同时组织临时会议，恢复各省秩序。其中第三条，既有对袁世凯的保证，又有对袁世凯的督促。12 月 23 日（十一月初四日），廖宇春回汉口向段祺瑞复命。段祺瑞是袁世凯的心腹爱将，廖宇春此行自然和袁世凯关系密切。

伍唐会谈的停顿与恢复 顾、廖之间的秘密会谈虽然顺利，但伍唐之间的公开谈判却在第二次会议之后即陷入停顿。其间，伍廷芳多次要求续开会议。12 月 25 日（十一月初六日），唐绍仪致电袁世凯，要袁痛下决心，或急速召开国会，或断然辞去总理职务。12 月 27 日（十一月初八日），唐绍仪再电袁世凯，声称"默察东南各省情形，主张共和已成一往莫遏之势"，"和议一辍，战端再起，度支之竭蹶可虞，生民之涂炭愈甚，列强之分裂必乘，宗社之存亡莫卜"。他要求袁世凯以总理大臣身份，颁布阁令，召集临时国会，将君主、民主问题付之公议。[35] 12 月 28 日（十一月初九日），袁世凯与胡惟德等全体国务大臣联衔上奏清廷，要求召开宗室王公会议讨论，得到隆裕太后同意。但会议无结论，隆裕便召见袁世凯垂泪说："汝看着应如何办，即如何办。无论大局如何，我断不怨汝。皇上长大，有我在，亦不能怨汝。"袁世凯在答词中强调作战困难，并以战败后的恐怖局面吓唬隆裕。他说："论政体本应君主立宪，今即不能办到，革党不肯承认，即应决战。但战须有饷，现在库中只有二十余万两，不敷应用，外国又不肯借款，是以决战亦无把握。今唐绍仪请召集国会公决，如议定君主立宪政体，固属甚善；倘议定共和政体，必应优待皇室。如开战，战败后，恐不能保全皇室。此事关系皇室安危，仍请召见近支王公再为商议。"[36] 同日，隆裕太后发布懿旨，决定接受唐绍仪的方案。

基本原则既定，上海会谈便于 12 月 29 日（十一月初十日）恢复，议定停战展期至 1912 年 1 月 5 日。12 月 30 日（十一月十一日），议定国民大会组织法：分全国为 24 个区，每区各派代表 3 人，每人 1 票；如某区代表不满 3 人，仍有投 3 票之权。[37] 12 月 31 日（十一月十二日），议定《优待皇室条件》6 条、《优待满蒙回藏人条件》5 条。但是，在召集国民会议地点等问题上，双方发生分歧。伍廷芳主张在上海开会，而袁世凯则坚主在北京。1912 年 1 月 1 日，临时政府在南京成立，孙中山就临时大总统之职，唐绍仪致电袁世凯，要求在会议地点及代表选举办法两个问题上不再坚持，同时，以“材力薄弱，奉职无状”为理由，要求撤销自己的代表职务。[38] 1 月 2 日，袁世凯批准唐绍仪辞职，致电伍廷芳称，唐绍仪所议各条，“均未与本大臣商明，遽行签订”，要伍今后与袁本人“直接往返电商”。[39] 一时间，南北关系又紧张起来。

唐绍仪所议各节，确实有些未经袁世凯同意，但二人之间并无根本分歧。袁世凯之所以作出断然推翻前案的姿态，主要是因为孙中山的就任临时大总统。在袁看来，这等于革命党人推翻了原来作出的承诺。

列强动态

武昌起义后，列强最关心的是它们在中国的既得权益。由于同盟会承认清廷与各国签订的条约、所欠外债及赔款，湖北军政府也作了相同的承诺，并宣布保护外侨财产，列强觉得暂无武装干涉的必要。它们一方面向中国增兵、增舰，保持戒备和压力，一方面则宣布“中立”。10 月 18 日（八月二十七日），俄国领事敖康夫召集驻汉各国领事会议，会后布告称：“现值中国政府与中国民国军互起战争”，根据国际公法，“外国人无干涉权”。[40] 此后，列强未对清廷提供较大规模的军事或财政援助，但是，由于各国情况不同，它们对中国革命的对策也有差异。英国担心战火会损害在华的经济利益，力图既安抚革命党人，又在中国找到更理想的利益代表者。日本坚决反对在中国建立共和政体，企图出兵干涉，并企图协助清廷迁都，在中国东北建立傀儡政权。俄国则看准机会，竭力策动外蒙王公、僧侣“独立”。

（一）英国压迫清廷议和

武昌起义发生，清廷的湖广总督瑞澂即要求英国出动在长江的舰船，阻止起义军渡江，英国驻汉口代理总领事葛福（H. Goffe）请示朱尔典，朱尔典将保护“英国人生命财产的安全”和“我们在汉口的利益”作为首要任务。[41] 他明确地指示英国在华海军总司令官，“提供他所能提供的一切帮助”。[42] 但是，朱尔典很快就看出，这次革命非武力可以镇压，两次致函英国外交大臣格雷（E. Grey），声称“运动的广泛性以及它到处获得胜利，使得以武力恢复国家原来面目的一切企图难以实现”。11 月 15 日（九月二十五日），格雷训示朱尔典，对袁世凯的再起表示满意，表示希望在中国看到，“一个强有力的政府”，能够“维持内部秩序和有利条件，使在中国建立起来的贸易获得进展”。[43]

约在 11 月初（九月中旬），朱尔典即会见庆亲王奕劻，迫使他作出“将停止继续战斗”的保证。[44] 11 月 25 日（十月初五日），朱尔典又拜会袁世凯，以严重的“给他留下深刻印象”的语言强调：“战事的继续进行，将使汉口的英国人士遭受危险并感到惶惶不安。”袁世凯完全领会朱尔典的意思，立即保证：“如果能够根据双方都很满意的条款达成一项休战协定，他将乐于下令停战。”袁当即授权朱尔典通过葛福向革命党人转达此意。[45] 此后，武昌革命党人与清军的谈判即在朱尔典和葛福的导演下进行。

（二）日俄准备联合干涉

武昌起义之后，日本陆相石本新六及驻清公使都主张出兵干涉，但日本政府顾忌英国反

汉口英租界英国士兵

对，只同意由商人出面，向清廷陆军部出售武器弹药。10月24日（九月初三日），阁议决定："诱导清廷改采君主立宪制，并在此一大前提下，倾全力以扩大日本在华权益为要事。"同时决定："多方策划，使满洲现状得以永恒保持。"[46] 11月1日（九月十一日），日本陆军省田中义一少将向俄国驻日武官表示，拟派部队占领天津、北京及相关铁路，"支持中国皇帝"。11月3日（九月十三日），日本陆军元老桂太郎约见俄国驻东京代办，希望两个最关心中华帝国命运的邻国一致行动。当日，沙皇政府召开大臣会议，决定和日本密切配合，但是，外务大臣内田康哉却于同日否认田中传达的讯息，声称目前无论何国出兵，其结果必将促使革命党人立刻将枪口对准他们。内田向俄国人建议，先行等待，观察袁世凯手中的权力将如何表现。[47]

（三）列强控制海关关税

在清廷的财政收入中，海关关税占有很大比重。《辛丑条约》后，清廷既须向列强缴纳大量赔款，又须向列强举借大量外债，为此，清廷不得不同意列强要求，以海关关税作为担保。但是，当时海关的各种税款的支配权还在清廷手中，并由清廷指定的银号保管。武昌起义爆发，总税务司安格联（F. A. Aglen）于10月15日（八月二十四日）致函江汉关税务司，将税款存入汇丰银行。10月23日（九月初二日），安格联会见清廷税务处帮办大臣胡惟德，要求"采取某种方针确保关税不致为革命党用作军费，并留供偿还外债"。11月17日（九月二十七日），列强公使团议定，将中国"海关全部税收均置于总税务司之下"，由上海各外国银行组织专门机构管理。其后，公使团指定汇丰、德华、华俄道胜等三家银行联合组成非常委员会控制和分配上述税款。对此，朱尔典于11月23日（十月初三日）向英国政府报告说："当某一条约口岸的管理权从清廷落到革命党手中时，征收的款项就处在后者的支配之下，因而存在着一种严重的危险，即可能被他们用来充作军费，或满足叛党政府的其他急需之用。"[48]

武昌起义后，汉口的革命党人曾试图接管江汉关，但当时长江中驻有各国军舰多艘，江汉关税务司以此为依仗，迫使革命党人接受条件。10 月 22 日（九月初一日），长沙革命党人起义成功，立即照会长沙关税务司，自即日起，所有邮局、海关归本军政府管理。但湖南军政府此举立即受到安格联和朱尔典等人的抵制。他们先后声称："如果革命军擅自挪用，可能会引起同列强的纠纷。"革命党人一再让步，提出变动建议，均遭拒绝，列强并派军舰到长沙威吓，最终迫使湖南军政府妥协。11 月，蔡锷出任云南都督，要求蒙自关将税款解送军政府，同样遭到拒绝，安格联以撤回海关人员、停止收税及"同法国发生纠纷"相威胁，迫使蔡锷撤回要求。12 月 5 日（十月十五日），朱尔典向格雷报告："所有各口的海关岁入现已完全置于海关税务司的控制之下，供偿付外债和赔款之用。"据统计，仅 1911 年的最后两个月，存入上海汇丰等银行的海关税款即达 330 万两。

（四）英日在中国政体问题上的矛盾

最初，列强普遍希望在中国建立君主立宪政权；日本担心中国实行共和会对天皇制带来巨大冲击，对此尤为积极。11 月 18 日（九月二十八日），日本驻华公使伊集院彦吉访问袁世凯，声称"以君主立宪统一全国，实为完全之策"。11 月 28 日（十月初八日），日本内田康哉训令驻英使节寻求英国支持。英国政府表示，实行君主立宪是"最良方策"，但应由双方自行磋商。12 月 14 日（十月二十四日），英国驻汉口领事葛福向唐绍仪建议，以"今上"的 25 岁为期，"届时体察圣德、圣学如何及人民程度，再由国会议决君主、民主国体"。[49] 但是，英国方面很快感到，这一方案不可能为革命党人所接受，他们决定因应形势，支持袁世凯出面，建立有"共和"之表的政权。

上海会谈期间，英国《泰晤士报》记者莫里逊到会"采访"。他游说各方，建议中国改行共和政体，推袁世凯为大总统。英国公使朱尔典支持这一方案。12 月 21 日（十一月初二日），朱尔典访问伊集院，询问是否可按莫里逊所说，推袁为大总统，以求稳定于一时。他说，维持满洲朝廷，实行君主立宪虽是最良方案，但无法强制革命军接受。

英国在华中、华南拥有贸易上的重大利害关系，英国政府不能无视南方人的思想感情，甘冒遭受攻击的危险。12 月 24 日（十一月初五日），奕劻与袁世凯先后约见朱尔典和伊集院彦吉，表示同意唐绍仪的方案，将在今后三个月内由各省选举代表，组成国民会议，讨论政体问题。[50] 朱尔典当即表示赞成，而伊集院则坚决反对。12 月 25 日（十一月初六日），内田康哉根据日本元老会议的决定，向英国驻日公使窦纳乐（Sir C. M. Mac Donald）建议，由两国政府出面，联合美、德、法、俄等国，向革命党人施加压力，令其接受君主立宪方案。[51] 次日，英国外交大臣格雷明确拒绝日本方案，声称就政体问题向中国提出建议，或者由列强共同出面，采取哪怕是一点微小的类似压迫的行径，都是重大的冒险行动。[52] 日本政府发觉无法改变英国的主意，又不愿因此破裂和英国的同盟关系，便打算采取静观态度，听任事态的自然发展。同日，内田心灰意懒地致电伊集院，声称在此情况下，如“帝国政府不顾两国间之协调关系而单独出面梗阻，亦属无趣”。[53]

（五）朱尔典和袁世凯之间的勾结

朱尔典始终注视着南北会谈的进程。他虽身在北京，但是，袁世凯和唐绍仪之间的密电，他都得到副本。当他了解到袁、唐之间的分歧以及唐辞职的消息后，立即于 1912 年 1 月 1 日拜会袁世凯，“使他记住对决裂所应承担的重大责任”。朱尔典赞成袁世凯在大部分问题上的立场。他向格雷汇报说：“在所有这些问题上，袁世凯这方面是较合情理的。在不到两周的时间内召集中国每省各三名代表的会议，那只不过是一幕滑稽戏。在这种情况下召开的大会不能够声称具有任何代表性。袁世凯说，按照这种方式达成的任何解决办法都不可能是长久的，他的话是正确的。”[54]

1 月 11 日，袁世凯派亲信访问朱尔典，向他探询，如果清廷愿意让位给袁世凯，或者授权给他，是否能得到各国的承认。朱尔典明确地告诉来人：“袁世凯得了各国的信任；他和南方首领们的争吵既然是中国内部的事情，他们相互之间应当能够达成协议。”[55] 14 日，袁世凯派私人秘书会见朱尔典，声称由于中国大部分地区都已宣布赞成共和，袁世凯已决定接受“这个不可改变的命运”。来人向朱尔典透露，隆裕太后不久将发布谕旨，宣布王朝退位，授权袁世凯处理临时政府工作。[56] 朱尔典对袁世凯即将对中国的统治感到放心，以各种方式为袁世凯出台制造舆论准备。15 日，包括张之洞的儿子在内的北京同志联合会的五个成员访问朱尔典，陈述该会的目的之一是促进中国的君主立宪事业时，朱尔典就表示：“各国所盼望的是一个使中国保持和平稳定的政府。许多外国人最初曾经认为，君主立宪最适合中国的需要，但鉴于南方的坚决反对，实现君主立宪是否可以不发生战争或不使中国分裂为两个国家，看来这是令人怀疑的。”[57]

（六）俄国嗾使外蒙古“独立”

沙俄长期觊觎中国的外蒙古地区。武昌起义后，沙皇政府认为攫取外蒙古的时机已到，但因俄德矛盾尖锐，沙皇政府担心德国干涉，不敢贸然出兵直接占领，便极力策动外蒙古封建主“独立”，建立傀儡政权。沙俄除督促外蒙古封建主利用“中国发生革命这个非常有利的机会”外，又送去数以万计的步枪和军刀。11 月 30 日（宣统三年十月初十日），库伦活佛哲布尊丹巴派人会见清廷署库伦办事大臣三多，声称已决定建立“大蒙古帝国”，要求三多在次日率领官员及兵丁出境。三多提出：“宁将予一人置诸锋刃，不可受人愚弄，将蒙古送于他人之手。”他表示，“如欲改为自治，本大臣立刻即为电奏请旨”。[58] 当晚，哲布尊丹巴宣布驱逐三多。12 月 1 日（十月十一日），宣布“独立”。12 月 28 日（十一月初九日），宣布建立“大蒙古国”，哲布尊丹巴在库伦即皇帝位，号称“众人公举之日光皇帝”。

“大蒙古国”完全处于沙俄控制之下。沙俄不仅在外蒙古驻扎大量军队，而且直接控制其政治和经济。伪内阁总理大臣达喇嘛车林齐密特不愿事事听俄国人的指挥，就被俄国外交大臣下令撤掉，代之以“亲俄党领袖”。伪内务大臣达喇嘛车林多尔济公然宣称：“一切蒙事，由俄主持，他人不得干涉。”[59]

沙俄政府策动哲布尊丹巴“独立”后，又指使叛匪进攻乌里雅苏台，要求将军奎芳等“自备资斧回籍”，遭到奎芳拒绝。1912 年 1 月 3 日，俄国驻北京代办谢金致函清廷外务部，声称乌里雅苏台形势危急，要求清廷饬令奎芳邀请俄领事出面“调停”。清廷接受谢金建议，在俄国领事“调停”下，令奎芳等弃城返回内地。

（七）日本的满蒙“独立”运动

1907 年（光绪三十三年）及 1910 年（宣统二年），日俄两次秘密协议，双方分割满洲及外蒙古。1912 年 1 月 14 日，日本政界元老山县有朋即撰写《对清政略概要》，主张日本立即派兵进驻中国东北，协助清廷迁都。在此前后，日本参谋本部唆使浪人川岛浪速组织义勇军，联络肃清王善耆、东三省总督赵尔巽及蒙古王公喀喇沁王等人，企图在东北及内蒙古地区建立新的王国。1 月 12 日，善耆自北京出走。2 月 6 日，在旅顺出现。但是，英国随即于 16 日提出警告，认为清廷既与袁世凯达成协议，由袁继承其领土与主权，日本政府就不应支持肃亲王另立朝廷，分裂中国。日本当时还不具备和英国抗衡的力量，不得不暂时遏制自己的侵略意图，但是，日本却一直在中国的满蒙地区制造动乱和不宁。

民国建立

（一）武昌、上海分别筹组中央政府

武昌起义后，久未建立中央政府。1911 年 11 月 7 日（宣统三年九月十七日），黎元洪向各地军政府发出征求意见电。次日，通电要

求各省选派代表到武昌筹组临时政府。11 月 11 日（九月二十一日），江苏都督程德全、浙江都督汤寿潜联名致电上海都督陈其美，建议由各省谘议局、各省都督府分别选派一人到沪，建立“临时会议机关，磋商对内对外妥善之办法”。11 月 13 日（九月二十三日），陈向各省发出邀请，建议仿照美国革命时建立“十三州会议总机关”的办法，在上海建立“临时会议总机关”。11 月 15 日（九月二十五日），江苏都督府代表雷奋、沪军都督府代表袁希洛和朱葆康、福建代表林长民以及镇江、山东、湖南等七地代表举行会议，议决成立各省都督府代表会议。11 月 20 日（九月三十日），议决承认武昌为民国军政府，以鄂军都督执行中央政务。武昌方面对 20 日的议决自无意见，但反对“政府设鄂，议会设沪”，两者相距数千里的局面，提出代表会议应在武昌召开，并派居正等到上海邀请。11 月 23 日（十月初三日），上海方面议决各省代表均赴湖北，讨论组织临时政府事宜，同时又决定各省留 1 人在沪，联络声气。

11 月 30 日（十月初十日），湖北、湖南、浙江、江苏、安徽、福建、广西、四川、山东、直隶、河南等省代表 23 人到达武汉。此时，汉口已经陷落，武昌危急，代表会议只能在汉口英租界顺昌洋行举行。会议推湖南代表谭延闿为议长。议决在临时政府未成立前，由湖北军政府代行中央军政府职权。12 月 1 日（十月十一日），议决如袁世凯反正，当公举为临时大总统。12 月 2 日（十月十二日），通过《中华民国临时政府组织法》。该组织法分“临时大总统”“参议院”“行政各部”等 3 章，共 21 条，规定临时大总统由各省都督府代表选举产生，参议院以各省都督府所派之参议员组织，设立外交、内政、财政、军务、交通各部等。同日，江浙联军攻克南京。次日，代表们议决将临时政府设于南京，于 7 天之内到南京开会。

汤寿潜

各省代表赴鄂开会之后，陈其

美、宋教仁等担心同盟会大权旁落，程德全、汤寿潜等则担心权力中心西移，南京光复为他们推翻旧案提供了机会。12月3日（十月十三日），各省留沪代表会议议决以南京为临时政府所在地。12月4日（十月十四日），公举黄兴为“暂定大元帅”。章太炎当即反对，声称黄兴功虽高，但在汉阳时已被黎元洪委任为总司令，部将怎能高过主帅？而且，此前已推武昌为中央，何可背言？正在此际，苏军将领顾忠琛横刀直入，大声说：诸君何故议而不决？我是军人，不能容忍诸君犹豫！于是，以黄兴为暂定大元帅之议遂定。章炳麟继续表示异议，声称武昌先起，将处黎元洪于何地，于是，又推黎元洪为“暂定副元帅”，兼任鄂军都督。[60] 12月5日（十月十五日），议决以大元帅主持临时政府，但黄兴坚持不就。黄主张以黎元洪为大元帅，以孙中山组织临时政府，自己则领兵北伐。代表们反复动员，黄兴才同意暂时担任。他致电汪精卫称：“待项城举事后即行辞职，便请项城充中华民国大统领，组织完全政府。”[61]

留在上海的各省代表原定任务是“联络声气”，因此，在汉口的代表们决议不承认其选举结果，浙军援苏支队司令朱瑞反对黄兴出任“大元帅”尤烈。[62] 一时之间，“袒黄”“袒黎”两派闹得不可开交，陶成章、李燮和乘机鼓吹与同盟会“分家”。[63] 12月8日（十月十八日），黎元洪致电各省都督，声称上海的推举“情节甚为支离”，“如确有其事，请设法声明取消，以免淆乱耳目”。[64]

12月13日（十月二十三日），14省代表39人齐集南京。12月14日（十月二十四日）开会，选举浙江代表汤尔和为议长，广东代表王宠惠为副议长，定于12月16日（十月二十六日）选举临时大总统。此际，得到消息，唐绍仪到汉口时，曾表示袁内阁亦主张共和，经国民会议议决后，清廷即可逊位。会议决定暂缓选举临时大总统，承认上海代表所选大元帅、副元帅。但黄兴经过前番周折，再次决定不就大元帅之职，通电力辞。12月17日（十月二十七日），代表会议改选黎元洪为大元帅，黄兴为副元帅，代行大元帅职权，组织临时政府。12月20日（十一月初一日），会议改推景耀月为代理议长，议决函请黄兴来宁组织临时政府。次日，黎元洪致电代表会议，接受大元帅名义，委托黄兴代行职权。

（二）孙中山的欧洲之行

武昌起义时，孙中山正在美国。得到起义爆发消息后，孙中山并没有立即束装归国，而是企图首先为革命党人解决外交和财政。10月18日（八月二十七日），孙中山到华盛顿，致函美国国务卿诺克斯（P. C. Knox），要求会晤，未得允许。孙中山便致电宫崎寅藏，探询以公开身份访日可能，意在要求日本政府借此显示对中国革命的同情，但日本政府只同意孙中山改名登陆。10月26日（九月初五日），孙中山到纽约，会见日本驻纽约总领事的代表鹤冈永太郎，也无结果。11月2日（九月十二日），孙中山到伦敦，托人向英国外交大臣格雷提出三项要求：止绝清廷一切借款；制止日本援助清廷；取消各处英属政府的放逐令。获得英国政府同意。但是，格雷也命人转告孙中山，英国人尊敬袁世凯，赞成给予他总统职位。11月21日（十月初一日），孙中山到达巴黎，先后会见法国总理、外交部长等人。在接受巴黎《政治星期报》记者访问时，孙中山表示，新政府将废除与外国通商的种种障碍，也将和外人商谈，重订海关税则，不使外商“独享其利”。[65] 在和法国东方汇理银行总理西蒙（S. Simon）谈话时，孙中山要求在最短期间贷款给革命临时政府，西蒙答以目前无法立刻照办，四国银行团和他们的政府决定“严格采取中立”，“不仅无法予临时政府以财政援助，即清政府也同样不会获得任何支援”，“一旦民军建立一个为全国所接受，为列强所承

孙中山从欧洲归国经香港时与同志合影

认之正规政府时，他们对于在财政上之帮助革命党将不表反对”。孙中山表示希望重新掌握中国的海关及其税收，而以矿权、土地税等取代关税作为抵押，西蒙答以“绝对不可能”。[66]

12月21日（十一月初二日），孙中山到达香港，胡汉民、廖仲恺到港迎接。胡邀孙留在广东，孙要求胡同赴上海、南京。双方争论了一天。胡认为袁世凯居心叵测，首鼠两端，建议孙留粤练兵，徐图大计。孙中山称，沪宁在前方，自己不可不身当其冲。如不亲到当地，一切对内、对外大计，无人主持。他说：“今日中国如能以和平收革命之功，此亦足开世界未有之例，何必言兵。”[67] 他表示：袁世凯虽不可信，但利用他推翻清廷，“胜于用兵十万”。“纵其欲继满洲以为恶，而其基础已远不如，覆之自易。故今日可先成一圆满之段落。”[68] 胡汉民为孙中山的远见所折服，命陈炯明代理广东都督职务，自己随孙北上。

12月25日（十一月初六日），孙中山回到上海。他向《民立报》记者发表谈话：“今归海上，得睹国内近状。从前种种困难虽幸破除，而来日大难，尤甚于昔。今日非我同仁持一真精神真力量以与此困难战，则过去之辛劳，将归于无效。”[69] 记者们问他带回多少钱来，孙只能回答：“予不名一文也，所带者，革命之精神耳！革命之目的不达，无和议之可言也。”[70]

26日（十一月七日），同盟会召开最高干部会议，讨论总统制与内阁制的取舍，决定总统人选。孙中山主张总统制，而宋教仁则主张内阁制，二人争得面红耳赤。黄兴调解其间，提议将争论交付南京各省代表会议决定。27日（十一月八日），各省代表会议在南京江苏谘议局召开，黄兴提出用阳历、改为中华民国纪元、采用总统制等三条意见。一、二两条顺利通过，讨论第三条时，宋教仁仍力主内阁制，历数总统制的弊端，讨论很久，多数赞成采用总统制，遂通过。

（二）南京临时政府建立

12月29日（十一月初十日），在南京的各省代表会议投票选举临时大总统。17省代表45人出席。以浙江省代表汤尔和为主席，广东省代表王宠惠为副主席。每省1票。在孙中山、黄兴、黎元洪3个候选人中，孙中山得16票，黄兴得1票。选举揭晓时，代表们高呼“中华共和国万岁”，音乐大作，欢声雷动。1912年元旦（十一月十三日），孙中山自上海前往南京就职。临时总统府设于旧两江总督衙门（原太平天国天王府）。当晚11时，举行受任典礼。孙中山宣读誓词：“倾覆满洲专制政府，巩固中华民国，图谋民生幸福，此国民之公意，文实遵之，以忠于国，为众服务。至专制政府既倒，国内无变乱，民国卓立于世界，为列邦公认，斯时文当解临时大总统之职。”接着，发布《临时大总统宣言书》及《告全国同胞书》等文件。《宣言》表示：将“尽扫专制之余毒，确定共和，普利民生”。对内，实现“民族之统一”“领土之统一”“军政之统一”“内治之统一”“财政之统一”；对外，洗去“满清时代辱国之举措及排外之心理”，“持平和主义，与我友邦益增亲睦，将使中国见重于国际社会，且将使世界渐趋于大同”。孙中山宣布，定国号为中华民国，改用世界通行的阳历。

临时大总统孙中山

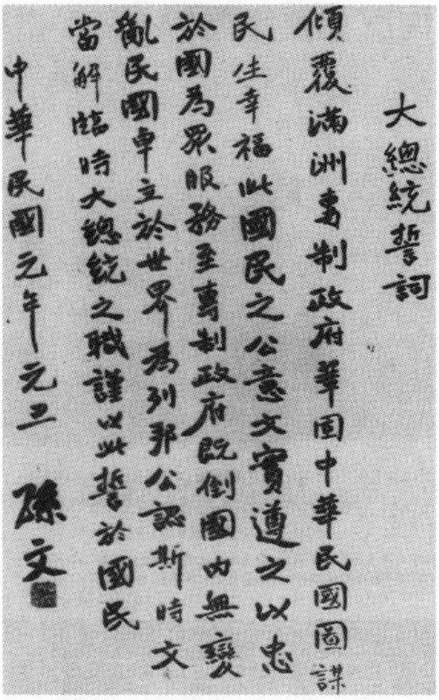

大總統誓詞

傾覆滿洲專制政府鞏固中華民國圖謀民生幸福此國民之公意文實遵之以忠於國為眾服務至專制政府既倒國內無變亂民國卓立於世界為列邦公認斯時文當解臨時大總統之職謹以此誓於國民

中華民國元年元旦 孫文

大总统誓词

1912年1月3日，由各省都督代表组成临时参议院，选举副总统，黎元洪以17票全票当选。其后，即审议孙中山所提9名国务员名单。孙中山原拟以王宠惠为外交总长，宋教仁为内务总长，章炳麟为教育总长，但部分代表反对。黄兴即与孙中山商量，提出“部长取名，次长取实”的原则及以蔡元培掌教育等调整意见。二人协商后的新名单得到一致同意，当日确定各部部长、次长名单如下：

陆军总长	黄　兴	次长	蒋作宾
海军总长	黄钟瑛	次长	汤芗铭
外交总长	王宠惠	次长	魏宸组
内务总长	程德全	次长	居　正
财政总长	陈锦涛	次长	王鸿猷
司法总长	伍廷芳	次长	吕志伊
教育总长	蔡元培	次长	景耀月
实业总长	张　謇	次长	马君武
交通总长	汤寿潜	次长	于右任

上述人选，包括革命党人、立宪派和反正的旧官僚等三种成分。部长中，同盟会会员仅有三名；次长中，除汤芗铭外，均为同盟会会员。

当日还决定委任胡汉民为总统府秘书长，黄兴为参谋总长。

1月10日，临时参议会议决以五色旗（红、黄、蓝、白、黑）为中华民国国旗，暗喻汉、满、蒙、回、藏“五族共和”。12日，武昌方面提议用首义时的“十八星旗”，孙中山遂复函参议会，推荐“青天白日”旗，认为革命党人已使用十余年，表示“光明正照平等自由”之义，他建议“五色旗”暂勿颁定施行。

根据《临时政府组织大纲》，参议院由每省都督府派遣参议员三人组织之。1月28日，临时参议院开正式大会。次日，选举林森为正议长，陈陶怡为副议长。不久，制定国会组织法大纲，其要旨为：1．采取两院制，即定名为元老院、代议院。2．元老院取地方代表主义，各地人数均等。3．代议员取人口比例主义。4．两院同时开会、闭会。5．国会期限以四个月为限，但得延长。6．代议院议员任期四年，元老院议员任期每两年改选三分之一。7．国会之职权依约法。可以看出，它明显模仿美国的两院制。

为了加强法制建设，南京临时政府特于各部之外，设立法制局（后升格为院），以宋教仁为局长，负责编订法律。

（三）除旧布新的各项政策与法令

新政府由于根基不厚，实力不足，因此，首先致力于安定内外关系，减少敌对力量。对外：1月12日，王宠惠照会各省都督，批判清廷丧权辱国的外交政策，表示新政府成立后，自当亟图挽救，但值此军情紧急之际，不宜多起交涉。“重大事件虽不可退让，其余自应暂仍旧贯，留待后图。”照会提出，上海租界的行政、警察等权，操于外人之手，应俟大局底定之后，设法收回；租界内的华人不可率行抵抗或鲁莽从事。[71] 同月31日，外交部根据孙中山命令，致电各省都督，要求加意保护外人生命财产。[72] 对内：1月28日，程德全根据孙中山指示，发布保护人民财产令五条：1．凡在民国势力范围之人民所有一切私产，均应归人民享有。2．前为清政府官产，现入民国势力范围者，应归民国政府享有。3．前为清政府官吏所得之私产，现无确实反对民国证据，已在民国保护之下者，应归该私人享有。4．现虽为清政府官吏，其本人确无反对民国之证据，而其财产在民国势力范围下者，应归民国政府保护，俟该本人投归民国时，将其财产交该本人享有。5．现为清政府官吏，而又为清政府出力反对民国政府，虐杀民国人民，其财产在民国势力范围内者，应一律查抄，归民国政府享有。[73] 这五条，其着重点显然在于安定社会秩序，争取清廷官吏拥护民国。

自2月1日教育部颁发《普通教育暂行办法》起，南京临时政府陆续公布了一系列政策与法令，在除旧布新方面做了不少工作。《普通教育暂行办法》共14条，要求将学堂改称学校，监督、堂长改称校长；凡教科书，均须合乎共和民国宗旨，禁用清学部颁行的教科书；废除小学读经；允许小学男女同校。同月8日，教育总长蔡元培发表《对于新教育之意见》，将清学部规定的“忠君、尊孔、尚公、尚武、尚实”的教育宗旨，改为“军国民主义、实利主义、公民道德、世界观、美育”。蔡元培特别指出：“忠君与共和政体不合，尊孔与信仰自由相违，所以删去。”[74] 3月8日，通令高等以上学校废止各项有碍民国精神的科目，禁止讲授《大清会典》《大清律例》《皇朝掌故》《国朝事实》一类文献。

为了促进民族团结，孙中山于2月18日颁布《布告国民消融意见蠲除畛域令》，宣称“中华民国已完全统一”，“中华民国之建设，专为拥护亿兆国民之自由权利，合汉、满、蒙、回、藏为一家，相与和衷共济，丕兴实业，促进教育，推广东球之商务，维持世界之和平，俾五洲列国益敦亲睦，于我视为唇齿兄弟之邦。因此敢告我国民，而今而后，务当消融意见，蠲除畛域；以营私为无利，以公益为当谋，增祖国之荣光，造后民之幸福，文谨惓惓焉。”⑮ 兴中会时期，孙中山以“驱除鞑虏”相号召，本令要求“合汉、满、蒙、回、藏为一家”，标志着孙中山对开辟民族团结新时代的期望。在孙中山的影响下，陈其美、王人文发起成立融洽汉满禁书会，声称“中华民国由五大族公同组合而成，自宜联络感情，以收协同统一之效”，要求禁止“从前鼓吹排满各书”。5月24日，经唐绍仪等副署，由袁世凯发布《禁止排满书籍令》。⑯ 与此同时，同盟会员刘揆一与吴景濂等成立民族大同会，上书指称：武昌起义后，各省间有旗人公私财产没收情况，要求根据“民国肇建，五族一家”原则，设法保护旗人公私财产。6月2日，经唐绍仪等副署，袁世凯发布《保护旗人财产令》。⑰ 可以看出，上述二令，虽由袁世凯颁布，但均是孙中山和同盟会相关政策的继续。

武昌起义后，新闻业迅速发展，急需制定相关条例。3月6日，临时政府内务部颁布《暂行报律》3条：1. 新闻、杂志已出版及今后出版者，其发行人及编辑人姓名须向内务部注册，或由就近高级官厅呈明注册。2. 流言煽惑关于共和国体有破坏弊害者，除停止其出版外，其发行人、编辑人坐以应得之罪。3. 调查失实，污毁个人名誉者，经被污毁人提起诉讼，讯明得酌量科罚。⑱ 该项报律公布后，受到上海报界的强烈反对。章太炎专门为《大共和日报》撰写社论，认为内务部没有“造作法律之权”，而所定报律，又有“偏党模糊之失”。孙中山考虑各方意见，从维护言论自由、接受舆论监督的大局出发，于同月9日宣布《报律》无效。他说：“言论自由，各国宪法所重，善从恶改，古人常以为师，自非专制淫威，从无过事摧抑者。该部所布暂行报律，虽出补偏救敝之苦心，实昧先后缓急之要序，使议者疑满清钳制舆论之恶政，复见于今，甚无谓也。”⑲

南京临时政府公布的其他法令有：禁止刑讯、革除前清官厅称呼、禁止鸦片、限期剪辫、禁止赌博、劝禁缠足、改变“贱民”身份，禁止买卖人口，禁绝贩卖猪仔，废止大人、老爷一类称谓，废止跪拜，改行鞠躬。这些都具有反对专制、保障人权、改革陋习和移风易俗的作用。但是，对于清廷的各种举措，孙中山并不一律排斥。清末，在司法方面实行四级三审制，民国建立后，江西南昌地方检察长提出，轻案采取二审制，孙中山立即批示反对，批文称："以案情之轻重，定审级之繁简，殊非慎重人民生命财产之道。且上诉权为人民权利之一种。关于权利存废问题，岂可率尔解决。"[80]

孙中山祭明孝陵后与文武官员合影

在发展实业方面，南京临时政府实业部曾于 1912 年 2 月 5 日致电各省都督，声称"实业为民国将来生存命脉"，"已成者当竭力保存，未成者宜先事筹画"，要求各省迅速建立实业司。3 月初，实业部制定商业注册章程，准许各商号自由注册。同月，《临时政府公报》发表中华民国工业建设会发起《旨趣》及章程，声称："政治革命，丕换新猷，自必首重民生，为更始之要义，尤必首重工业。" 3 月 13 日，孙中山指示内务部通饬各省重视农业，"劳来农民"，"其有耕种之具不给者，公田由地方公款，私田由各田主设法资助"。此外，孙中山还曾指示财政部创设农业、殖边银行，以财政支援西北垦荒。当黄兴发起组织拓殖协会，计划开发西北资源时，孙中山立即批示拨款 30 万元支持。不过，由于南京临时政府存在时间短促，军政事务繁忙，没有可能在上述领域做更多的工作。

（四）财政困难与北伐夭折

伍廷芳和唐绍仪之间的和谈虽有协议，但旋即为袁世凯所否认，因此，南京临时政府成立后，立即面临着继续北伐的问题。1 月 4 日，孙中山致电陈炯明，声称"中央政府成立，士气百倍，和议无论如何，北伐断不可懈”。[81] 他要求广东民军迅速进发，同时表示，在和议破裂之后，将亲率大军北伐。同月9日，陆军部成立，黄兴计划分兵六路，自京汉、津浦等线北上，进攻北京。不过，六路中，只有宁皖、淮扬、烟台、关外四路有所行动，湘鄂、山陕并无动作。

南京临时政府的北伐之所以无法顺利进行，主要在于财政困难。革命党人没有财源，在兴中会成立以后的各次革命活动中，孙中山始终为经费所窘。武昌起义后，为进行革命所必需的各种开销急剧膨胀，但各国公使团强行决定，将中国各海关净存税款汇解上海，存入汇丰等三家外国银行，作为偿还外债之用。这样，临时政府就失去了可以动用的一项大宗财源。它虽曾采取发行军需公债、军用钞票以及募捐等办法，但杯水车薪，无济于事。临时政府最困难的时候，金库仅存十洋。[82] 当时，南京周围有十几万部队，每天到陆军部索饷之事多达数十起，临时政府无法应付，自然，更无法解决北伐所必需的巨额经费。英国驻南京领事伟晋颂向英国公使朱尔典报告说：“作为临时政府处境窘迫的一个例证，有人告诉我说，可供行政管理费用的税收甚至不够支付各部总长的薪金。”[83] 这应是实情。

为了解决临时政府的财政危机，革命党人的唯一办法是借外债。除少数数额不大的项目成功外，其他均先后失败。

1. 江苏铁路公司借款。1912年1月27日，由江苏铁路公司出面，以沪杭甬铁路的财产权和营运权为担保，与日本大仓洋行及横滨正金等五家银行团签订协议，借款300万元。其中250万元转借南京临时政府，用以支付向日本大仓组订购的武器、弹药费用，另50万元转借江苏都督府。

广东北伐敢死队

2. 三井洋行借款。1912年2月，以国库券为担保向三井洋行借款250万（仅交200万）日元，接济南京临时政府用费。[84]

3. 陆军部军装借款，200万日元，用于订购军械、被服。

4. 汉冶萍借款。汉冶萍煤铁公司是当时中国最大的重工业企业。1912年1月下旬，临时政府通过盛宣怀与日本三井及正金财团签订草约，由中日双方合资办理，股本日金3 000万元，中日各半。在日本应付的股金中，提出500万元，转借给临时政府，部分交现金，部分用以购买军火。消息传出，舆论大哗，纷纷反对。孙中山在《复章太炎函》中诉苦说："无论和战如何，军人无术使之枵腹，前敌之士，犹时有哗溃之势。""年内无巨宗收入，将且立踣。"他比喻说："此事弟非不知利权有外溢之处，其不敢爱惜声名，冒不韪而为之者，犹之寒天解衣付质，疗饥为急。"[85] 其后，孙中山采纳众议，决定废约，改用私人押借办法，借得200万元，用以应付士兵索饷，但款随到随尽，并未发生多大作用。3月22日，汉冶萍公司召开临时股东会，投票决定，取消草约。

5. 轮船招商局借款。轮船招商局成立于1872年（同治十一年），初为官督商办企业，1909年（宣统元年）改为商办，1910年（宣统二年）再度改为官督商办。1月2日，临时政府内阁会议决定，为筹措军饷，拟将轮船招商局为抵押，向日本邮船株式会社借款1 000万两。此事遭到招商局董事的坚决抵制。同月20日，黄兴和广东北伐军总司令姚雨平、光复军总司令李燮和等致函招商局总理等人，限令于48小时答复，否则，"将执干戈与贵局从事"。经反复疏通，招商局方面才勉强同意。当时，英、德、美等国资本加入竞争，日方态度积极，但是，招商局为日资控制，将触犯英国在长江流域的传统利益，英国政府声称，借款将提供给革命军作为军费之用，要求日本政府制止。2月6日，日本邮船株式会社代表伊东米次郎与孙中山、黄兴签订《契约书》草案，但日方很快改变主意，要求将抵押贷款改为中日合资。对此，黄兴和临时参议院都持反对态度，谈判因而停顿。[86]

6. 租借满洲借款。1月上旬，日本政界元老山县有朋得知中国革命党人财政困难，指示三井财阀总头目益田孝乘机活动，取得中国东北。2月3日，三井物产公司代表森恪在南京与孙中山等会谈，以提供1 000万元为饵，诱使革命党人租让满洲。当时，孙中山急于获得维持革命军所必需的经费，在谈判中表示："倘或有幸，此刻能获得防止军队解散之足够经费，余等即可延缓与袁议和，俟年关过后再进一步筹措资金，而后继续排袁，仍按原计划，坚决以武力消除南北之异端，斩断他日内乱祸根，树立完全之共和政体。”[87] 为此，孙中山将与袁世凯的和议延期至2月9日，至期，日方没有回音。10日，孙中山急催日方答复，并准备派黄兴前往日本秘密签约，但是，日本陆军大臣石本新六认为日本在东北“理应享有一切权利，而无须以金钱收买”，谈判未能成功。[88] 11日，隆裕太后接受优待清室条件，同意清朝皇帝退位。14日，孙中山向参议院辞职，并推举袁世凯自代。对于这一段历史，当年在孙中山身边的日人山田纯三郎回忆说：“孙先生方面，既无打倒袁世凯的武器，又无资金”，“不得不含泪同意南北妥协，最终让位于袁世凯”。[89] 这应是事实。

7．华俄道胜银行借款。尽管孙中山让位袁世凯已经成为难以改变的事实，但是，南京临时政府仍在运转，需要经费维持。2月21日，临时政府财政总长陈锦涛与华俄道胜银行代表在上海签订草约，以赋税所入为担保，向该行借款150万英镑。在临时参议院讨论中，此案遭到湖北参议员张伯烈、刘成禺等人的强烈反对，张等并愤而宣布辞去职务，引发参议院危机，28日参议院会议，出席议员仅12人，不足半数。以湖北革命党人为主组织的民社支持本省参议员，以上海《民声日报》为阵地猛攻临时政府和参议院。共和建设会、公民急进党、社会党、共和党等一批党派群起应和。同月底，孙中山致电陈锦涛，借款案暂缓签字，南京临时政府企图依靠外债解决财政困难的努力最后失败。[90]

当时，曾有不少革命党人反对议和，南社的柳亚子在上海《天铎报》连续发表多篇文章，与当时已成为南京临时政府机关报的《民立报》论战，阐述议和的不当与不智。他指出：“袁之为人，专制锢毒，根于天性，与共和政体，无相容之理。”又指出：袁世凯“一方面借民军势力逼胁虏廷，而另一方面又挟虏廷名号劫制民军，俾虏廷退位与南都临时政府取消，同时并行，彼得坐收渔人之利，由大总统而进为大皇帝”。柳亚子对袁世凯的上述认识，可谓如见肺肝。与此同时，光复军总司令李燮和也致函孙中山，表示愿“秣马厉兵”，追随“诸君子”之后北伐，但是，如果连维持南京临时政府自身运转的费用都难以筹措，遑言其他！在此情况下，孙中山只能实行他在香港时和胡汉民谈论的策略，首先推翻帝制，建立共和政体，为中国革命划上“圆满之段落”。

（五）《临时约法》的公布

临时参议院的主要工作是制订《中华民国临时约法》。该约法于 3 月 11 日由临时政府公布，计分总纲、人民、参议院、临时大总统副总统、国务员、法院、附则等 7 章，共 56 条。

第一章　总纲，共 4 条，规定“中华民国由中华人民组织之”，“主权属于国民全体”。

第二章　人民，共 11 条，规定“中华民国人民一律平等，无种族、阶级、宗教之区别”；规定人民拥有 7 项自由、6 项权利、2 项义务。7 项自由为：身体非依法律不得逮捕、拘禁、审问、处罚，家宅非依法律不得侵入或搜索；有保有财产及营业之自由，有言论、著作刊行、集会、结社、书信秘密、居住迁徙、信教等自由。6 项权利为：请愿于议会，陈诉于行政官署，诉讼于法院，向平政院陈诉违法损害利权的官吏，以及应任官考试、选举和被选举。有纳税、服兵役之义务。

第三章　参议院，规定参议院行使立法权，参议员由每行省、内蒙古、外蒙古、西藏各选派五人，青海选派一人组成。

第四章　临时大总统副总统，规定临时大总统、副总统由参议院选举，出席总员四分之三，得票三分之二以上者当选；“临时大总统受参议院弹劾后，由最高法院全院审判官互选九人，组织特别法庭审判之”。

第五章　国务员，规定国务总理及各部总长均称为国务员；在临时大总统公布法律，发布命令时，有副署权；在受参议院弹劾后，临时大总统应免其职，但得交参议院复议。

第六章　法院，规定法官独立审判，不受上级官厅之干涉。

第七章　附则，规定在宪法未实施以前，约法之效力与宪法等；其增修，须由参议院参议员三分之二以上，或临时大总统提议，经参议员五分之四以上出席，四分之三同意。

《临时约法》是南京临时政府在法制建设上的最大成就，具有宪法的性质。它将国家主权交给“国民全体”，明确规定了国民应该享有的言论、集会等各项自由，规定国民可以应任官考试、选举官吏，或被选举成为官吏，规定国民可以向议会请愿，向行政官署陈诉，向法院诉讼，向平政院“维权”，控告“违法损害”国民利权的官吏，这就打破了官民界限，将考察、任免、甄别、评价各级官吏的权力交给了人民，从而改变了中国传统社会官吏有权、人民无权的状态。《临时约法》特别注意约束和限制最高权力，规定临时大总统、副总统都由选举产生，接受参议院弹劾，甚至接受特别法庭的审判，这就废除了世袭制或指定制，消除了绝对的不受任何限制的权力存在的可能。这将是一个法治社会，“法官独立审判，不受上级官厅之干涉”。这就将各种权力都关进了法律的牢笼和制度的牢笼，因而，《临时约法》是中国历史上第一个比较充分地体现民主精神和权力制衡原则的“根本大法”，其制定、公布，具有划时代的意义。后来近代史上绵延多年的“护法运动”即根源于此。

清帝退位

（一）南北交涉的继续

1911年12月29日（宣统三年十一月初十日），孙中山当选为临时大总统。同日，孙中山致电袁世凯，说明南方组织临时政府的必要，自己只是“暂时承乏”，一旦时机成熟，即行辞职，希望袁“早定大计”。1912年（民国元年）1月2日，孙中山就职的次日，再电袁世凯保证：“倘由君之力，不劳战争，达国民之志愿，保民族之调和，清室亦得安乐，一举数善，推功让能，自是公论。”

袁世凯无法公开表示对孙中山就职的不满，便以国体问题做文章，复电孙中山说，“国体尚待公决”，意在从根本上否认临时政府。1月2日，段祺瑞、冯国璋等北洋将领四十余人联名致电清廷，主张君主立宪，坚决反对共和，声称如以少数意见强行共和，必将誓死反抗。4日，袁世凯致电伍廷芳质问："设国会议决君主立宪，该政府及总统是否亦即取消？"但这些都不过是表面文章，在私下，袁世凯却在积极准备由他自己来当"共和"总统。

段祺瑞

1月10日，他指使亲信，通过莫里逊动员上海外商出面呼吁清廷退位。11日，又派亲信访问朱尔典，向他探询，如果清廷愿意让位给袁世凯，或者授权给他，是否能得到各国的承认。14日，再次派人会见朱尔典，声称由于中国大部分地区都已宣布赞成共和，袁世凯已决定接受"这个不可改变的命运"。18日，袁世凯向朱尔典透露，他已建议清廷：授权他在各省代表选举共和国总统之前，组织临时政府；同时袁还透露，打算把临时政府暂迁天津几个月。[91] 19日，袁世凯授意赵秉钧于御前会议后正式向隆裕太后提出，同时取消清朝政府和南京临时政府，由袁世凯在天津成立统一的临时政府。20日，袁世凯致电伍廷芳，要求在清廷退位后两日，南京临时政府即行解散。

孙中山坚决反对袁世凯的方案，并且想方设法约束袁世凯。1月18日、19日，孙中山连电伍廷芳，提出三项条件：1. 清政府退位，其一切政权同时消灭，不得私授予其臣。2. 北京不得更设临时政府。3. 各国承认中华民国之后，临时总统即行辞职，请参议院举袁为大总统。22日，孙中山向报界公开提出：1. 清帝退位，由袁同时知照驻京各国公使，电知民国政府。2. 袁须宣布政见，绝对赞同共和主义。3. 接到外交团或领事团通知清帝退位布告后，即行辞职。4. 由参议院举袁为临时总统。5. 袁被举为临时总统后，誓守参议院所定之宪法，乃能接权受事。孙称，此为最后解决办法，如袁不能接受，则"战争复起，天下流血，其罪当有所归"。袁世凯无法公开回答孙中山的条件，只好一声不吭。

（二）英国继续支持袁世凯

朱尔典始终注视着南北会谈的进程。1912年1月20日，在孙中山明确表示袁世凯不得在北方设立临时政府后，朱尔典致函格雷说："民党的目的无疑是要表明，胜利是属于他们的，但如何实现这一目的而不在此地造成危险局势，则不是很清楚的。"[92] 22日，《泰晤士报》为此发表社论，指责孙中山所提条件"有失审慎"。2月9日，朱尔典致函格雷，声称南京人民"对革命军政府的体验已经极为不满"，"在许多场合下，他们开始对他们所给予革命运动的同情和支持感到后悔"。函称："看来很明显，内阁总理大臣最后担任总统职位，是使中国能够恢复和平和秩序的唯一可能的办法。"[93]

（三）袁世凯向清廷逼宫

袁世凯一面和南方议和，一面则向清廷逼宫。当时，清廷也已陷入财政危机中。据统计，至1911年12月1日（宣统三年十月十一日），清廷的国库存银只有98万7 000余两。[94] 因此，袁世凯12月28日（十一月初九日）向隆裕所称"库中只有廿余万两"属于有意少报。1912年1月3日，隆裕太后从内库中拨出黄金八万两交给度支部。[95] 自然，这仍然是区区小数，不足以应付和革命军作战的巨额需要。此前，清廷曾与法国协商借款，合同已经资政院通过，但不久，英、美、法、德、俄、日等国会议，决定"中国借款，概行拒绝"。于是，袁世凯装模作样地命署理度支大臣绍英调查亲贵大臣在各银行存款，同年2月14日，绍英向袁世凯汇报，经查，并无存款。

在此之后，袁世凯就进一步向清廷施加压力了。他表示："欲战，则兵少饷绌；欲和，则君主立宪难保。"因此，他向清廷辞职，要求另派"贤员"办理。[96] 1912年1月16日袁世凯与内阁诸大臣联衔密奏清廷，声称民军坚持共和，大局危迫，"饷无可筹，兵不敷遣，度支艰难，计无可出"，"常此迁延，必有内溃之一日"。他以法国革命，王室子孙“靡有孑遗”的可怕情景威吓隆裕，要她召集皇族，密开果决会议，速定方针。[97] 这一天，隆裕不断流泪，袁世凯“满脸泪痕”，

隆裕太后与随从合影

“跪在红毯子垫上”，“一边抽缩着鼻子一边说话”的情景，都给年幼的溥仪留下了极深的印象。[98] 奏事完毕，袁世凯出朝，马车驶到王府井丁字街道时，京津同盟会会员张先培、杨禹昌、黄之萌从一家茶叶店楼上投下炸弹，但未能击中袁世凯，三人被捕牺牲。自此，袁世凯即托病不朝。1 月 17 日，内阁会议，袁世凯派赵秉钧、梁士诒为代表出席。参加会议的还有庆亲王奕劻及胡惟德等人。赵称：“革命党势甚强，各省响应，北方军不足恃。袁总理欲设临时政府于天津，与彼开议，或战或和，再定办法。”[99] 恭亲王溥伟强烈反对，与赵、梁、胡辩论。奕劻提议请旨办理。

当时，强烈反对皇帝退位的主要是满族亲贵，除溥伟外，还有肃亲王善耆、毓朗、良弼、铁良等人。他们于 1 月 19 日成立君主立宪维持会，计划撤换袁世凯。同日，开御前会议，隆裕太后问与会诸人：“君主好，还是共和好？”王公们纷纷表示“无主张共和之理”。隆裕太后无奈地表示：“我何尝要共和，都是奕劻同袁世凯说，革命党太厉害，我们没枪炮，没军饷，万不能打仗。”这时，清廷财政支绌，确是事实。她坦率地告诉与会诸人：“前次所发之三万现金，是皇帝内库的。我真没有。”听了隆裕的话，溥伟以头碰地，要求隆裕将宫中金银器皿赏出几件，暂充战费，甚至向隆裕请兵，表示愿杀贼救国。载泽、善耆支持溥伟，但隆裕担心战败之后，连“优待条件”都丢了。她询问管陆军的载涛：“我们的兵力怎么样？”载涛回答说：“奴才没有打过仗，不知道。”[100] 此后，隆裕多次召开御前会议，讨论和战

问题，两派相持，始终无法决定。

这一时期，要求共和的呼声不仅弥漫社会，而且也逐渐弥漫到统治集团内部。1911 年 12 月 25 日（宣统三年十一月初六日），出使俄国大臣陆徵祥、出使荷国大臣刘镜人联名致电外务部，声称“今政变纷乘，人怀民主”，暗示清廷顺应时势，免蹈汉、唐、宋、明覆辙。1912 年 1 月 8 日，原两广总督岑春煊致电袁世凯，声称“今日国民多数均以共和为目的”，要求清廷接受唐绍仪与革命党人议定的条款，“为世界历史开一未有之局”。此后，广西宣慰使赵炳麟、开缺两广总督袁树勋、出使意国大臣吴宗濂、出使日本大臣汪大燮等纷纷致电清廷，出现“请愿共和”热潮。其中，尤其使清廷坐立不安的是军队的变化。1 月 23 日，段祺瑞致电清内阁、军谘府及陆军部，声言共和思想，在将领中“颇有勃勃不可遏之势”。25 日，段祺瑞再电清内阁，借将领之口，说明“人民进步，非共和不可”。26 日，段祺瑞以第一军总统官名义，与毅军总统姜桂题、长江提督张勋等 46 名军官共同上奏，要求“明降谕旨，宣示中外，立定共和政体”。[101]

当时，宗社党计划撤换袁世凯，以铁良组阁，蒙古王公那彦图并打算邀请康有为、梁启超归国，共同倒袁扶清；康有为因此幻想联合满族亲贵，共同反袁。1 月 23 日，袁世凯的秘书密告朱尔典，袁的地位变得很不稳固。但是，突然发生的意外事件化解了这场危机。1 月 26 日，革命党人彭家珍炸死宗社党头子良弼，反对“变更国体”的王公们人人自危，不敢再有动作。2 月 3 日，隆裕太后授权袁世凯全权研究宗庙，陵寝，皇室优礼，皇族安全，八旗生计，蒙古、回、藏待遇等问题，作退位打算。[102] 5 日，段祺瑞偕统制王占元等九人再次致电清廷，指责王公亲贵败坏大局，耽误和议，陷九庙、两宫于危险之地。电称：“国体一日不决，则百姓之因兵燹冻馁死于非命者日何啻数万。瑞等不忍宇内有此等败类也，岂敢坐视乘舆之危而不救。谨率全军将士入京，与王公剖陈利害。祖宗神明实式鉴之。挥泪登车，昧死上达。”至此，段祺瑞在半个月之内，向清廷连致四电，口气一通比一通强烈、急迫。最后一通，有类通牒。

（四）清廷宣布退位

除段祺瑞的武力威胁之外，2月9日，署理直隶总督张镇芳联合两江总督、署理湖广总督、河南、安徽、山西、吉林等各地封疆大吏八人致电清廷，陈述危急形势，要求“速降明谕，宣布共和”。[103] 隆裕太后再也坐不住了。2月12日（辛亥年十二月二十五日），她代替宣统皇帝发布退位诏：

今全国人民心理多倾向共和，南中各省既倡议于前，北方诸将亦主张于后，人心所向，天命可知。予亦何忍因一姓之尊荣，拂兆民之好恶。是用外观大势，内审舆情，特率皇帝将统治权公诸全国，定为共和立宪国体，近慰海内厌乱望治之心，远协古圣天下为公之义。袁世凯前经资政院选举为总理大臣。当兹新旧代谢之际，宜有南北统一之方，即由袁世凯以全权组织临时共和政府，与民军协商统一办法。总期人民安堵，海宇乂安，仍合满汉蒙回藏五族完全领土为一大中华民国，予与皇帝得以退处宽闲，优游岁月，长受国民之优礼，亲见郅治之告成，岂不懿欤！[104]

该诏由胡汉民命张謇起草。应该说，文章是写得相当不错的。它强调“人心所向，天命可知”。“天命”不可见，它通过“人心”体现出来，可以说，“人心”代表了历史发展的趋向。“何忍因一姓之尊荣，拂兆民之好恶”，这一原则适用于古往今来的一切居高位的、掌权的统治者，在“一姓尊荣”和“兆民好恶”之间，要以“兆民好恶”为去取。“厌乱望治”，“天下为公”，前者表达人民的社会期待，后者提出了根本的执政原则。“合满汉蒙回藏五族完全领土为一大中华民国”一句更表达了中国各族人民团结和谐、国家统一的愿望。该诏经唐绍仪转交袁世凯。在发表时袁添加了“即由袁世凯以全权组织临时共和政府与民军协商统一办法”一句。

同时宣布的还有与革命党人商定的《清室优待条件》。该条件分三部分：

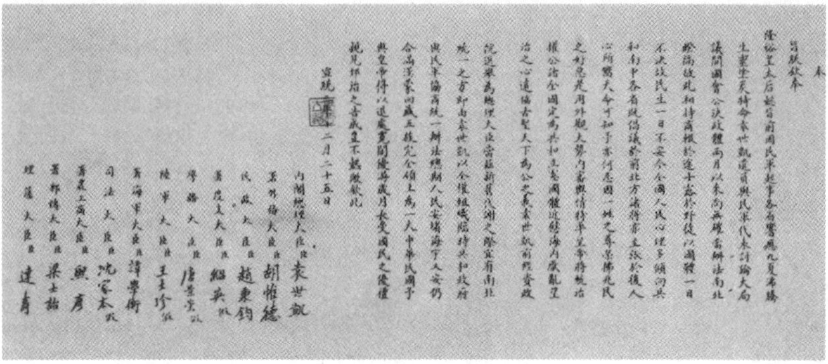

清帝退位诏书

甲，关于清朝皇帝辞位后的优待条件：1．皇帝辞位之后，尊号仍存不废，中华民国以待各外国君主之礼相待。2．皇帝辞位之后，岁用四百万两，俟改铸新币后改为四百万圆，此款由中华民国拨用。3．皇帝辞位之后，暂居宫禁，日后移居颐和园，侍卫人等照常留用。4．皇帝辞位之后，其宗庙陵寝永远奉祀，由中华民国酌设卫兵妥慎保护。5．德宗崇陵未完工程如制妥修，其奉安典礼仍如旧制，所有实用经费均由中华民国支出。6．以前宫内所用各项执事人员可照常留用，惟以后不得再招阉人。7．皇帝辞位之后，其原有之私产由中华民国特别保护。8．原有之禁卫军归中华民国陆军部编制，额数俸饷仍如其旧。

乙，关于清皇族待遇之条件：1．清王公世爵概仍其旧。2．清皇族对于中华民国国家之公权及私权与国民同等。3．清皇族私产一体保护。4．清皇族免当兵之义务。

丙，关于满蒙回藏各族待遇之条件：1．与汉人平等。2．保护其原有之私产。3．王公世爵概仍其旧。4．王公中有生计过艰者设法代筹生计。5．先筹八旗生计，于未筹定之前八旗兵弁俸饷仍旧支放。6．从前营业居住等限制一律蠲除，各州县听其自由入籍。7．满蒙回藏原有之宗教听其自由信仰。

以上各条，较之上海会谈中伍廷芳、唐绍仪所拟，更加优厚，也更加宽宏、细致，从中可以看出，革命党人在尽力减少阻碍，避免社会震荡，以期迅速、和平地实现制度转型。

宣统皇帝退位的这一天，据当时在场的侍卫武官唐在礼回忆：袁世凯遇刺后，就请假在家办公，当日，由外务大臣胡惟德率领各国务大臣入宫，隆裕上殿后，胡惟德领着大家鞠了三个躬，这是大臣们上朝改变礼节第一次，隆裕点了点头算是还礼。还礼后，隆裕落座在正中的宝座上，溥仪坐在旁边的椅子上。胡惟德趋前一步，说明袁世凯不能亲自见驾的原因，隆裕将退位诏书拿在手里说：

我和皇上为了全国老百姓早一天得到安顿，国家早一天得到统一，过太平日子不打仗，所以我按照议和的条件把国家的大权交出来，交给袁世凯办共和政府。今天颁布诏书，实行退位，叫袁世凯早点出来，使天下早点安宁吧。

说完，隆裕将诏书交给胡惟德，胡惟德说了几句安慰太后的话，接过诏书。太后脸上露出凄惨的样子，溥仪则呆坐在旁边。接着，隆裕领着溥仪退朝，胡惟德也领着诸大臣出宫，坐上马车，直奔石大人胡同外交大楼，将诏书交给袁世凯。[105] 据说，袁世凯当晚就剪了辫子，在剪的时候，他不断哈哈大笑。

至此，满洲贵族统治中国 276 年的历史结束，延续 2 000 多年的君主专制制度在中国的统治结束。

在革命过程中，革命党人曾经幻想过直捣黄龙，痛饮庆功酒，将满洲贵族的脑袋或者耳朵割下来，高挂在大白旗上。武昌起义爆发后，部分满人担心汉人会以杀还杀，重演他们的祖上在扬州、嘉定等地所曾经做过的一切，因而纷纷改姓，或姓金，或姓关，或姓赵。但是，历史没有重演，宣统皇帝既没有像法国国王路易十六那样被送上断头台，也没有像沙皇尼古拉二世全家那样，在十月革命后被布尔什维克秘密处死。溥仪在紫禁城中关起门来继续当皇帝，享优待，广大满人安安稳稳地当起“共和民”。

辛亥革命的结果是和平转移政权，社会基本稳定，安堵如常，没有革命通常所不可避免的大规模的流血、牺牲、破坏和杀戮。它是一次胜利迅速、代价很小的人道主义的革命。从这一意义上说，在世界革命史上，这是少见的例子。

注

①张玉法：《清季的革命团体》，第 578—589 页。
②章裕昆：《文学社武昌首义纪实》，1955 年第二次印刷本，第 6 页。
③章裕昆：《文学社武昌首义纪实》，第 14 页。
④《再志汉口〈大江报〉被封情形》，《时报》，1911 年 8 月 7 日。
⑤张玉法：《清季的革命团体》，第 599—612 页。
⑥杨玉如：《辛亥革命先著记》，第 35 页。
⑦《时报》，1911 年 8 月 8、10、13 日。
⑧余家菊：《回忆录》，中华书局 1948 年版，第 69—70 页。
⑨《梁启超年谱长编》，第 558 页。
⑩参见拙作《康有为的联满倒袁计划》，《晚清史事》，第 462—471 页。
⑪《绍英日记》（二），国家图书馆出版社 2009 年版，第 240 页。
⑫溥伟：《让国御前会议日记》，《辛亥革命》（八）。
⑬《宣统三年十月十六日上谕》，《辛亥革命》（八），第 145 页。
⑭ 金冲及、胡绳武：《辛亥革命史稿》第 3 卷，上海人民出版社 1991 年版第 195 页。
⑮参见拙作《汤化龙密电辨讹》，《晚清史事》，第 454 页。
⑯朱德：《辛亥革命回忆》，《辛亥革命回忆录》第 1 集，文史资料出版社 1961 年版，第 5 页。
⑰钱伟卿：《说程德全二三事》，《辛亥革命江苏地区史料》，江苏人民出版社，1961 年版，第 125 页。
⑱参见《辛亥革命在上海资料选辑》，第 987—989 页。
⑲熊克武等：《蜀党史稿》，《辛亥革命史丛刊》第 2 辑，第 178 页。
⑳《革命运动和印度支那的中国人》，法国外交部档案，《辛亥革命史资料新编》（7），第 62 页。
㉑《汉帜》第 1 期，1907 年 1 月 25 日。
㉒《武昌专函》，《民立报》，1911 年 11 月 20 日。
㉓《近代史资料》，1954 年第 1 期。
㉔《辛亥革命》（八），第 77 页。
㉕第 89 件，《英国蓝皮书有关辛亥革命资料选译》上册，第 96 页。
㉖《收冯国璋电》，FO682/2296/26，伦敦公共档案馆藏原英国驻华大使

注

馆文件。
㉗第 98 件，《英国蓝皮书有关辛亥革命资料选译》上册，第 105 页。
㉘《辛亥革命》（八），第 198 页。
㉙《辛亥革命》（八），第 201 页。
㉚《蔡廷干来函》，《清末民初政情内幕》，第 810 页。
㉛刘星楠：《辛亥各省代表会议日志》，《辛亥革命回忆录》第 6 集，文史资料出版社 1981 年版，第 250 页。
㉜第 122 件，《英国蓝皮书有关辛亥革命资料选译》上册，第 160 页。
㉝第 128 件，《英国蓝皮书有关辛亥革命资料选译》上册，第 166 页，参见《辛亥革命》（八），第 213 页。
㉞《辛亥革命》（八），第 77 页。
㉟《辛亥革命》（八），第 223 页。
㊱《绍英日记》（二），第 264 页；参见马士良（绍英之子）《清廷退位前后》，见《北京文史资料精华·世纪风云》，北京出版社 2000 年版，第 31—32 页。
㊲第 143 件，《英国蓝皮书有关辛亥革命资料选译》上册，第 177 页；参见《南北代表会议问答速记录》，《辛亥革命》（八），第 90—91 页。
㊳《辛亥革命》（八），第 231—232 页。
㊴《辛亥革命》（八），第 234 页。
㊵杨玉如：《辛亥革命先著记》，第 103 页。
㊶第 5 件、第 6 件，《英国蓝皮书有关辛亥革命资料选译》上册，第 3 页。
㊷第 2 件，《英国蓝皮书有关辛亥革命资料选译》上册，第 1 页。
㊸第 58 件，《英国蓝皮书有关辛亥革命资料选译》上册，第 58 页。
㊹第 100 件，《英国蓝皮书有关辛亥革命资料选译》上册，第 111 页。
㊺第 78 件，《英国蓝皮书有关辛亥革命资料选译》上册，第 73 页。
㊻《阁议决定》，《日本外交文书·清国事变》，第 50—51 页。
㊼《驻东京代办致代理外交大臣尼拉托夫》，《俄国外交文件选译》（有关中国部分），第 171 页。
㊽《英国蓝皮书》第 121 号，第 107 页。
㊾《上海唐、杨大臣来电》，FO682/2296/79，伦敦英国国家档案馆藏原英国公使馆文件。

注

⑤⓪第 136 件，《英国蓝皮书有关辛亥革命资料选译》上册，第 171 页。
⑤①《内田外务大臣致山座驻英临时代理大使电》，《日本外交文书选译》，第 319 页。
⑤②《山座驻英临时代理大使复内田外务大臣电》，《日本外交文书选译》，第 328 页。
⑤③《内田外务大臣复伊集院驻清公使电》，《日本外交文书选译》，第 326 页。
⑤④第 63 件，《英国蓝皮书有关辛亥革命资料选译》上册，第 307—308 页。
⑤⑤第 38 件，《英国蓝皮书有关辛亥革命资料选译》上册，第 241 页。
⑤⑥第 51 件，《英国蓝皮书有关辛亥革命资料选译》上册，第 280—281 页。
⑤⑦第 83 件附件 2，《英国蓝皮书有关辛亥革命资料选译》上册，第 346—347 页。
⑤⑧梁鹤年：《库伦独立始末记》。
⑤⑨《乌里雅苏台将军兼土谢图汗、车臣汗两盟事宜和硕亲王那彦图、参赞李廷玉呈政府文》，1912 年 12 月。
⑥⓪《章太炎年谱长编》上册，第 350 页。
⑥①《黄兴集》，中华书局 1981 年版，第 94 页。
⑥②《章太炎年谱长编》，上册，第 350 页。
⑥③葛敬恩：《辛亥革命在浙江》，《辛亥革命回忆录》第 4 集，第 123-124 页。
⑥④《黎副总统政书》卷 1。
⑥⑤许师慎：《孙中山先生自美经欧返国》，《革命开国文献》第一辑，《史料三》，第 2059 页。
⑥⑥陈三井：《法文资料中所见的孙中山先生》，“中华民国史料研究中心”编《研究中山先生的史料与史学》，1975 年版，第 284、287 页。
⑥⑦许师慎：《孙中山先生自美经欧返国》，《革命开国文献》第一辑，《史料三》，第 2061 页。
⑥⑧《胡汉民自传》，中国社会科学院近代史研究所编《近代史资料》总第 45 号。
⑥⑨《民立报》，1911 年 12 月 26 日。
⑦⓪《孙中山全集》第 6 卷，第 246 页。
⑦①《伍廷芳照会》，《中华民国史档案资料汇编》第 2 辑，江苏人民出版社 1981 年版，第 9—10 页。
⑦②《外交部为保护外人致各省都督电》，《临时政府公报》第 7 号。

注

⑬《内务部通饬保护人民财产文电》，《临时政府公报》第 6 号。
⑭《民立报》，1912 年 2 月 8 日—10 日。
⑮《民立报》，1912 年 2 月 20 日。
⑯《政府公报》第 26 号，1912 年 5 月 26 日。
⑰《政府公报》第 35 号，1912 年 6 月 4 日。
⑱《临时政府公报》第 30 号。
⑲《临时政府公报》第 33 号。
⑳《辛亥革命资料》，中华书局 1961 年版，第 266 页。
㉑《孙中山全集》第 1 卷，第 7—8 页。
㉒《胡汉民自传》，中国社会科学院近代史研究所编《近代史资料》第 45 号。
㉓《英国蓝皮书有关辛亥革命资料选译》下册，中华书局 1984 年版，第 454 页。
㉔杜恂诚：《日本在旧中国的投资》，第 415 页。
㉕《孙中山全集》第 1 卷。
㉖参见拙作《国民党人与前期中华民国》，第 51—70 页。
㉗《森恪致益田孝函》，参见拙作《孙中山与“租让满洲”问题》，《国民党人与前期中华民国》，中国人民大学出版社 2007 年版，第 30 页。
㉘参见拙作《孙中山与“租让满洲”问题》，《寻求历史的谜底》，首都师范大学出版社 1993 年版。
㉙《シナ革命と孙中山の中日联盟》，见嘉治隆一编《第一人者の言叶》，第 268 页。
㉚参见拙作《华俄道胜银行借款案与南京临时政府危机》，《国民党人与前期中华民国》，第 43—50 页。
㉛第 56 件，《英国蓝皮书有关辛亥革命资料选译》上册，第 287 页。
㉜第 95 件，《英国蓝皮书有关辛亥革命资料选译》上册，第 360 页。
㉝第 126 件，《英国蓝皮书有关辛亥革命资料选译》上册，第 444—445 页。
㉞《绍英日记》（二），第 247 页。
㉟《绍英日记》（二），第 268 页。
㊱《绍英日记》（二），第 269—270 页。
㊲杨玉如：《辛亥革命先著记》，第 279 页。

注

⑱溥仪：《我的前半生》，群众出版社 1964 年版，第 38 页。
⑲溥伟：《让国御前会议日记》，《辛亥革命》（八），第 111 页。
⑳溥伟：《让国御前会议日记》，《辛亥革命》（八），第 112—114 页。
⑩《辛亥革命》（八），第 171—175 页。
⑩《清鉴纲目》卷 16。
⑩《辛亥革命》（八），第 181 页。
⑩《辛亥革命》（八），第 183 页。
⑩唐在礼：《辛亥前后我所亲历的大事》，《辛亥革命回忆录》第 6 集，第 336-339 页。

结语：帝制终结，专制难除

中国传统社会是皇权专制地主小农社会。农民是皇权专制主义的冲击者，又是其基础。中国历史上曾多次发生农民起义。其规模之大，次数之多，世所罕有，它们猛烈冲击旧帝国、旧秩序，但是，农民不代表先进生产力，创造不出先进文化和新的社会制度。一次次的农民起义不是被镇压，就是被野心家利用，作为改朝换代的工具，或是自己成为统治者，建立起新的君主专制制度。你方唱罢我登场，两千多年的中国史仿佛成了君主们的走马灯，表现出中国历史发展特有的惰性。

中国历代先进思想家对君主专制制度进行过长期批判。远在战国时代，孟子就宣称“民为贵，君为轻”。两晋时期的鲍敬言提倡“无君论”，认为人世间的诸种罪恶、灾难，“皆有君之所致”。明清之际的黄宗羲写作《原君》，认为设立君主的目的本来是为了“使天下受其利”“释其害”，而后来的君主却“以天下之利尽归于己，以天下之害尽归于人"，"以我之大私，为天下之大公"，"视天下为莫大之产业，传之子孙，受享无穷"，这就从根本上否定君主专制制度的合法性。戊戌维新时期的谭嗣同认为中国两千年来的政治都是秦始皇的"大盗"之政，赞美"法人之改民主"，表示要"杀尽天下君主，使流血满地球，以泄万民之恨"。但是，所有这一切，都淹没在"皇上圣明""谢主隆恩""万岁""万万岁"的颂歌声中，引不起多大反响。

辛亥革命结束了君主专制制度在中国的统治，揭开了民主共和的新一页。从此，中国不再被称为"帝国"，而称为"民国"。由"帝"而"民"，标示着国家性质以及人民地位的变化。尽管以后的历史实际上常常名不副实，"民国"并不真正属于人民。但是，至少在理论上，人民是国家的主人，应该充分享有各种自由和权利，而国家的统治者却成为人民的"公仆"。人民有权议论国是，发表政见，决定国家大事，掌握历史航向；有权监督、制约、批评为自己服务的"公仆"，考察其服务的优劣；有权通过选举，任用贤者、有能者、业绩优异者，更换、罢免其平庸者、无能者、劣者。这是中国历史的一次重大的拨乱反正，也是中国历史的一次巨大飞跃和前所未有的创举。从此，闸门打开，中国汇入正在世界奔腾发展的民主主义大潮，汹涌澎湃而不可阻遏。

当南北议和，孙中山决定让位于袁世凯时，部分激烈派革命党人反对，他们认为，以袁世凯其人，他日必将由"大总统"进而为"大皇帝"，复辟帝制。这部分革命党人是有见地的。但是，终究还是孙中山说得对："覆之自易。"经过了辛亥革命的民主洗礼，袁世凯、张勋们的"复辟"闹剧，只如电光石火，一闪而已。

然而，人们毕竟不能低估君主专制主义的影响。在有形的皇权专制主义被推翻以后，无形的专制主义在近代中国历史上却是难以克服的痼疾。因此，纪念辛亥革命 100 周年，坚持社会主义民主，坚持政治体制改革仍然应该是中国人民不懈的追求。

附 录

辛亥革命与共和知识分子——对一种传统观点的质疑

孙中山是平民知识分子革命家

师其意不用其法——孙中山与马克思主义二题

辛亥革命与共和知识分子——对一种传统观点的质疑

辛亥革命是谁领导的？多年来的回答是中国民族资产阶级。与此密切相连的问题是：辛亥革命的阶级基础是什么？以孙中山为代表的革命党人代表哪一个阶级的利益？通常的回答是：民族资产阶级，或曰民族资产阶级中下层。我以为，这些回答都不准确。

那么到底谁是这一革命的领导力量呢？答曰：倘不从某些既定的概念或原则出发，而从客观存在的历史事实出发，答案其实是十分清楚而明白的。这就是，那个时期出现并形成的共和知识分子是辛亥革命的领导力量。这个问题搞清楚了，辛亥革命的阶级基础、革命党人代表哪一个阶级利益等问题也就迎刃而解了。

试说其理由。

一、辛亥革命时期的中国民族资产阶级状况

中国的民族资本主义工业在洋务运动期间开始出现，戊戌维新前后略有发展，但是，到了辛亥革命前夜，仍然十分微弱。早些年有学者统计，够得上称为近代企业的不过500家左右。近年来有学者重新作了统计，数字有所扩大，但也不过1 000家左右。[①]这1 000家左右的近代企业能够产生多少资产阶级分子呢？充其量不会超过1万人吧。如果加上具有近代特征的新式航运业、金融业和商业，资产阶级分子的数量会大一些。有人根据1911年各地商务总会的会员数和商务分会会董数，约略估计当时民族资本家为52 630人。[②] 但是，商务总会的成员和分会会董的情况很复杂，难以一概视为近代意义上的资本家。即使上述数字大体准确，对于幅员广大的中国说来也仍然是十分微弱的。当时，这一阶级不仅人数不多，经济力量薄弱，而且，对政治的影响力极为有限。这样一支队伍怎么可能会领导像辛亥革命这

样具有广阔规模的全国性革命呢？我们不能任意地扩大资产阶级的队伍，不能把当时出现的新型知识分子，包括学生、教员、企业雇员，以及记者、医生等自由职业者一概视为资产阶级，更不能把旧式商人以至小业主视为资产阶级，我赞成丁日初教授的观点，不笼统地说资产阶级，而说资本家阶级，这样可以有一个严格的界定，不至于把资产阶级扩大化，易于进行科学的讨论。

辛亥革命时期的中国民族资本家阶级是否可以分为上层和中下层呢？从理论上当然可以分，但是，实际上却很难分得清楚，似乎迄今也还没有人作过仔细的区分和精确的定性与定量研究。上层资本家阶级通常以张謇为代表，那么，下层呢？通常以禹之谟为代表（其实，禹之谟办的只是手工作坊，目的在于掩护革命）。除了禹之谟还有谁，似乎不大好找了。如果辛亥革命的阶级基础是民族资产阶级中下层的话，那么，代表就不能是一个、两个，一个、两个怎么能构成阶级基础呢？其实，如果我们实事求是地进行研究的话，就会发现，辛亥革命前夜的中国民族资本家阶级内部在政治态度和政治主张上并无鲜明的分歧，相反，却是颇为一致的。这就是，参加某些具有反帝爱国性质的运动，如抵制美货运动、收回利权运动等，在政治上，他们一般反对革命，主张君主立宪，求稳怕乱，是立宪运动和国会请愿运动的积极参加者。只是到了清廷镇压国会请愿运动，建立皇族内阁之后，他们才对清廷感到绝望，个别人如沈缦云才转向革命。武昌起义之后，这个阶级才附和革命。但是，他们仍然怕乱求稳，畏惧革命党人的激烈言论和行动。其结果，在孙中山和袁世凯之间，他们选择了袁世凯。二次革命期间，除沈缦云等少数人外，他们更抛弃了孙中山，赞成袁世凯对革命党人的镇压。在以后的年代里，我们也未见有多少资本家阶级分子试图影响孙中山等人的政策并予以大量财力支持（华侨资产阶级有支持孙中山的，也有支持康有为、梁启超的，应作别论）。

多年来，我们习惯于简单地以经济地位来划分政治派别，或者简单地以经济地位来说明政治态度。似乎“大”“上层”就一定反动，而“中”“小”“下层”就一定进步点。例如研究中国封建社会的学者有所谓“中小地主阶级”说，似乎王安石等改革派、岳飞等主战派，杜甫、白居易、陆游等同情人民疾苦的诗人都是“中小地主阶级”或

"地主阶级中下层"的代表，其实，历史的真相何尝如此！乡村里的中小地主剥削起农民来一点儿也不比大地主轻，抗日战争中，给日本人当汉奸、狗腿子的恐怕中小地主不少吧！这种地主阶级中下层进步说和民族资产阶级中下层进步说都不是从历史事实中抽象出来的科学理论，而是根据某些概念、原则，主观演绎的结果。

二、关于共和知识分子

辛亥革命前夜，中国社会逐渐出现几种热潮，这就是留学热、办新式学堂热、出版新式书刊报纸热，由于这些原因，中国社会就出现了一个新的阶层（有些学者称为群体），这就是新型知识分子。这个阶层发展很快，数量很大，试看下列数字：留学生：1903 年为 1 300 人，1904 年为 2 400 人，1905 年为 8 500 人，1906 年为 13 000 人。国内新式学堂学生：1907 年为 101.3 万余人，1908 年为 128.4 万人，1909 年为 162.6 万余人。较之民族资本家阶级说来，这是一支数量较大、政治上更为活跃的社会力量。

和传统的封建知识分子比起来，他们有若干特点：

1. 具有近代科学知识。从知识结构的主体看，不再是子曰诗云，而是声、光、化、电和达尔文、赫胥黎的进化、天演之学。

2. 具有近代民主主义思想。从思想的主流看，不再是"普天之下，莫非王土；率土之滨，莫非王臣"和"臣当尽忠，子当尽孝"的旧观念，而是以卢梭为代表的"主权在民"说。

3. 他们出卖脑力，或即将出卖脑力，以知识为谋生手段，主要服务于新兴的科学、文化、教育事业，不必依靠地产，也不必依靠科举，在一定程度上摆脱了对地主阶级和清廷的依附。

能把他们看作是资产阶级分子吗？不能。因为他们中的大多数是学堂学生、留学生，还没有进入社会生产关系的网络，尚不存在对资本家的依附关系，和资本家阶级的经济利益可谓风马牛不相及。即使他们中的少数人已经受雇于新型企业，他们也是雇佣脑力劳动者，而不是资产阶级。把知识分子统统归入资产阶级的范畴，这是"左"倾思潮影响下的观念，我们不应继续沿袭。

能把他们看成是资本家阶级的代表或资本家阶级中下层的代表吗？也不完全合适。这是因为，他们和西方资产阶级革命时期的新型知识分子的情况也有不同：

1. 推动他们投入社会政治运动的主要原因是救亡，从帝国主义的侵略下挽救祖国，振兴中华，并不是资本家阶级的经济利益。当他们离乡去国、寻求真理的时候，当他们抛妻别子、准备武装起义的时候，他们所想到的是如何使灾难深重的祖国免于瓜分，如何使可爱的民族免于沦为马牛。至于发展资本主义，他们中的许多人连想都没有想过。

2. 他们不少人的思想中程度不同地存在着批判资本主义或反资本主义的内容，并表现出对社会主义的同情和向往。例如邹容，1903 年出了本《革命军》，这是长期被人们认为是提出了资产阶级共和国方案的一本书，然而，没过几天，他就宣布，他本人对《革命军》一书已经不那么有兴趣，现在要写《均平赋》了。所谓“均平”，正是社会主义思想在近代中国早期传播时的同义语。又如章太炎，1903 年以前向往的确实是西方资本主义，但是，走出上海西牢，到了日本之后，一看，不对了，原来资本主义社会也有很多问题，那贫富悬殊不论，单就议会选举过程来说，真是千奇百怪，丑恶肮脏得很，于是，他怀疑了、愤怒了，表示要扒开拿破仑、华盛顿的坟墓，用金锤去砸他们的头。金者，铁也，分量是很重的。他设想了一个“无政府、无聚落、无人类、无众生、无世界”的五无境界，以之作为最高理想。当然，章太炎明白，这是幻想。于是，他又大讲善恶并进，俱分进化，提倡社会倒退，认为人类愈文明也就愈恶，倒是野蛮人善良，主张学习野蛮人，甚至学猴子，“吾辈拟猿可也”。这一时期的章太炎显然不能视为资本家阶级的代表。当然，章太炎的上述思想比较极端，但是，当时像章太炎一样大骂资本主义的却大有人在。1903 年东京中国革命党人中有一个社会主义讲习会，每会必讲中国不能走资本主义道路。当然，他们所谓的“社会主义”，其实是无政府主义，那时，在中国革命党人中，不同程度地受到无政府主义影响的人不在少数！这里，附带说一句，毛泽东到“五四”时期还崇信无政府主义呢！“文革”

时期，红卫兵找到了毛泽东发表于《湘江评论》上的《民众的大联合》一文，如获至宝，誉为马克思主义的文献，其实，那里面虽然提到马克思，但歌颂的却是“意思更广、更深远”的克鲁泡特金！辛亥革命前后，有那么一个阶段，拿破仑、华盛顿不那么吃香了，卢梭也不那么吃香了，吃香的是巴枯宁、蒲鲁东，特别是克鲁泡特金的共产无政府主义，受到许多人的信仰。这不是偶然的。辛亥革命发生于西方资本主义社会矛盾相对尖锐、工人运动相对发展的时期。既然资本主义有那么多问题，而共产无政府主义又显得那么美好，彻底地平等，彻底地公正，彻底地消灭了剥削和压迫，那么，一步跨进这个天堂岂不是很好吗？所以，中国革命中超越资本主义、避免资本主义的思想是由来已久的。

这里，要着重谈谈孙中山思想。还在1903年，他就表示，西方社会贫富悬殊，不是理想世界。他也像邹容一样谈“平均”，声称社会主义乃是一刻也不能忘记的东西。1905年5月，他在比利时访问社会党国际局（第二国际），要求接纳他的党，同时表示：将吸收欧洲文明的精华，使“中世纪的生产方式直接过渡到社会主义的生产阶段，而工人不必经受被资本家剥削的痛苦”。[3] 同年，他在《民报》发刊词中创立了民生主义概念，明确表示，中国不能走欧美老路。1912年，他觉得民族、民主革命已经成功，该是搞社会革命的时候了，于是到处骂资本家，骂资本主义，大讲社会主义，推崇马克思。1915年11月，又致函社会党国际局，希望得到该组织成员的帮助，“把中国建立成全世界第一个社会主义国家”。[4] 对此，人们应该充分肯定其在中国革命史上的破天荒的意义和孙中山的伟大追求，不应该根据某些凝固的社会主义模式加以挑剔。同时，应该指出的是，孙中山懂得，在生产力十分落后的中国，资本主义并不是只有坏作用，相反，倒是不可或缺的东西。因此，他于1918年在《实业计划》中提出，要奖励和保护私人资本主义，但是，孙中山本人的兴趣和感情都倾注在国有和公有经济上。他要最大可能地发展国有和公有经济，同时，限制和节制私人资本主义。在政权问题上，孙中山在1912年就批判西方资本主义民主，认为那只是富人的民主。十月革命后，他提出要建立俄国式的“最新式的共和国”，后来又提出要建设一个非少数人所得而私的真正民主的国家，还曾表示要当“工人总统”。[5] 显然，孙中山的思想和西方资产阶级革命家的思想是有所不同的。马克思说过：“同样，也不应该认为，所有的民主派代表人物都是小店主或小店主的崇拜人。按照他们所受的教育和个人的地位来说，他们可能和小店主相隔天壤。使他们成为小资产阶级代表人物的是下面这样一种情况：他们的思想不能越出小资产阶级的生活所越不出的界限。他们在理论上得出的任务和决定，就是小生产者出于自己的物质利益和自己的社会地位在实践中所得出的那些任务和决定。一般说来，一个阶级的政治代表和著作方面的代表人物和他们所代表的阶级间的关系，都是这样。”[6] 但是，孙中山的某些思想恰恰超出了资产阶级的“物质利益”和“社会地位”，将它们全部、完全说成是代表了资本家阶级的利益是说不通的。相反，如果从知识分子寻求救国救民的真理的角度去理解，那就一切都在情理之中了。有些事，按照事物的本来面貌去解释，本来是清楚的；按照某些教条主义的原则去解释，可能愈说愈糊涂。

孙中山并不是一个人。廖仲恺、朱执信，以至胡汉民、早期的冯自由等都有类似的思想。这是一个派别，一群人。当然，就这一时期投身革命的知识分子的主体来说，无政府主义或社会主义都还不占支配地位。他们投身革命的目的也还不是在中国实现社会主义，而是为了救国，振兴中华，建设一个强大的、实行共和制的“主权在民”的民主主义国家。因此，我觉得，称他们为共和知识分子比较合适。当然，也可以称他们为平民知识分子、民主知识分子或革命民主知识分子，意思都一样。但是，如果考虑辛亥革命前后的时代特征，并和近代中国其他时期其他类型的知识分子相区别的话，我觉得称他们为共和知识分子比较恰当。

反对帝国主义，振兴中华，推翻以清朝贵族为代表的封建专制制度，建设共和国，这是有利于中国资本主义发展的，从这个意义上说，共和知识分子代表了中国民族资本家阶级的利益未尝不可，但是，在当时的历史条件下，他们难道不代表民族的利益、人民的利益？如果仅仅把他们看成是资本家阶级利益的代表者，是不是缩小了辛亥革命的意义和内涵？是不是不符合，至少不完全符合那个时代大批仁人志士的精神面貌？对于那些断头沥血、慷慨捐躯的烈士们是不是有点不敬?

辛亥革命时期共和知识分子是中国前所未有的社会力量，也是中国知识分子中前所未有的类型。他们既部分地代表中国民族资本家阶级，又不完全代表中国民族资本家阶级的利益。这一社会力量的出现立即使中国历史出现了新特色。

三、辛亥革命舞台上的活动角色与领导力量

活跃在辛亥革命舞台上的主要是四种社会力量：共和知识分子、新军、会党和立宪派士绅（立宪知识分子、民族资本家、资产阶级化的地主)。如前所述，立宪派士绅是武昌起义前夜或起义高潮中参加进来的，具有附和革命甚至投机革命的特点，虽然，他们的参加对于加速清廷的崩溃，促进各省光复具有重要的意义，但是，他们不是辛亥革命的领导力量是不言而喻的。新军是武昌起义的发动者，也是若干省份光复的主要力量，但是新军的作用主要在后期，而且，参加起义的新军实际上是穿上军装的共和知识分子。他们进过新式学堂，其军官中的不少人还留过洋。这是新军和“旧军”——巡防营不同的地方。至于会党，他们没有自己的政治纲领，并不是一支独立的政治力量，更不能起领导作用。因此，在辛亥革命时期，起领导作用的力量只能是共和知识分子。辛亥革命之所以不同于旧式的农民起义，也不同于中国历史上多次反复出现的改朝换代，其原因，就在于出现了具有新思想、新观念的共和知识分子，就在于共和知识分子发挥了领导作用。

共和知识分子对辛亥革命的领导作用主要体现在以下几个方面：

1. 他们是革命纲领的制定者和革命思想的孕育者、传播者。

2. 他们是各革命团体的组织者和领导者。

3. 他们是多次反帝爱国运动的发起者。

4. 他们是历次武装起义的组织者和领导者。

5. 他们是南京临时政府的领导主体。

有了这几条，够不够呢？我看够了。因此，我们可以理直气壮地

说：辛亥革命是共和知识分子（或曰革命民主知识分子）领导的。

共和知识分子本身不是资产阶级（也不是所谓“广义的资产阶级”），其产生的主要社会基础和社会条件是近代中国的民族危机和西方民主主义文化的传播（附带说一句，西方民主主义文化并不全是资产阶级文化，提倡“主权在民”的卢梭通常被认为是小资产阶级的思想家），和近代中国民族资本主义经济的发展与民族资本家阶级的产生没有必然的直接联系。设想一下，如果辛亥革命前夜，中国的近代企业只有一两百家、几十家、一两家，甚至一家都没有，那么，辛亥革命还会不会发生呢？我以为，只要中国的半封建、半殖民地的社会性质不变，只要中国产生了一批共和知识分子，那么，类似辛亥革命的革命总要发生。相反，如果中国不出现一大批共和知识分子，那么，即使民族资本主义更发达，资本家阶级的阵容更强大，类似辛亥革命的革命也不会发生。倒是为资本家阶级所支持的立宪运动会成功。我们不能把政治和经济的关系理解得过于机械，过于简单和直接。不客气地说，那样一种理解，是庸俗社会学，好像是在运用马克思主义，其实不是马克思主义，是马克思和恩格斯都反对过的。

有些现象，按照庸俗社会学的观点是无法解释的。例如，洪仁玕的《资政新篇》无疑是在中国发展资本主义的方案，但是，当时中国的资本主义和资本家阶级在哪里呢？很显然，《资政新篇》是“舶来品”，是洪仁玕根据他对西方资本主义国家的了解构想的。思想具有相对的独立性；同样，知识分子也具有相对的独立性。

当然，知识分子的作用是有限的，知识分子的弱点也是明显的。思想必须和一定的物质力量相结合，才能发挥作用；知识分子也必须和其他社会力量相结合，才能对社会变革发生强大的作用。辛亥革命时期的共和知识分子得不到中国民族资本家阶级的有力支持，找不到和中国社会人数最多、革命潜力最为深厚的农民相结合的道路，又没有像后来的共产知识分子一样有一个较好的国际靠山（共产国际和苏联），其失败有其历史的必然性。我们的史学家好从中国民族资产阶级的局限性来论证辛亥革命的局限性，至于民族资产阶级的这种局限性是如何制约、传递到那一时期的革命家身上，如何制约、影响着革命纲领、革命政策的制定与革命的实际进程，却很少有人作过具体而认真的分析。这种以政治分析代替历史论证的学风是不可取的。我觉得，如果不仅从中国民族资产阶级的特点、局限，而且也从那个时期共和知识分子的特点、局限来说明辛亥革命的特点、局限，包括其失败的原因，也许更接近于真理。

把辛亥革命说成是共和知识分子领导的是不是有悖于马克思主义呢？并不。这里，我们不妨看看列宁是如何分析俄国革命的。在《纪念赫尔岑》一文中，列宁说过："我们纪念赫尔岑时，清楚地看到先后在俄国革命中活动的三代人物、三个阶级。起初是贵族和地主，十二月党人和赫尔岑。""响应、扩大和加强了这种革命鼓动的，是平民知识分子革命家，从车尔尼雪夫斯基到'民意党'的英雄。"然后才是无产阶级。[⑦] 可见，中间有一段是由"平民知识分子革命家"领导的。当时，俄国资产阶级和资产阶级化的地主积极鼓吹改良，反对革命，希望在保存地主土地所有制和沙皇政权的前提下进行改革。其代表卡维林称："从上而下地废除农奴制度，就可以使俄国在 500 年内保持平静。"相反，平民知识分子是主张推翻沙皇制度的，因此，尽管有时列宁把平民知识分子称为"自由民主资产阶级的受过教育的代表"，[⑧] 但是，他仍然将他们和俄国资产阶级区分开来。毛泽东在分析五四运动时也说："五四运动，在其开始，是共产主义的知识分子、革命的小资产阶级知识分子和资产阶级知识分子（他们是当时运动中的右翼）三部分人的统一战线的革命运动。"[⑨] 毛泽东这里并没有讲五四运动是资产阶级领导的，也没有讲是无产阶级领导的，而是从参加运动的三种类型的知识分子的角度作了分析。那么，对于辛亥革命为什么不可以从知识分子的角度作分析呢？毛泽东还说过："知识分子和青年学生并不是一个阶级或阶层。但是，从他们的家庭出身看，从他们的生活条件看，从他们的政治立场看，现代中国知识分子和青年学生的多数是可以归入小资产阶级的范畴。"[⑩] 这里，先不论毛泽东的阶级划分标准是否和列宁相一致。列宁说过："区别各阶级的基本标志，是他们在社会生产中所处的地位，也就是他们对生产资料的关系。"[⑪] 也先不论小资产阶级是一个被用得过于宽泛、失去了科学性的概念，我只想说的是，如果毛泽东所说现代中国知识分子和青年学生多数"可以归入小资产阶级的范畴"可以成立的话，那么，也应该得出，是小资产阶级，而不是资产阶级领导了辛亥革命。

我们还可以从日本史的角度进行一点分析。如所周知，明治维新是一次资产阶级的改革运动，从那以后，日本迅速走上了资本主义的发展道路。然而，明治维新是谁领导的呢？下级武士。下级武士是贵族，而不是资本家阶级。可见，资产阶级改革、资产阶级革命的领导不一定是资产阶级。俄国历史也有类似的情况。1861 年，沙皇亚历山大二世批准废除农奴制的法令，即所谓 1861 年改革，它是由农奴主实行的。

四、近代中国知识分子的嬗变与近代中国历史的演进

鸦片战争前，中国社会只有封建知识分子，没有近代意义的新型知识分子。当然，封建知识分子也不是只有一种类型，铁板一块，有朱熹那样代表地主阶级总体利益和长远利益、热心为封建制度卫道的知识分子，也有李卓吾、戴震、曹雪芹那样不满封建束缚、梦想未来社会和新生活的异端知识分子。但是我想，那个时期没有近代意义上的新型知识分子，大家都会同意的。

近代中国的新型知识分子萌生于洋务运动中。在那个时期内，向国外派遣了第一批留学生，办起了一批新式学堂，于是，有一批知识分子掌握了西方近代自然科学，他们的知识结构和封建知识分子发生了很大不同。这批人，可以称为洋务知识分子。此后，随着西方社会科学的传入和日益为人们所接受，中国知识分子的知识结构和思想主流，也就是世界观、人生观发生了愈来愈大的变化，新型知识分子阶层遂勃然兴起，并给予中国社会以越来越大的影响。

我以为，活跃于近代中国政治舞台上的主要是三种类型的知识分子：维新知识分子、共和知识分子、共产知识分子（或称共产主义知识分子）。洋务知识分子因为人数少，对近代中国的政治影响不大，而且大体上可以纳入维新知识分子的范畴，故本文略而不论。维新知识分子以康有为、梁启超、严复为代表。他们刚刚从封建知识分子中分化出来，旧思想、旧影响还比较多，新思想还不充分、不成熟。他

们的主要思想特征是：只搞维新（改良），不搞革命；主张君主立宪，不搞民主共和；要求发展资本主义，反对社会主义。在《民报》和《新民丛报》论战期间，梁启超曾大讲中国不能搞社会主义，大讲中国必须奖励资本家，中国的垄断资本家不是多了，而是少了。为了发展中国的资本主义，和外国资本竞争，即使让劳动者吃点亏也是应该的。在政治上，他们求稳怕乱，力图通过君主立宪为中国资本主义的发展创造一个稳定的环境。我以为这才是代表中国资本家阶级利益和发展要求的言论。后来的立宪知识分子也可以归入这一类。

在维新知识分子中间，康有为提出过大同理想，当然不代表资产阶级的利益。但是，这是一种乌托邦，不是康有为的现实政治纲领，不影响他作为维新知识分子的性质。同时还应该指出的是，知识分子的思想常常可以超出于特定阶级的局限之外，融汇、接受其他阶级的思想。以为一个人头脑里，只能有一个阶级的思想。无产阶级只有无产阶级思想，资产阶级只有资产阶级思想，那是不符合事实的。孙中山、黄兴是共和知识分子的代表。他们和封建地主阶级的联系较少，接受的封建文化影响也较少，相反，接受的西方民主主义文化则较多。和维新知识分子比起来，他们是更完全意义上的新型知识分子。这一部分知识分子有强烈的民主主义思想，具有彻底地、不妥协地反对封建专制制度的精神，同时，又不同程度上接受社会主义的影响，希望尽可能避免资本主义的恶果，将民主革命和社会革命“毕其功于一役”。当然，这批知识分子中也有一些人只接受民主革命，反对社会革命，千方百计地要将“社会革命”改为“社会政策”。这部分人，后来成为共和知识分子中的右翼，五四运动以后成为自由知识分子。

共产知识分子以李大钊、陈独秀、毛泽东为其代表。他们继承了共和知识分子中向往社会主义的那一部分人的特点，在辛亥革命失败以后开始了新探求，在俄国十月革命胜利的影响下找到了产生于西方的马克思主义。这样，他们就不止满足于在中国进行民主革命，而要在中国建设社会主义和共产主义，以便消灭人世间的一切不合理的现象，达到尽善尽美的理想境界。他们把自己的希望寄托于中国无产阶级身上，明确地以无产阶级的阶级代表自任。中国共产党的发起者和领导人主要就是这样一批共产知识分子。

三种知识分子之间没有不可逾越的界限，可以互相转化，也大量存在着这种转化的事实。维新知识分子转化为共和知识分子，共和知识分子转化为共产知识分子的情况不是很多吗？这种转化，并非由于阶级利益的变化，而是思想的变迁。许多政治上的分歧常常是思想、认识的分歧，有些政治派别（注意，不是全部）的分歧也只是政策、策略的分歧，一切都从经济利益或阶级关系来分析是说不通的。例如，辛亥革命以后，孙中山、黄兴之间发生多方面的分歧。孙中山主张立即发动反袁的三次革命，黄兴则主张暂停革命；孙中山主张建立党的领袖的绝对权威，黄兴则坚决反对，甚至因此而拒绝加入中华革命党；孙中山主张联日，争取日本政府的援助，为此，不惜向日方提出了中日盟约 11 条，黄兴则对此持严厉批判态度。这里，你能说反映着阶级关系的不同吗？又如，1959 年的庐山会议，当时彭德怀被定为资产阶级野心家，彭德怀与毛泽东的分歧被视为无产阶级与资产阶级两大阶级的生死斗争。历史已经证明，真理是在彭德怀一边。按照我们多年来的思维定势，无产阶级总是正确的，当然，彭德怀代表了无产阶级的利益，那么，毛泽东代表什么？多年来，我们在现实生活中经常喜欢给人划阶级、定成分，特别喜欢给人扣资产阶级的帽子，影响所及，学术研究，特别是近代史研究、中共党史研究中，更是帽子满天飞，似乎非此不是马克思主义的学术！其实，现实生活中的帽子常常戴得不准、不合适，我们学术研究中戴的那些帽子就都准、都合适吗？我是主张多做分析，帽子少戴、慎戴（不是完全不戴）的。

话说远了，还是收回来。当我们纵观戊戌以来的中国近代史时，可以清楚地看出，近代中国政治的风云雷雨主要是这三代知识分子活动的结果。随着近代中国新型知识分子思想的嬗变发展，中国近代史也就表现为三个不同的阶段，呈现出不同的特点和色彩。

（附记：本文是作者 1992 年 12 月 29 日在上海中山学社所作的学术报告。原载上海《近代中国》第 4 辑，收入拙著《国民党人与前期中华民国》，中国人民大学出版社，2007 年版。）

孙中山是平民知识分子革命家

长期以来，孙中山被定性为资产阶级革命家，我觉得，此说与事实不合，于情理有悖，试作质疑如次。

孙中山出身农民家庭。父亲孙达成当过鞋匠，后租种田地6亩余，兼充更夫。孙中山本人早年求学，后来长期以革命为职业，拮据一生。他不是资产阶级分子，背后也没有什么财团支持他。

孙中山投身革命的时候，西方资本主义社会矛盾尖锐，共产主义的“怪影”已在欧洲大地回荡了近50年。对资本主义持批判、否定态度的不仅有马克思、恩格斯的社会主义、共产主义思想，而且还有态度更为激烈、否定更为彻底的无政府主义。孙中山长期生活在西方，对此自然是了解的。

根据可靠资料，孙中山曾于1905年到比利时布鲁塞尔走访社会党（第二国际）国际局，要求接纳他的党。孙中山阐述的该党纲领有两条值得注意：1. 土地全部或大部为公共所有，由公社按一定章程租给农民；2. 采用机器生产，但防止欧洲已经发生的“一个阶级剥夺另一个阶级”的情况，使“工人不必经受被资本家剥削的痛苦”。显然，这是地地道道的社会主义纲领。稍后，孙中山又特别将英文中的“社会主义”（socialism）一词翻译为“民生主义”，和“民族主义”“民权主义”并列，作为中国革命的三大任务。孙中山特别提出：“欧美强矣，其民实困”，中国革命决不能“追逐于人已然之末轨”。这就说明，当时，孙中山就在追求一种有别于欧美资本主义的新的社会形态。

辛亥革命后，孙中山继续宣传、阐述他的社会主义思想。他一面尖锐地指斥“资本家以机器为资本，垄断利源，工人劳动所生之产，皆为资本家所坐享”，一面勇敢地预言：“政府有推翻之一日，资本家亦有推翻之一日。”他设想，在他的“民生主义”推行之后，实业将建设于“合作的基础之上”，劳工将在优良的条件下工作，不仅获得“其劳力所获之全部”，而且将“知识日进，获得充分之娱乐与幸福”。1915年11月，他再次致函国际社会党执行局，声称“中国的工业尚未发展，资本主义尚未抬头”，“可以轻易的塑造成任何形状”。他呼吁执行局，提供人才，协助自己“把中国建立成全世界第一个社会主义国家”。

在政治制度上，孙中山也力图超越西方模式。辛亥革命前，他就提出“我们这回革命，不但要做国民的国家，而且要做社会的国家”，希望能在中国创建一种“破天荒的政体”。辛亥革命后不久，他又尖锐地指责欧美等国的政治，“操之大资本家之手”，“富人享之，贫者无与焉”。此后，他曾设想过一种瑞士式的“直接民权”模式，企图使人民拥有全部政治权力，真正成为国家的主人，也曾对后起的与法、美不同的苏俄模式感兴趣。1924 年，他多年来对于人民民主的追求终于凝聚为国民党“一大”宣言中的一段著名文字：“近世各国所谓民权制度，往往为资产阶级所专有，适成为压迫平民之工具。若国民党之民权主义，非少数者所得而私也。”

资产阶级革命家，顾名思义，他应该从资产阶级的利益出发，处处为资产阶级着想。孙中山的上述理想有一丝一毫的为资产阶级着想的成分吗?

正因为如此，孙中山一生中得到的来自资产阶级方面的支持并不多。辛亥革命前，国内的资产阶级大部分投身立宪运动和国会请愿运动，不赞成他的武装起义方案。武昌起义后，资产阶级一度附和革命，但他们对孙中山的“激烈”主张不放心，很快选择了袁世凯。其后，孙中山到处旅行、演讲，宣传“社会革命”，但是也到处受到反对。他的旧日战友公开声明：“近日吾国实业衰落，急当奖励资本家以开发富源，不当以社会主义过为遏抑。”明确地要和孙中山分道扬镳。1913 年，他发动反袁的“二次革命”时，资本家们普遍反对。1924 年，广东的商人们更发动“商团叛乱”，反对孙中山及其政府。固然，这次叛乱的领导者是买办资产阶级分子，但其参加者大部分还是一般工商业者。假如孙中山是所谓代表资产阶级利益的革命家，能一而再、再而三地发生上述情况吗?

近代中国，特别是戊戌维新以后，随着大批年轻人出洋留学，也随着废科举、兴学堂，中国社会出现了一大批新型知识分子。这是前此中国不曾有过的一种社会力量。他们具备现代科学文化知识，是以出卖脑力和知识为生的雇佣劳动者。他们不是资产阶级，也不是当权派，在社会身份上属于“平民阶层”或接近“平民阶层”。其中有些人附庸于清朝政府，或附庸于资产阶级，成为他们的代言人，但是其中也有不少人始终以“平民”的代言人和利益的代表者自居。驱使他们投身革命的动机是救亡，是民主，是将中国从列强瓜分和封建压迫中解救出来，而不是发展资本主义的要求和维护资产阶级一个阶级的利益。自然，他们在设计未来社会的模式时，易于受社会主义、共产主义以至无政府主义的影响。这一部分知识分子可以称为“平民知识分子”。孙中山正是这一部分知识分子的杰出代表。因此，我觉得，与其将孙中山定性为“资产阶级革命家”，不如定性为“平民知识分子革命家”，或简称“平民革命家”为妥。

说到这里，需要着重分析孙中山提出的两条具体纲领：“平均地权”与“节制资本”。

“平均地权”，按照孙中山的解释是：地主自报地价，政府照价征税；一旦交通发达，工商业发展，该片地价增值，则原价归地主，增价为全社会所有。例如，上海黄浦滩的某片土地，地主报价 100 元，后来增值为 10 000 元时，地主所得仅为 100 元，而其余的 9 900 元则按照“涨价归公”的原则，“为国民所共享”。同时，国家还可以按 100 元的原价收买这块土地。这一政策，剥夺土地所有者垄断土地，成为暴富的机会，既使国家掌握大量财富，又使国家可以廉价取得为发展国有经济所必需的土地。因此，孙中山认为，这是实行社会主义的简便办法。

“节制资本”，按照孙中山的解释是：能操纵国计民生的大企业归国家所有，能够“委诸个人”，“或其较国家经营为适宜者”，“应任个人为之”。这不是发展资本主义是什么？

问题是，孙中山虽然表示过，要保护并奖励民营企业，但是，他为之留下的活动余地很小。他曾在《实业计划》中宣布，“既废手工采机器，又统一而国有之”，“拟将一概工业组成一极大公司，归诸中国人民公有”。请注意这里的“一概工业”四字，由此不难想见，他所准备组建的“极大公司”的规模。

“国有”“公有”“私有”之间的长短优劣，近百年来一直争论不休，有待历史检验。值得注意的是，孙中山却始终袒护“公有制”。1922 年 12 月，美国一位记者访问孙中山，谈到国有企业的种种弊病，孙中山却不以为然。他一方面表示，积累经验，数十年后，问题不难解决；一方面则明确声明："余以为为公共利益做工，不为私利做工，纵有上述之敝，亦为利重敝轻"，"利害相权，吾终以为国有企业较胜于现时之私有制"。请看，这像一个资产阶级革命家的口吻吗？

金要足赤，人要完人。人们总以为事物越纯越好，其实不一定。在《民生主义》演讲中，孙中山曾经谈到，像马克思所设想的那种社会主义，连俄国都没有资格实行，何况比俄国更落后的中国？可见，孙中山不是不想一步就跨进尽善尽美的境界，而是认真考虑过中国国情，同时也考虑到资本主义还存在着的强大活力。非不愿也，势不能也。改革开放前的中国，毛泽东匆匆忙忙，改造农业，改造手工业，改造资本主义工商业，急于"大跃进"，建设没有任何杂质的"纯而又纯"的社会主义，而其结果呢？

允许资本主义适当发展的不一定是资产阶级革命家。俄国的列宁，最初搞军事共产主义，行不通，于是改行新经济政策；毛泽东，主张在新民主主义革命时期，要允许资本主义有一个比较大的发展；邓小平，搞改革开放，将私营经济作为社会主义多种所有制成分中的一种。难道因此能称他们为资产阶级革命家吗？

很长时期内，我们流行着一种"非无即资"的思维方式。据说，"百家争鸣"其实只是无产阶级和资产阶级"两家"之争，于是，凡与"我"不合者或与某些"经典"不合者均成了资产阶级。一段时期内，资产阶级帽子满天飞，资产阶级"右派"、资产阶级右倾机会主义分子、走资本主义道路的当权派、资产阶级反动权威、资产阶级知识分子，如此等等，不一而足；在学术领域内也同样如此，许多历史人物常常被扣上资产阶级的帽子，而无须作任何严格的论证与分析。

现在，资产阶级"右派"、资产阶级知识分子一类的帽子已经摘掉了，难道戴在历史人物头上的那些帽子就都很合适吗？

（原载香港《明报》月刊 2001 年第 6 期，收入拙著《哲人与文士》，中国人民大学出版社，2007 年版。）

师其意不用其法——孙中山与马克思主义二题

孙中山高度评价马克思。1924年8月，孙中山在《民生主义》演讲中提出："实业革命以后，研究社会问题的人不下千百家，其中研究得最透彻和最有心得的，就是大家所知道的马克思。"他尊称马克思是"社会主义中的圣人"，盛赞马克思的学说"集几千年来人类思想的大成"，"专从事实与历史方面用功，原原本本把社会问题的经济变迁，阐发无遗"，和"乌托邦派"不同，是"科学社会主义"。应该承认，在此前的中国思想家中，对马克思和马克思主义能做出如此崇高评价的，大概很少见。但是，孙中山却又主张，在当时的中国，可以师马克思之意，而不可用马克思之法，他说："我们今日师马克思之意则可，用马克思之法则不可。"对马克思主义，师其意而不用其法，这是孙中山的重要思想，多年来很少有人论及，值得认真讨论，认真研究。

一、孙中山与列宁的"新经济政策"

中国人最初通过日本，后来通过俄国，知道了马克思及其学说。五四运动之后，马克思主义在中国有了广泛的传播。柳亚子诗云："孔、佛、耶、回付一嗤，空言淑世总非宜。能持主义融科学，独拜弥天马克思。"[12] 这四句诗很能传达当时部分左派人士对马克思及其学说的崇拜之情。但是，孙中山却对这种情况有所批评。他说：

现在一般青年学者信仰马克思主义，一讲到社会主义，便主张用马克思的办法来解决中国社会经济问题，这就是无异"不翻北风就坏人民"一样的口调。不知中国今是患贫，不是患不均。在不均的社会，当然可以用马克思的办法，提倡阶级战争去打平他，但在中国实业尚未发达的时候，马克思的阶级战争、无产专制便用不着。所以我们今日师马克思之意则可，用马克思之法则不可。⑬

在这一段话之前，孙中山曾经讲到，三十多年前，他在广州当学生的时候，富家子弟为炫富，一到冬天便穿皮衣，其实广州天气不冷，并无须穿皮衣。一天，天气突然变暖，穿了厚厚的“大毛皮衣”的富家子弟发愁说：“现在这样的天气，如果不翻（变）北风，便会坏人民了。”孙中山用这个例子说明，穿衣必须适应当地气候，以此阐明主义、政策必须适应当地实际。孙中山认为，欧美资本主义社会，财富发达，贫富差距悬殊，形成“不均的社会”，因此马克思提倡阶级斗争，消灭资本主义是正确的，但是，中国“患贫”，现代“实业”不发达，财富不发达，因此不能提倡“阶级战争”和“无产专制”。

孙中山的话是有道理的。20世纪20年代的中国，基本上还是一个落后的农业国，现代工业、现代商业还很微弱，在国民经济中所占比重很小，因此，中国的最大问题是“患贫”，首要任务是发展生产，发展现代实业，以便极大地积累财富。从这个意义上，资本主义的生产方式在中国仍有其进步意义，有其发展的必要性。

1848年，马克思、恩格斯在《共产党宣言》中宣布：“无产阶级将利用自己的政治统治，一步一步地夺取资产阶级的全部资本，把一切生产工具集中在国家即组织成为统治阶级的无产阶级手里，并且尽可能快地增加生产力的总量。”按照这一设想，无产阶级夺取政权后，将对资产阶级进行剥夺，由国家按共产主义原则进行生产和分配。十月革命以后，苏俄由于急于进入共产主义，又处于列强的包围和军事进攻中，自1918年至1920年，实行“战时共产主义”，企图“直接过渡”。其内容是，取消商品和货币，在全国范围内实行生产资料公有制，在城市实行供给制，按计划调拨和统一分配消费品，在农村实行余粮征集制。农民除口粮外，余粮全部上缴国家。这种做法，忽视国情，特别是忽视社会生产力水平低下和商品经济落后的实际情况，造成社会生产力的极大破坏。1921年，苏俄各地的工人、农民普遍出现不满。工人不断举行罢工和示威，伏尔加河流域、乌克兰、西伯利亚等地的农民群起暴动。当年2月末，海军要塞喀琅施塔得的士兵发生兵变，集中反映出农民的不满情绪。这样，苏维埃国家就面临严重的政治危机和经济危机。列宁审时度势，于同年3月，在俄共（布）第十次代表大会上宣布立即废止“战时共产主义”，实行“新经济政策”，允许多种经济成分存在，允许商品交换、货币流通和自由贸易，培植国家资本主义，利用外资和外国技术，列宁说：“由于我们企图过渡到共产主义，到1921年春天我们遭到了严重的失败，现实生活说明我们错了。”[14] 1921年5月，苏维埃政权通过关于交换的法令，宣布实行产品交换，国家通过合作社组织工业品同农民手中余粮直接交换。同时，允许私人在地方范围内进行商业往来。在工业方面，一切涉及国家经济命脉的重要厂矿企业仍归国家所有，由国家经营。而中小企业和国家暂时无力兴办的企业则允许私人经营。1920年11月，人民委员会发布租让法令，允许外国资本家在苏俄经营租让企业，或同苏维埃国家组织合营股份公司。1922年，政府通过《土地法令大纲》，允许农民自由使用土地和在苏维埃监督下出租土地和雇用工人。列宁认为：新经济政策“是一个要在若干年内长期实行的政策”，是找到建设社会主义经济基础真正途径的“唯一办法”。[15]

孙中山注意到了苏俄实行“战时共产主义”失败和改行“新经济政策”的状况。他说：

> 马克思的门徒，于一千八百四十八年在比利时开了一个国际社会党大会，定了许多办法。现在各国马克思派的社会党所用的办法，许多还是奉行那年所定的大纲。当欧战发生以后，俄国便拿那种主义去实行，现在俄国已经把那种主义改变了。[16]

1847年11月，共产主义者同盟在伦敦召开第二次代表大会，决定委托马克思和恩格斯起草《共产党宣言》。次年2月，《共产党宣言》出版。孙中山这里所说的“国际社会党”，指的就是“共产主义者同盟”，所述“定了许多办法”，指的就是《共产党宣言》所提出的一系列主张。所述“俄国已经把那种主义改变了”，指的就是废止“战时共产主义”，实行“新经济政策”。

苏俄为何从“战时共产主义”转为实行“新经济政策”，在孙中山看来，主要是由于“社会经济程度太低”。他说：

我们讲到民生主义，虽然是很崇拜马克思的学问，但是不能用马克思的办法来实行。这个理由很容易明白，就是俄国实行马克思的办法，革命以后行到今日，对于经济问题还是要改用新经济政策。俄国之所以要改用新经济政策，就是由于他们的社会经济程度还比不上英国、美国那样的发达，还是不够实行马克思的办法。俄国的社会经济程度尚且比不上英国、美国，我们中国的社会经济程度怎么能够比得上呢？又怎么能够实行马克思的办法呢？[17]

一个社会采取什么样的“制度”，实行什么样的“政策”，不取决于人的愿望，而是取决于“社会经济程度”。孙中山的这一思想显然符合历史唯物主义的基本原则。他在研究苏俄的历史和经验之后，认为连苏俄都无法实行马克思、恩格斯的“直接过渡”，自然，社会经济发展水平远不如俄国的中国更加无法实行“马克思的办法”。

基于中国的社会经济发展水平，孙中山认为，在中国，还不宜实行马克思所主张的社会主义革命，必须允许资本主义的发展。因此，他既表示：“我们的民生主义，目的是打破资本制度。”但是，他同时又说：“我们实行民生主义来解决中国的吃饭问题，对于资本制度只可以逐渐改良，不能够马上推翻。”这种既反对资本主义，又利用资本主义的思想和列宁的“新经济政策”完全一致。因此，他在1924年1月曾说：“(俄国）最初之共产主义，亦由六年间之经验渐与民生主义相暗合。可见俄之革命，事实上实是三民主义。”[18] 俄国革命的指导思想，当然不是三民主义，但是孙中山这里所说的“渐与民生主义相暗合”，指的就是“新经济政策”。过了一个多月，他又说：

俄国政府两年前实行的政策，其原则与方针与我政府是完全不同的。但是俄国政府的现行政策——新经济政策，其主要点与应在中国实行的我的《建国方略》如出一辙……这个政策在两国实施的情况迥异，但是它们的政策基本上是相同的。[19]

“暗合”也好，“如出一辙”也好，“基本上是相同的”也好，说的都是“民生主义”和“新经济政策”的一致性。

《建国方略》写作于1917年至1919年间，分“心理建设”“物质建设”“社会建设”三大部分。在“物质建设”中，孙中山提出了他的发展中国经济的庞大规划和主要政策。其规划部分，分交通之开发，商港之开辟，水力之发展，冶铁、制钢、士敏土（水泥）等大工厂之设立，矿业之发展，农业之发展，蒙古、新疆之灌溉，中国北部和中部的造林，东三省、蒙古、新疆、青海、西藏的移民等十大类，几乎囊括了当时国民经济的所有重要部门。可以看出，孙中山完全懂得，现代社会必须以工业为主导。

其政策部分，涉及如何对待本国资本主义和外国资本主义两大问题。孙中山将实业分为两类。一类是个人企业，一类是国家企业。孙中山主张：“凡夫事物之可以委诸个人或其较国家经营为适宜者，应任个人为之，由国家奖励，而以法律保护之。”为此，孙中山主张废止多年来所实行的自杀的税制，改良货币，排除官吏障碍，为个人企业的发展创造便利条件。值得注意的是，在两类企业中孙中山将个人企业放在第一位。孙中山主张，发展和保护本国资本主义，使个人企业与国家企业并存，组成混合经济。二是利用外资、外才。关于国营企业，孙中山提出，必须吸集外国资本，引用外国人才，受雇外才必须训练、培养中国人员，以为将来接班“继承其乏”之用。在其他许多地方，孙中山多次强调，中国必须大量吸引和利用外资，实行开放政策。[20]

孙中山很早就向往社会主义。早在1905年5月，孙中山在欧洲“组党”之初，就曾亲自访问在比利时的社会党国际局，和该局主席王德威尔得、书记胡斯曼谈话，要求接纳他的“党”作为国际局成员。孙中山保证，将使中国从“中世纪的生产方式”过渡到“社会主义的生产阶段”，“工人不必经受资本家压迫的痛苦”。他满怀信心地表示：“当你们还在为实现你们的计划而努力的时候，我们将已生活在最纯正的集体主义制度之中了。”[21] 1915年11月，他又致函社会党国际局，呼吁国际局的“同志”委派优秀人才来中国各地服务，将精力化在中国身上，“把中国建立成全世界第一个社会主义国家”。[22] 因此，就孙中山的主观愿望考察，《建国方略》可以视为他所设计的在中国建设“社会主义国家”的蓝图。

孙中山要建设社会主义，但是，他却既允许本国资本主义在一定程度上的存在和发展，也主张在发展本国资本主义的同时，要借助外国资本主义的力量。他所称《建国方略》和“新经济政策”两者“如出一辙”，显然主要是指在社会主义大目标下对资本主义的政策相同。值得指出的是，孙中山提出上述两点对国内外资本主义政策的时候，列宁尚未提出“新经济政策”。人们曾经盛赞列宁的“新经济政策”是“对经济落后国家向社会主义过渡道路的探索和重新选择”，是“社会主义制度的又一种实践形式”，甚至说：“是对社会主义理论的革命性突破，是对马克思列宁主义理论的重大突破。”㉓ 那么，人们应该怎样评价先于列宁“新经济政策”的孙中山的有关思想呢?

1985 年 8 月，邓小平曾经说过：“社会主义究竟是个什么样子，苏联搞了很多年，也并没有完全搞清楚，可能列宁的思路比较好，搞了个新经济政策，但是后来苏联的模式僵化了。”㉔ 如果“列宁的思路比较好”，那么，孙中山在《建国方略》中的“思路”是否也“比较好”呢?

孙中山的高明之处在于，他虽然允许资本主义在中国发展，但是，并不主张任其自由泛滥，而是提出要“思患预防”。他说：

> 我们主张解决民生问题的方法，不是先提出一种毫不合时用的剧烈办法，再等到实业发达以求适用，是要用一种思患预防的办法阻止私人大资本，防备将来社会贫富不均的大毛病。㉕

资本主义的发展必将出现“私人大资本”，也必将出现“社会财富不均的大毛病”，孙中山有见及此，主张从制度上、政策上加以“预防”。因此，他的口号只是“节制资本”，而不是听任资本主义的自由发展。改革开放中，邓小平提出“要允许一部分人先富起来”，这对于克服平均主义这一中国社会久远的痼疾来说是必要的，但是，如何防止“私人大资本”，特别是“权贵资本主义”和“社会贫富不均的大毛病”的出现，却仍然是摆在中国人民面前的一个需要解决的问题。

列宁曾经说过，在无产阶级领导的特定条件下，“有可能通过私人资本主义（更不用说国家资本主义）来促进社会主义”。[26] 在《建国方略》中，孙中山表示：“吾之意见，盖欲使外国之资本主义以造成中国之社会主义，而调和此人类进化之两种经济能力，使之互相为用，以促进将来世界之文明也。”[27] 在《民生主义》演讲中，他甚至表示：“我们要拿外国已成的资本，来造成中国将来的共产世界。能够这样做去，才是事半功倍。”[28] 俄国、中国都长期处于农业社会，小生产占绝对优势，资本主义的发展严重威胁小生产者的生产和生活方式，因此，俄国和中国社会长期民粹主义流行，恐资、仇资思想严重。孙中山曾经严厉地批判过资本主义和资产阶级，但是，从他的上述言论可以看出，孙中山并不将资本主义视为垂死、没落、腐朽，应该打倒、消灭的生产方式，也并不将它视为与社会主义格格不能相容的敌对力量，而是仍然视为推进人类社会发展和文明进步的“经济能力”，主张调和两者，使之“互相为用”，共同促进人类的文明发展。所谓“互相为用”，那意思是说：社会主义可以利用资本主义，资本主义也可以利用社会主义，相互借鉴、相互吸取，人类社会因而得以前进、发展。这是一种充满辩证思想的远见卓识，可惜，孙中山并未展开充分论述，但是，人类历史的发展已经证明并将进一步证明这一思想的伟大意义。

二、福特汽车厂与孙中山对马克思的批评

马克思、恩格斯对资本主义进行过多方面的、严厉无情的批判。早在1847年12月，马克思就在一次演讲中指出，工人的利益和资本家的利益处于“对立状态”——利润和工资“互成反比”，意思是说，资本家追求利润的欲望愈高，则工人的工资愈低。[29] 1848年，马克思、恩格斯在《共产党宣言》中宣称：“现代的工人却相反，他们并不是随着工业的进步而上升，而是越来越降到本阶级的生存条件以下。工人变成赤贫者，贫困比人口和财富增长得还要快。”[30] 1865年，马克思又指出：“资本家经常力图把（工人）工资降低到生理上所能容许的

最低限度，把工作日延长到生理上所能容许的最高限度。”[31] 1867年，马克思在他的巨著《资本论》第1卷中更指出：“资本主义生产——实质上就是剩余价值的生产，就是剩余劳动的吸取——通过延长工作日，不仅使人的劳动力由于被夺去了道德上和身体上的正常发展和活动条件而处于萎缩状态，而且使劳动力未老先衰和死亡。它缩短工人的寿命，在一定期限内延长工人的生产时间。”[32] 孙中山也曾严厉批判资本主义剥削，批判资本家的缺乏道德，他将马克思所分析的榨取工人剩余价值的手段归纳为三种：一是减少工人的工资，二是延长工人做工的时间，三是抬高出品的价格。但是，孙中山却根据20世纪20年代的社会现实，对马克思的有关看法提出了不同意见。他以美国福特汽车工厂为例说：

马克思所说的是资本家要延长工人做工的时间，福特车厂所实行的是缩短工人做工的时间；马克思所说的是资本家要减少工人的工钱，福特车厂所实行的是增加工人的工钱；马克思所说的是资本家要抬高出品的价格，福特车厂所实行的是减低出品的价格。像这些相反的道理，从前马克思都不明白，所以他以前的主张便大错特错。马克思研究社会问题，所知道的都是以往的事实。至于后来的事实，他一点都没有料到。

马克思出生于19世纪初叶，逝世于19世纪80年代，当时，资本主义正处于早期阶段，以残酷的剥削和压迫为特征，正如马克思所云：“（工人）只要有一块肉，一根筋，一滴血可供榨取，吸血鬼就决不罢休。”[33] 马克思的这些言论控诉了早期资本主义的罪恶，反映出早期工人阶级对资本主义的愤懑和仇视。然而，由于工人的反抗斗争不断发生、社会主义运动不断发展、科学技术水平不断提升、社会生产力不断发展等诸多原因，资本主义社会逐渐走上自我调节的改良道路。这种变化首先从美国的福特汽车工厂表现出来。

1909年，美国工程师泰勒出版《科学管理原理》一书，认为工人不是简单的机器，为了提高自己的经济利益，工人具有提高生产的潜力，关键是科学管理。美国企业家福特根据泰勒提出的主张，于

1913年在自己汽车公司里开发出世界上第一条流水线，实行大规模生产，用以取代以往的手工或单个机器的小批量生产。这是20世纪生产管理和组织方式领域中一次伟大的变革，空前提高了生产力，工人的工资、福利相应有了大幅度的提高。当时，其他工厂是2.34美元/9小时，而福特则提高到了5美元/8小时。与此同时，成本大大降低，福特车遍布地球，亿万人成为有车阶级，福特被尊称为"为世界装上轮子的人"。他所创造的生产方式成为现代资本主义典型的组织社会生产的方式，被称为福特主义。1920年，资本主义世界爆发了第一次世界大战后首次经济危机。危机过后，美国经济迅速增长，1923年直到1929年秋，每年的生产率增长4%。创造了资本主义经济史上的奇迹。"二战"后，福特主义在西方世界被广泛推行，粗放型的资本积累模式为以泰勒制的劳动组织和大规模生产消费性商品为特征的密集型资本积累模式所替代，促成了"二战"后资本主义世界的长期繁荣。

在中国政治家和思想家中，孙中山最早看到并肯定"福特主义"的积极作用，也最早看到了福特制推广而造成的资本主义的发展和变化，这说明，他的目光不断紧跟世界范围内先进生产力的发展，并据此发展自己的思想，他是一个与时俱进的杰出思想家。

世界不断变化，问题不断出现，解决问题的方案也应当不断发展变化。如果只见到早期资本主义的残酷的剥削和压迫，自然容易得出资本主义必须迅速推翻和消灭的结论，但是，如果看到在资本主义制度下，资产阶级具有自我调节、自我改革、改良的能力，生产力仍在发展，社会仍在发展，自然，就不会急于提出推翻资本主义、消灭资产阶级的结论。通过福特制，孙中山看到了一条马克思所主张的"革命"之外的办法。他说：依照马克思的判断，"资本发达到极点的国家，现在应该到消灭的时期，应该要起革命。但是，从他至今有了七十多年，我们所见欧美各国的事实和他的判断刚刚是相反。当马克思的时代，英国工人要求八点钟的工作时间，用罢工的手段向资本家要挟。马克思便批评以为这是一种梦想，资本家一定是不许可的，要得到八点钟的工作时间，必须用革命手段才可以做得到。到了后来，英国工人八点钟的要求，不但是居然成为事实，并且由英国国家定为一种通行的法律，令所有全国的大工厂、银行、铁路中的工人都是作工八点钟”。[34] 革命是历史的火车头，但是，它只是社会发展的一种推动力量，决不是唯一的推动力量。

多年以来，人们普遍认为，资产阶级是一个贪婪、自私、腐朽的阶级，主张消灭、打倒，但是，孙中山看到了这个阶级在发展生产和管理生产中的作用，因此对这个阶级的未来持观察、研究的态度，他说：“推到马克思社会主义的目的，根本上主张要推倒资本家。究竟资本家应该不应该推倒，还要后来详细研究才能够清楚。”[35] 这是一种审慎的、务实的态度。

三、社会进化方法四种

怎样解决资本主义发展所形成的各种弊病呢？孙中山眼观世界，认为近年来欧美的社会进化办法主要是四种：第一是社会与工业之改良；第二是运输与交通事业收归国有；第三是直接征税；第四是分配之社会化。他说：“这四种社会经济事业，都是用改良的方法进化出来的。从今以往，更是日日改良，日日进步的。”[36]

关于第一种，社会与工业之改良。孙中山说：“就是要用政府的力量改良工人的教育，保护工人的卫生，改良工厂和机器，以求极安全和极舒服的工作。能够这样改良，工人便有做工的大能力，便极愿去做工，生产的效力便是很大。”[37] 孙中山的这段话涉及生产力的两个基本要素，即生产者和生产工具。关于前者，孙中山主张通过教育，提高生产者的素质，通过改良劳动条件，确保生产者具有安全、舒适的劳动条件；关于后者，孙中山主张“改良工厂和机器”。这就牵涉到提高科学技术水平，以新技术装备、革新生产工具等问题。孙中山认为，社会改良与工业改良，工人素质、工人劳动积极性的提高与工具、机器的改良并重，将会极大地提高社会生产力。孙中山的缺点是，没有充分强调科学和技术的作用。

关于第二种，运输与交通事业收归公有。孙中山一向重视交通在现代社会生产中的作用，认为："运输迅速，交通灵便，然后各处的原料才是（能）很容易运到工厂内去用。工厂内制造的出品，才是（能）很容易运到市场去卖，便不致多费时间，令原料与出品在中道停滞，受极大的损失。"㊳ 但是，孙中山认为，私人财力不足，后者垄断的阻力大，因此，孙中山主张电车、火车、轮船、邮政、电政、交通等大事业都由政府办理。

关于第三种，直接征税。孙中山认为，旧时的税收，只有钱粮和关税两种，其课税对象主要是"一般贫民"，资本家只享权利，不尽义务，因此，他主张实行累进税率，"多征资本家的所得税和遗产税"。他说："行这种税法，就可以令国家的财源多是由资本家而来。资本家的入息较多，所谓多取之而不为虐。"㊴ 他举例说，在德国政府的岁入中，60% ~ 80% 为所得税和遗产税。美国仅 1918 年，所得税收入即达美金 40 亿元。

关于第四种，分配之社会化。孙中山认为，人类社会发明金钱后，一切日常消耗物均由商人采买，商人低价买进，高价卖出，一转手便赚许多佣钱。因此，孙中山主张，"不必由商人分配，可以由社会组织团体来分配，或者是由政府来分配"。㊵ 他认为，英国的消费合作社是由社会组织团体分配的例子，欧美各国市政府供给水电、煤气、面包、牛奶、牛油等物资是由政府分配的例子。孙中山将这种新的分配方法称之为"分配之社会化"，"就是行社会主义来分配货物"。

在以上四种方法中，有些和社会主义的原则有一致之处，例如社会与工业之改良；有些是《共产党宣言》中的具体要求，例如：征收高额累进税，废除继承权，把全部运输业集中在国家手里；有些则是社会主义可以参酌使用的，如分配之社会化。孙中山认为，以上四种方法推进了欧美社会的发展，资本家和工人互利双赢："资本家改良工人的生活，增加工人的生产力。工人有了大生产力，便为资本家多生产。在资本家一面可以多得出产，在工人一面也可以多得工钱。"㊶ 孙中山认为，这些方法，其目的都是使大多数人的"利益相调和"，

“这种经济利益相调和的事业发达以后，社会便极有进化，大多数便享幸福”。[42]

社会发展和进步的途径和原因是多元的。革命是途径之一，改革、改良也是途径之一；激烈的、暴风雨般的斗争可，温和的、渐进的调和亦可。采用哪一种途径和方法，当视社会历史条件而定，不可一概而论。孙中山提出的是一种改良的、调和的方法。它是社会发展进步的途径之一，有助于纠正“唯革命”“唯斗争”的偏颇，但是，它同样不是唯一的途径，将“改良”“调和”视之为“唯一”的途径，就会陷入另一种偏颇。

结语

真理都是具体的。一切真理都有其适用的环境和条件。世界上没有一种真理可以适用于一切时间和空间。孙中山尊崇马克思，但是并不迷信马克思，不认为马克思的话句句是真理，必须坚决奉行，而不能有任何变动。他研究中国国情，从中国社会实际出发，主张师其意而不用其法。马克思为人类提出的是推倒资产阶级、消灭资本主义的任务，但是，孙中山却认为，中国的经济发展程度低下，既要允许私人资本主义在一定程度上的发展，又要借助外国资本主义的力量。同时，孙中山又研究马克思逝世以后世界资本主义的新发展，认为它仍在自我改革和自我调节的过程中，推倒资产阶级，消灭资本主义，还不是需要立即提上日程的任务。

到底是用和平的方法，还是用激烈的方法，解决世界资本主义的问题，孙中山表示还说不清。他说：“到底欧美将来解决社会问题是用什么方法，现在还是看不出，还是料不到。”不过，孙中山估计，少数人垄断世界物质，图个人私利，要一般人都做奴隶，终将演变为“人与人争的极剧烈时代”，“这种斗争要到什么时候才可以解决？必要再恢复到一种新共产时代，才可以解决”。[43] 孙中山这里所说的“新共产时代”有别于人类早期的原始共产主义，大概就是马克思所主张的“共产主义”了。

孙中山还提出过一些与马克思主义有别的思想，例如阶级斗争是社会的病症、民生是社会进化发展的动力以及剩余价值观念等。有些问题，拙文《孙中山思想的现代价值》已有述及（见拙著《哲人与文士》，中国人民大学出版社 2007 年版），有些则需另文详论。

（原载《广东社会科学》2011 年第 5 期。）

注

①杜恂诚:《民族资本主义与旧中国政府（1840—1937)》，上海社会科学院出版社1991年6月版，第31页。
②黄逸峰、姜铎等:《旧中国民族资产阶级》，江苏古籍出版社1990年10月版，第88页。
③《孙中山全集》第1卷，第273—274页。
④《孙中山集外集补编》：上海人民出版社1990年版，第186页。
⑤《孙文力助工人之宣言》,《香港华字日报》，1921年6月9日。
⑥《路易·波拿巴的雾月十八日》，此段译文，参考了《列宁全集》第2卷第185页的译文。
⑦《列宁全集》第18卷，人民出版社1995年版，第15页。
⑧《俄国工人报刊的历史》,《列宁全集》第20卷，人民出版社1995年版，第240页。
⑨《新民主主义论》,《毛泽东选集》合订本1967年版，第660页。
⑩《中国革命和中国共产党》,《毛泽东选集》合订本，第604页。
⑪《社会革命党人所复活的庸俗社会主义和民粹主义》,《列宁全集》第7卷，人民出版社1984年版，第30页。
⑫柳亚子:《磨剑室诗词集》，上海人民出版社1985年版，第531页。
⑬《孙中山选集》下册，第842页。
⑭《列宁全集》第42卷，人民出版社1995年版，第176页。
⑮《列宁选集》第4卷，人民出版社1995年版，第533、660页。
⑯《孙中山选集》下册，第811页。
⑰《孙中山选集》下册，第861页。
⑱《关于组织国民政府案之说明》,《孙中山全集》第9卷，第103—104页。
⑲《孙中山全集》，第9卷，第671页。
⑳参见拙作《孙中山思想的现代价值》，收入《哲人与文士》，第151—164页。
㉑《孙中山全集》第1卷，第272—273页。
㉒《孙中山集外集补编》，上海人民出版社1994年版，第186页。
㉓王丽华主编:《历史性突破—俄罗斯学者论新经济政策》，人民出版社2005年版，《前言》第1—2页。
㉔《邓小平文选》，人民出版社1993年版，第139页。

注

㉕《孙中山选集》下册，第 842 页。
㉖《列宁选集》第 4 卷，第 514 页。
㉗《孙中山选集》，第 369 页。
㉘《孙中山选集》，第 843 页。
㉙马克思：《雇佣劳动与资本》，《马克思恩格斯选集》第 1 卷，人民出版社 1995 年版，第 372 页。
㉚《共产党宣言》，人民出版社 1997 年版。
㉛马克思：《工资、价格和利润》，《马克思恩格斯选集》第 2 卷，人民出版社 1995 年版，第 200 页。
㉜《资本论》第 1 卷，《马克思恩格斯全集》第 23 卷 1972 年版，第 295 页。在《资本论》第 1 卷第 276 页上说：资本家必须靠延长工人的工作时间来最大限度地榨取工人的剩余价值。时间原子便是剩余利润的要素。
㉝《马克思恩格斯选集》第 23 卷，第 334—335 页。
㉞《孙中山选集》下册，第 820 页。
㉟《孙中山选集》下册，第 823 页。
㊱《孙中山选集》下册，第 814 页。
㊲《孙中山选集》下册，第 814 页。
㊳《孙中山选集》下册，第 814 页。
㊴《孙中山选集》下册，第 815 页。
㊵《孙中山选集》下册，第 815 页。
㊶《孙中山选集》下册，第 816 页。
㊷《孙中山选集》下册，第 818—819 页。
㊸《孙中山选集》下册，第 829 页。

图书在版编目（CIP）数据

帝制的终结 / 杨天石著 .—长沙：岳麓书社，2021.7
ISBN 978-7-5538-0127-8
Ⅰ .①帝… Ⅱ .①杨… Ⅲ .①辛亥革命—史料 Ⅳ .① K257.06
中国版本图书馆 CIP 数据核字（2013）第 115612 号

DIZHI DE ZHONGJIE
帝制的终结

作　　者：杨天石
责任编辑：蒋　浩
监　　制：秦　青
特约策划：康晓硕
营销编辑：杜　莎　马欢玥
封面设计：李　一

岳麓书社出版
地　　址：湖南省长沙市爱民路 47 号
邮　　编：410006

版　　次：2013 年 7 月第 1 版
印　　次：2021 年 7 月第 2 版第 1 次印刷
开　　本：640×960 1/16
印　　张：26.5
字　　数：360 千字
书　　号：ISBN 978-7-5538-0127-8
定　　价：78.00 元

承印：天津丰富彩艺印刷有限公司

如有质量问题，请致电质量监督电话：010-59096394
团购电话：010-59320018